名家视点 第5辑

# 开放获取的现在与未来

《图书情报工作》杂志社　编

海洋出版社

2014年·北京

图书在版编目（CIP）数据

开放获取的现在与未来/《图书情报工作》杂志社编．
—北京：海洋出版社，2014.4
 （名家视点．第5辑）
 ISBN 978-7-5027-8826-1

Ⅰ.①开… Ⅱ.①图… Ⅲ.①信息获取-研究
Ⅳ.①G252.7

中国版本图书馆CIP数据核字（2014）第041908号

责任编辑：杨海萍
责任印制：赵麟苏

海洋出版社 出版发行

http://www.oceanpress.com.cn
北京市海淀区大慧寺路8号　邮编：100081
北京旺都印务有限公司印刷　新华书店北京发行所经销
2014年4月第1版　2014年4月第1次印刷
开本：787 mm×1092 mm 1/16　印张：25.5
字数：446千字　定价：46.00元
发行部：62132549　邮购部：68038093　总编室：62114335

海洋版图书印、装错误可随时退换

# 《名家视点丛书》编委会

主 任：初景利
委 员：易 飞　杜杏叶　徐 健　王传清
　　　　王善军　刘远颖　魏 蕊　胡 芳
　　　　袁贺菊　王 瑜　邹中才　贾 茹
　　　　刘 超

# 序

　　《名家视点：图书馆学情报学档案学理论与实践系列丛书》第5辑由海洋出版社2014年正式出版，与广大读者见面。本辑丛书包括四本书：《开放获取的现在与未来》、《信息素质的研究与实践进展》、《计量学研究的发展与创新》、《新媒体环境下的网络舆情研究与传播》。

　　这一辑丛书是由《图书情报工作》杂志社策划编辑的，是从几年《图书情报工作》所发表的论文经过整理加工后形成的，不仅反映了《图书情报工作》近些年所发表的文章的一些特点，更是很大程度上反映了图情理论研究和图情业界所关注的一些重大问题，也表明了图情理论研究的重要成果和图情实践的重要发展，为读者系统地了解这些领域的总体发展变化和研究现状提供了很好的参考。

　　开放获取是国际学术界近十多年来所关注和推动的重大问题，不仅是出版模式的变革，而是学术交流体系的重大改变。图书馆始终在这场变革中占用重要地位，也应该发挥更加重要的作用；信息素质一直是图书馆用户教育的重要内容。随着信息环境的变化，信息素质的内涵、教育模式、教育手段都在发生变化。无论信息媒介如何变化，信息素质教育都将是图书馆的重要使命和必备能力；文献计量学、信息计量学、网络计量学、科学计量学、知识计量学等相关学科的快速发展，给图情档领域提供了强大的工具和动力。计量学的研究正在不断走向深入，并深刻地影响着图情档理论、方法、模型与实践；网络舆情的研究随着新媒体环境的出现而愈发引起包括政府和相关机构的高度重视，也吸引了广大的研究人员的积极参与。《图书情报工作》已经发表了不少这方面的文章，来稿也还在源源不断。在不少图情机构，网络舆情的监控与分析，已经成为一项重要的情报研究或咨询服务。

　　时代总在变，理论研究也必须与时俱进，保持理论与实践的互动。我们期待这一专辑的出版，能引起人们对这些问题的高度关注，并作为研究的起点，将相关的研究推向深入。当然，我们还期望通过利用这一专辑的内容，深刻认识并积极创新图情的业务模式与业务体系，加快图情业务结构的调整和图情机构的转型发展，适应当前和未来科研、教育和社会对图情服务的新要求，在新的发展中发挥更加主导的作用。图情工作一定会在新的环境变化中有更大的作为，产生更大的影响力，做出更大的贡献。

感谢海洋出版社的出版，感谢所有的论文作者，感谢所有关心、阅读、利用《名家视点》丛书的同仁！

初景利

《图书情报工作》杂志社社长、主编、教授、博士、博士生导师

2014年1月26日 北京中关村

# 目　次

## 专　题　篇

开放获取:研究型图书馆的下坡路,还是登高梯 …………… 张晓林(3)
研究图书馆推进开放获取的战略与实践——以国家科学图书馆为例
　　……………………… 张晓林;刘细文;李麟;曾燕;顾立平(5)
中国科学院机构知识库建设推广与服务 … 张冬荣;祝忠明;李麟;王丽(16)
传统出版社的开放出版政策 ………………………… 李麟;张晓林(28)
国外教育科研机构支持作者发表开放出版论文的政策研究 …………
　　………………………………………… 张晓林;李麟;李姝影(40)
SCOAP3:开放出版新模式及其影响 …… 曾燕;郑建程;赵艳;张晓林(51)
我国科技期刊开放获取出版发展态势——基于中国科协科技期刊的调查
　　………………………… 初景利;李麟;沈东婧;张晓林;赵玉蓉(62)
开放获取期刊的评价与遴选:质量水平、开放程度和服务能力 …………
　　………………………… 顾立平;张晓林;初景利;李麟;曾燕(75)
组建中国 ArXiv 服务工作组促进我国有效参与 OA 活动 ………………
　　………………………………… 张智雄;顾立平;张晓林;李麟(86)
专题序:开放资源建设:评价、技术规范和再利用模式 ……… 张建勇(96)
论开放资源建设的发展(2001—2013) ……… 张建勇;黄金霞;李麟(98)
开放资源的利用评价研究 ……………… 黄金霞;陈雪飞;沈东婧(110)

开放资源互操作框架研究 …………………… 王昉;黄永文;马建玲;刘静羽(123)
开放资源的再利用模式研究 ……………………………………………
…………………… 黄永文;张建勇;谢清;刘春江;王思雨;韩红(140)
研究型图书馆开放获取服务模式探讨 ……………………………………
………………………… 黄金霞;何桂林;王昉;王妍;宋秀芳(152)

# 理 论 篇

开放获取学术信息资源:逼近"主流化"转折点 ……………………………
………………………… 张晓林;李麟;刘细文;曾燕(167)
开放学术信息资源环境的挑战及其应对策略 ……………………………
………………………… 张晓林;曾燕;李麟;刘细文(179)
国外开放获取图书出版模式研究 …………………… 魏蕊;初景利(195)
开放获取的发展态势及大学图书馆的作用 ………… 孙博阳;王琼(212)
国外大学图书馆开放获取实践概述 ………………… 孙博阳;李书宁(224)
开放存取对期刊论文学术交流系统的影响因素分析 ……………………
………………………… 孙永河;宋晓莹;段万春;马晶梅(237)
NIH强制性开放获取政策实施中的利益博弈——基于多元行动者交互
作用的分析视角 …………………………… 丁大尉;钟灿涛(246)
美国开放存取运动中的政策博弈 …………………………… 张宏胜(257)
基于知识供应链视角的开放存取深入发展研究 …………… 杨琴(265)
国外开放获取期刊研究综述 …………………………… 李贺;周金婷(273)
基于共词分析的国内开放存取研究主题探析 ……… 完颜邓邓;盛小平(297)

# 实 践 篇

2012年国际开放获取实践进展综述 …………… 李麟;朱曼曼;左丽华(313)
开放获取的发展态势及大学图书馆的作用 …………… 孙博阳;王琼(326)
麻省理工学院图书馆的开放存取出版服务 …………… 鄂丽君(338)
中印开放获取比较研究 …………… 刘万萍;孙波(347)
开放资源建设的措施及工作策略 …………………………
　…………………… 黄金霞;张建勇;黄永文;陈雪飞;王昉(357)
强关系视角下的开放获取合作行为分析 …………… 潘以锋;盛小平(366)
基于双边市场模型的开放获取期刊与传统期刊竞争分析 ……………
　………………………………………………… 张旭;杨朝峰(378)
开放存取知识库的网络计量排名和评价研究 …………… 崔宇红(388)

# 专题篇

第四干

# 开放获取：研究型图书馆的下坡路，还是登高梯

## ——代序

张晓林

学术论文的开放出版正在迅速增长；科研成果开放存储也成为许多科研资助机构和教育科研机构的政策要求；各国科学基金会将共同讨论实现公共资助研究成果开放获取；布达佩斯宣言2012年新10年倡议提出10年内使开放获取成为所有学科传播同行评议研究论文的主流方式；开放数据、开放课件和开放学术专著强劲发展……。开放学术资源已经成为科研、教育不可或缺的资源，在许多学科正迅速成为主流的甚至是主要的研究资源（见张晓林、李麟、曾燕等人在《图书情报工作》2012年第9期发表的《开放获取学术信息资源：逼近"主流化"转折点》）。

有人认为，开放获取只是出版问题或机构科研产出长期保存问题，与图书馆关系不大，至少现在关系不大；但实际上，开放获取将对研究型图书馆带来颠覆性影响。图书馆依靠采购文献来建立馆藏，又依靠这个馆藏来为用户服务。即使在数字图书馆时代，它们也依靠订购数字期刊、建立局域网内虚拟馆藏来形成和体现自己的能力。开放获取将对此釜底抽薪。而且，开放获取发展势头迅猛，有些领域（如高能物理）将在2014年实现绝大多数学术论文开放出版，有些领域（如生物医学）将在3–5年内实现大多数学术论文开放存缴。如果50%、70%或更多学术论文实现开放获取，传统图书馆就会失去采购和馆藏的必要。况且，诸如英国研究理事会和国际高能物理开放出版资助联盟都明确提出将图书馆订购费转移为开放出版费，又使传统图书馆难以为继。如果说数字化使得大楼变得不重要，那么开放获取将使得采购和馆藏变得不重要了，研究型图书馆凭什么保持其重要性和必要性？

也有人认为，开放获取给图书馆带来的只是威胁，甚至"削弱"了图书馆的权力和地位。因此隐约可感受到对开放获取的冷淡和对"可诅咒的传统出版体系"的怀念。但实质上，开放获取将为研究型图书馆在教育科研中发挥新的更大作用提供巨大空间。一方面，开放获取环境下信息传播、出版、

鉴别、组织和保存将面临许多新的复杂问题，任何严肃的科研教育机构都需要专业知识和专业队伍来高效应对；另一方面，开放获取带来知识开放应用的能力，支持跨界的、协同交互的、用户端驱动的知识挖掘、发现、学习和创造，需要新的知识服务和新的知识专家。因此，开放获取除了为教育科研和社会带来巨大收益（其实这就够了），还能为研究型图书馆提供逆风飞扬的机会，我们为什么要抱残守缺而把机会拱手让人？

　　正是因此，中国科学院国家科学图书馆抓住开放获取提供的战略性创新机会，7、8 年前就积极研究、宣传开放获取，并从多个角度支持开放获取。中国科学院国家科学图书馆机构知识库（http：//ir. las. ac. cn/）已经汇集了数百篇关于开放获取的研究成果和实践报告，并全部开放获取。我们在探索开放信息资源环境的挑战及其应对策略（见张晓林、曾燕、李麟等人在《图书情报工作》2012 年第 19 期发表的《开放学术信息资源环境的挑战及其应对策略》）的基础上，利用首次中国开放获取推介周，对开放出版与开放获取的支持政策和自身推进开放获取的战略与实践进行了总结，有关报告经整理后在本期发表。当然，这些研究还是初步的，许多问题有待深入探索和实践，但我们希望图书馆界同仁们与我们一道直面开放获取新世界。"生存还是灭亡，这就是问题"，开放获取为我们提供了历史大转折的挑战与机遇，它是下坡路还是登高梯，全在我们怎样选择。

# 研究图书馆推进开放获取的战略与实践*
## ——以国家科学图书馆为例

张晓林 刘细文 李麟 曾燕 顾立平

**摘 要** 从国家科学图书馆（简称"国科图"）作为中国科学院 Chief OA Officer 和科技信息开放获取的关键推动者的角度，运用多维结构法提出了国科图开放获取战略框架，介绍国科图开放获取实践，包括协助中国科学院建立开放获取战略、组织开放获取研究和知识传播、建设中国科学院机构知识库网络、支持中国科学院作者发表开放论文等。

**关键词** 开放获取 战略 政策 开放知识库 开放出版

**分类号** G255

## 1 引 言

开放获取已成为科研学术信息交流中的重要组成部分，在部分科技领域，开放获取正逼近成为主流学术信息资源的转折点[1]。然而，开放信息环境包含了各种颠覆性的变革和意想不到的挑战[2]。图书馆难以再依赖于传统的订购模式和出版模式来应对这种新的开放环境，需要重新界定、创造、实现图书馆在数字开放网络下的新角色和新贡献。

尽管我们还需要面对种种不确定性、风险甚至难以避免的失败，但是图书馆已无退路。一方面，数字科研学习新范式的飞速发展[3-4]正在推进建设开放知识基础设施和服务，以支撑数据密集型科学研究与科学发现；另一方面，学术界在更为有力地推动开放获取。2012年在布达佩斯开放获取倡议10周年之际提出的未来10年开放获取建议[5]呼吁把开放变成为学术交流的默认状态，并提出在10年内使开放获取成为所有国家所有学科领域传播同行评议

---

\* 本文基于 Chinese Journal of Library and Information Sciences 发表的论文 "Defining an Open Access Resource Strategy for Research Libraries: Part III—The Strategies and Practices of National Science Library"（2012年第3期），征得该刊同意修改后以中文发表。

的研究论文的主流方式。研究资助机构也加快、加强推动受资助研究成果产生论文的开放获取政策。将于 2013 年召开的全球研究理事会峰会（Global Research Council Summit）的两项主题之一就是开放获取，将重点讨论采取什么行动来实现公共资金资助研究成果以开放获取为主流机制，包括如何将图书馆订购费转为开放出版资助经费。

积极参与开放获取、主动融入开放信息环境，对图书馆来说已经时不我待[6]。需要果断、迅速地采取行动，才能在开放信息环境和新兴科研教育范式中发挥重要的、甚至不可替代的作用，并利用自身的专业优势为所在机构或社区制定更好的政策、提供更优质的服务，角力于市场领导者，参与市场规则的制定。实际上，许多机构已经启动相关的试验计划，例如由北美已制定或正在制定开放获取政策的大学组成的开放获取政策联盟[7]（Coalition of Open Access Policy Institutions，COAPI），旨在推动机构开放出版基金发展的 COPE 联盟[8]（Compact for Open-access Publishing Equity，COPE）以及英国开放获取实施小组[9]（UK Open Access Implementation Group）等。

## 2 重新定义开放获取环境中的需求和图书馆角色

国家科学图书馆（以下简称"国科图"）将从三个不同的但密切相关的角度关注开放获取需求（见图 1）。研究教育机构在开放获取中需要什么？它们需要嵌入科研和学习过程、支持数据密集型科学发现的开放知识基础设施（open knowledge infrastructure，OKI）。学术信息交流系统在开放获取中需要什么？它们需要利用转变过程创造出全新的知识创造、传递、组织、评价的方法。图书馆能够在开放获取这场变革中贡献什么？它们需要从研究教育机构和科学交流过程角度去考虑自己的作用和服务。当然也需要说明，图 1 本身只是一个探索和思考的工具，最重要的是跳出盒子去思考，跳出图书馆固有的资源建设、信息检索服务，跳出固有的被动响应或跟从者的角色定位。

从上述三个视角出发，国科图认为自己应在以下方面发挥作用：

● 中国科学院（以下简称"中科院"）开放获取的首席规划组织者和开放知识基础设施的首席管理者。这方面的任务包括：研究和建议中科院开放获取战略与政策；组织和管理中科院主要开放获取项目计划；研发和管理 OKI 的重要组成模块；协调中科院 OA/OKI 方面的合作；为中科院各研究所 OA/OKI 战略与政策提供咨询和支撑。

● 中国开放获取的引领式推动者和中国开放知识基础设施的关键开发者。这方面的任务包括：研究和建议中国研究、教育界的 OA/OKI 战略与政策；研发和组织服务于研究、教育的 OA/OKI 标准、服务、系统工具；倡议和协

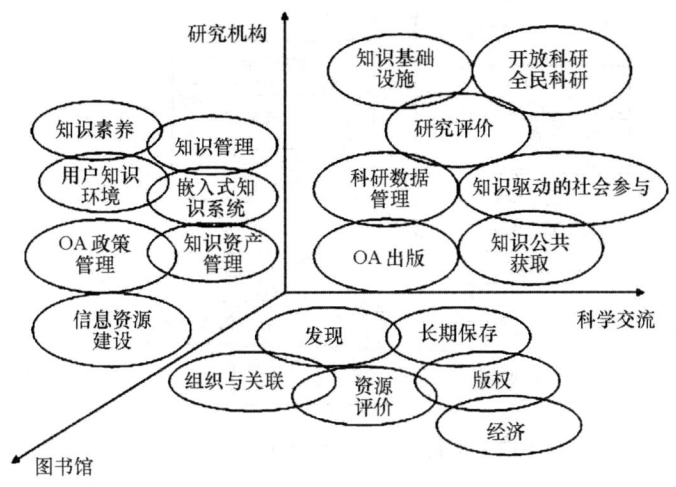

图 1 图书馆在开放获取中的角色定位维度

调组织服务于研究、教育的 OA/OKI 行动计划；代表中国、中科院和研究与教育界参与 OA/OKI 政策、跨领域和国际对话。

• 中国图书馆界 OA/OKI 的引领推动者。这方面的任务包括：研究、推荐图书馆界 OA/OKI 战略与政策；研发和推荐图书馆界 OA/OKI 标准、指南、服务、系统工具；倡议、组织和协调图书馆界 OA/OKI 活动；代表图书馆界就 OA/OKI 参与和其他利益相关方的对话；OA/OKI 服务创新试验基地。

国科图致力于前瞻而谨慎地实施 OA/OKI 战略：充分利用互联网和市场发展提供的机会，前摄性地试验开放获取；主动试验多种开放获取选择，为来自多方面的发展机遇做好准备；以可靠证据为基础进行实践；随时关注可能的恶性结果；将新的措施与对传统服务的改革结合起来；确保行动的政治支持和经济的可持续性。目前的工作布局见图 2（这也同样是一种开放的探索而并非完全固定的模式）。

## 3 支持开放获取战略与政策的研究与推广

开放获取需要多方面和多层次的战略与政策，而且它们都必须建立在丰富的信息和可靠的研究基础上，因此，笔者提出了初步的开放获取战略与政策方面的工作框架，如图 3 所示：

致力于成为开放获取战略与政策的首席研究者和制定者，国科图实施了若干计划：

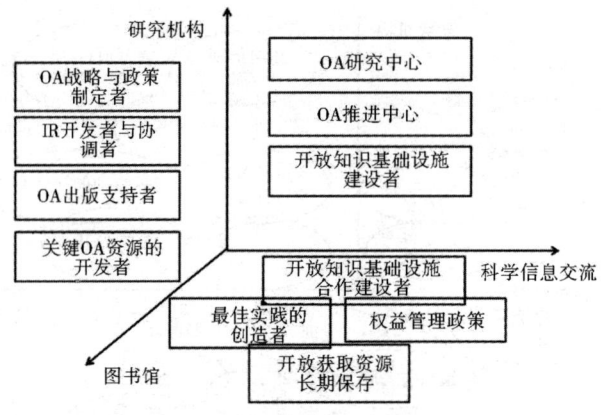

图 2　国科图在 OA/OKI 中的当前工作

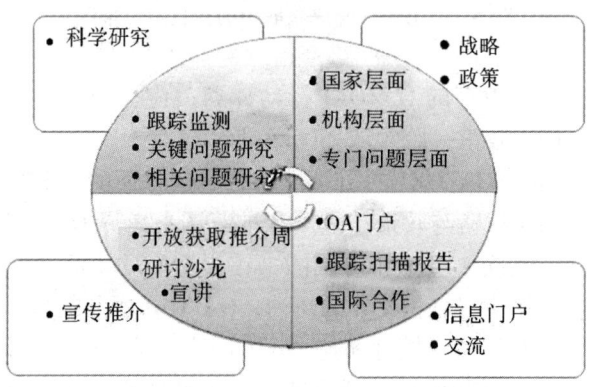

图 3　国科图开放获取战略与政策研究与推进工作框架

### 3.1　跟踪开放获取发展趋势

国科图成立了由员工和研究生组成的跟踪小组，持续监测国际开放获取进展，对重要内容和研究成果编译后每月以跟踪扫描报告的形式发布到国科图机构知识库上开放获取[10]。

### 3.2　重点问题研究

组织员工对开放获取关键问题进行研究，完成"开放获取发展战略与趋势"[11]、"传统出版开放获取政策与实践"[12]、"机构知识库内容存缴与传播权益管理指南"[13]等研究报告。在 2012 年 10 月举办的首次中国开放获取推介周（China OA Week）上，国科图系统展示了在开放获取方面的其他研究成果，涉及科研教育机构与资助机构开放获取出版支持政策研究[14]、开放获取期刊评价与遴选标准[15]、中国开放获取期刊出版现状[16]等。版权、信息素养和电子出版问题也被纳入开放获取的研究日程。

### 3.3 战略与政策制定

依托长期跟踪研究，国科图作为主要研究者起草了中国科学院开放获取战略声明，并在2010年中科院主办的第八次开放获取柏林国际会议上发布，该战略声明表示，中科院支持公共资金资助研究成果的开放获取，支持中科院研究所机构知识库建设，积极试验开放出版，积极参与开放获取的国际合作。国科图起草和发布了国内第一份公共资金资助的研究成果在机构知识库进行存缴和传播的政策指南[17]。国科图在开放获取支持政策和开放获取期刊评价与遴选方面的研究还将被纳入国科图向中科院和国家层面提出的政策建议中。

### 3.4 宣传推广

国科图于2008年建立了中国开放获取门户，发布开放获取的相关新闻、进展、研究报告，面向国内宣传推介开放获取[18]。组织了一系列与开放获取相关的国际会议，包括"科学信息开放获取战略与政策国际研讨会"（2005年）、"数字图书馆与著作权法律应用热点问题国际研讨班"[19]（2007年）、"科学文献与科学数据通用许可国际研讨会"（2009年）、"第八次开放获取柏林国际会议"[20]（2010年）。2012年，国科图组织了国内首次中国开放获取推介周[21]，通过会议报告、专家讨论、开放获取知识库和开放获取期刊的巡回宣讲等多种形式宣传推介开放获取。

国科图为进一步在国家、科研资助机构、中科院层面开展开放获取、开放出版方面的政策研究，已组建专门的核心工作团队。

## 4 支持开放出版

国科图支持开放出版的行动框架见图4。其中，重要实践包括：

### 4.1 资助中科院作者开放出版

国科图是开放获取出版机构 BioMed Central（简称 BMC）的第一家中国机构会员，在谈判获得论文处理费享受一定折扣后，代表中科院为中科院科研人员和研究生在 BioMed Central 发表的作为第一作者或通讯作者的论文支付50%的论文处理费（article processing charge，以下简称 APC）。国科图的支持政策有以下特点：坚持通过开放出版专项资金与出版机构谈判，获得论文处理费享受一定优惠，确保支持开放出版的行动带来更低成本。坚持作者共同

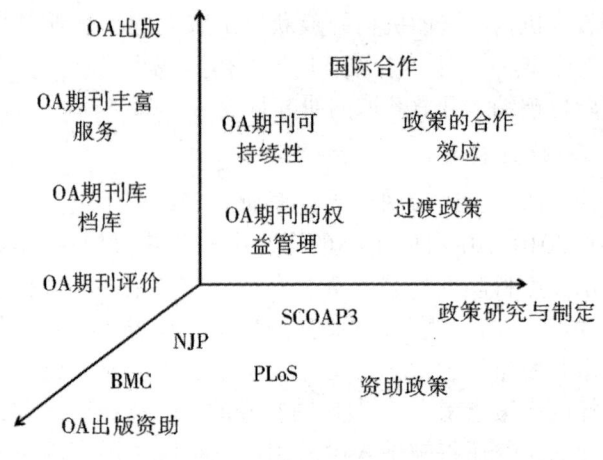

图 4 国科图开放出版支持行动

负担 APC，因为这有助于作者对于 APC 价格保持敏感，协助控制 APC 价格；坚持出版社（例如 BMC）提供其他附加服务，包括在中科院相关研究所举办宣传培训，提供培训课件和培训资料，定期提供中科院作者投稿、发文、使用情况的报告；开放出版社的所有 OA 论文本地化可靠长期保存也是国科图与开放出版社合作的条款之一，目前已与 BMC 开展了这项工作。国科图还以同样的方式资助了中科院作者在 *New Journal of Physics*（NJP）开放获取期刊上发表论文，并与 NJP 的出版机构——英国物理学会出版社达成本地长期保存合作协议。国科图正与其他高水平的全 OA 出版机构洽谈，按照上述机制资助中科院作者开放出版的合作。国科图尚未涉及对复合期刊开放论文的资助，主要是复合期刊订购费用扣减的透明化机制尚未建立。

### 4.2 参与开放出版的集团资助计划

国科图于 2012 年 7 月代表中科院正式签署了加入 SCOAP3（Sponsoring Consortium for Open Access Publishing in Particle Physics，高能物理期刊开放出版联盟资助计划）的意向书[22]，将与 SCOAP3 其他参与机构共同努力，将图书馆订购相应期刊的经费转成支持高能物理开放出版的经费，实现高能物理领域同行评议研究论文的开放获取。国科图还作为成员之一参与了 SCOAP3 指导委员会和技术工作组的工作，并作为中国高能物理发文量较大的机构的协调者，致力于组建 SCOAP3 的国内联盟[23]。国科图还将继续参与和推动类似的工作。

### 4.3 研究支持作者开放出版的政策

国科图认识到，将国科图资助开放出版的政策上升为国家政策要面临复杂挑战，因此积极进行了相关研究，例如遴选和评价开放获取期刊的标准；开放出版环境下作者、作者所在机构、资助机构对开放论文的存储、内容复用、附加服务等方面的权利要求；低成本高效率地有效控制 APC 价格的开放获取出版资助机制等。在上述长期研究和试验的基础上，国科图正研究起草国家层面的相关政策指南建议。

### 4.4 研究支持期刊开放出版的政策

将订购期刊转为开放出版期刊已经成为现实而迫切的挑战。作为 16 种学术期刊的出版者和管理者，国科图结合资助作者发表开放论文的经验，已开展对订购期刊转为开放期刊的挑战与应对措施的研究，包括开放期刊 APC 的计算方式，依托增值服务的开放期刊多途径收入渠道以及按照数字知识服务平台利用重构期刊服务流和开发增值服务来提升期刊运营效率的途径等。

## 5 建设中科院研究所机构知识库

国科图推动开放获取的主要工作之一是建设中科院研究所机构知识库[24]。国科图认为，机构知识库不是被动的存储库，而是机构的知识资产管理机制和知识服务平台，如图 5 所示：

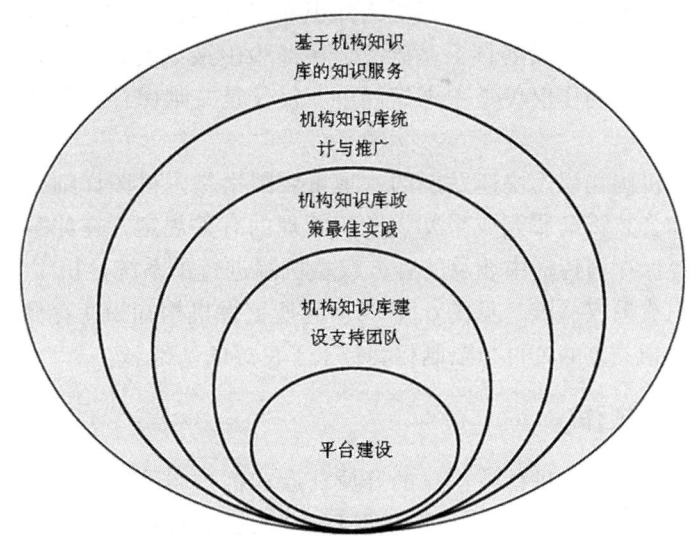

图 5 国科图机构知识库建设框架

国科图于2007年启动研究所机构知识库建设，目前已建成并投入运行的机构知识库超过70个，还有20余家研究所机构知识库正在建设之中[25]。截至2012年10月，各机构知识库中存储的全文文献总量超过265 000篇，总下载量达400余万次，其中2012年下载量占总下载量的50%以上，有超过20篇论文的单篇国际下载量超过200次。在开放知识库国际登记系统OpenDOAR[26]和ROAR[27]中，中科院研究所机构知识库数量占中国机构知识库总数的2/3。

中科院研究所机构知识库建设的成功源自以下因素：①将机构知识库建设主体定位为研究所，研究所作为独立负责的法人机构，能有效要求和支持研究成果的存储，而且研究所也最关注研究成果的长期保存和传播的影响力。②将机构知识库定位为知识管理工具（而不是图书馆工具），致力于解决研究所关心的自身研究成果的保存和利用；同时，将机构知识库定位为研究成果影响力管理平台，满足研究所传播自身研究成果的需求。③设计了机构知识库建设与服务的整合性解决方案，而不仅仅是提供一个机构知识库平台软件。国科图组织了技术团队、推广服务团队、政策研究团队，建立了即时培训咨询的在线支持论坛，帮助研究所建设机构知识库。④为作者和机构提供增值服务，增加机构知识库的吸引力和黏性，例如自动生成作者主页、协助生成研究所或跨所的知识地图。⑤把机构知识库建设与研究所图书馆改革结合起来，将研究所图书馆服务扩展到机构知识库服务和机构知识管理，也为机构知识库建设和可持续发展打下基础。上述经验中最重要的一点是：决不能将机构知识库建设当作仅仅是图书馆的事、仅仅是文献保存或者文献开放获取的事。

中科院机构知识库快速发展的一项重要因素是国科图详细梳理了著作权相关条款和公共资助研究成果知识产权管理的有关规定，在此基础上对机构知识库内容保存与传播中涉及的各方权益机制进行了系统分析[13]，提出了公共机构知识成果权益链（见图6），为研究所把握机构知识库存储、发布、保存中各利益相关方的许可与限制权利打下了良好的基础。

## 6 未来工作

国科图致力于推进科技信息的开放获取和推进图书馆界面向开放获取的变革。除了本文提到的工作，国科图已经开始试验采集和组织开放获取会议资源和开放获取教育资源，试验组织对基于XML格式的开放期刊全文数据的长期保存、开放关联引擎建设等。同时，国科图致力于采取开放方式推进

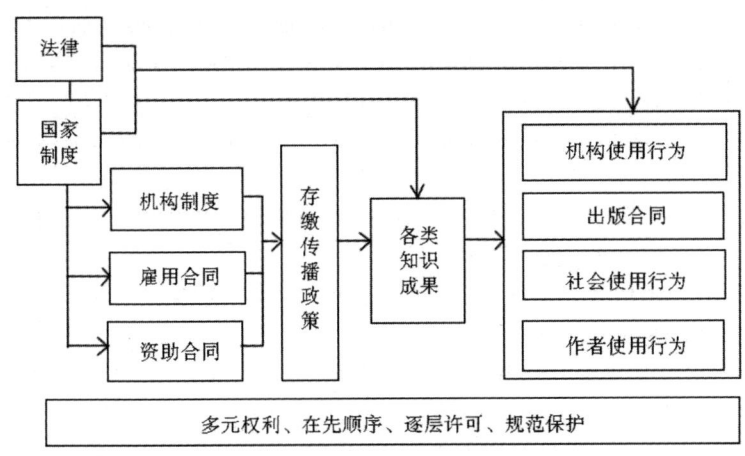

图 6 公共机构知识成果的权益管理关系

OA,将自己开放的机构知识库软件 CSpace 发布为开源软件[28]、发起组织由国内主要图书馆组成的中国 arXiv.org 服务工作组和中国机构知识库推进工作组,推动 arXiv.org[29]在中国的推广和使用,协调推进中国机构知识库建设[30]。国科图将进一步强化其开放获取战略的实施,应对快速发展的开放获取环境。

国科图清楚地认识到,开放获取对传统图书馆带来了颠覆性影响[31],同时开放获取本身也存在许多不确定性和变化。然而,复杂性和风险更是战略创新的理由。在充满竞争和机遇的"要么引领"、"要么出局"的时代,我们不能等待也不敢等待,必须把握开放获取这一机遇,重新架构知识服务格局,创造和发展图书馆在未来科研学习环境中的地位和贡献。

**参考文献:**

[1] 张晓林,李麟,刘细文,等. 开放获取学术信息资源:逼近"主流化"转折点[J]. 图书情报工作,2012,56(9):42-47.

[2] 张晓林,曾燕,李麟,等. 开放学术信息资源环境的挑战及其应对策略[J]. 图书情报工作,2012,56(19):5-12.

[3] Hey T, Tansley S, Tolle K, et al. The fourth paradigm:Data-intensive scientific discovery [EB/OL]. [2012-11-15]. http://research.microsoft.com/en-us/collaboration/fourth-paradigm/.

[4] The Royal Society. Science as an Open Enterprise[EB/OL]. [2012-11-15]. http://royalsociety.org/policy/projects/science-public-enterprise/report/.

[5] Ten years on from the Budapest Open Access Initiative:Setting the default to open[EB/OL].[2012-11-15].http://www.opensocietyfoundations.org/openaccess/boai-10-recommendations.

[6] ACRL Research Planning and Review Committee. 2012 top ten trends in academic libraries[J]. C&RL News,2012(6):311-320.

[7] Coalition of Open Access Policy Institutions[EB/OL].[2012-11-15].http://www.arl.org/sparc/about/COAPI/.

[8] Compact for Open Access Publishing Equity[EB/OL].[2012-11-15].http://www.oacompact.org/compact/.

[9] UK Open Access Implementation Group[EB/OL].[2012-11-15].http://open-access.org.uk/.

[10] Trends in library and information services:Open access[EB/OL].[2012-11-15].http://ir.las.ac.cn/handle/12502/4152.

[11] 张晓林,刘兰,李麟.科技信息开放获取的内涵演变、责任意义和实施战略[J].图书情报工作,2009,53(5):28-33,114.

[12] 李麟,张晓林.传统出版商的开放获取出版[OL].[2012-11-15].http://ir.las.ac.cn/handle/12502/5512.

[13] 张晓林,张冬荣,李麟,等.机构知识库内容保存与传播权利管理[J].中国图书馆学报,2012,38(4):46-54.

[14] 张晓林,李麟,李姝影.国际科研教育机构资助机构开放获取出版支持政策与机制[OL].[2012-11-15].http://ir.las.ac.cn/handle/12502/5510.

[15] 顾立平,张晓林,曾燕,等.开放获取期刊评价与遴选[OL].[2012-11-15].http://ir.las.ac.cn/handle/12502/5515.

[16] 初景利,李麟,沈冬婧,等.中国开放获取期刊出版现状——基于中国科协学术期刊的调查[OL].[2012-11-15].http://ir.las.ac.cn/handle/12502/5506.

[17] 国家科学图书馆机构知识库内容存缴与传播政策指南[R/OL].[2012-11-15].http://ir.las.ac.cn/handle/12502/5043.

[18] 中国开放获取门户[OL].[2012-11-15].http://www.open-access.net.cn/.

[19] 数字图书馆与著作权法律应用热点问题国际研讨班[OL].[2012-11-15].http://crlm.las.ac.cn/.

[20] 第八次开放获取柏林国际会议[OL].[2012-11-15].http://www.berlin8.org/.

[21] 中国开放获取推介周[OL].[2012-11-15].http://chinaoaweek.las.ac.cn.

[22] Sponsoring Consortium for Open Access Publishing in Particle Physics[EB/OL].[2012-11-15].http://www.scoap3.org/.

[23] 曾燕,张晓林,郑建程,等.SCOAP3介绍[OL].[2012-11-15].http://ir.las.ac.cn/handle/12502/5508.

[24] 张冬荣,祝忠明.CAS IR Grid 建设、推广、服务[OL].[2012-11-15].http://

[25]　中国科学院机构知识库服务网格[OL].[2012-11-15].http://www.irgrid.ac.cn/.
[26]　The Directory of Open Access Repositories[EB/OL].[2012-11-15].http://www.opendoar.org/.
[27]　The Registry of Open Access Repositories[EB/OL].[2012-11-15].http://roar.eprints.org/.
[28]　CSpace:An open source institutional repository software[EB/OL].[2012-11-15].https://github.com/cspace.
[29]　中国arXiv.org服务工作组成立[EB/OL].[2012-10-22].http://chinair.csdl.ac.cn/node/722253.
[30]　中国机构知识库推进工作组成立[EB/OL].[2012-10-23].http://chinair.csdl.ac.cn/node/722256.
[31]　张晓林,李麟,顾立平,等.从SCOAP3模式看图书馆资源建设的范式转变[J].图书情报工作,2012,56(17):42-47.

**作者简介**

张晓林,中国科学院国家科学图书馆研究员,博士,E-mail:zhangxl@mail.las.ac.cn；

刘细文,中国科学院国家科学图书馆研究员；

李麟,中国科学院国家科学图书馆馆员,博士研究生；

曾燕,中国科学院国家科学图书馆副研究馆员；

顾立平,中国科学院国家科学图书馆副研究员,博士。

# 中国科学院机构知识库建设推广与服务

张冬荣　祝忠明　李麟　王丽

**摘　要**　中国科学院国家科学图书馆针对中国科学院数字科研知识环境建设需求,提出机构知识库发展策略和建设推广模式。机构知识库建设是一项系统工程,涉及技术、服务、法律等复杂问题的处理与对策方案。以工作实践为基础,围绕中国科学院机构知识库建设战略发展目标制定的系列推广与服务工作机制,对推广与服务实践中的制度、方案与工作办法进行说明。

**关键词**　机构知识库　IR　中国科学院　工作机制
**分类号**　G258

机构知识库(institutional repository, IR)是公共教育科研单位保存、利用和传播自身产出的知识资产的重要工具与机制。IR 在世界范围内发展迅速,截至2012 年11 月,DOAR 收录的 IR 已达2 230 个[1],在 ROAR 中注册的 IR 超过2 994 个[2]。中国科学院(以下简称"中科院")IR 建设工作起步于2007 年,通过历经5 年的试点、示范及规模推广与服务工作,目前已有100 余家研究所的 IR 已建或在建 IR,其中76 个研究所的 IR 已对外公开服务,存缴量超过34 万余篇,年度下载量超过百万篇次。IR 在促进全院研究所开展机构知识管理,保存、传播和共享研究所科研成果方面取得了显著成效,已成为中科院数字科研知识环境重要的有机组成部分,是目前国际科研机构中最大的公共资金资助科研成果共享系统之一,在示范和推动我国公共科研成果开放共享方面发挥了重要作用。

## 1　中科院 IR 发展策略

国际研究证明[3-4],即使建立了强大的 IR 技术平台,如何激励作者将学术成果存缴到 IR 中并及时开放共享,始终是个严峻的挑战。对于机构管理者、作者、用户、出版社等利益相关方而言,什么是 IR、为什么需要 IR、通过 IR 能得到什么益处、需要付出多大成本等等,始终影响着他们对 IR 的支持和参与的立场与力度。中科院国家科学图书馆(以下简称"国科图")高度重视 IR 的战略定位和策略选择,最大限度地调动各方积极性,建立 IR 建设、服务和可持续发展的良性生态。

什么是 IR？为什么需要 IR？很多时候,人们习惯把 IR 视为图书馆的系统——或者仅仅是文献存储系统,或者是一个论文检索获取系统,但这种视角很难引起机构领导层和科研人员的重视,也难以得到他们的支持。国科图努力从机构、研究人员和学术信息交流体系的长期需要来认识 IR[5],一开始就把 IR 定位为中科院的知识管理、知识传播和知识保存平台,把 IR 建设作为中科院这样一个以知识长期保存为基础、以知识创新为目标、以知识成果的产出与传播利用为能力体现的研究机构的内在需要,把 IR 建设作为中科院建设新型知识基础设施、促进学术信息交流、保障知识资产永续利用的重要措施,并把 IR 建设上升到中科院知识战略和科研成果管理战略的有机部分,纳入到中科院"创新 2020"战略中,使之成为机构意志、机构投入和机构责任。

通过 IR 能得到什么益处？尽管 IR 在传播和保存机构知识成果上有着重要作用,但仅仅停留于此则很难激励机构领导层和研究人员真正参与和推动 IR,故必须挖掘 IR 对机构和作者的直接增值服务[6-7],持续提高 IR 对机构和作者本身工作的支持力度。国科图在 IR 建设中坚持推动 IR 服务,将其作为 IR 战略的有机部分,而不是权宜之计或者诱饵。例如,利用 IR 内容支持科研成果管理、产出分析和科研评价,支持作者自动制作学术履历,提供作者、课题组或机构科研成果浏览下载的统计宣传等,创造 IR 与机构或作者的直接受益关系,支持机构和作者利用 IR 来形成新能力、新收益,把 IR 建设成机构和作者的知识管理工具。

IR 建设推广需要付出多大成本？仅仅依靠崇高的理想、一时的投入或者辛苦的工作很难让 IR 得到可持续发展。必须尽可能降低机构、作者和社会在存缴、管理和利用 IR 内容上的成本。在减轻作者存缴负担方面,远不仅是"让存缴更加容易",而应努力从源头上消除或减少作者"自己存储"的负担,例如从科研成果管理系统自动转入数据,由机构授权图书馆存缴,或者要求出版社将论文自动推送到 IR；在减轻机构管理与运营负担方面,应利用现有部门(例如研究所图书馆)及其业务转型发展来平滑扩展 IR 运营服务,建立可靠的权益管理制度[8],提供对作者、机构的支撑服务等；在减轻机构和社会利用 IR 内容负担方面,应提供高质量检索获取服务,支持增值服务,提供开放数据接口,支持与其他科研、教育、管理和文献系统的开放关联等。

## 2 中科院 IR 建设推广模式

为将发展策略落实为扎实可靠的 IR 建设与服务效果,需要针对具体机构的管理环境和推进条件,解决谁来建、如何推动、如何保障建设与服务的高效率和可持续等问题。

  中科院由100余个具有独立法人地位的研究所组成,是典型的两级管理机制,而且研究所承担独立组织和管理科研活动、聘任和考核科研人员的职责。尽管国际上也有多机构的国立科研组织(例如德国马普学会)采取集中式IR,但国科图在推进IR时明确将研究所作为IR建设、管理和服务的主体,将知识管理需求、责任和IR建设责任紧密结合起来,充分发挥研究所高度关注研究成果保存和影响力的积极作用,充分利用研究所的管理权威和管理细粒度,积极服务于研究所及其科研人员不断拓展的需要。尽管从系统平台投入角度看这样似乎不划算,但从更好地服务于研究所、得到研究所更多重视和更多支持的角度看,显然是有利的,而且中科院IR发展的事实证明了这一点。

  IR是一个涉及法律、经济、技术和管理复杂挑战的新生事物,尤其是在一个拥有不同学科、多类不同性质单位的大型机构中,如何提供系统而全面的IR建设推动力,并长时期地保持这种推动的力度,需要将IR建设目标与承担推动职责的单位本身的战略发展密切结合,使IR"服务于这个单位本身的发展利益"。如果这个承担单位(例如某些研究所图书馆)仅仅认为IR是个"额外"的或者"有利于争取经费"的任务,与自己的核心战略发展并不相关,它就不会全力以赴,更不会积极调整自身业务来保障支持IR建设与服务。国科图从为科研教育机构建设新型开放知识基础设施、为社会塑造新型开放学术信息交流体系、为图书馆打造开放知识服务能力的角度来规划自己在开放获取中的职责与任务[9],并在这个大框架下认识和组织全院各研究所建设IR的工作,使自己成为全院知识资产管理与服务促进中心和支持中心,以此为契机促进国科图自身和中科院整个文献情报服务体系转型发展,也结合这项工作来组织队伍和投资。

  为了高效地推进和可持续地服务于中科院IR建设,国科图为研究所和科研作者提供最大可能的支持,同时从技术平台开发、IR建设服务、政策研究支撑、内容利用服务等方面采取了综合配套的支持机制,最大程度地减轻研究所和科研作者参与IR建设与服务的负担。在进行IR技术平台研发、知识资产管理政策研究的同时,配置学科馆员、技术和政策支撑团队与研究所协同工作;根据研究所特定需求,在研究所定制部署IR平台系统,建立研究所机构知识管理相关制度与规范,培育研究所自有知识资产管理能力;建设中科院IR网络集成服务门户(CAS IR Grid),对研究所IR元数据自动采集收割,提供集中揭示与集成检索服务,并提供浏览下载统计服务。政策研究、技术开发、服务支持是中科院研究所IR建设推广的三个重要方面,形成以服务支持为核心的三足鼎力推广建设模式(见图1)。换言之,中科院IR推广建设,重要的不是技术平台搭建与数据的存储,而是服务建设。

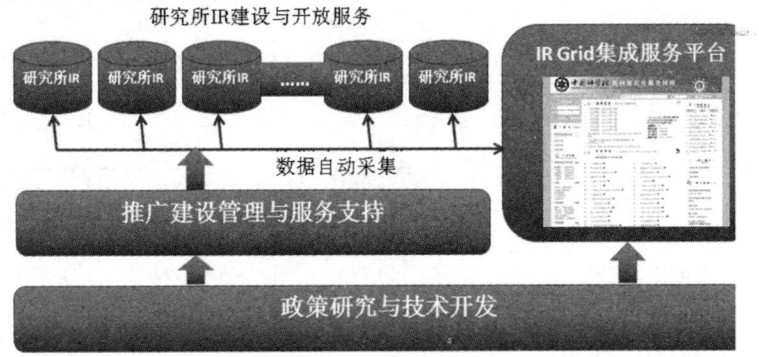

图1 中科院IR建设推广模式

## 3 中科院IR建设现状

中科院于2007-2008年度启动、完成了力学研究所IMECH-IR和国科图LAS-IR试点建设工作,并在试点的基础上于2009年启动第一期规模化推广,2011年启动第二批推广,目前正持续推进。随着中科院IR推广工作的深入和相关支撑服务的不断完善,知识内容采集数量明显呈逐年增长态势,截至2012年10月,公开服务IR达到万条以上的研究所有11家(见表1),全院总体数据规模已达349 003条。其中,含全文的数据量为265 016篇,占75.94%,可提供对外开放服务的全文数据量159 131篇,占77.5%。当前研究所IR采集的主要知识内容类型为期刊论文(70%)、学位论文(11%)、会议论文(10%)、专利(5%)等并不同程度地收集了预印本、成果、专(译)著、文集、演示报告、研究报告、多媒体、软件著作权等内容类型(见图2)。IR访问利用量也显著增长,累积总浏览量29 330 485次,总下载量为4 552 070篇次(见图3),大大提高了中科院研究成果的显示度和可见性。

表1 中科院研究所IR建设万条以上情况  (单位:条)

| 研究所名称 | 存储总量 | 存储全文量 | 全文开放量 |
| --- | --- | --- | --- |
| 高能物理研究所 | 19 451 | 18 499 | 3 750 |
| 金属研究所 | 18 795 | 2 170 | 2 170 |
| 大连化学物理研究所 | 18 674 | 7 647 | 7 647 |
| 长春应用化学研究所 | 18 269 | 17 615 | 16 355 |

续表

| 研究所名称 | 存储总量 | 存储全文量 | 全文开放量 |
|---|---|---|---|
| 工程热物理研究所 | 17 341 | 17 002 | 4 558 |
| 地理科学与资源研究所 | 15 963 | 5 086 | 3 604 |
| 南京土壤研究所 | 12 474 | 7 608 | 963 |
| 上海微系统与信息技术研究所 | 11 799 | 11 796 | 6 466 |
| 力学研究所 | 10 834 | 8 803 | 8 096 |
| 半导体研究所 | 10 732 | 10 499 | 9 218 |
| 长春光学精密机械与物理研究所 | 10 305 | 10 222 | 8 216 |

统计时间:2012 年 11 月 14 日。

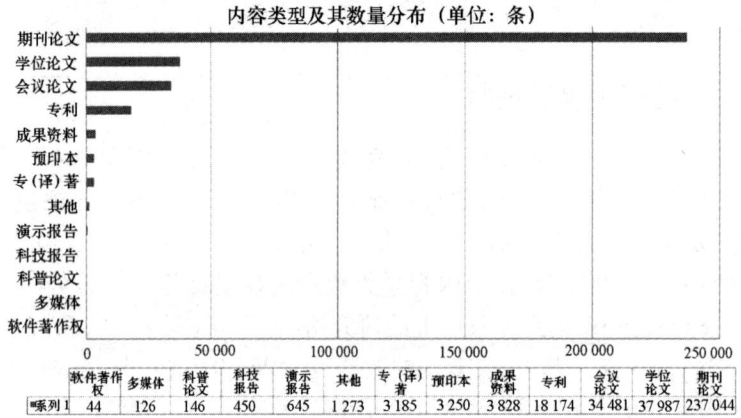

图 2 中科院 IR 内容类型分布

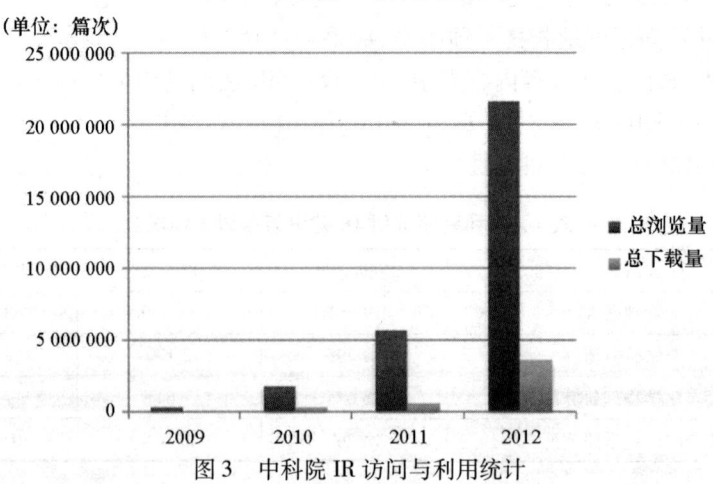

图 3 中科院 IR 访问与利用统计

## 4 中科院 IR 建设推广的学科服务工作模式

学科馆员是国科图支持研究所文献情报服务的基础力量,同时也是帮助研究所个性化创新和发展知识服务的关键抓手,因此研究所 IR 建设与服务从本质上就成为学科馆员服务内容中的应有之义,而且学科馆员可以有效沟通国科图技术团队、政策团队与研究所,从而保证国科图对研究所 IR 建设的综合支持。因此,国科图在组织推进研究所 IR 建设时,将之定位于知识服务能力建设,采用了学科服务工作模式,将 IR 推广工作与学科服务工作绑定,纳入国科图学科服务核心任务体系中,并在制度建设上予以保证,使之彼此促进。

### 4.1 将 IR 建设与学科化基础服务工作紧密结合

国科图制定了《学科馆员在 IR 建设专项工作中的职责》,明确 IR 建设推广工作在学科馆员岗位职责中的要求,从 IR 建设宣传推广、系统技术、政策体系等各个方面与工作中的各个环节上,要求学科服务全程参与,将 IR 建设推广工作渗透在参考咨询、教育培训、学科情报服务等基础服务中,从本质上将 IR 推广工作嵌入学科服务工作,保证了 IR 推广工作责任到人,落到实处。

### 4.2 通过学科服务协同工作机制保障 IR 推广建设

IR 建设是一项复杂的系统工作,需要机构决策层、管理层、用户层的不同参与,也需要服务、技术、政策等多团队的通力合作,更涉及机构、作者、数据库商等多方利益的平衡。中科院 IR 建设推广工作以学科馆员为枢纽,建立与科研决策用户、科研管理用户、科研一线用户的密切联系,建立技术、政策、服务的联合团队,协调各方需求与利益,构建协同工作环境与工作机制。

### 4.3 以 IR 建设推广工作为抓手,拓展学科服务的工作形式

学科馆员参与 IR 建设推广,有利于推进嵌入科研一线的学科服务,拓展学科服务的内容,形成一种以机构知识资产管理为目标,融合学科服务的咨询、教育、培训、信息环境建设、科研产出分析、学科情报分析等各个类型的综合服务形式。

### 4.4 基于 IR 建设推广,延伸学科服务的工作内容

IR 是新型学术交流变革体系中的重要形式,进行 IR 建设推广和服务扩展,有利于推动国科图和研究所图书馆的转型发展,使图书馆服务从存储、检索、统计、推送等传统信息服务向知识审计、关联揭示、数字知识管理、数字教育、机构分析评估、数字出版等新型知识服务延伸。

### 4.5 基于 IR 建设推广,推动学科馆员的能力发展

IR 建设赋予学科馆员新的能力要求和服务职责,包括网络学术资源组织体系研究、长期保存的政策与技术体系研究、知识管理的理论与方法研究、学科传播与教育规范研究、知识共享利用的政策规范研究、科研评价方法研究、电子出版政策与规范研究等,对促进学科馆员能力建设起到了重要的推动作用。

## 5 中科院 IR 建设推广工作机制

### 5.1 项目牵引工作机制

中科院 IR 建设是在"中国科学院知识创新工程重要方向项目"支持下,由国科图组织实施,分一期、二期先后开展。整体工作采用院所两级项目推进的方式,组织和支持研究所开展本所 IR 建设工作。在研究所领导下,协同所内相关部门参与,国科图责任学科馆员与技术人员配合,成立研究所级子项目组,经过申请、审批、制定子项目任务书、阶段检查等工作流程,开展研究所 IR 的自主建设工作。

项目牵引方式可将 IR 建设纳入研究所领导视野和责任,获得其认可和支持,并可撬动研究所匹配启动经费,同时也对研究所图书馆转型发展形成压力和激励。另外,通过"项目任务书"方式建立起责任约束的目标、团队和工作机制,可将研究所 IR 建设纳入院所两级共同监督考核之下。

项目推进方式也要求全院形成研究所 IR 建设进度和效果的规范管理考核机制,国科图先后制定了《研究所机构知识库建设推广专项工作指南》、《研究所 IR 建设推广专项工作管理办法》、《研究所 IR 建设推广专项工作验收考核办法》等,使研究所 IR 建设工作有章可循。

### 5.2 分层递进工作机制

IR 建设是一项系统性、可持续性的工作,不可能一蹴而就,也不可能一劳永逸,因此,在组织推进的规划方面,国科图采用了试点→示范→一期首批推广→二期规模推广的工作步骤,由研究所自主申请,国科图择优支持、分批推动,通过成熟一个支持一个的方式,由点及面,分层递进,逐步扩展建设规模,积累建设经验,建立示范案例,形成发展势头,完善建设流程与制度。

在通过"全面规划,系统设计"引导研究所 IR 建设的同时,国科图鼓励研究所"由浅及深,逐步推进"。例如,在知识内容对象管理方面,先从简单的、常规的、近期的知识内容组织管理出发,逐步推进复杂的、特殊的、回溯的知识内容组织管理,充分利用国科图提供的期刊数据、学位论文数据等以及管理模板,逐步推进研究所扩展知识内容类型和数据规模。

分层递进的推广原则也同样适用于IR平台软件系统的研发及IR政策体系的完善。中科院IR软件平台(CAS OpenIR)遵循需求驱动的功能演进路径，随着中科院IR的逐步发展，形成了支持知识内容多类型扩展管理、知识成果多渠道采集集成、知识资产多维度统计分析、个人学术履历管理、开放互操作服务等的综合知识资产管理服务平台。针对IR建设过程中涉及知识产出管理的复杂制度与政策要求，中科院IR建设的政策研究团队在《中国科学院机构知识库政策框架与相关配套机制研究》调研报告基础上逐步完成了《[研究所]机构知识库建设管理办法》等系列配套政策模板，并通过征求意见会、CAS IR政策机制培训会、下所现场访谈等多种形式，解释、宣传和修订《机构知识库运行管理办法》，逐步完善，为研究所提供了IR建设过程中涉及存缴责任人与存缴内容界定、内容传播与管理、考核与激励、权益管理等政策制定的参考指南。

### 5.3 协同服务工作机制

国科图依托全院学科服务机制，将研究所IR推广服务与学科馆员服务结合起来。在具体研究所的IR建设推广中，学科馆员是责任研究所IR建设的联络人和推动者，由研究所文献情报人员和责任学科馆员共同组成核心团队，建立三级协同工作机制，保证研究所IR建设过程中的政策、技术、服务需求和问题能够得到及时合理的解决。

#### 5.3.1 学科馆员与研究所文献情报人员协同工作

协同收集和掌握研究所IR建设的需求，动员和说服研究所领导与相关部门参与到IR建设当中，共同规划IR建设任务，组织提供IR建设的政策、内容组织、服务设计等咨询服务，解决研究所IR建设应用过程中的各种问题以及收集和反馈研究所IR建设运行过程中的需求和建议等。

#### 5.3.2 院所联合团队与技术研发团队协同工作

按照国科图总分馆学科馆员团队责任片区，分别确定学科馆员技术协调人，建立所文献情报人员+责任学科馆员+学科馆员技术协调人+技术支持人员的协同支持团队，制定《学科馆员在IR专项工作中的职责》、《学科馆员IR技术协调人工作职责要求》和《研究所IR技术支持与服务规范》等规范，明确规定各方在研究所IR推进、申请、建设、评估验收各个阶段的责任和要求。共同承担IR平台技术问题的咨询、培训与服务支持工作，协调解决技术问题，收集和反馈研究所IR平台建设中的问题、个性需求及研发建议，推进技术平台系统的修正和完善。

#### 5.3.3 院所联合团队与政策服务团队协同工作

学科馆员积极学习有关知识产权等权益管理政策，配合政策服务团队，直接或间接支持研究所IR建设过程的有关政策咨询、培训工作,梳理实践案例,了解并收集研究所在政策方面的困惑与难点问题,提出政策支持服务的需求建议,共同协助制作研究所IR建设的政策体系。

这种联合协同机制将各方力量集合在一起,通过走访研究所、研讨交流、专题调研等,随时掌握需求和问题,及时进行服务政策及服务功能的推广示范,还建立了IR技术支持服务网站(http://service.llas.ac.cn)和全院研究所IR建设工作QQ群,及时发布有关IR应用、更新和技术经验帖,促进IR应用公共知识与经验的交流分享。

### 5.4 激励推广工作机制

"胡萝卜"与"大棒"相结合的IR建设机制被认为是IR建设的有效推进方案[10]。合理的激励机制是中科院IR建设快速启动和顺利发展的重要保证。国科图将激励对象分为研究所、研究所IR建设人员和科研人员三种类型,分别采用考核激励和服务激励的方式,硬激励与软激励并用,督促研究所进行IR的自我建设,如表2所示:

表2  中科院IR建设激励机制

| 激励对象 | 激励类型 | 激励措施 |
| --- | --- | --- |
| 研究所 | 考核激励<br>服务激励 | 纳入院信息化和文献情报工作测评<br>项目检查监督<br>所级知识产出审计和成果影响力统计等 |
| 研究所IR建设人员 | 考核激励 | 项目检查监督<br>优秀范例宣传、隐性表彰考核<br>纳入院信息化和文献情报工作测评 |
| 研究所科研人员 | 服务激励 | 针对作者的学术履历服务<br>针对用户的知识发现服务<br>针对作者或课题组的内容开发调用服务 |

考核激励方面,依托项目任务书的责任与进度要求,采用项目检查、验收等方式,制定《研究所机构知识库建设推广专项工作验收办法》,设计"研究所IR建设统计评估指标",对研究所IR建设的规模、速度和服务效果提出要求。同时,设计制定了全院IR建设效果排行榜,在全院范围内定期发布,正向激励,彰显研究所IR建设优秀成果,拉动榜外各研究所的IR建设工作。2010年起中科院信息化评估工作将"是否已经启动关于已发表的论文、会议报告、研究报告、

专利、获奖情况等机构知识库管理系统"作为研究所数字知识成果管理与共享的评估指标之一,此举有利于进一步推进研究所 IR 建设工作。

以"黏性化"服务功能吸引用户的关注与参与,是对科研用户最主要和最具成效的正向激励途径。基于 CAS OpenIR 平台推出的个性化知识资产组合统计分析服务功能、精细化个人学术成果访问统计服务功能、个人学术履历管理服务功能以及网络化发布本机构下载排行、全院下载 Top 20 排行等,都可以帮助科研决策人员、科研管理人员和科研一线人员(作者本人或终端用户)方便地统计和分析机构知识资产,多维度分析机构全局和科研用户个人学术成果的访问利用情况,了解知识内容访问利用影响,实现个人知识组织管理和对外展示,提升机构与个人学术影响力。

## 6 中科院 IR 建设推广的后续要求

受研究所已有数据基础、学术管理制度、本领域学术交流习惯及 IR 承建单元(主要为研究所图书馆)在所里调动各方力量的能力程度等影响,各研究所 IR 建设并不平衡;同时,受研究所重点科研成果的类型、研究成果的市场竞争性、保密性等影响,也由于还不能熟练处理 IR 内容权益管理问题,IR 内容的开放程度还不够;IR 内容及其服务还较明显地游离于研究活动之外,局限于研究所图书馆自我建设的情况还较常见,科研人员参与较少;少数研究所虽已开始考虑 IR 的政策制度建设,但总体上对在保护各方合法权益和尽可能开放传播 IR 内容之间保持平衡的具体政策和规则还不够清楚。

根据国科图 IR 发展策略和建设模式,基于目前的良好态势,可从以下方面继续推动 IR 建设与服务:

- 加快开发、推广和普及各类基于 IR 内容的增值服务,切实通过对作者和研究所直接有用的服务来吸引和鼓励用户。要强化技术平台的"用户黏性"开发思路,结合研究所在科研规划、管理、评价方面和在专家与成果的宣传、展示方面的需求,结合作者在展示成果、扩大影响、组织信息、定制个性化主题化成果集等方面的需要,前瞻性探索"服务机构"和"服务作者"的模式和技术,不断优化知识审计功能,实现全流程、多谱段知识管理,支持从个人到研究所的不同细粒度的科研单元个性化知识管理,制作多尺度的知识地图,具有开放互操作与灵活嵌入功能,将 IR 嵌入到科研教育工作流。

- 加快协助研究所结合科研管理、科研评价、成果传播等需要,制定针对多种主要科研成果类型的知识成果管理利用的政策措施,并将之纳入研究所整个知识管理战略和工作体系中;进一步完善针对公共资金资助的科研成果开放共享的具有足够细粒度和可操作性的政策规则;建议并推动 IR 制度被纳入中科院知识管理的正式政策;持续开展对 IR 管理者的培训,造就一批具有综合素质的知识管理骨干。

- 锲而不舍地试点和推进由各期刊出版社自动向中科院 IR 推送各单位成员论文,积极与开放出版社合作获取其开放出版期刊元数据和全文;同时,通过丰富服务、强化政策,吸引、催促、激励内容存缴;支持并细化对存缴内容的开放范围与开始日期的个性化设置,细粒度考虑并支持不同参与者对不同内容的不同关切度;加大研究所 IR 的内容开放比(存缴内容篇数与开放获取篇数之比)。

- 加强国内外合作,开放共享中科院 IR 建设的经验和成果,基于 CAS OpenIR 平台系统利用实践,发布 OSS 软件 CSpace,牵头成立中国 IR 联合推进工作组,建设 China IR 信息支持门户,积极推进面向全国的经验交流活动,进一步加强与国际开放获取机构知识库联盟(COAR)、开放机构知识库年度学术会议(Open Repositories)等的合作,推动中国 IR 建设与发展,促进国内国际交流和合作。

## 参考文献:

[1] The Directory of Open Access Repositories-OpenDOAR[OL]. [2012 - 11 - 15]. http://www.opendoar.org/.

[2] Registry of Open Access Repositories[OL]. [2012 - 11 - 15]. http://roar.eprints.org/.

[3] Bankier J G, Foster C, Wiley G. Institutional repositories: Strategies for the present and the future[OL]. [2012 - 11 - 15]. http://works.bepress.com/jean_gabriel_bankier/5.

[4] Palmer C L. Strategies for institutional repository development: A case study of three evolving initiatives[J]. Library Trends, 2008,57(2):142 - 167.

[5] Walters T O. Strategies and frameworks for institutional repositories and the new support infrastructure for scholarly communications[J/OL]. D-Lib Magazine, 2006, 12(10) [2012 - 11 - 15]. http://www.dlib.org/dlib/october06/walters/10walters.html.

[6] Markey K, Rieh S Y, St. Jean B, et al. Secrets of success: Identifying success factors in institutional repositories[OL]. [2012 - 11 - 15]. http://smartech.gatech.edu/bitstream/handle/1853/28419/118-449-1-PB.pdf.

[7] Proudman V. Critical success factors for populating repositories and services identified by six European good practices [OL]. [2012 - 11 - 15]. http://arno.uvt.nl/show.cgi?fid=68181.

[8] 张晓林,张冬荣,李麟,等. 机构知识库内容保存与传播权利管理[J]. 中国图书馆学报,2012(4):46 - 54.

[9] 张晓林,刘细文,李麟,等. 研究图书馆推进开放获取的战略与实践[J]. 图书情报工作,2013,57(1):15 - 19,48.

[10] Ferreira M, Baptista A A. Carrots and sticks:Some ideas on how to create a successful institutional repository[J/OL]. D-Lib Magazine,2008,14(1/2)[2012-11-15]. http://www.dlib.org/dlib/january08/ferreira/01ferreira.html.

**作者简介**

张冬荣,中国科学院国家科学图书馆研究馆员,E-mail:zhangdr@mail.las.ac.cn;

祝忠明,中国科学院国家科学图书馆研究馆员;

李麟,中国科学院国家科学图书馆馆员,博士研究生;

王丽,中国科学院国家科学图书馆馆员。

# 传统出版社的开放出版政策

李麟　张晓林

**摘　要**　传统出版社正大规模参与开放出版，这是各方博弈的必然。为把握传统出版社参与开放出版的模式与政策，指出传统出版社初步的多维度分析框架，并通过实例分析传统出版社全开放出版模式和复合出版模式，提出传统出版社在如何推进开放出版、如何调整权益关系、如何处理论文处理费等方面所面对的挑战。

**关键词**　传统出版社　开放获取　开放出版　复合出版　使用许可　论文处理费

**分类号**　G231

## 1　背　景

就期刊而言，开放出版指期刊出版时或出版后将全部或部分论文开放获取。开放出版期刊已经取得迅速发展，到2012年11月全球已经有8 307种全部论文开放出版的期刊[1]。据有关研究，过去10年中平均每年有200－300种全开放出版期刊产生[2]，尽管其中部分期刊在激烈竞争中消失，但不可否认的是，开放出版期刊已被认可为一种可持续的具有可靠质量的学术期刊运营方式，正因为如此，传统出版社已开始全面参与开放出版。

根据开放程度，开放出版可分为多种类型：从期刊是否仍需付费订阅的角度，可分为全开放出版（所有论文开放获取）和复合开放出版（期刊本身仍需付费订阅，但部分论文开放获取）；从论文开放时间角度，可分为立即开放出版和延迟开放出版。如表1所示：

表1　开放出版的类型

| 类型 | 期刊开放程度 | 开放获取速度 |
| --- | --- | --- |
| 全开放出版 | 全部内容开放 | 立即 |
| 复合开放出版 | 部分内容开放 | 立即 |
| 购买开放出版 | 需支付论文处理费的内容开放 | 立即 |
| 延迟开放出版 | 全部内容在一定时间后开放 | 3、6、12、24个月或更长 |

- 复合开放出版。复合开放出版又称为 hybrid OA journals，作者在论文经同行评议程序被录用后，可以选择支付论文处理费（article processing charge，APC），论文发表后即开放获取。
- 购买开放出版。购买开放出版是允许第三方为订阅期刊中某一篇或某些论文（包括某一期或某几期）支付 APC 后，将这些论文开放获取。美国物理学会（APS）曾实施的"free to read"计划即是如此；目前已正式启动的高能物理领域期刊开放获取出版计划 SCOAP3 除支持部分以高能物理论文为主的期刊转为全开放出版外，也对那些只包含有部分高能物理论文的期刊中的这部分论文支付 APC，将其转为开放出版，因此这部分期刊也属于购买开放出版。
- 延迟开放（delayed OA）。延迟开放指期刊在正式出版后延迟一段时间再将所有论文开放获取，例如美国科学院院刊 PNAS 有 6 个月延迟期[3]，而且开放获取的内容可回溯至其创刊年 – 1905 年。

有研究指出，开放出版期刊以每年 18% 的速度增加，开放获取论文（包括存缴到开放知识库中的非开放出版论文）以每年 30% 的数量增加[4]。最近的统计表明[5]，2011 年约有 34 万篇论文发表在 6 713 种全 OA 期刊上，再加上发表在复合开放期刊和延迟开放期刊（指延迟期不超过一年的）上的开放获取论文，整个开放获取论文数量已占年度学术论文的 17%。

## 2 传统出版社参与开放出版的动力机理与模式分析框架

尽管以出版订阅期刊为主的传统出版社曾经对开放获取持怀疑甚至反对态度，但在市场博弈和数字信息利用趋势的推动下，它们在最近几年已经开始积极参与开放出版。

### 2.1 科研教育机构和资助机构要求研究成果开放获取

许多科研教育机构与科研资助机构为扩大研究成果的获取范围和利用速度，扩大研究成果和机构的显示度，提高研究投资回报，实施了科研成果公共共享政策，鼓励科研人员将论文在全开放出版期刊上发表或在复合出版期刊上以开放论文发表，并将论文在发表后立即存储到指定的知识库中开放获取；要求在订阅期刊发表论文的作者在论文发表后立即将论文同行评议后的最终论文稿存储到指定的知识库中，并在一定的时滞期后开放获取，例如美国 NIH[6] 和英国惠康基金会[7]。英国研究理事会[8] 和欧盟总额 800 亿欧元的"展望 2020"（Horizon 2020）研究资助计划[9] 也都要求所有全部或部分受资助项目的研究论文要么发表在开放出版期刊上，要么将论文存缴到指定知识库并在 6–12 个月内开放获取。相关研究指出，许多科研资助者都加强了对公共资助研究成果的要求和支持[10]，使得"开放获取"成为传统出版社不能轻视的市场力量。

2.2 开放出版日益得到科技界和科研资助者的支持

规范的开放获取期刊采用严格的同行评议制度，经过初创阶段后，这些期刊在质量上和影响力上得到科技界和市场的认同，许多在传统影响力指标上快速攀升，打破了"开放出版期刊质量低"的误解，消除了科研人员在开放出版期刊上发表论文的疑虑，以 PLoS 系列刊和 BMC 期刊群为代表的高水平开放期刊赢得了众多投稿者和读者，也获得了可持续的经济效益。

与开放出版期刊质量上升同步，科技界逐步倾向于支持开放出版，为作者支付在高水平开放获取期刊上发表论文所需的 APC[11]。越来越多的资助机构设立了支持开放获取出版的基金。美国哈佛大学设有专门的 HOPE[12]基金，用于支付本机构作者发表开放论文时的论文处理费。2012 年 9 月英国政府出资 1 000 万英镑，支持科研机构和大学资助本机构作者开放获取期刊出版的过渡成本，为研究人员支付受资助项目发表开放论文时所需的费用[13]。2012 年 10 月 1 日正式启动的高能物理领域开放出版计划 SCOAP3[14]，通过科技界联盟集体购买出版社的开放出版服务费，将高能物理领域高水平期刊转换为开放出版期刊。这些以及其他类似举措表明：APC 成为资助机构和作者机构认可的开放出版支持机制，并逐步被纳入支持科研与教育的总体投入概念和经费预算中，使稳定的开放出版资金流成为现实，有助于消除传统出版社参与开放出版的疑虑。

2.3 开放出版日益得到传统出版社的接受和参与

从一开始对开放获取的反对和漠视，到目前传统出版社不同程度地积极参与开放出版，表明传统出版社也在重新认识开放获取以及自己在其中的地位：①这是市场博弈的结果，科研人员和资助机构对开放获取的认知度、接受度和参与度不断提高，使得开放获取成为一种市场需求，放弃开放出版就意味着放弃越来越多的作者、资助者和稿源市场。②在数字网络条件下，期刊出版的边际成本越来越低，开放出版运营机制越来越成熟，APC 所体现的开放出版服务费将越来越多地成为可靠的出版支持资源，放弃开放出版就意味着放弃重要和普遍的收入。③通过发展复合出版机制或者建立开放出版期刊，出版社可以在不同经济能力的作者之间和自身不同期刊的稿件之间建立流转机制，将订阅期刊容纳不下的部分稿源留在自身期刊群内，也通过 APC 在促进开放获取的同时弥补期刊的运营成本，例如 Wiley–Blackwell 的 manuscript transfer program 服务[15]，论文在流转过程中可共享审稿意见、减少论文评审时间。④出版社也逐步看到，把自己的生存和发展系于论文 PDF 的订阅上显然不是长久之计。出版社利用期刊内容进行数据挖掘从而提供新的服务也许是更丰厚的收入渠道[16]，所以许多出版社开始发展多样化的服务能力[17]。正如 Springer 所说[18]，期刊数量的不断增加与图书馆订购预算的不断削减使得传统的订购模式已变得不可持续，开放获取出版将出版成本与研究经费相结合，已经成为可持续的出版模式。

### 2.4 传统出版社开放出版模式与政策分析框架

考虑到传统出版社参与开放出版的多种形式，可以建立针对传统出版社的 4 个维度的开放出版模式与政策分析框架：

• 开放出版模式。出版全开放期刊、出版复合开放期刊，还是出版延迟开放期刊（延迟时间）？各类开放出版的规模如何？是否同时允许开放存缴？

• 开放出版内容的开放度。参考 2012 年 10 月由 PLoS、SPARC、OASPA（开放获取学术出版商联盟）联合发布的期刊开放获取频谱——How Open Is It[19]，在免费阅读的同时，是否允许作者保留著作权、是否允许读者保留其他使用权、是否允许第三方系统享有开放处理权等。

• 开放出版服务的支持力度。包括在系统平台上对开放获取内容的标注、宣传和支持程度，对作者和机构存储论文的支持程度，对作者和机构深度利用论文的支持程度等。

• 开放获取成本，尤其是 APC 价格水平、透明度及其集团优惠度，复合订阅期刊按开放期刊比例在订购费上的扣减程度、透明度等以及用户服务和内容增值服务的收费情况（避免仅把论文阅读开放而过度收取其他增值服务的费用）[20]。

## 3 传统出版社的全开放出版模式

通过对 Springer、Wiley、IoPP、AIP、APS、OUP、NPG 等传统出版社的调研，笔者获得了这些出版社开放获取的基本情况，如表 2 所示（调研截止时间为 2012 年 10 月 30 日）：

另外，APS 的 *Physical Review D*、Elsevier 的 *Physics Letter B* 和 *Nuclear Physics B*、Springer 的 *European Physical Journal C* 和 *Journal of High Energy Physics* 已经参加了 SCOAP3 计划，将从 2014 年起转为全开放出版。

表2 代表性传统出版社全开放出版期刊情况

| 出版机构 | 全开放期刊数量（种）及代表期刊 | 开放获取开始时间 | 学科领域 |
|---|---|---|---|
| 美国物理联合会 American Institute of Physics, AIP | 1<br>*AIP Advances* | 2011年3月 | 物理学 |
| 美国物理学会 American Physical Society, APS | 3<br>*PRST-AB*,<br>*PRST – PER* | 2011年2月，同时终止 Free to Read 购买开放出版计划 | 应用物理学 |
| | *Physical Review X* | 2011年1月 | 物理学 |
| 英国皇家物理学会 Institute of Physics Publishing, IoPP | 8 | 2011年6月 | - |
| 牛津大学出版社 Oxford University Press, OUP | 11 | 2005年7月 | - |
| 斯普林格出版集团 Springer | 90 +<br>*SpringerPlus* | 2010年6月<br>2011年 | -<br>所有学科 |
| 威利出版集团 Wiley | 12 | 2011年 | - |
| 自然出版集团 Nature Publishing Group, NPG | 1<br>*Scientific Reports* | 2011年 | 所有学科 |

不同出版社、甚至同一出版社的不同全开放出版期刊，在论文版权归属、使用许可协议、支持开放存储程度等方面都有所不同，APC价格水平也不同，如表3所示：

表3 传统出版社全开放出版期刊的政策

| 出版社 | 作者是否保留版权 | 使用许可 | 支持存储程度 | APC |
|---|---|---|---|---|
| AIP (*AIP Advances*) | 是 | CC-BY | 作者可下载PDF版存储 | $1 350 |
| APS | 是 | CC-BY | 作者可下载PDF版存储 | $1 700 |
| IoPP | 是 | CC-BY | 为NIH资助的作者自动存储至PMC中 | $2 700 |

续表

| 出版社 | 作者是否保留版权 | 使用许可 | 支持存储程度 | APC |
|---|---|---|---|---|
| Springer | 是 | CC-BY | 为会员机构的作者自动存储至指定的知识库中 | $665 – $1 996 |
| Wiley | 是 | 多数期刊：CC-BY 个别期刊：CC-BY_NC | 为 NIH、惠康基金会资助的作者自动存储至 PMC | $3 000 |
| NPG (*Scientific Reports*) | 是 | 作者可选 CC-BY、CC-BY_NC_ND 或 CC-BY_NC_SA | 为 NIH 资助的作者自动存储至 PMC 中 | $1 350 |

传统出版社的全开放出版期刊采取以 APC 为主的经济支持方式，仍然采取与非开放出版期刊相同的同行评议方法和标准。其中有些期刊，例如是 *AIP Advances*、*Physical Review X*、*SpringerPlus*、*Scientific Reports* 等，采取了类似于 *PLoS ONE* 的以原创性、严谨性和可靠性为主的同行评价标准，以便在保证质量的情况下快速发表可靠研究成果，并通过发表后的使用、引用和评论等来评价论文的新颖性和重要性。

我们也看到，在论文使用协议方面，多数出版社采用了 CC-BY 协议，并允许作者保留版权，部分出版社支持将出版的论文自动传输存储到指定的开放获取知识库。

## 4 传统出版社的复合开放出版模式

复合开放出版仍然要通过同行评议，只是在论文被确定录用后，才由作者选择是否支付 APC 来开放出版。一旦选择开放出版，则论文电子版在发表后立即通过期刊出版平台开放获取，否则仍按传统的订阅方式出版传播。根据 SOAP 的调查[2]，2008 年底复合开放出版期刊占期刊总数的 22%，其出版的开放获取论文数量占这些期刊论文总量的 2%。但根据最近的一项研究，2011 年复合开放出版论文占所有论文的 7% 左右[4]（尚缺复合开放出版期刊当前统计数据）。

通过对 Springer、Wiley、IoPP、AIP、APS、OUP 等传统出版社的调研，笔者获得了传统出版社复合出版政策，见表 4（截止时间为 2012 年 10 月 30 日）。

在 APC 策略方面，大多数出版社都提出愿意扣减期刊中开放获取内容的订购经费，例如 Springer 提出根据期刊中开放出版论文比例调整期刊的订购价格[21]。SCOAP3 计划在发给出版社的招标邀请的技术操作文档[22]中明确要求，参与 SCOAP3 计划的出版社的高能物理期刊或相关期刊中的高能物理论文，期刊所在的订购包或包含部分高能物理论文的期刊的订购价格均应进行扣减。同时，针对不同的采购模式，SCOAP3 制定了 6 套详细的扣减方案。需要特别强调的是，订购价格的扣减不仅仅针对加入 SCOAP3 资助联盟的机构，而是面向订购了 SCOAP3 期刊的所有机构，不论这些机构是否加入 SCOAP3 资助联盟。

在使用许可方面，多数出版社采取 CC-BY 或 CC-BY_NC 协议，但部分出版社仍不允许作者保留版权，而且仍只支持向少数科研资助者自动转储论文。

表 4 传统出版社复合开放出版政策

| 出版机构 | 谁保留版权 | 对开放出版论文的使用许可 | 对非开放出版论文的存储政策 | 是否扣减订购费 | 是否注明开放获取 |
|---|---|---|---|---|---|
| AIP | 出版者 | 联机免费获取（没有采用 CC 协议） | 时滞期 12 个月，为 NIH 资助作者自动存储至 PMC | $1 500 – $1 800。说明将扣减订购费但尚未实施 | 是 |
| APS | 出版者 | CC_BY | 允许作者自存储 | $1 700 – $2 700 | 是 |
| IoPP | 出版者 | CC_BY | 允许作者存储同行评议终稿 | $2 700。发布过订购费扣减 | 是 |
| OUP | 作者 | CC_BY_NC | 为 NIH 资助作者自动存储至 PMC 时滞期 12 个月 | $3 000。说明将扣减订购费但尚未实施 | 是 |
| Springer | 作者 | 多数期刊：CC_BY 个别期刊：CC_BY_NC | 允许作者存储同行评议终稿 | $3 000 发布过订购费扣减情况 | 是 |
| NPG | 作者 | 作者可选 CC_BY、CC_BY_NC_ND、CC_BY_NC_SA | 允许作者存储同行评议终稿 | $3 000 美元，Nature Communications 为 $5 000，订购费是否扣减情况不清楚 | 是 |

从表 3 和表 4 可见，传统出版社的全开放出版期刊和复合开放出版期刊的政策在若干方面存在倾向性差异：在版权归属上，绝大多数全开放出版期刊将论文版权归作者所有，但相当多的复合开放出版期刊仍保留开放论文版权；在使用许可上，全开放出版期刊倾向于 CC_BY 许可，允许灵活的再利用甚至商业利用，而复合开放期刊更多地采取限制相对更多的 CC_BY_NC 模式；在营销政策上，复合开放出版期刊还利用订购模式将 APC 与订购绑定，比如英国皇家化学会面向英国研究机构的作者推出 Gold for Gold[23] 计划，英国研究机构的作者，如所在机构订购了 Gold Collection 系列期刊，则该机构发表开放获取论文的作者的 APC 费用从订购费用中扣减。全开放获取出版与复合开放获取出版的更多不同如表 5 所示：

表 5 全 OA 出版与复合 OA 出版模式对比

| 出版模式 | 全 OA 出版 | 复合 OA 出版 |
| --- | --- | --- |
| 运营模式 | APC、广告 | 订购费、APC、广告 |
| 版权 | 作者 | 作者/出版商 |
| 许可模式 | CC_BY | CC_BY 或 CC_BY_NC |
| 营销政策 | 会员政策 | 会员政策、订购优惠 |

## 5 传统出版社开放出版面临的挑战

根据本文 2.4 提出的分析框架和文献 [20] 提出的评价指标，传统出版社在开放出版方面需要应对诸多挑战。

### 5.1 有多少期刊可以开放？

开放获取出版正逐渐成为学术出版的主流形态之一，某些领域正在成为主流出版模式。因此，传统出版社面临莎士比亚式难题：Open or not open, it is the question。选择难题包括：是积极扩大全开放出版期刊数量，还是坚持订购期刊为主？是推出更多全开放出版期刊来逐步取代订购期刊，还是加大复合开放出版期刊中开放论文比例而实现"自然过渡"？是主动参加将传统订购期刊转为开放出版的相关计划，还是独立坚持自己出版订购期刊或开放期刊？Springer 似乎正快速扩大开放出版期刊份额，支持增加开放论文在复合出版期刊中的份额，积极参加 SCOAP3 这样的开放出版资助计划[18]。牛津大学出版社则认为[24]，全开放出版、复合开放出版和订购出版的混合模式将是自己将来的出版模式。Wiley-Blackwell 积极寻求与资助机构的合作，避免自己单独承担风险[25]。国际 STM 出版社协会则表示欢迎英国 Finch 小组报告，但认为"向开放出版的转移需要较长时间和（在转换期的）新增投入，因此在这期间需要订购期刊、开放出版期刊和开放存缴等的混合市场，需要政府、资助者、大学和出版社间的紧密合作"[26]。可以理解出版社在过渡时的担心，但科技界和资助者在主导这一过渡。2012 年纪念布达佩斯特开放获取倡议 10 周年倡议[27]明确提出，10 年内使得所有国家所有领域的学术出版都成为开放获取。新的开放获取国家政策也不断推出，例如 2012 年 10 月 23 日爱尔兰推出了国家开放获取原则计划[28]，因此出版社主动寻求合作、主动推进开放出版，似乎是"人间正道"？

### 5.2 有多少权益需要调整？

传统出版社似乎已经习惯了让作者转让版权、要求作者在使用自己论文内容时都要得到出版社许可，并对读者使用论文内容规定了复杂的限制和许可程序。但是，开放出版正在形成新的权益机制，作者保留版权似乎成为全开放出版期刊的默认机制，打破了人们对过去出版时版权转让的迷信和被动，将被颠倒的权益安排再颠倒过来。这时，人们自然会要求复合出版期刊中开放论文作者也享受同样权利，人们也会重新审视（即使是订购期刊）出版版权转让的合理性，会要求作者保留版权而只是向出版社转让部分权利，或者在作者转让版权时保留较多的权利以支持作者和作者机构对论文的合理和充分利用。主导权似乎也逐步回归到资助者和科技界手中，例如部分美国国会议员提议的"联邦公共资助科研成果公共共享法案"（FRPAA）[29]。权益调整的另一方面是论文内容的使用许可程度，读者按 CC_ BY 协议或类似协议灵活使用论文内容已经成为开放出版期刊的主流。根据 SOAP 的研究[30]，一半以上的年出版论文 1 000 篇以上或拥有 50 种期刊的大型开放出版商使用 CC 协议，其中 82% 使用 CC_ BY 协议，其余使用 CC_ BY_ NC 协议。资助者正争取所有得到 APC 资助的开放出版论文普遍使用 CC_ BY 协议，例如英国研究理事会、欧盟"展望 2020"计划、惠康基金会和 SCOAP3 计划等。权益重新平衡的"潘多拉魔盒"已经打开，坚持过去权益机制的出版社显然不会受到市场的欢迎。

### 5.3 有多少 APC 能够收取？

APC 被日益接受为支持开放出版可持续运行的重要手段，而且通过资助机构或作者机构集中管理和支付 APC 也日益成为基本运作手段，研究资助机构逐步认同把开放出版支持经费作为科研经费的一部分来投入，利用 APC 来支持期刊可持续运行也成为出版社关心的核心问题之一。笔者认为合理的

APC是必要的，包括为支持期刊发展所需要的利润比例。但是应防止APC价格像以前的期刊价格一样飞涨，这是资助者、作者机构和作者关心的核心问题。笔者期待与出版社合作，也对SCOAP3这样的集团合作机制充满信心。为了开放获取的可持续，需要更透明地计算开放出版成本、更合理地确定出版利润水平（对赢利性出版社）、更加合作地进行谈判和管理。这方面已有若干行动，例如JISC与惠康基金会合作研究如何有效管理APC[31]，开发高效管理APC的后台管理系统，推动中介机构参与APC管理。另外，避免复合开放出版中的双重支付问题将随着复合出版期刊中开放论文比例的增加而凸显，在这方面已看到一些行动，例如，Springer发布最新扣减报告[32]，涉及2013年订购费扣减的期刊有74种。Springer曾承诺，当复合开放期刊中开放论文达到8%时，将按比例减少期刊订购价格；每三年对复合开放期刊进行一次定价调整，将随着开放论文份额增加或减少来按比例减少或增加期刊订购价格。不过，8%作为调价门槛明显过高，而且调整过程还不够透明和及时。许多资助者和作者机构也正因此才决定不资助作者在复合出版期刊上发表开放论文（见文献[11]），这对出版社和开放获取都不利。从资助者和作者机构角度，另一问题是如何将图书馆的期刊订购经费转为支付APC的经费，这虽然不是出版社的直接问题，但支持图书馆顺利实现经费转移，是出版社作为合作伙伴的重要条件。

我们已经看到，许多出版社开始寻求包括数据挖掘在内的新的内容服务，这会给出版社带来新的市场和利润。不过，我们建议出版社认识到，在用户权益主导的开放环境下，重蹈"垄断内容和服务来牟取暴利"之覆辙将为失败铺平道路，与作者、作者机构和公共信息服务机构合作才能获得双赢多赢。图书馆界也已经准备好了与出版社进行合作，共同应对新的挑战。

**参考文献：**

[1] Directory of open access journals[EB/OL]. [2012-11-15]. http://www.doaj.org.

[2] Schimmer R. The landscape of open access publishing today[EB/OL]. [2011-01-28]. http://river-valley.tv/the-landscape-of-open-access-publishing-today/.

[3] An open access option for PNAS[EB/OL]. [2012-04-08]. http://www.pnas.org/content/101/23/8509.full.

[4] Laakso M. The development of open access journal publishing from 1993 to 2009[J/OL]. PLoS ONE, 2011, 6(6). http://www.plosone.org/article/info%3Adoi%2F10.1371%2Fjournal.pone.0020961.

[5] Laakso M, Björk B C. Anatomy of open access publishing: A study of longitudinal develop-

ment and internal structure[J]. BMC Medicine,2012(10):124.

[6] NIH open access policy[EB/OL].[2012 – 04 – 18]. http://publicaccess. nih. gov/policy. htm.

[7] Wellcome trust open access policy announcement[EB/OL].[2012 – 04 – 18]. http://www. wellcome. ac. uk/doc_WTX025191. html.

[8] RCUK announces new open access policy[EB/OL].[2012 – 04 – 18]. http://www. rcuk. ac. uk/media/news/2012news/Pages/120716. aspx.

[9] Commission communication. Towards better access to scientific information:Boosting the benefits of public investments in research. 17 July,2012. commission recommendation on access to and preservation of scientific information[EB/OL].[2012 – 07 – 17]. http://ec. europa. eu/research/science-society/index. cfm? fuseaction = public. topic&id = 1301.

[10] 张晓林,李麟,刘细文,等.开放获取学术信息资源:逼近"主流化"转折点[J].图书情报工作,2012,56(9):42 – 47.

[11] 张晓林,李麟,李姝影.国外教育科研机构支持作者发表开放出版论文的政策研究[J].图书情报工作,2013,57(1):32 – 36,42.

[12] HOPE fund[EB/OL].[2012 – 10 – 08]. http://osc. hul. harvard. edu/hope.

[13] Government invests £ 10 million to help universities move to open access[EB/OL].[2012 – 09 – 07]. http://news. bis. gov. uk/Press-Releases/Government-invests-10-million-to-help-universities-move-to-open-access-67fac. aspx.

[14] SCOAP3[EB/OL].[2012 – 11 – 15]. http://www. scoap3. org.

[15] Societies-the manuscript transfer program[EB/OL].[2012 – 11 – 15]. http://www. wileyopenaccess. com/details/content/12f25d30405/Societies. html.

[16] Smit E. Journal article mining[EB/OL].[2012 – 11 – 15]. http://www. publishingresearch. net/documents/PRCSmitJAMreport20June2011VersionofRecord. pdf.

[17] STM Future Labs Committee. STM publishing industry:2012 technology trend watch[EB/OL].[2012 – 05 – 07]. http://www. stm-assoc. org/2012_05_01_Innovations_US_Ratner_2012_Future_Lab_TrendWatch. pdf.

[18] What is SpringerOpen? – Open access is a sustainable publication model[EB/OL].[2012 – 10 – 09]. http://www. springeropen. com/about/whatis.

[19] 开放度有多高? 开放获取频谱[EB/OL].[2012 – 11 – 15]. http://www. plos. org/wp-content/uploads/2012/10/OAS_Chinese_web. pdf.

[20] 顾立平,张晓林,初景利,等.开放获取期刊的评价与遴选:质量水平、开放程度和服务能力[J].图书情报工作,2013,57(1):49 – 54.

[21] Springer adjusts prices of subscription journals with significant Open Choice share for the third year running[EB/OL].[2012 – 09 – 10]. http://www. springer. com/cda/content/document/cda_downloaddocument/Springer + Open + Choice_Journal + Price + Adjustments + 2013. pdf? SGWID = 0-0-45-1345327-0.

[22] CERN. Invitation to tender-provision of peer-review, open access and other publication services for the benefit of SCOAP3: Technical specification[EB/OL]. [2012-10-15]. http://www.scoap3.org/files/Technical_Specification.pdf.

[23] RSC launches £1 million gold for gold initiative as open access transition begins[EB/OL]. [2012-11-15]. http://www.rsc.org/AboutUs/News/PressReleases/2012/gold-for-gold-rsc-open-access.asp.

[24] Hill M. Born digital: Publishing for 21st-century research. High Level Dialogue between Chinese Libraries and Foreign Publishers. .

[25] Wiley-Blackwell signs open access agreements with Telethon Italy, FWF Austrian Science Fund, and Max Planck Society[EB/OL]. [2011-09-22]. http://as.wiley.com/Wiley-CDA/PressRelease/pressReleaseId-101041.html.

[26] STM welcomes report of the finch group into expanding access to research publications in the UK[EB/OL]. [2012-10-08]. http://www.stm-assoc.org/industry-news/stm-welcomes-report-of-the-finch-group-into-expanding-access-to-research-publications-in-the-uk/.

[27] Ten years on from the Budapest open access initiative: Setting the default to open[EB/OL]. [2012-10-08]. http://www.google.com.hk/search?hl=zh-CN&newwindow=1&safe=strict&site=&source=hp&q=BOAI+recommendations.

[28] National principles for open access policy statement[EB/OL]. [2012-10-08]. http://www.tcd.ie/Library/assets/pdf/National%20Principles%20on%20Open%20Access%20Policy%20Statement%20(FINAL%2023%20Oct%202012%20v1%203).pdf.

[29] About federal research public access act[EB/OL]. [2012-10-08]. http://www.ala.org/advocacy/access/accesstoinformation/publiclyfundedresearch/s1373.

[30] Schimmer R. The landscape of open access publishing today[EB/OL]. [2011-01-28]. http://river-valley.tv/the-landscape-of-open-access-publishing-today/.

[31] JISC and wellcome trust to support universities with new open access demands[EB/OL]. [2012-07-19]. http://www.jisc.ac.uk/news/stories/2012/07/oa-itt.aspx.

[32] Springer adjusts prices of subscription journals with significant open choice share for the third year running[EB/OL]. [2012-09-10]. http://www.springer.com/cda/content/document/cda_downloaddocument/Springer+Open+Choice_Journal+Price+Adjustments+2013.pdf?SGWID=0-0-45-1345327-0.

## 作者简介

李麟,中国科学院国家科学图书馆馆员,博士研究生,E-mail: lilin@mail.las.ac.cn;

张晓林,中国科学院国家科学图书馆研究员,博士。

# 国外教育科研机构支持作者发表开放出版论文的政策研究

张晓林　李麟　李姝影

**摘　要**　提出开放出版支持政策的多维分析框架，从受资助者范围、可支持期刊范围、受资助论文的权益要求、经费资助方式、论文处理费控制、履行政策的检查机制六个方面，对国外典型资助机构和典型科研教育机构的开放出版支持政策进行实证分析，指出是否支持复合出版期刊、如何保障开放出版经费、如何争取开放论文权益、如何支持传统出版社和图书馆平稳过渡等已经成为开放出版支持政策的挑战。

**关键词**　开放获取　开放出版　论文处理费　权益管理　资助政策
**分类号**　G255

## 1 "支持开放出版"逐步成为共识

开放获取的途径包括开放出版和开放存缴，前者指期刊在论文发表时就将论文开放，供在网络上免费获取，后者指作者在论文发表后将其某一版本存放到机构知识库，在一定时间后供所有人在网络上免费获取。许多科研资助者已要求受资助项目产生的论文实行开放存缴，例如美国国家健康研究院规定[1]，其所资助课题所产生论文在发表后应将经过同行评议的最终手稿存缴到美国国家医学图书馆的 PubMed Central（PMC）知识库中，在发表一年后开放获取。欧盟第七框架计划[2]和澳大利亚国家医学与卫生研究理事会等也作出类似规定[3]。

同时，科技界、学术界和社会对开放出版的支持力度在逐步加强。有关研究发现[4]，尽管曾有人对是否应该支持开放出版心存疑虑，但逐步形成的共识为，科研成果的开放获取是资助科学研究的题中应有之义，是科研投入的有机组成部分，有助于打通科研成果真正发挥效用的最后一英里；而且，支持开放出版有利于完整出版内容的即时获取，有利于保证对出版内容的充分利用（例如数据挖掘）的机会，也有利于支持学术出版的可持续发展；另外,开放出版期刊已证明了它们的质量和影响,支持开放出版期刊有助于避免复合型期刊的双重付费。2012年6月英国政府组织的专家小组发布了Finch报告[5],推荐以开放出版为主来支持开放获取,有关建议得到英国政府的全力支持[6]。尽管部分群体对把"支持开放出版"作为支持开放获取的主要措施尚有意见,但"支持开放出版"已经逐步形成一个重要的措施。不过,"支持开放出版"也面临许多政策细节的设计,本文对代表性的国际资助机构和科研教育机构的相应政策进行初步梳理,以便为我国制定相应政策提供借鉴。

## 2 开放出版支持政策的分析框架

为了把握开放出版支持政策的细节,根据有关研究[4],笔者提出多个维度的分析框架:①受资助的作者范围:限于本机构科研资助项目的作者?支持教育科研机构的所有作者?资助在某些期刊上发表开放论文的作者?②可以支付论文处理费(article processing charge,APC)的期刊范围:由作者决定?由资助者限定?需要资助者审查发表期刊?一个相关的问题是,是否支持复合出版期刊?③对接受APC资助的论文的权益管理要求:除了即时开放获取外,是否要求作者保留著作权?是否要求采用CC-BY来支持充分再利用?一个相关的问题是,是否要求资助论文向机构知识库自动存缴?④开放出版的具体资助方式:资助个人还是资助机构?逐篇资助还是专项经费资助?集体支付还是作者自行支付?是否要求作者也承担一部分APC?一个相关的问题是,在专项经费资助形式下,如何计算资助经费额度?⑤控制APC的机制:不控制?对每篇论文设置APC上限?对每个作者设置每年度的APC上限?对每个机构设置开放出版经费的上限?一个相关的问题是,如何利用机构或机构联盟作为作者集体的力量谈判和控制APC水平?⑥对作者或机构履行要求情况的检查机制:不专门检查?在申请下一次资助时说明以前受资助项目的履行要求情况?专门检查履行要求情况?

上述某些问题可能随着开放出版的进一步发展而变化,但也需要看到,开放获取打开了网络化开放知识的充满潜力的广阔空间,人们也正通过对开放出版支持政策的试验、博弈和完善来扩展和提升科研领域以及社会利用网络化开放知识的能力。

## 3 若干典型资助机构的开放出版支持政策

英国研究理事会(Research Councils UK,RCUK)于2012年7月16日颁布了新的开放获取支持政策[7],明确要求接受项目资助者必须在符合RCUK

开放获取政策的期刊上发表项目论文,即这些期刊要么允许论文开放出版,要么允许作者开放存缴(开放时滞期在科技领域不超过6个月,在人文社科领域不超过12个月)。RCUK愿意为开放出版论文支付APC,但受资助的论文必须采用CC-BY许可,允许包括文本挖掘的再利用,甚至商业应用。RCUK将向大学、研究机构提供专项开放出版经费,由机构管理APC的支付过程,今后RCUK的科研项目经费中将不再包含出版费。RCUK将修改资助条件贯彻开放获取要求,扩展成果管理系统记载开放获取政策执行,检查监督专项资助执行情况。为了启动开放出版支持政策,英国政府于2012年9月提供了1 000万英镑给30个研究型大学,支持它们支付开放出版费用[8]。RCUK于2012年11月8日宣布将于2013年4月开始实行开放出版资助计划[9],它承诺长期支持开放出版,将根据前两年执行情况的评估来调整。RCUK计划在第一个年度出资1 700万英镑支持大约45%的项目论文开放出版,第二年度出资2 000万英镑支持超过50%的项目论文开放出版,到第五个年度使开放出版论文达到75%,其余25%论文通过开放存缴实现开放获取。研究型大学将按照其获得的RCUK科研项目资助直接开支的一定比例获得开放出版专项经费。

欧盟委员会在2012年7月17日发布了欧洲自2013年实施的800亿欧元研究计划"展望2020"(Horizon 2020)的开放获取政策[10],希望在2016年达到所资助项目科研论文的60%实现开放共享,因此要求所有受资助者将论文或者开放出版,或者开放存缴,欧盟将支付开放出版论文的APC,而开放存缴论文的开放时滞期在科技领域不超过6个月、在人文社科领域不超过12个月。英国惠康基金会(Wellcome Trust)在2012年6月再次发布政策,继续为受资助项目开放出版论文支付APC,论文必须存缴到UKPMC,自2013年4月1日起全部开放出版论文采用CC-BY使用许可。基金会将停止为那些不执行这个政策的研究者支付尾款,研究者未存储的文献将不能计入后续申请可引用成果[11]。另外,奥地利科学基金会FWF和意大利Telethon基金与出版商Wiley-Blackwell签署协议[12],为受资助项目作者在Wiley-Blackwell的开放出版期刊或复合开放期刊上发表开放出版论文支付APC,要求论文必须存储到PMC中。不过,同时签署协议的德国马普学会只支持自己作者在Wiley-Blackwell的开放出版期刊上发表论文。

德国科学基金会(DFG)一直积极支持开放获取,除了支持建立开放出版期刊和开放获取基础设施外,还通过与德国相关大学签署专门的开放出版资助协议,部分支付教师开放出版论文的APC。DFG要求其资助的论文必须发表在同行评议的开放出版期刊上,论文必须以出版社PDF版存缴到所在单位的机构知识库中。DFG 支持若干大学的具体政策如表 1 所示：

表 1　DFG 资助德国大学开放出版政策范例

| 大学 | 资助对象 | 期刊范围 | 权益要求 | 资助方式 | APC 控制 | 检查履行 | 其他 |
|---|---|---|---|---|---|---|---|
| 汉诺威医药大学[14] | 作为通讯作者或投稿作者的该校成员 | BMC 期刊 PLoS 期刊 | 立即开放获取 | 专项经费，大学需匹配资金 | ≤2 000 欧元 | 学校负责检查报告履行情况 | |
| 杜伊斯堡－埃森大学[15] | 同上 | DOAJ 中的同行评议开放期刊 | 立即开放获取 | 同上 | ≤2 000 欧元 | 同上 | 不得用于复合开放期刊 |
| 不莱梅大学[16] | 同上 | BMC、PLoS、Springer Open 等开放期刊自动入选，其他须按 DFG 标准审定 | 立即开放获取 | 专项资助（学校通过支付部分 APC 来匹配） | DFG 支付 75%，作者或机构支付 25% | 同上 | 同上 |
| 维尔茨堡大学[17] | 同上 | DOAJ 中同行评议开放出版期刊 | 立即开放获取 | 通过机构资助作者 | ≤2 000 欧元 | 同上 | 同上 |

DFG 还积极支持"粒子物理开放出版资助联盟"（SCOAP3）[13] 把高能物理领域高水平期刊转为开放期刊的努力，将拨款支持德国国家科技图书馆组织德国大学图书馆成立全国 SCOAP3 联盟，并拨款支持德国大学图书馆和研究机构支付 SCOAP3 部分费用[14]。

以上典型资助机构的开放出版支持政策可总结为表 2：

表2 若干典型资助机构的开放出版支持政策

| 资助机构 | 资助对象 | 期刊范围 | 权益要求 | 资助方式 | APC控制 | 检查履行 | 其他 |
|---|---|---|---|---|---|---|---|
| 英国研究理事会 | 英国大学和研究机构受资助项目作者 | 作者决定,但须是同行评议学术期刊 | CC-BY | 对机构的专项资助 | [不清楚] | 下次申请时说明;建立专门检查机制 | 支持开放存缴,定期评价政策 |
| 欧盟"展望2020"计划 | 受资助项目作者 | 作者决定,但须是同行评议学术期刊 | CC-BY | [不清楚] | [不清楚] | 下次申请时说明履行情况 | 支持开放存缴 |
| 英国惠康基金会 | 受资助项目作者 | 作者决定,但须是同行评议学术期刊 | CC-BY | 通过机构资助作者 | 暂无限制 | 专门检查 | 存缴到UKPMC |
| 德国科学基金会 | 德国大学中的作者 | 限定范围 | 开放获取 | 通过机构资助作者 | 有限制 | 由受资助机构检查 | 存缴到机构知识库 |

## 4 若干典型教育科研机构的开放出版支持政策

许多教育科研机构已经或正在制定支持科研成果开放共享的政策[18]。例如,哈佛大学文理学院教师理事会通过决议[19],明确要求学院成员允许校长和同事拥有非排他的、不可撤销的、世界范围的权利,只要不是以营利为目的的,可通过任何媒介形式,行使与其学术文章相关的任何著作权权利,也可允许其他人这样做。这一政策将适用于在其被采纳之后作者作为学院成员的所有独创或合作的学术文章。如果学院成员有特定文章不能遵守这一政策,需向学院院长书面解释,可由院长决定对此文章豁免。学院成员应不晚于出版时间,按照教务长办公室规定的格式,向教务长办公室指定代表免费提供其文章终稿的电子版。教务长办公室可将文章存储在开放获取知识库中以便向公众提供获取。哈佛大学的教育学院、设计学院、法学院、商学院、管理学院、神学院等通过了类似政策。许多高校,例如普林斯顿大学教师委员会也通过了类似政策[20]。为了更好地完善开放获取政策,北美46所院校建立了"开放获取政策机构联盟"(Coalition of Open Access Policy Institutions)[21],汇集北美已建立或正在建立教师开放获取政策的大学，收集和提供不断演变的最佳实践，并组织支持开放获取的集体努力（例如联合支持"联邦研究公共获取法案"）[22]。

与此同时，哈佛大学、欧洲粒子物理中心等教育科研机构成立了"开放出版公平资助联盟"（Compact for OA Publishing Equity）[23]，认为开放出版学术期刊已经成为传统订阅学术期刊的可靠的替代性选择；大学一直通过订购费为传统订阅期刊提供支持，那么大学和资助机构也应为开放出版期刊提供平等的支持，大学也应及时建立为其教师支付在开放出版期刊发表论文费用的持续机制。许多院校已经建立了校园开放出版基金[24]，有关机构也发布了校园开放出版基金指南[25]。表3列出了若干有代表性的教育科研机构的开放出版政策。

表3 若干教育科研机构的开放出版政策范例

| 教育科研机构 | 资助对象 | 期刊范围 | 权益要求 | 资助方式 | APC控制 | 检查履行 | 其他 |
| --- | --- | --- | --- | --- | --- | --- | --- |
| 哈佛大学[26] | 制定了开放共享政策的各院系教师 | DOAJ中同行评议期刊，遵守OASPA行文规则，透明的APC政策 | 立即开放获取 | 学校专项经费 | ≤3 000美元/人/年 | 必须存缴到学校机构知识库中 | 不包括复合开放或延迟开放期刊 |
| 康奈尔大学[27] | 该校教师和学生 | 同上 | 立即开放获取 | 同上 | ≤3 000美元/篇≤3000美元/人/年 | 同上 | 同上，多名作者时按比例分摊 |
| 麻省理工学院[28] | 同上 | 同上 | 立即开放获取 | 同上 | ≤1 000美元/篇 | 同上 | 同上；研究经费有开放出版经费者不得申请 |
| 哥伦比亚大学[29] | 同上 | 同上 | 立即开放获取 | 通过机构资助作者 | ≤3 000美元/篇≤3 000美元/人/年 | 同上 | 同上；多名作者时按比例分摊 |

另外，加拿大[30]、英国[31]也都有部分院校在试验建立开放出版经费。

德国马普学会（Max Planck Society，MPS）是德国基础科学研究方面的主要国立科研机构，长期积极支持科技信息的开放获取，在马普学会数字图书馆（MPDL）中专门设立了"信息提供与开放获取"部门（Information Provision and Open Access），资助 MPS 作者在诸如 BMC、PLoS 和 Frontiers 等开放期刊出版社发表文章，资助 MPS 作者在 SpringerOpen 和 Wiley Open Access 等商业出版社的开放期刊上发表文章。而且，MPS 要求开放或订购期刊出版商都要允许作者在 MPS 机构知识库存缴论文，并与美国物理协会（AIP）、剑桥大学出版社（CUP）、牛津大学出版社（OUP）、英国皇家化学会、Wiley 等出版社达成协议。MPS 在资助开放出版时，对象主要是来自 MPS 的通讯作者，但也考虑主要工作是基于在 MPS 的研究的非 MPS 通讯作者；资助的期刊范围由 MPDL 谈判确定；APC 资助金额目前还不受限制，但也考虑在长期上采用作者分担机制；在权益管理上，目前以立即开放获取为主，不强求 CC-BY 这类的开放利用；所资助发表的开放论文必须存储到 MPS 的机构知识库；在经费上，由 MPDL 集中管理。

## 5  开放出版支持政策面临的挑战

开放获取正得到各方面日益加强的支持。2012 年为纪念布达佩斯开放获取倡议 10 周年而提出的建议中[32]，明确提出将学术出版的主流形态转变为开放获取，争取在 10 年内使得所有国家的所有领域的学术出版都成为开放获取。而且，由 50 多个国家的科研资助机构组成的 Global Research Council 将在 2013 年 5 月在德国召开第二次高峰会议，讨论各个国家支持开放出版的具体行动计划[33]。届时，支持开放出版的许多政策细节成为重点议题。

一方面，曾经存在争议的支持哪些开放出版期刊的问题似乎正变得清晰。各个机构都选择支持采取同行评议机制、具有较好的质量管理的开放出版期刊，作者可自行在这个范围内选择，让作者市场来奖优淘劣。同时，许多机构允许支持商业出版社的开放出版期刊，因为它们在开放出版中占据越来越多的份额。部分机构也开始支持在复合开放期刊上发表开放论文。当然，一些机构希望优先支持开放出版期刊，为不同出版模式提供平等支持（订购期刊已经得到订购经费支持），暂不为在复合出版期刊上发表开放论文支付 APC。那些支持复合开放出版的机构也要求按照期刊的开放论文比例扣减订购经费，避免双重收费。

另一方面，建立经济、可靠、持续的开放出版支持经费机制成为热点问题。许多学校目前还是在图书馆预算中列支少量试验性经费支持开放出版，但诸如 RCUK 已经将支持开放出版的经费纳入整个科研资助经费中进行预算，德国 DFG 也把开放出版经费作为科研基础设施资助的一部分，趋势似乎是将支持开放出版作为科研开支的一部分，纳入科研预算。但如何计算合理的 APC 水平仍是一个复杂的问题，不能简单地依靠当前的平均 APC 和发文数量来推算。而且，如何计算不同期刊的"合理" APC 价格也是一个挑战。SCOAP3 采取将质量水平（用期刊影响因子代表）和支持开放程度（例如采用的许可协议类别、存缴文档格式等）等综合计算[34]，并且通过整个联盟与出版社进行集体谈判将 APC 控制在可以接受的范围。也许，通过市场本身的优胜劣汰机制和集团谈判的利益平衡机制，能达到一个动态的合理状态。与此相关的是，尽管作者在发表论文时确实应首先考虑期刊水平，但也需要一定措施来避免作者完全不顾 APC 价格。因此，部分机构采取了与作者分担 APC 经费的办法，或者设置每篇论文的最大 APC 资助额，引入作者作为一个平衡力量。部分机构（例如 MPS）也在尝试与订购合同绑定谈判的机制。

再一方面，支持开放出版的目标之一是保证作者、机构和社会对知识的利用权利，因此通过开放出版支持政策为作者和机构争取更多权利也是政策的重点。一些机构要求作者保留开放出版论文的版权，只是授权出版社进行发表和传播。许多机构要求开放出版论文采用 CC-BY 使用许可，允许任何人对内容的开放使用，包括商业用途。许多机构还要求出版社为机构提供自动存储服务，保证和支持机构对成果的长期保存与利用。部分机构要求出版社为作者和机构提供增值服务，例如提供论文的下载、引用数据等。

如何支持传统期刊（尤其学会协会期刊）平稳过渡到开放出版模式，是科技界非常关心的问题。例如，是依靠"无形之手"还是"有形之手"来支持过渡？前者指通过支付 APC 让市场推动过渡，后者指专门支持学会协会期刊发展服务能力，减轻转型负担。在欧盟等国，似乎"无形之手"成为主要措施。而且，对于订购性期刊，是否支持其采用复合开放出版模式，是否支持作者在这些期刊发表开放论文的 APC，也成为"支持过渡"的一个方面。在这样的支持中，应该要求期刊及时公平透明地按照开放论文份额减扣订购经费，也可以选择那些开放论文达到一定比例的期刊予以支持，甚至可以将支持的延续性与开放论文比例的增长和订购经费的相应扣减挂钩，促进订购型期刊加快过渡。不过，在整个过程中，需要关注支持政策和措施本身的公正和高效，而这也是一个挑战。

如何支持图书馆将文献采购经费转移为开放出版资金，并实现在开放信息资源环境下的转型发展，也是开放出版支持政策需要考虑的重要问题。同样，这里也有"无形之手"还是"有形之手"之争。前者是在持续转移订购经费到开放出版经费时，让图书馆与其他部门以及社会第三方竞争相关服务，后者则是专门支持图书馆参与开放出版资助的组织管理，参与开放出版资源的保存与利用，将开放出版资助与传统文献订购绑定谈判和管理，支持图书馆与出版社合作开放和提供新的服务，等等。当然，正如有关文献[4]指出的，图书馆必须主动参与组织推进开放获取，才能为自己在这个全新的学术交流环境中争得可持续的地位。

## 参考文献：

[1] NIH open access policy[EB/OL].[2012-10-04].http://publicaccess.nih.gov/policy.htm.

[2] European Commission. Open Access Pilot in FP7[EB/OL].[2012-10-04].http://ec.europa.eu/research/science-society/document_library/pdf_06/open-access-pilot_en.pdf.

[3] National Health and Medical Research Council. Revised policy on dissemination of research findings[EB/OL].[2012-10-04].http://www.nhmrc.gov.au/media/notices/2012/revised-policy-dissemination-research-findings.

[4] 张晓林,曾燕,李麟,等.开放学术信息资源环境的挑战及其应对策略[J].图书情报工作,2012,56(19):76-84.

[5] Accessibility, sustainability, excellence:How to expand access to research publications[EB/OL].[2012-10-04].http://www.researchinfonet.org/wp-content/uploads/2012/06/Finch-Group-report-FINAL-VERSION.pdf.

[6] Government to open up publicly funded research[EB/OL].[2012-10-04].http://www.bis.gov.uk/news/topstories/2012/Jul/government-to-open-up-publicly-funded-research.

[7] RCUK announces new open access policy[EB/OL].[2012-10-04].http://www.rcuk.ac.uk/media/news/2012news/Pages/120716.aspx.

[8] Government invests £10 million to help universities move to open access[EB/OL].[2012-10-04].http://news.bis.gov.uk/Press-Releases/Government-invests-10-million-to-help-universities-move-to-open-access-67fac.aspx.

[9] RCUK announces block grants for universities to aid drives to open access to research outputs[EB/OL].[2012-10-04].http://www.rcuk.ac.uk/media/news/2012news/Pages/121108.aspx.

[10] European Commission. Towards better access to scientific information:Boosting the benefits of public investments in research[EB/OL].[2012-10-04].http://ec.europa.eu/research/science-society/document_library/pdf_06/era-communication-towards-better-access-to-scientific-information_en.pdf.

[11] Wellcome Trust strengthens its open access policy[EB/OL].[2012-10-04].http://www.wellcome.ac.uk/News/Media-office/Press-releases/2012/WTVM055745.htm.
[12] Wiley-Blackwell signs open access agreements with Telethon Italy, FWF Austrian Science Fund, and Max Planck Society[EB/OL].[2012-10-04].http://as.wiley.com/Wiley-CDA/PressRelease/pressReleaseId-101041.html.
[13] Sponsoring Consortium for Open Access Publishing in Particle Physics[EB/OL].[2012-10-04].http://scoap3.org/.
[14] DFG-Project: Open access publication[EB/OL].[2012-10-04].http://www.mh-hannover.de/fileadmin/zentrale_einrichtungen/bibliothek/Dateien/dateien_allgemein/pdf/DFG_Project_Library_Home_Page_7.12.10.pdf.
[15] DFG project: Open access publishing[EB/OL].[2012-10-04].www.uni-due.de/ub/en/eopen_access.shtml.
[16] Open access backed by the university and German Research Foundation[EB/OL].[2012-10-04].http://www.suub.uni-bremen.de/home-english/refworks-and-publishing/open-access-in-bremen-2/.
[17] How to finance publication fees[EB/OL].[2012-10-04].http://www.bibliothek.uni-wuerzburg.de/en/service0/open_access/open_access_journals/.
[18] ROARMAP: Registry of open access repositories mandatory archiving policies[EB/OL].[2012-10-04].http://roarmap.eprints.org/.
[19] Harvard Faculty of Arts and Sciences open access policy[EB/OL].[2012-10-04].http://osc.hul.harvard.edu/hfaspolicy.
[20] Open access policy[EB/OL].[2012-10-04].http://www.princeton.edu/dof/policies/publ/fac/open-access-policy/.
[21] Coalition of Open Access Policy Institutions[EB/OL].[2012-10-04].http://www.arl.org/sparc/about/COAPI/.
[22] Federal Research Public Access Act[EB/OL].[2012-10-04].http://thomas.loc.gov/cgi-bin/query/z? c111:S.1373:.
[23] Compact for OA Publishing Equity [EB/OL].[2012-10-04].http://www.oacompact.org/.
[24] Campus-based open access publishing funds(SPARC) [EB/OL].[2012-10-04].http://www.arl.org/sparc/openaccess/funds/.
[25] Campus-based open-access publishing funds: A practical guide to design and implementation[EB/OL].[2012-10-04].http://www.arl.org/sparc/openaccess/funds/guide.shtml.
[26] Harvard University HOPE fund[EB/OL].[2012-10-04].http://osc.hul.harvard.edu/hope.
[27] Cornell open-access publishing fund[EB/OL].[2012-10-04].http://www.library.

cornell. edu/compact/.

[28] MIT open access publishing fund[EB/OL]. [2012 - 10 - 04]. http://libraries. mit. edu/sites/scholarly/mit-open-access/open-access-at-mit/mit-open-access-publishing-fund/.

[29] Columbia University HOPE fund[EB/OL]. [2012 - 10 - 04]. http://scholcomm. columbia. edu/services/coap-fund/.

[30] Fernandez L, Nariani R. Open access funds: A Canadian library survey[J/OL]. Partnership: The Canadian Journal of Library and Information Practice and Research, 2011,6(1) [2012 - 10 - 04]. http://journal. lib. uoguelph. ca/index. php/perj/article/view/1424/2084.

[31] Pinfield S, Middleton C. Open access central funds in UK universities[J]. Learned Publishing, 2012,25(2): 107 - 114.

[32] Ten years on from the Budapest Open Access Initiative: Setting the default to open[EB/OL]. [2012 - 10 - 04]. http://www. google. com. hk/search? hl = zh-CN&newwindow = 1&safe = strict&site = &source = hp&q = BOAI + recommendations.

[33] Global Research Council Summit 2013 Meeting[EB/OL]. [2012 - 10 - 04]. http://www. globalresearchcouncil. org/meetings#berlin.

[34] SCOAP3 article processing charges announced[EB/OL]. [2012 - 10 - 04]. http://scoap3. org/news/news95. html.

## 作者简介

张晓林，中国科学院国家科学图书馆研究员，博士，E - mail: zhangxl@mail. las. ac. cn;

李麟，中国科学院国家科学图书馆馆员，博士研究生;

李姝影，中国科学院国家科学图书馆博士研究生。

# SCOAP3：开放出版新模式及其影响

曾燕　郑建程　赵艳　张晓林

**摘　要**　回顾 SCOAP3 的发展历程，介绍其开放出版规范、经费保障机制、订购经费扣减模式及联盟管理机制，分析其对学术界、出版界和图书馆界可能带来的影响。

**关键词**　高能物理　开放出版　SCOAP3　论文处理费　订购经费扣减　学术交流　图书馆

**分类号**　G253

SCOAP3，即 Sponsoring Consortium for Open Access Publishing in Particle Physics[1]，是由粒子物理（高能物理）领域的资助机构、研究机构和图书馆组成的联盟，致力于将该领域学术论文转为开放出版。SCOAP3 于 2007 年由欧洲原子能研究机构（简称 CERN）和德国马普学会等机构发起，经过 6 年多的努力，已经有中国、美国、德国、法国、英国、日本等 29 个国家的近 200 家高能物理资助或研究机构参加，得到了 7 家涉及高能物理的出版社支持，将于 2014 年起实现高能物理领域 90% 以上的高水平论文的开放出版。

## 1　SCOAP3 创建与发展

SCOAP3 的发展历程可划分为 4 个阶段：

- 第一阶段，联盟规划阶段。2005 年，高能物理研究领域成立了代表高能物理学术界、期刊界和图书馆界的三方任务小组，探讨如何推动高能物理领域的开放出版，并开展了深入调研。2007 年 4 月，工作组发布"推动高能物理领域的开放出版"报告[2]，明确提出 SCOAP3 追求的两大目标：一是高能物理领域的全部研究文献开放获取，二是通过提高竞争来控制期刊出版成本，从而确保其可持续性。

- 第二阶段，联盟组织阶段。这一阶段时间最长，大约从 2007 年年中持续到 2011 年年中。此阶段工作组主要致力于宣传 SCOAP3 理念和机制，动员组织高能物理领域资助机构和研究机构签署参加 SCOAP3 的意向书（Expression of Interest），使其承诺按照 SCOAP3 规则承担相应经费，以组成规模足够理想的联盟来保证所需要的出版资金。2007 年 7 月，SCOAP3 工作组发布

"推动高能物理领域的开放出版"执行摘要[3],统计了2006年高能物理领域期刊论文的国别分布以及各国高能物理重要发文机构的发文分布及根据SCOAP3规则应承担的资助份额。同年8月,德国3家机构联合与SCOAP3签署了国家意向书[4],成为首个加入SCOAP3的国家;CERN也很快成为SCOAP3的成员[5]。到2010年4月,高能物理领域发文最多的美国有150余家图书馆和图书馆联盟加入SCOAP3[6],使得出版资金覆盖率迅速增至70%以上。2012年7月,中国科学院国家科学图书馆代表中国科学院正式加入到SCOAP3[7]。

- 第三阶段,出版招标阶段。2011年9月,SCOAP3向高能物理领域期刊出版商发出参加SCOAP3开放出版的意向调查,2012年1月,向明确表达要参加开放出版的出版商发出开放出版服务邀标[8],并与他们达成初步的开放出版意向[9]。2012年6月1日,SCOAP3正式向愿意参加SCOAP3开放出版的出版商发出邀标函[10]。2012年7月,SCOAP3宣布与7家出版商(出版了高能物理领域的12种期刊)达成开放出版意向[11]。2012年9月,SCOAP3宣布与这些出版社就开放出版论文处理费价格达成协议[12]。2012年10月1日,来自世界20余个国家的代表齐聚CERN,宣布SCOAP3正式启动[13]。

- 第四阶段,开放出版操作准备阶段。这个阶段将延续到2014年初,需要确定SCOAP3资助期刊的订购经费扣减计划,建立订购经费扣减计算平台,继续组织动员各国机构参加SCOAP3,由CERN代表SCOAP3与所有联盟成员机构签署正式合作备忘录以及与各出版社签署开放出版服务合同,以便从2014年起实现高能物理领域绝大多数高水平学术论文的开放出版。

## 2　SCOAP3的开放出版模式

SCOAP3的基本方式是通过向出版社支付"开放服务出版费",直接将现有的高水平学术期刊转换为开放出版,从而在不打破现有出版体系的情况下实现开放获取。

SCOAP3已与7家涉及高能物理的期刊出版商达成协议,将其出版的12种期刊转化为开放出版模式。其中6种期刊发表的论文有80%以上为高能物理领域论文,整个期刊将转化为开放出版,称为模式一期刊,包括 *Physical Review D*, *Physical Letters B*, *Nuclear Physics B*, *Advances in High Energy Physics*, *European Physical Journal C*, *Journal of High Energy Physics*;另外6种期刊,所发表论文中仅有部分为高能物理领域论文,则将这部分论文转为开放出版,而其余论文仍可采取传统出版模式,称为模式二期刊,或称复合开放出版期刊,包括 *Physical Review C*, *Chinese Physics C*, *New Journal of Physics*, *Journal of Cosmology and Astroparticle Physics*, *Acta Physica Polanica B*, *Progress of Theoreti-*

cal Physics（2013 年改名为 Progress of Theoretical and Experimental Physics）。

根据 SCOAP3 发布的技术规范[14]，出版社需向 SCOAP3 提供开放出版服务，包括但不限于同行评议和出版、格式编辑、开放获取、参考文献及链接校验、与数据的链接以及纳入到文摘索引服务中等。所有开放出版论文必须符合以下条件：

- 立即和永远开放获取；
- 论文按照创作共用许可方式允许立即开放获取；
- 出版社不能再向作者收取任何费用；
- 出版社必须向订购包含 SCOAP3 内容的所有图书馆（无论其是否是 SCOAP3 联盟成员）扣减相应的订购费，保证受 SCOAP3 资助的内容不再重复收费；对 SCOAP3 成员订购印本时保留折扣定价。
- 论文出版后出版社须将论文正式版本的 PDF 和 XML 文档自动转存到 SCOAP3 知识库，并通过该知识库分发到作者单位的机构知识库长期保存。

## 3 SCOAP3 的经费保障模式

根据 SCOAP3 工作组的调研[3]，高能物理论文年发文量基本稳定在 6 000 – 7 000 篇，而同行评议与编辑出版服务的篇均费用大约在 1 000 – 2 000 欧元之间，因此全球高能物理论文转换为开放出版的费用（即 SCOAP3 联盟支付给出版社的开放出版服务费）大约在 1 000 万欧元。SCOAP3 的经费保障机制由两方面组成：一是成员按发文比例分摊开放出版费用；二是通过竞争性集团谈判控制开放出版经费。

联盟成员费用分担机制的基础是按各个国家在高能物理领域发文比例支付 SCOAP3 开放出版费用，但为减免贫穷国家和发文过少国家的费用，SCOAP3 成员国必须增加 10% 的经费。具体份额计算是基于 2005 – 2006 年高能物理领域发表论文分布，其中美、德、日、意、英、中、法、俄为主要发文国家（见图1）。截止到 2012 年 7 月，联盟规模覆盖到全部所需经费的 83.7%，SCOAP3 将继续与其他未参加国家、尤其是发文份额相对比较大的俄罗斯、印度和巴西等协商，进一步扩大资助联盟。

联盟成员需要通过扣减原来订购 SCOAP3 期刊的经费来支付开放出版服务费。根据 SCOAP3 开放出版原则，出版社必须为所有原来订购用户扣减已经转为开放出版的期刊的订购费，凡由 SCOAP3 资助发表的论文不能再由图书馆出资订购。针对可能的复杂情况，SCOAP3 技术规范提出了 5 种可能的订购情形及其相应的扣减计算公式，如图 2 所示：

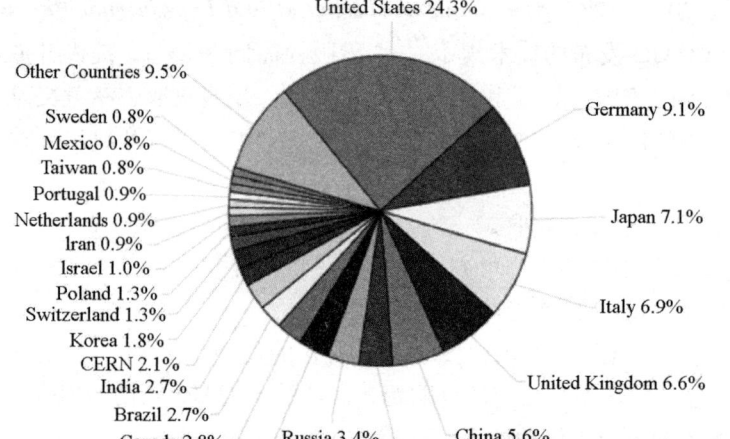

图1　2005—2006年高能物理领域论文的国别（机构）分布

| | | 情形1<br>Scenarios1 |
|---|---|---|
| 单个期刊订购（Single Subscription），该刊为SCOAP3期刊<br>计算要点：按当年发表HEP（高能物理）论文占该刊比例确定扣减比例 | | |
| 打包订购<br>（package），<br>含SCOAP3<br>期刊<br>计算要点：<br>情形2-4：<br>明确SCOAP3<br>期刊占订购<br>包比例 | 整包价格＝全部期刊价格总和（单个期刊价格明确）<br>Package price = sum (journal 1 price, journal2 price, …, journal n price) | 情形2<br>Scenarios1 |
| | 整包价格＝协议定价（特定年度）×年度涨幅<br>Package price=Historical package prices*Annual increases | 情形3<br>Scenarios3 |
| | 整包价格＝固定总价<br>Package price=fixed package prices | 情形4<br>Scenarios4 |
| 情形5：明确<br>SCOAP3期刊<br>占非订购期<br>刊访问费比<br>例 | 整包价格＝固定价格（内容费+访问费）+非订购期刊访问费<br>SCOAP3期刊含在非订购期刊中<br>Package price=fixed package prices + access fees for unsubscribed journals | 情形5<br>Scenarios5 |

图2　SCOAP3期刊的5种扣减情形

扣减额度确认需经过一个复杂的过程，如图3所示：

SCOAP3技术工作组建立了一个订购经费扣减计算器（扣减模板集），提

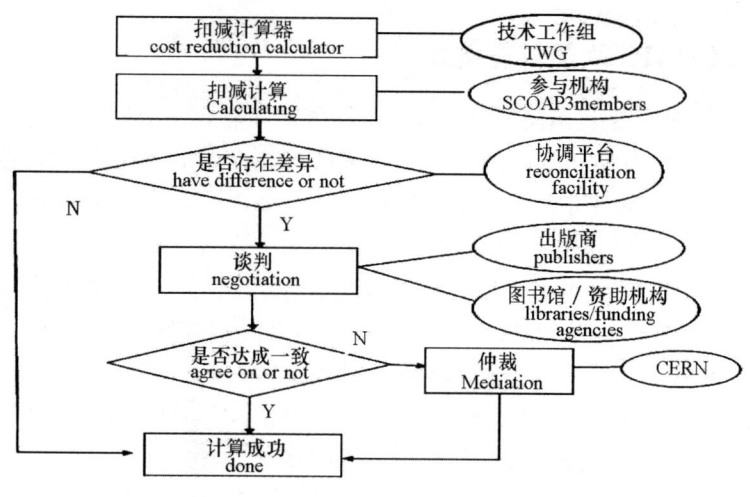

图 3 SCOAP3 期刊订购经费扣减流程

出了各种情况下的基准扣减计算方式,帮助各个国家或机构计算自己的扣减金额;SCOAP3 还组织有关出版社先期与代表性用户合作进行扣减试验,以期发现扣减计算中的问题;每个国家将设立一个联络机构,具体负责协调本国各机构计算订购经费扣减;各国各机构计算的扣减值以及出版社为各国各机构计算的扣减值均输入到统一的扣减协商库中进行比对;如果图书馆与出版社计算结果不一致,双方可进行协商,如无法成功协商,将由 SCOAP3 进行仲裁。目前的计划是在 2013 年第一季度完成扣减计算,在 2013 年第四季度可根据 2014 的出版情况进行调整,2014 年起正式执行。同时,各个成员在 2013 年与 SCOAP3 签署正式合作备忘录,明确承诺自己需交付的开放出版服务费。

SCOAP3 支付给出版社的开放出版服务费,将在统一框架下按照各个出版社发表高能物理论文的篇均论文处理费(article processing charge,APC)来计算支付。SCOAP3 通过竞争性集团谈判,要求出版社提出自己合理的 APC 报价;在争取最低可能价格的同时,APC 技术工作组根据期刊质量水平(以期刊影响因子代表)和期刊对论文内容开放利用的支持程度(以内容使用许可协议类别、论文存缴文档格式等来考察)两个因素来综合考虑可接受的价格[15],并经过集体谈判确认每种期刊的单篇 APC 费用[12]。SCOAP3 谈判的 APC 价格保持 3 年不变,并在 2015 年启动下一轮 3 年开放出版服务的招投标。

## 4 SCOAP3 联盟管理机制

SCOAP3 成员来自不同国家,而且不同国家参与 SCOAP3 的方式不同,基本可以分为 4 种类型:①以研究机构为主体参加,如奥地利,参加机构为奥地利科学院高能物理研究所;②以图书馆或图书馆联盟为主体参加,如瑞典和芬兰,参加机构分别为瑞典国家图书馆和芬兰的国家电子图书馆联盟;③以国立科研资助机构为主体,如以色列,参加机构为以色列科学基金会;④混合型,参加机构既包括图书馆也包括研究机构,如德国,参加机构包括 HelmHlotz 联盟、马普学会和德国国家科技图书馆。

作为长期国际合作联盟,参照高能物理领域的国际合作计划,SCOAP3 建立了既具有广泛代表性,又具有较高效率的管理机制,由成员大会、管理理事会、执行委员会、联盟经理 4 层组成。成员大会 member forum 由所有 SCOAP3 成员代表参加,主要任务是选举管理理事会成员,听取管理理事会、执行委员会和联盟经理的工作报告,讨论 SCOAP3 的重要事务,向管理理事会提出决策建议。管理理事会(management council)是 SCOAP3 的最高决策机构,其成员由成员会议选举而来,具体名额根据支付比例推荐,主要任务是决定 SCOAP3 的战略规划、年度预算和后续招标事宜等重要事务,指定执行委员会成员,监督 SCOAP3 日常运行,讨论和决定 SCOAP3 的其他事务。执行委员会(steering committee)是 SCOAP3 的日常执行管理机构,由 4－6 人组成(包括 CERN 选派的一人),负责管理 SCOAP3 的日常事务,指导和监管联盟经理的日常工作,向管理理事会提出重要建议。联盟经理(Consortium)由 CERN 指派,负责 SCOAP3 的日常运行,包括管理相关合同、SCOAP3 知识库和成员服务、SCOAP3 财务事宜等。由于许多联盟事务需要由具有法人资格的机构执行,SCOAP3 将委托 CERN 具体管理日常运行,CERN 代表 SCOAP3 成员与出版社签订协议,各个成员或其代表与 CERN 签订合作资助备忘录。

## 5 SCOAP3 开放出版模式的影响

SCOAP3 模式已经引起学术界、期刊出版界和图书馆界的广泛关注,《自然》杂志在今年 9 月专门报道了 SCOAP3,认为其系统地将一个领域的期刊转为开放获取,在推动研究成果开放共享方面具有里程碑式的意义[15]。

### 5.1 对学术界的影响

高能物理领域长期以来积极推进科研成果的开放获取,其 arXiv.org 预印本知识库已经有 20 年历史,成为高能物理领域依赖的快速报道渠道。同样,高能物理领域高度重视同行评议期刊在科研成果质量控制和学术内容高水平出版上发挥的作用，因此高能物理的订购期刊仍然广受欢迎。但是，仅仅是预印本库开放共享而把高质量同行评议论文封锁在订购价格的围墙之内，尚未能实现所有科研成果的广泛及时共享，只有将高水平订购期刊转换为开放获取，才能最大限度和最有效地打破学术交流壁垒。SCOAP3正是致力于将高水平订购期刊转换为开放出版，实现整个学术领域学术信息的开放获取。

而且，SCOAP3规定了明确的开放出版原则，并通过谈判进一步为作者和读者争取权益。经过谈判，出版社同意，全部SCOAP3开放出版论文按照CC–BY署名许可出版，支持对论文内容的灵活再利用；出版商在论文出版时将论文的XML格式全文数据自动提交到SCOAP3知识库，并由其推送到作者所在机构的知识库。SCOAP3和作者机构可以利用XML格式全文数据进行丰富的挖掘和分析，支持即时、开放、计算化的数据利用，丰富知识发现形式、提高科学研究能力，这对于促进开放出版的充分实现具有重要意义。根据有关研究，不同开放出版期刊的开放度是不同的[16]。SCOAP3资助的12种期刊，其中许多在以前已是开放出版或复合开放出版期刊，但在使用协议和存缴格式等方面也各有不同规定[17-20]，其中 *Progress of Theoretical Physics* 在使用限制方面尤为严格，作者和所在机构之外的第三方使用论文、甚至电子版链接时都需要得到出版办公室书面授权（开放论文上载到服务器向公众开放时不用事先授权），文摘/索引机构在使用相关文摘索引数据时需要得到出版办公室授权并就具体条款进行谈判。因此，SCOAP3与出版商达成按CC-BY协议授权使用，对于提高开放出版论文的开放度具有重要意义。正像英国皇家学会指出的那样，科学是一项开放的事业[21]，SCOAP3带来的全面开放性将像arXiv.org诞生那样对高能物理及其他领域带来重大影响。

## 5.2 对学术出版的影响

SCOAP3创造了将传统订购期刊转变为开放出版期刊的新模式。长期以来，人们基本上以新创建开放出版期刊的方式来发展开放出版。虽然有些传统订购订购期刊允许作者付费后将论文转为开放出版（即复合出版期刊），但这些复合出版期刊中的开放论文大多比例较低，还难以构成实质性的向开放出版的"转移"。因此，有人曾担心，由于出版市场的有限性，越来越多的开放出版期刊会将越来越多的传统订购期刊挤出市场。SCOAP3认可高质量的传统订购期刊在高水平论文出版上的价值，希望在实现开放出版的过程中尽可能保留这些价值，尽可能不对学术信息交流造成动荡，尽可能不给作者、读者和机构带来困惑。因此，SCOAP3采取直接将高水平订购期刊转换为开放出版期刊的方式，并希望作者和读者甚至注意不到这种转换（作者向熟悉和信赖的期刊投稿，读者仍然阅读熟悉和信赖的期刊）。

SCOAP3 创新了支持开放出版的经济模式。目前多数的开放出版支持模式都采取由作者或作者机构按篇支付 APC 的方式，但这种方式不仅工作成本高，而且还由于"支付者分散"而失去与出版社谈判控制 APC 价格的能力。SCOAP3 联盟集合了高能物理领域的资助者、作者、同行评议专家、读者机构和订购机构，具有强大的市场力量，可以通过谈判大幅度提高开放出版经费的透明度，并获得开放出版服务的合理价格，为作者和读者争取更多权益。SCOAP3 确定的 APC 价格在 600 多美元到 2 200 美元之间，均低于出版社自报价格，也远低于出版社其他开放出版期刊或复合出版期刊的 APC 价格。出版商对 APC 的报价如果超出可接受水平，则不能加入 SCOAP3。SCOAP3 的这些更趋合理的价格，也逼迫出版社重新考虑它们对其他开放出版期刊和复合开放期刊的 APC 定价，避免明显的不公平。这种集体谈判机制，充分利用作者和读者的市场力量，有利于平衡各方利益；计算 APC 时将价格与质量和支持开放利用程度有效捆绑，促使出版商专注于出版质量、主动支持开放利用。另外，SCOAP3 采取的集体支付机制也有利于减轻作者个人以及机构在支付 APC 时的操作负担。

SCOAP3 引入了促进文献订购经费扣减和向开放出版经费转移的新机制。SCOAP3 采取的扣减订购经费并将之转移为开放出版费的机制，将文献订购经费和开放出版服务费纳入整体科研支持经费中，作为相互支持又可相互转移的有机部分，有效解决了开放出版服务费的主体来源问题，也从原则上避免了长期同时支付订购费和出版费。而且，这种订购经费扣减机制，强迫出版社进一步消除 APC 定价上的不透明性以及在复合开放期刊 APC 收入与订购经费扣减上的模糊性。复合开放出版中，出版社迟迟不按照已开放论文比例减扣订购费用。即使是对于开放获取比较支持的 Springer，也仅在开展复合开放出版 7 年后，对复合开放论文已达到 8% 份额的期刊才调整订购价格[22]。SCOAP3 的订购经费扣减机制直接将出版商获得 APC 支付与订购经费扣减绑定，大大加强了复合出版期刊订购费扣减的透明度，也建立了文献订购经费转移的直接和透明渠道。

SCOAP3 模式已经促使许多机构和出版社思考该模式的影响。例如，在 SCOAP3 启动会议上，与会代表就讨论了在其他领域实行类似模式的可能；加拿大大学出版界也提出资金集中资助某个领域开放出版可能对出版带来的影响以及 E – book 出版是否可借用该方式等[23]。

## 5.3 对图书馆的影响

SCOAP3一直将图书馆作为推动开放获取的重要力量,并积极探索利用开放出版推进图书馆的改革与发展。2008年,CERN和马普学会的图书馆员撰文指出"图书馆只要将订购经费转为支持开放出版服务费用,即可使得开放获取实现"[24]。2012年,张晓林等也提到"在SCOAP3模式下,文献采购变成了支持开放出版,本地馆藏变成了开放资源,这对图书馆的传统信息资源建设提出了挑战,甚至是颠覆"[24]。SCOAP3促使图书馆反思订购模式不可持续的挑战,寻求在开放信息资源环境下的发展之路。

SCOAP3为图书馆积极介入所在机构的开放出版管理提供了途径,这不仅包括计算和管理开放出版服务费,更包括对机构作者的开放出版论文进行保存、组织和进一步再利用,在此基础上开发新的知识挖掘与分析服务。SCOAP3为图书馆参与科技界、重塑学术信息交流模式提供了途径,图书馆可代表所在机构参加和整个交流链条上各个成员的博弈,参与创建新的学术交流机制,谈判改变传统的利益格局,从原来处于最后环节、不得不被动应对出版社出价的角色,转变到从源头上通过竞争采购开放出版服务而占据主动。SCOAP3还为图书馆重新打造机构或领域的开放知识体系提供了途径,通过竞争采购开放出版服务,图书馆和科技界可以重新界定"开放出版服务"的要求,不仅从免费阅读角度,还可从开放利用、关联利用、嵌入利用、数据挖掘、长期保存等方面提出要求;不仅从期刊或论文本身角度,还可将其纳入整个机构或领域的知识体系来提出要求,大大丰富了图书馆支持科研和教育的新的可能性。当然,也要看到,SCOAP3模式对图书馆也提出了挑战。学术交流产业链已然发生变化,在开放出版、数据共享时代,传统的本地目录和馆藏组织的作用和重要性受到威胁,许多数据加工、组织和检索服务都可以在出版前端完成,并自动输入到产业链的下游。图书馆如果要保证其在学术交流与传播中仍有所作为,则需要考虑重组其业务流程,塑造其在知识服务方面的核心能力——集成服务、知识管理、个性化知识提供、数据挖掘、信息分析与知识发现等能力。只有如此,才能更好地满足开放学术信息时代研究人员的需求。

SCOAP3首次将整个领域的同行评议论文转换为开放获取,是科技界、出版界以及图书馆界在开放出版中的共赢模式,确实具有里程碑作用。不可否认,SCOAP3的成功实施仍需要包括中国图书馆界的共同努力,但正如6年来SCOAP3的发展历程所证明的,时代的潮流、正义的事业、集体的力量,将迎来SCOAP3模式全面实施,与此同时,高能物理领域学术交流率先跨入新的时代——一个开放共享的学术交流时代。

## 参考文献：

[1] Sponsoring consortium for open access publishing in particle physics[EB/OL].[2012-11-09]. http://scoap3.org/.

[2] The SCOAP3 Working Party. Towards open access publishing in high energy physics[EB/OL].[2012-11-09]. http://www.scoap3.org/files/Scoap3WPReport.pdf.

[3] The SCOAP3 Working Party. Towards open access publishing in high energy physics. Executive summary of the report of the SCOAP3 Working Party[EB/OL].[2012-11-09]. http://www.scoap3.org/files/Scoap3ExecutiveSummary.pdf.

[4] Germany joins SCOAP3[EB/OL].[2012-11-09]. http://www.scoap3.org/news/news1.htm.

[5] CERN joins SCOAP3[EB/OL].[2012-11-09]. http://www.scoap3.org/news/news5.html.

[6] SCOAP3 support in the United States almost complete[EB/OL].[2012-11-09]. http://www.scoap3.org/news/news77.html.

[7] The Chinese Academy of Science joins SCOAP3[EB/OL].[2012-11-09]. http://www.scoap3.org/news/news93.html.

[8] SCOAP3 tendering process has started[EB/OL].[2012-11-09]. http://scoap3.org/news/news88.html.

[9] Major step in the SCOAP3 tendering process[EB/OL].[2012-11-09]. http://scoap3.org/news/news89.html.

[10] Major milestone for SCOAP3: Invitation to tender sent to publishing partners[EB/OL].[2012-11-09]. http://scoap3.org/news/news91.html.

[11] SCOAP3 tendering process is complete[EB/OL].[2012-11-09]. http://www.scoap3.org/news/news94.html.

[12] SCOAP3 article processing charges announced[EB/OL].[2012-11-09]. http://scoap3.org/news/news95.html.

[13] SCOAP3 open access initiative launched at CERN[EB/OL].[2012-11-09]. http://scoap3.org/news/news96.html.

[14] Provision of peer-review, open access and other publication services for the benefit of SCOAP3 [EB/OL].[2012-11-09]. http://scoap3.org/files/Technical_Specification.pdf.

[15] Van Noorden R. Open-access deal for particle physics[EB/OL].[2012-11-09]. http://www.nature.com/news/open-access-deal-for-particle-physics-1.11468.

[16] Laura W. UNT libraries open access fund research report[EB/OL].[2012-11-09]. http://digital.library.unt.edu/ark:/67531/metadc111007/.

［17］ NJP copyright statement［EB/OL］.［2012 - 11 - 09］. http://iopscience. iop. org/1367-2630/page/NJP%20copyright%20statement.

［18］ Author guidelines［EB/OL］.［2012 - 11 - 09］. http://th-www. if. uj. edu. pl/acta/copyright. pdf.

［19］ Terms of reproducing or reusing articles published in progress of theoretical physics［EB/OL］.［2012 - 11 - 09］. http://www2. yukawa. kyoto-u. ac. jp/~ptpwww/PTP-copyright-eng. pdf.

［20］ The Royal Society. Science as an open enterprise［EB/OL］.［2012 - 11 - 09］. http://royalsociety. org/policy/projects/science-public-enterprise/report/.

［21］ Springer's open access track record［EB/OL］.［2012 - 11 - 09］. http://www. springer. com/open + access/open + access + track + record? SGWID = 0-176904-12-745504-0.

［22］ Andrea K. Open access and Canadian university presses［EB/OL］.［2012 - 11 - 09］. http://blogs. ubc. ca/universitypublishing/files/2010/03/ACUP-White-Paper-Open-Access_Kwan. pdf.

［23］ Gentil - Beccot A, Schimmer R. Libraries can make open access happen today by simply redirecting subscription funds: An update on the SCOAP3 initiative. Liber Quarterly. 2008 (3/4):449 - 458.

［24］ 张晓林,李麟,顾立平,等. 从SCOAP3模式看图书馆资源建设的范式转变［J］. 图书情报工作,2012,56(17):42 - 47.

**作者简介**

曾燕,中国科学院国家科学图书馆副研究馆员,E-mail：zengy@mail. las. ac. cn；

郑建程,中国科学院国家科学图书馆研究馆员,硕士生导师；

赵艳,中国科学院国家科学图书馆副研究馆员；

张晓林,中国科学院国家科学图书馆研究员,博士。

# 我国科技期刊开放获取出版发展态势
## ——基于中国科协科技期刊的调查

初景利　李麟　沈东婧　张晓林　赵玉蓉

**摘　要**　基于对中国科协79种开放获取期刊的问卷调查，了解我国科技期刊开放获取的发展、障碍、计划与期望，分析我国科技期刊开放获取发展的态势，从加强培训和业务指导、重视平台建设、加强机构知识库建设、重视制订开放获取政策、探索可行的开放出版经济模式、实施有效的激励措施等方面，提出相对应的开放出版相关建议。

**关键词**　开放获取　科技期刊　开放获取政策　中国科协

**分类号**　G237.5

随着我国科教兴国战略的实施和科技产出的不断增强，我国科技期刊近些年也取得了长足的发展，科技期刊的学术影响力显著提升，特别是开放获取出版模式（简称"开放出版"）得到越来越多的科技期刊的认同并积极参与。以中国科协科技期刊为例，开放获取的期刊从2007年的140种（占全部科协科技期刊的15.6%）增长为2011年的308种（比例为29.3%）[1]。

笔者曾于2010年9月5-30日对当时的205种中国科协的开放获取期刊进行调查，并行文探讨了中国科协科技期刊开放获取政策上的一些进展和存在的问题[2]。为推动国家科技期刊开放获取政策的制订，推动开放获取出版更快更好地发展，借助中国科学院国家科学图书馆2012年11月22-24日在北京举办的"中国开放获取推介周"的机会，笔者对中国科协的开放获取期刊进行问卷调查，以了解我国科技期刊开放获取的现状、障碍、计划与期望，分析我国科技期刊开放获取发展的态势，为制订开放获取出版的政策提供参考。

## 1　基本情况

截至2011年9月，中国科协拥有直接主管和全国一级学会主办的科技期刊1 050种，其中开放获取期刊308种，可谓我国有代表性的科技期刊刊群和有代表性的开放获取期刊刊群。中国科协科技期刊的开放获取基本上可反映我国科技期刊开放获取的总体状况,因而笔者以中国科协的开放获取期刊作为调查对象。

关于开放获取,国内外的定义不同,人们的理解也有所不同,笔者认为维基百科的定义较为全面[3]。为通俗易懂,问卷中的"开放获取出版"是指在期刊论文正式发表时或发表后一定时限后允许论文在期刊网站上供人们通过互联网免费阅读。

为节省时间,笔者设计了12个问题,均为闭合性问题(回答这些问题大约需要10分钟)。通过电子邮件向中国科协308种期刊发放了问卷,并提供问卷的链接地址。采用的问卷系统为问卷星,调查网站为:http://www.sojump.com/jq/1850213.aspx。调查自2012年9月10日开始,结束时间为10月2日,历时22天。共有242人次访问了网上问卷网站,填写有效问卷的人数为79人,回复率为25.64%。

调查问卷的12个问题中,有关样本期刊当前开放获取出版的主要做法共8个问题,如样本期刊实行开放出版中的主要困难1个问题;样本期刊对开放出版的期望1个问题;样本期刊今后5年有无开放出版方面的计划,若有计划,提供3个计划——各有1个问题回答。在接受问卷调查的用户中,来自北京的最多,占整个回答问卷人数的54.43%(见图1)。

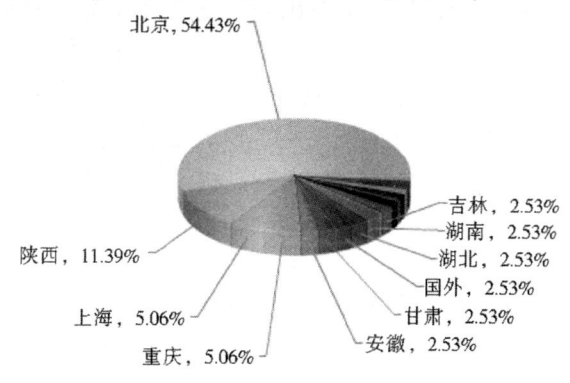

图1 样本问卷的地理分布

## 2 调查结果与分析

关于样本期刊开放出版时限,超过一半的期刊开放获取与印刷版同步,1/4强的期刊在印刷版出版后的1-6个月实行开放出版,超过半年或超过一年的比例很小，如图 2 所示：

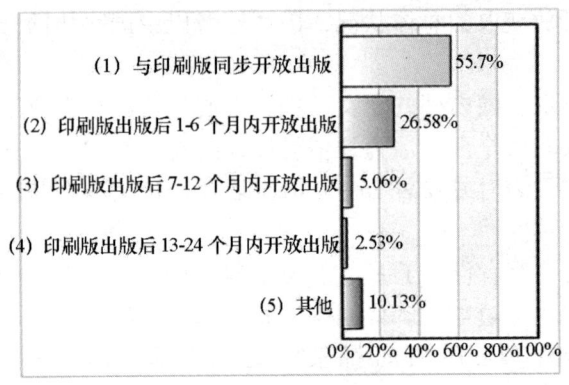

图 2　期刊开放出版时限

从图 2 中可以看出，中国科技期刊非常重视开放获取的速度，以减少期刊传播的时滞，尽快产生更广泛的学术影响力。开放获取出版有即时开放出版和延时开放出版之分。理论上讲，这种金色开放出版（golden OA publishing）的时滞期越短对读者越有利，越符合公共利益的最大化。但实际上还受到期刊的性质、受资助力度、经营模式以及收益水平等诸多制约，也须考虑各方利益的平衡。据统计，目前仍在出版的同行评议学术期刊为 55 311 种，其中金色出版的期刊为 6 962 种，只占 13%[4]。尽管金色开放出版模式是一种理想的开放出版模式，但由于其具有不确定性，因而具有一定的探索性，在政策的制订上需要考虑平衡各方关系。相形之下，作者或作者所在单位的自存储更现实、更务实。Peter Suber 认为"就开放获取而言，自存储比开放获取期刊的发展更有前景"[5]。鼓励各科研机构和科研资助机构采取强有力的自存储政策。

读者是否享有以及享有哪些使用论文的权利，是开放获取的重要标志，也是开放获取政策的重要体现。根据笔者的调查，样本期刊的利用政策各异。64.56% 的期刊允许自由下载、保存、传递，但必须注明作者和期刊出版信息；55.7% 的期刊规定不能制作衍生和汇编作品；也有 11.39% 的期刊允许制作衍生和汇编作品，但生成的新作品必须也开放获取，并许可读者有同样的权利；62.39% 的期刊规定不能进行商业性利用，但也有 3.8% 的期刊允许进行商业性利用。商业性利用，是很多开放获取的政策制订者所忌讳的。但国际上也有一种倾向鼓励商业性的使用，比如英国研究委员会（RCUK）在 2012 年 7 月 16 日公布的开放获取政策中规定，如果收取了文章处理费（Article Processing Charge，APC），就必须使用创作共享协议中的"署名"许可（Creative Commons Attribution，CC‐BY），这样使得其他人只要承认原作者就可以修改、改编或传播所许可的作品，包括商业性使用[6]。《布达佩斯下一个10年建议》提出，如果可能，资助机构的政策应要求libre OA（消除价格和至少某些许可障碍），优先考虑CC-BY许可或类似的方式，作为学术作品出版、传播、利用和再利用的最优许可[7]。这是一种最大限度上的开放获取。值得注意的是，在本项调查中，32.91%的期刊对此没有规定，表明相当数量的期刊对开放获取的权利问题不够关注，或缺乏基本的认识。样本期刊的开放获取利用政策如表1所示：

表1 样本期刊的开放获取利用政策（N=79）

| 选 项 | 小计（种） | 比例（N=79） |
| --- | --- | --- |
| 可自由下载、保存、传递，但必须注明作者和期刊出版信息，不能进行商业性利用，不能制作衍生和汇编作品 | 43 | 54.43% |
| 可自由下载、保存、传递，但必须注明作者和期刊出版信息，不能进行商业性利用，可以制作衍生和汇编作品，但生成的新作品必须也开放获取，并许可读者有同样的权利 | 7 | 8.86% |
| 可自由下载、保存、传递，但必须注明作者和期刊出版信息，可以进行商业性利用，不能制作衍生和汇编作品 | 1 | 1.27% |
| 可自由下载、保存、传递，但必须注明作者和期刊出版信息，可以进行商业性利用，可以制作衍生和汇编作品，但生成的新作品必须也开放获取，并许可读者有同样的权利 | 2 | 2.53% |
| 无具体规定 | 26 | 32.91% |

与期刊的开放获取利用政策相关联，还须明确一定形式的许可方式。国际上采用比较多的是知识共享许可协议（Creative Commons Copyright Licenses，简称CC）[8]，其中包括从"署名"到"署名-非商业性使用-禁止演绎"（CC BY-NC-ND）等6种许可方式。调查结果显示，国内对CC的了解和使用非常有限，只有6.33%的科技期刊采用CC或类似的协议；46.84%的期刊没有采用任何许可协议，仅仅在作者须知、录用通知或网站专门授权通告中用语言表达类似的提法，或在网站其他地方加以说明，这均不符合开放获取的规范。而且，46.84%的科技期刊没有任何形式的正式的许可声明，如图3所示：

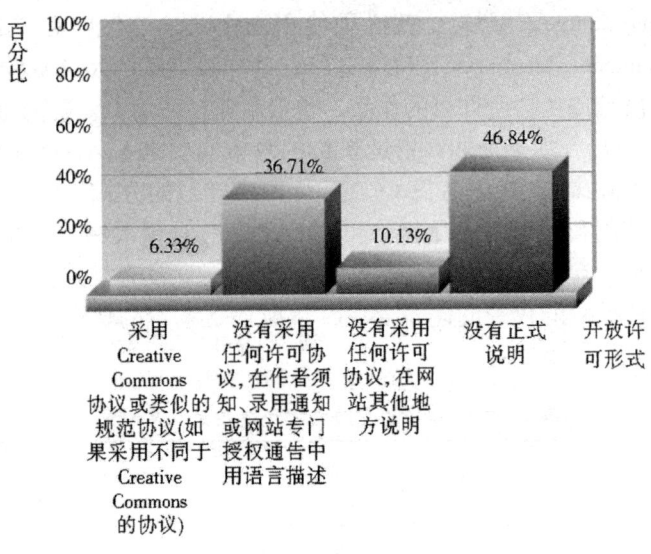

图 3 采用的开放许可形式

从图 3 可看出，国内科技期刊对开放获取利用的许可制度缺乏基本的认知，实践上更为薄弱。

尽管我国科技期刊开放获取的利用政策不足，但比较重视为开放出版论文提供个性化服务。调查显示，有 60.76% 的期刊为作者提供免费印后本服务，有 45.57% 的期刊为论文提供本期刊"相关文献"检索，40.51% 的期刊为论文提供网站下载统计，18.99% 的期刊为论文提供到其他搜索引擎、检索系统、社交网络、论坛等的链接或检索接口，还有少量的期刊为论文提供读者评论接口或其他服务（见图 4）。总体来说，这些期刊提供的个性化服务相对简单，对评论功能不够重视，缺乏更多有效的增值服务。

开放获取仍然需要必要的经费作保障，需要获得一定的经费支持。通常，经费的来源包括对出版的论文收取论文处理费（APC），或从其他渠道获得经费来源。调查显示，绝大多数期刊（占 91.14%）并没有专门对开放出版论文收取费用，意味着国内期刊开放出版没有以专门收费作为运行费用的来源。只有少数期刊在正常收费外，按篇收取开放获取费用（占 5.06%），或按版面收取开放获取出版费用（占 1.27%）（见图 5）。除非有国家投入或基金会支持，否则，通过向作者收取开放出版论文处理费是解决开放出版经费问题的主要途径。当然，收费必须合理，其收费依据应经过科学的分析和论证，并接受公众的监督，而不是追求营利而肆意提高收费标准。

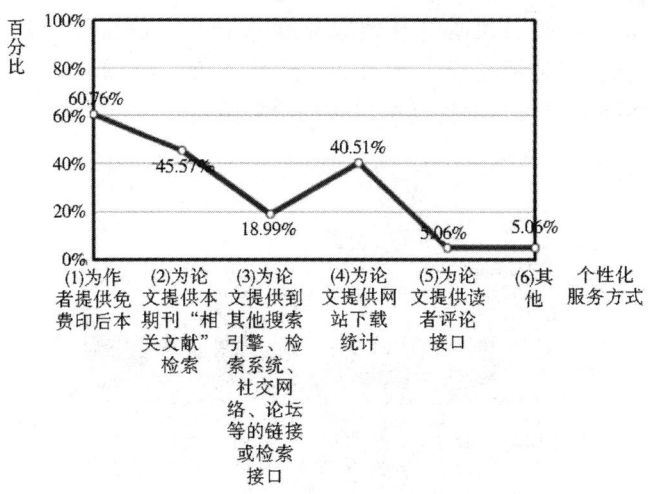

图 4　个性化服务情况

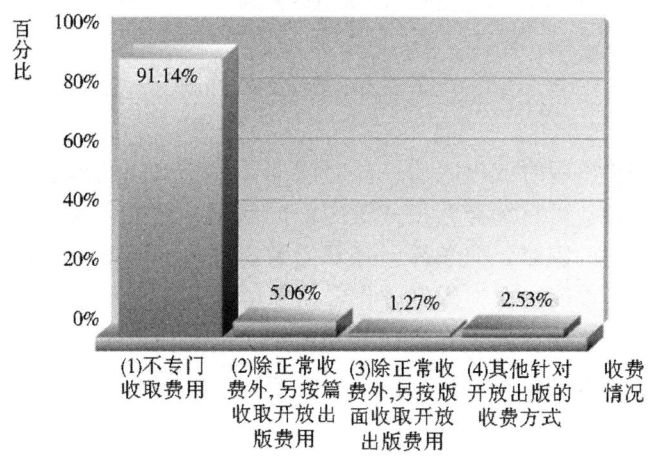

图 5　开放获取出版论文收费情况

在寻求作者出版费用支持的同时，如果能获得其他途径的经费支持也是很重要的，不仅有利于减轻作者的经济压力，而且也能够证明期刊的市场价值。根据调查，39.24% 的期刊通过出版印刷本收取订购费，18.99% 的期刊出版印刷本收取广告费，46.84% 期刊加入某种数字集成平台（如 CNKI、万方、维普等）收取数字内容费，46.84% 的期刊的主办机构提供房屋、水电、网络、行政开支等运行经费，40.51% 的期刊由主办机构提供人员经费，还有

67

少量（占2.53%）的期刊通过其他服务获得经费。值得注意的是，仍然有30.38%的期刊没有常规经费以外的其他经费支持（见图6）。由此可见，开放获取的经费问题仍然是困扰开放出版的重要障碍。

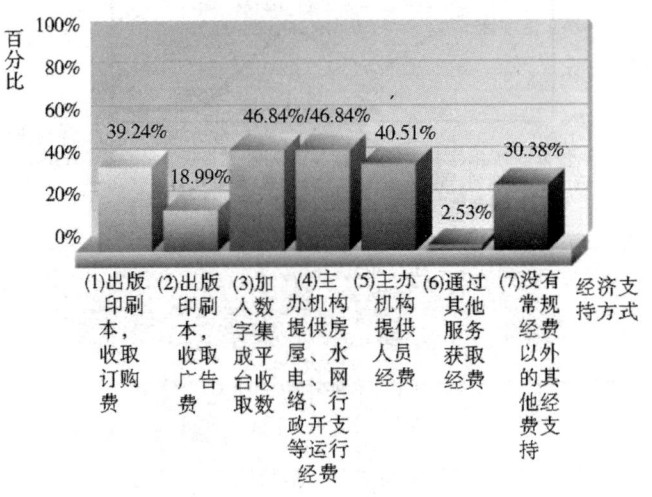

图6　开放出版的经济支持方式

科技期刊在出版时或出版后一段时间即开放获取固然理想，但由于运行模式、经费模式、可持续经营模式等方面的问题，对很多期刊而言，真正实施起来还有相当的困难。但学界已经开始意识到，即使不能实施期刊本身的开放出版，也可以通过允许作者或作者所在机构将论文存放到作者机构网站或作者机构知识库中，提供开放获取与利用，这同样不失为重要而可行的办法。这一模式被称为绿色开放出版，或开放获取的绿色之路，又称为自存储（self archiving）。

调查显示，18.99%的期刊允许自存储，并在作者须知、录用通知或网站专门授权通告中专门说明；12.66%的期刊虽然允许自存储，但没有专门告知；31.65%的期刊没有明确的政策，但不反对；6.33%的期刊表示不允许，30.38%的期刊没有考虑过，如图7所示：

由此可见，除了18.99%的期刊外，其他期刊都缺乏明晰的自存储许可政策。不允许或没考虑过的比例很高，充分说明各期刊自存储意识非常薄弱，还没有将自存储作为开放出版和提高学术影响力的重要途径，更缺乏自主知识资产保护意识。这也可能与国内缺乏自存储的平台环境（机构知识库）等有关。

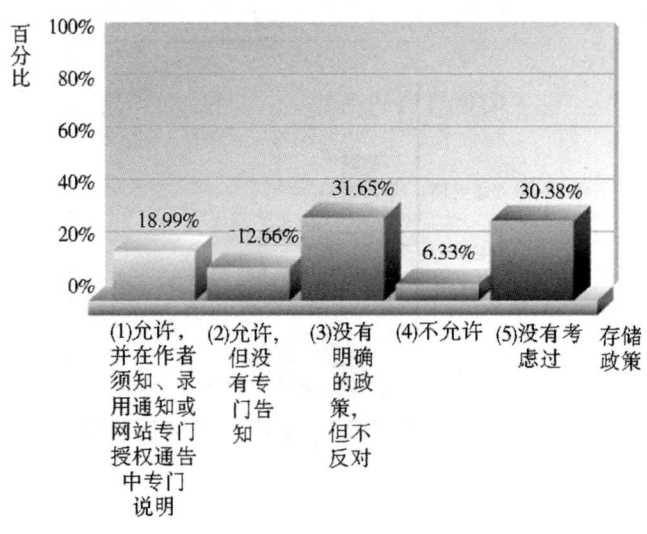

图 7　自存储政策

我们还进一步了解了期刊允许作者将论文存放到作者机构网站或作者机构知识库中的稿件的版本情况。结果显示，一半以上的期刊（占50.63%）允许存储发表稿的PDF版，其次是最终接受稿（占21.52%），允许存储所投稿件初稿的最少，占5.06%。但也有36.71%的期刊没有规定（见图8），说明很多期刊在这一问题上随意性很强。存储的论文版本越晚，其质量越高，权威性就越强。

与存储版本相关的问题是自存储在作者机构网站或机构数据库的开放获取时限（时滞期）。论文正式发表后即可自存储的占25.32%，还有数量不多的期刊规定论文正式发表半年或一年以后可以自存储，没有规定的占54.43%。这再次证明一些期刊在开放获取问题上的随意性，见图9。

开放获取出版是一种新的出版模式，人们从认知到接受都需要一个过程，也需要克服一些困难。笔者对期刊在实行开放出版中的主要困难进行了调查，提供了6个选项，为避免简单全选，要求只能选择最主要的三项。结果表明，各刊认为在开放获取中最大的困难依次是：①开放出版论文的权利政策不清，可能影响期刊和作者权益（占77.22%）；②不具备进一步发展网站和开发个性化服务的能力和经济支持（占62.03%）；③开放出版影响了订购费和广告费，难以支持期刊可持续发展（占53.16%）。此外，认为存在的困难还包括开放出版网站的知名度不高，不足以吸引大量读者；作者不愿意支付开放出版费用；主办机构对开放出版不支持或者持观望态度等（见图10）。调查结

69

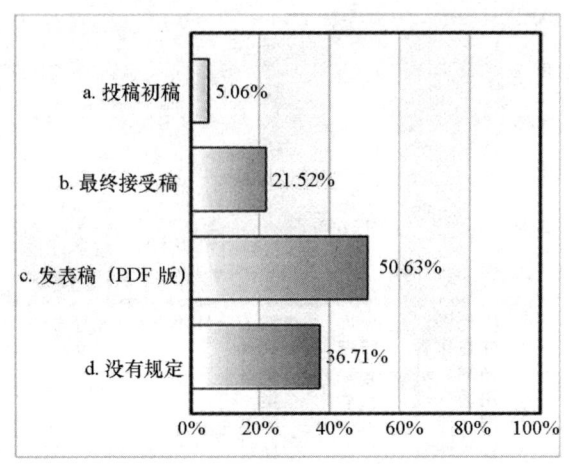

图 8 自存储允许的稿件版本

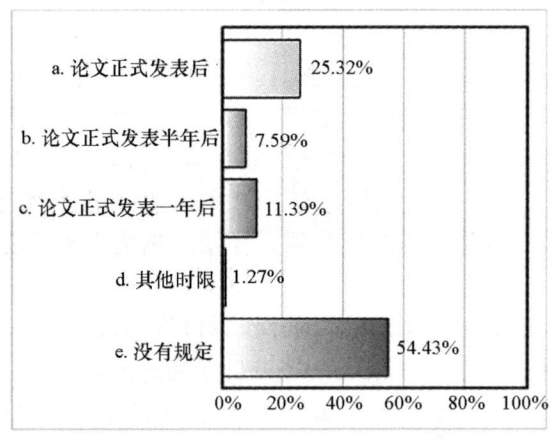

图 9 自存储的时限（时滞期）

果显示，各期刊开放获取出版对权益问题最为关注和担心，也认为自身缺乏足够的技术和经济能力，很多期刊担心开放获取给订购费和广告费带来损失。

关于各刊对开放出版的期望，调查问卷提供了 5 个选项，要求期刊选择最重要的三项。建立明确开放出版论文的使用许可政策是各刊最大的期望（占86.08），可见解决这一问题的迫切性。其次是国家提供与开放出版数量和质量挂钩的经费支持（占84.81%），说明开放获取出版经费保障的重要性。此外，各刊还期望建立明确的开放出版论文的作者权利管理政策、加强主办机构对开放出版期刊的支持、加强对科技机构和作者的宣传，等等，见图11。

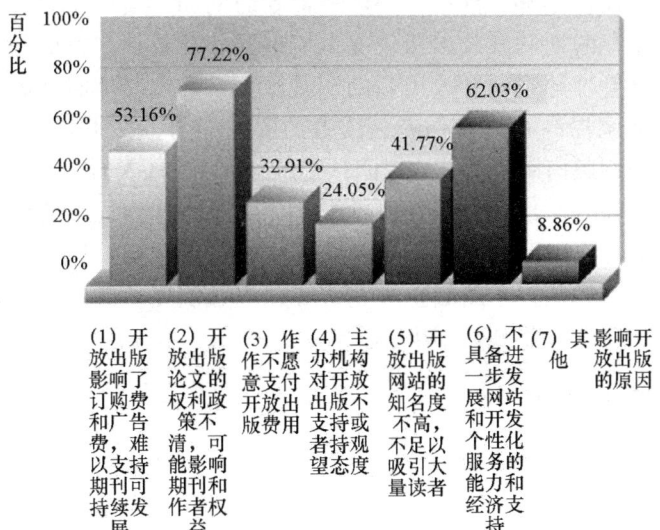

图10　开放获取出版最主要的困难

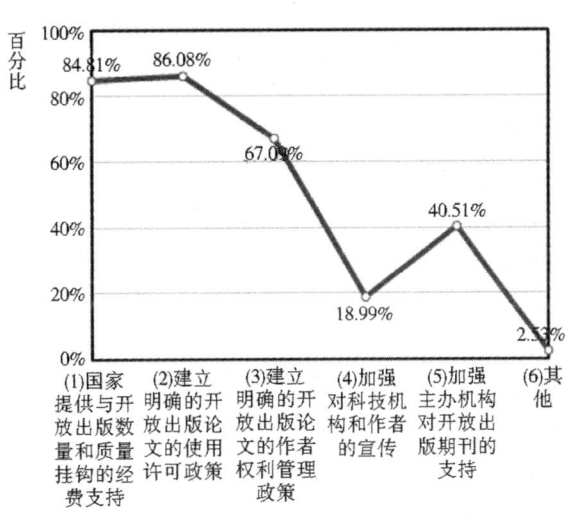

图11　期刊对开放获取出版的期望

最后，笔者还对期刊是否制订了今后5年的开放获取计划以及计划的内容进行了调查。结果是：少数有计划，多数没有计划。有计划的只有

71

29.11%，70.89%的期刊没有任何开放获取计划。表明很多期刊对开放出版的计划不足、设计不够、推动不力。有计划的期刊，其计划主要体现在，调研国外相关学科的期刊开放出版情况，梳理国外开放存取方面的政策，了解国内学术期刊管理部门对开放出版的相关政策，确定具体时间表，争取政策支持计划，强调提高系统对作者、读者的服务能力，在本刊网站开放过刊，进一步缩短印刷版出版后的开放时间，逐渐加入一些OA宣传平台，增加本期刊网站链接的知名度，针对作者提供个性化的服务计划，逐渐加大和其他开放存取网站的合作力度，提供开放获取模式供作者选用，加强开放出版政策学习，吸取先进经验，不断健全和完善开放出版制度。此外，还有计划与国际接轨，逐渐实现付费OA出版，等等。

## 3 思考和建议

通过对中国科协所谓的开放获取期刊的调查，可以认为，尽管中国科技期刊开放获取总体步伐在加快，但中国科技期刊中实施完整意义上的真正的开放出版的期刊数量很少。人们对开放出版的概念和运作体系缺乏必要的知识，也缺乏加快发展的紧迫感。一些期刊还处于观望的状态，或存在着不少的疑虑和担心。的确，开放获取是一项系统工程，不是期刊单方面努力所能实现的，也不是短期内就能见到显著效果的。基于此次调查结果，笔者认为，必须采取积极行动，加快一些影响开放获取的重大问题的解决。

### 3.1 加强培训和业务指导

8年来，国内通过开放获取会议、论文、研究报告等的宣传，人们对开放出版的理念基本上已经接受，但缺乏具体政策的指导和业务运作的指南。在实施开放出版过程中，有很多具体问题需要逐一地加以明确，并采取可靠的措施予以解决。这就需要我们在今后一段时间内，将开放获取工作重点转向进一步加强开放出版实际工作的培训和相关问题的解决，帮助各期刊总结和提出推进开放出版的计划和模版，为期刊的开放出版提供强有力的运作支持。

### 3.2 重视平台建设

开放出版平台是开放获取所依赖的基础。要尽快将期刊的出版平台改造为开放出版平台，加强其开放出版功能的设计，并优化相关服务功能，提升期刊开放出版的能力。对于开放出版模式，要有清晰的标示，引导读者利用开放获取的期刊论文；对于自存储模式，要明确规定自存储的时限、版本、利用和再利用政策。同时，要加强对期刊论文基于文章层面的计量（article-level-metrics），引导科学评价，即从对期刊的评价转向对论文的评价。

### 3.3 加强机构知识库建设

要更广泛地建立机构知识库，为期刊实施自存储提供良好的基础设施。机构知识库建设的关键问题，不在技术，而在政策的制订。要鼓励和支持科研机构、科研资助机构、期刊和作者各方制订自存储政策，并保障各利益相关方具体实施相关的政策。要将机构知识库的建设作为图书馆（特别是大学和专业图书馆）的重要责任，不断完善功能，不断扩大影响力，保障机构知识库的存缴数量和比例，增强机构知识库的统计分析和知识服务能力。

### 3.4 重视制订开放获取政策

开放获取最关键的问题是政策导向问题，国家在这一方面起到至关重要的作用。即使一时难以制订国家层面的开放出版政策，也应该研究和探索包括其他各方权益在内的开放出版政策，消除人们的疑虑，保障开放出版的规范化和可持续发展。要协调各方的利益关系，争取给予开放获取最大的权益，给予读者利用上的最大的便利。

### 3.5 探索可行的开放出版经济模式

与期刊开放出版有关，经济运行模式问题是人们关注的焦点。期刊实施立即或延时的开放出版，必须有强大的经济基础和保障措施。目前，国内不少期刊的经费来源结构还是传统的模式，没有得到专门针对开放出版的经费支持，这不利于OA期刊的可持续发展。为此，要将解决经费问题作为头等大事，免除OA出版的后顾之忧。解决的途径主要是争取国家支持，但也要通过自己的知识服务，增加收入来源，减轻作者的经济压力。

### 3.6 采取有效的激励措施

开放获取与各方的积极性密切相关。主办单位要将开放出版的成效与奖励绩效挂钩，鼓励期刊编辑更积极地参与，更大胆地探索，更积极地实践。要支持科研成果验收与论文的开放出版和自存储到开放的知识库相关联，支持作者将论文投稿到开放获取的期刊上，支持科研机构和科研资助机构将工作重点放到扩大科研成果的社会影响力上，而不仅仅是经费资助。要支持作者实施最短时间内的自存储，保障机构自主知识资产的可靠保存和有效利用。

**参考文献：**

[1] 中国科协学会学术部. 中国科技期刊发展报告(2011年)[M]. 北京:科学技术出版社,2011.4.

[2] 初景利,翁彦琴,林晶晶,等. 中国科协科技期刊OA政策状况调研与分析[J]. 数字图书馆论坛,2011(5)：55-64.

[3] Open access. Wikipedia[EB/OL]. [2012-11-25]. http://en.wikipedia.org/wiki/Open_access.

[4] [2012-11-24]. http://list.uvm.edu/cgi-bin/wa?A2=ind1208&L=serialst&P=6510.

[5] Suber P,Arunachalam S. Open access to science in the developing world[EB/OL]. [2012-11-30]. http://www.earlham.edu/~peters/writing/wsis2.htm.

[6] RCUK announces new open access policy[EB/OL]. [2012-11-20]. http://www.rcuk.ac.uk/research/Pages/outputs.aspx.

[7] Ten years on from the Budapest Open Access Initiative:Setting the default to open[EB/OL]. [2012-11-20]. http://www.opensocietyfoundations.org/openaccess/boai-10-recommendations.

[8] The Creative Commons copyright licenses[EB/OL]. [2012-11-30]. http://creativecommons.org/licenses/.

**作者简介**

初景利,中国科学院国家科学图书馆教授,博士,E-mail:chujl@mail.las.ac.cn;

李麟,中国科学院国家科学图书馆馆员,博士研究生;

沈东婧,中国科学院上海生命科学信息中心副研究馆员;

张晓林,中国科学院国家科学图书馆研究员,博士;

赵玉蓉:中国科学院国家科学图书馆编辑出版中心综合业务主管。

# 开放获取期刊的评价与遴选：
# 质量水平、开放程度和服务能力

顾立平　张晓林　初景利　李麟　曾燕

**摘　要**　提出在源生数字、源生开放的影响下，开放获取期刊发展的新需求和新方向，据此重新界定开放获取期刊应该具有的新能力和新服务，为此重新定义包括期刊质量与影响水平、期刊开放程度和期刊服务能力等方面的评价指标集。

**关键词**　开放获取　期刊评价　期刊质量　期刊开放程度　期刊服务能力

**分类号**　G255.75

## 1　评价和遴选开放获取期刊的新挑战

科技期刊的评价一直是科技界和图书馆界关心的问题,对此,已有持久、深入和系统的研究[1-2]。而且,近年来学者们对开放获取期刊的评价也开展了研究,除了胡德华的专著《开放存取期刊质量研究》[3],还有利用发文量和引用量[4]、层次分析方法[5-6]、质量模型[7-8]、PageRank方法[9]、ISI相关指标[10-11]、H指数[12]、SFX使用统计[13]、JCR指标[14]、综合网络服务测量与核心期刊方法[15-16]等方法进行评价的研究,为开放获取期刊的评价和遴选奠定了一定的基础。

但是,开放获取期刊是源生数字(born digital)和源生开放(born open)的学术交流工具,能够提供更加丰富的信息和服务。因此,国际上许多人提出要从开放获取的角度来重新认识和评价开放获取期刊(见表1),从新的视角来考虑"该评价什么"和"该如何评价",在继续重视源于纸本期刊的传统质量指标的同时,考虑在数字化、开放化环境下的新需求、新标准。

在教育与科研机构支持开放出版的实践过程中[22-23],人们提出了扩展开放获取期刊评价指标的要求。一方面,论文作者希望通过评价,帮助选择投稿期刊,但他们不仅关注期刊质量和影响力,也关注期刊"开放"后对作者的权益保护、开放论文处理费(article processing charge,APC)的合理性、作者服务的丰富程度等;另一方面,科研资助者越来越多地支持项目人员在开放获取期刊上发表文章,愿意支付全部或部分 APC,但需要通过评价选择被资助的期刊。在选择期刊时,资助者关心的问题可能包括:期刊质量水平;期刊内容的丰富程度和开放程度;期刊是否有效保障作者、作者机构和资助机构及社会的利益;期刊APC 是否合理;期刊的同行评议和费用政策及其管理过程是否透明;期刊为作者、作者机构和资助机构提供增值服务的能力,等等。

表 1 开放获取期刊的新的评价需要

| 作者或者发布机构 | 主要观点与借鉴意义 |
| --- | --- |
| UNESCO[17] | 开放获取增加研究的可见度、影响力 |
| P. Bourne 等[18] | 开放性有助于提高科学交流传播的范围与速度 |
| P. M. Davis[19] | 科学计量指标可以用于评价开放获取期刊但也存在限制 |
| D. Shotton[20] | 提出新时代期刊评价的 5 个标准:同行评议、开放获取、内容丰富化程度、数据集、计算机可读元数据 |
| SURF[21] | 提出需要研究针对开放获取期刊质量评价的新的指标体系 |

在传统的纸本期刊的订购环境下,期刊评价主要通过订购数量、引用次数、影响因子以及编委水平等指标来进行。对于复杂的其他论文利用与影响形式(例如有多少人阅读、阅读深度、在其他媒介或交流过程中的引用与影响等),在纸本环境中实难通过客观和低成本方法进行。而且,对于纸本订购期刊,难以评价其内容丰裕度、开放度、作者权益、服务能力等。近年关于开放获取期刊评价指标的研究,多数还是延续了纸本期刊评价方式,关注基于传统指标的质量评价,虽然对纠正"开放获取期刊质量低"这种误解有重要意义,但尚不能充分揭示开放获取期刊在新环境下支持学术交流和教育科研的多维度的新能力、新服务,尚没有利用这些新能力、新服务来评价开放获取期刊,因此难以满足作者和资助者的多元化需求。解决这个问题的根本之道在于跳出纸本和订购期刊的约束,从数字开放环境中学术期刊所扩展的角色、能力和空间,来思考开放获取期刊的评价指标,支持作者和资助机构遴选开放获取期刊,促进开放获取期刊的良性发展,以及促进开放知识及其开放利用的功能和作用。

## 2 评价和遴选开放获取期刊的新视角新框架

开放获取期刊不仅仅是"又一种"期刊,而是新的学术信息交流、利用和服务机制,即所谓源生数字、源生开放、生而不同(born digital and open is born different),这种不同,提出了对它们的新的评价角度和评价指标。

除了数字内容立即可获取外,数字内容与纸本内容的一个根本区别在于,每一个数字内容集合(论文、专著、会议集、演示文档、课件、数字音视频、统计数据集、网页甚至数据库或信息系统等)中的直到最小比特层次的内容,都可以作为具体的知识单元被解析、被描述、被关联、被组织,而且这些知识单元可以与任意其他数字内容集合中的任意知识单元动态地、个性化地关联、组织和计算。显然,这种能力为在论文中组织什么内容和如何组织这些内容提供了更为丰富的可能,为人们使用论文内容提供了更为丰富的形式,为基于论文内容可以提供的服务提供了更为丰富的空间,当然也为如何评价论文内容质量、使用程度、影响程度以及期刊的作用提供了更为丰富也更为深入的可能。

同理,当数字内容成为开放内容时,它也产生了订购期刊论文难以企及的新应用范围和新服务能力:①开放获取内容在发表时立即和广泛可获取,打破了原来订购期刊主要被局限在学术研究机构使用的格局,支持创新价值链上所有感兴趣者利用这些内容,而这些"利用"可能与学术研究中的利用形式有很大不同,可能不会(至少难以充分地)体现在引用数据中。②开放获取重新定义了作者、出版者和使用者之间的权益关系,尤其是在科研资助机构和教育科研机构支持作者发表开放出版论文时,已经开始提出新的权益要求以及相应的服务要求,包括支持商业化利用和生成衍生产品。③开放获取不仅仅是"免费阅读",开放数字内容完全可以支持计算机对内容及内容关系进行分析计算,支持数据挖掘和关联探索,支持第三方在这些内容上进行更为丰富的利用。而且,既然论文内容已经数字化和开放化了,那么对论文进行同行评议、编辑、收费等的信息也应该是开放的、可方便甚至智能化地查询和核对的,从而支持作者和读者对期刊政策与管理过程的透明监管。

综上所述,在继续使用学术期刊已有的质量和影响评价指标的同时,需要根据数字开放期刊作为新型学术交流与服务平台的特点,分析和寻找更为合适的评价指标。在数字开放内容已经支持丰富数据类型及其关联,支持丰富灵活的、个性化的、交互式计算化、多元化使用,支持各方面更为丰富的权益和服务,支持更为透明的过程管理等的时候,对其的评价若依旧采用传统纸本期刊的评价指标,实际上是不客观、不合理、不公平的。

还需看到,资助者在遴选开放获取期刊进行支持时,不仅希望对开放获取期刊提供一种可持续的经济支持机制,还希望利用这种支持来促进知识的更为深入和丰富的开放获取和开放利用,促进开放获取期刊提高质量、影响和服务能力,促进学术交流体系进一步向更好地支持数字网络环境下的科研、教育和社会发展进行转变和发展。因此,对开放获取期刊的评价需要超越现有的传统期刊评价,提出新要求、推动新发展。

根据上述分析,本文提出了如图1所示的分析框架,包括质量与影响力、开放程度、成本与服务三部分:

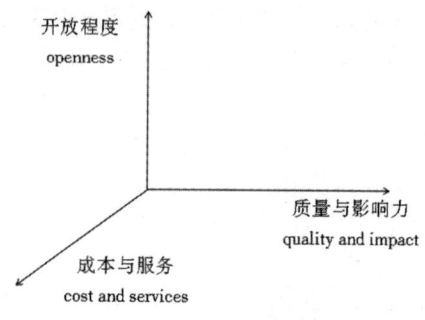

图1 开放获取期刊评价与遴选框架

下面笔者将对图1中的三个部分做进一步说明,但需要指出,这个框架主要是供科研资助者和教育科研机构在制定支持作者发表开放论文政策时作为参考,而并非为了期刊排名。还要指出,这个框架也是一种试验,框架本身以及许多指标更多地是一种努力方向,需要在实践中不断修改完善。

## 3 开放获取期刊的质量与影响力评价

### 3.1 论文内容丰富程度

传统纸本期刊因为版面有限和纸本性质,论文的内容形态很有限。但作为数字化期刊,开放获取期刊的论文中可以包含更为丰富的内容及形态,从而帮助读者更全面、更深入和更可靠地了解、评价、复用论文的知识。这时,若缺乏适于揭示研究结果的非文本内容、缺乏可以被检验的研究数据、缺乏可以被检验的研究过程管理证据等,则会限制论文质量以及人们对论文内容的理解和利用。所以,信息丰富度(richness of information)应该成为期刊质量的显性评价指标,包括:①期刊是否支持以及在多大程度上支持在论文中嵌入高信息量和高质量的图像、数据、音视频内容等?②期刊是否要求、要求什么类别以及在多大程度上实现在论文后加入相关的辅助资料(supplemental materials),例如数据集、所依据的研究规程、研究使用的工具、研究流程说明等?③期刊是否要求和支持论文内容与其他相关知识对象进行关联?等等。

### 3.2 期刊质量控制机制

人们常常使用引用量、引用率等作为期刊评价指标,但引用量和引用率需要经过相对长时间的积累才能提供客观的和稳定的评价,这对新出现和成长迅速的期刊(其实不仅仅是开放获取期刊)显失公平。因此可以采取其他的"间接"质量指标,例如:①编委会和评审专家团水平;②同行评议标准与流程的质量水平[24];③同行评议流程的管理与透明性;④期刊质量投诉与处理机制;⑤开放同行评议(open peer review)的应用[25]。

### 3.3 传统使用情况与影响力指标

传统期刊使用情况和影响力指标已为人们所熟悉,例如文献[1]和薛晓芳等人所总结的[26],包括引用量、引用率、他引自引比例、即年引用率、期刊影响因子、JCR 特征因子、SCImago 期刊声望指数(SCImago Journal Rank)、基金论文比例、学科影响力等以及期刊 H 指数[27]。人们对这些指标的优化研究(例如对影响因子的深度研究[28])还在不断深入之中。

### 3.4 新型使用情况与影响力指标

前面已经提到,人们对开放获取期刊的使用更加广泛,通过数字平台对这些使用情况进行跟踪、统计已成为可能,因此新的使用与影响力指标的提出也已成为可能。例如,有人已经利用网络化学术期刊的社会书签(social bookmark)分析来了解期刊的使用比例(usage ratio)、使用分布(usage diffusion)、文章使用密集度(article usage intensity)和期刊使用密集度(journal usage intensity)等,从而评论学术期刊的使用情况[29-30]。

综合网络化情况下对期刊论文的各种应用及其评测研究[31-32],新的使用情况及影响力指标可包括:①下载量、下载速率和下载率;②使用深度,例如是否对论文内容进行了抽取与复制;③使用密度,例如期刊内论文的下载密度(usage density)以及下载时间分布等;④在社交网络和其他信息系统(例如Twitter、社交网、群体论坛、机构知识库等)的链接量与转载转存量;⑤影响地域或学科,例如按地域或读者来源进行的下载分类统计等。

## 4 开放获取期刊的开放程度评价

PLoS 和 SPARC 提出[33],不能把开放获取简单地看成开放阅读或全文下载,"开放"是一个连续谱段,开放获取期刊可以通过多层次的开放来支持人们对内容的利用。

### 4.1 内容的开放获取与利用程度

开放获取期刊首先要支持论文的快速和广泛获取,还需要支持论文被多样化地开放使用(例如支持文本挖掘),并需要通过规范完善的授权许可机制来支持可信赖和可持续的开放获取与开放使用,需要通过标准和完善的技术机制来支持可信赖和稳健(robust)的开放获取和开放使用。鉴于此,至少可以用5个方面的尺度来衡量期刊内容的开放获取与利用程度:①论文开放份额。是全部开放获取还是部分开放获取?②论文开放速度。是通过评审与编辑后立即开放(甚至早于整期出版)、与整期出版同步立即开放,还是出版一段时间后才开放(延迟开放,例如半年后或者一年后才开放)?③论文开放使用许可程度。例如在采取 Creative Commons 使用许可协议[34]时,采用的是"署名"(CC_BY)、"署名-相同方式共享"(CC_BY_SA)、"署名-禁止衍生作品"(CC_BY_ND)、"署名-禁止商业性使用"(CC_BY_NC)、"署名-禁止商业性使用-禁止衍生作品"(CC_BY_NC_ND)、"署名-禁止商业性使用-相同方式共享"(CC_BY_NC_SA),还是将作品归于公共领域(CC0)?与此相关的还包括论文使用许可协议的简洁与规范程度,显然采用业界通用的简单易懂的许可协议有助于支持内容的广泛利用。④论文相关内容的开放获取与开放利用程度。例如是否支持和在多大程度上支持对辅助资料的开放获取和开放利用。

## 4.2 权益的开放程度

开放获取期刊不仅通过使用许可来保护读者和社会获取、利用论文的权利,还往往采取了与传统期刊不同的权益管理机制来理解和规范作者、作者机构、资助者和出版者之间的权益。这里的核心问题包括著作权属于谁和各方各有什么权利。在传统期刊订购机制中,作者往往需要将除人身权以外的其他著作权转让给出版社,并由出版社"许可"作者行使一定的非排他的财产权(例如存储权、特定环境使用权——自己教学中使用论文的部分内容等,或有限传播权——将论文预印本单一地传给研究同事等)。但是,许多科研资助机构和科研教育机构已经开始要求作者保留著作权,许多开放获取期刊也允许作者保留著作权,只是将发表权和传播权等转让给出版社(而且有些权利是非排他地转让),将原本被颠倒的权益关系纠正过来了。有些开放获取期刊虽然仍要求作者将除人身权外的其他著作权转让给出版社,但允许作者或作者机构非排他地行使同样的或其中部分的权利。考虑到作者、作者机构和资助机构对数字开放期刊内容拥有越来越多的服务需求,获得这些服务的权利也成为各方关心的问题,成为遴选开放获取期刊应支持的指标。综合地说,权益开放程度的评价指标可能包括:①作者拥有的权益。例如作者是否保留著作权?如果作者仍需转移部分著作权,作者是否也可以履行这些或其中部分权利?②作者机构拥有的权益。例如作者机构是否拥有存储、使用、传播这些论文的权利?是否能够灵活地再利用这些内容?是否或在什么条件下行使相关权利时需要征得作者或出版社的同意?③资助机构拥有的权益。资助机构是否拥有存储、传播这些论文的权利？是否能够灵活地再利用这些内容？是否或在什么条件下行使相关权利？行使权利时需要征得哪些方面的同意？当然,这些权利往往通过国家公共资助科研项目知识产权管理制度、科研资助管理制度、科研教育机构科研成果管理政策等予以先行规定[35],作者和出版者需要遵守相关规定,保护相关利益方的权益。

### 4.3 支持开放利用与开放服务的程度

开放获取内容能够在数字环境中以多种形式被利用,尤其是支持数据挖掘和支持第三方系统利用,这成为期刊本身支持学术信息交流、支持教育和科研的重要能力,也成为遴选和评价期刊的重要因素。除了前面已经提到的信息丰富程度、辅助资料开放获取程度外,还可包括:①期刊是否允许对论文内容进行灵活的再利用,这可以通过期刊的使用许可类别来进行考察;②期刊是否提供规范的、计算机可识别的论文开放检索接口;③期刊是否提供对内部元数据、链接数据、辅助数据的开放检索接口;④期刊支持作者、读者及第三方系统与期刊内容交互处理的程度;⑤期刊支持对其数据进行挖掘计算的程度,等等。

## 5 开放获取期刊的成本与服务评价

### 5.1 开放获取期刊的成本指标

目前多数成规模体量的开放获取学术期刊采取收取论文处理费(APC)的方式来支持期刊的可持续运行,显然,作者、作者机构和资助机构都很关心APC的合理性、经济性,也希望能可靠地控制APC水平,避免重蹈期刊价格失控飞涨的前车之辙。因此,开放获取期刊的APC成本成为关键的评价指标[36]。具体而言,人们关心:①APC价格水平;②APC费用政策的透明性;③APC与期刊内容质量、开放程度和提供服务程度的相关性;④机构集团支付APC时的优惠程度;⑤支付APC的灵活性、方便性和管理效率;⑥APC支付与机构订购非开放期刊、订购复合开放期刊时的经费的扣减关联及其透明性;⑦针对特殊困难情况的APC减免政策。

### 5.2 针对作者的服务水平

在数字开放平台中,开放获取期刊能对作者、作者机构和资助机构方便地提供很多服务,这也是期刊支持教育和科研的重要体现。具体到作者,可以考察和比较的服务可能包括:①对作者撰稿、投稿和修改稿件的支持,包括同行评议依据的各项研究和编辑的规范、指南、手册等是否可方便查询？论文评审中的意见能否方便查询(当然要保护匿名性)？期刊出版历史中值得作者和同行评议专家避免的错误实例等能否方便查询？PLOS ONE在这方面已经提供了可借鉴的实例[37]。②是否向作者提供或自动提供期刊总体下载、引用、影响因子等体现使用情况和影响力的统计数据？③是否向作者自动推送可在个人网站或机构知识库上存储的论文？④是否向作者自动提供论文浏览下载统计、被引用统计、社交媒介引用链接统计等？⑤是否向作者提供或自动提供其论文的可打印"印刷型"电子版、同主题相关论文、同主题相关作者等信息？

### 5.3 针对作者机构的服务

相似地，作者机构也希望从开放获取期刊获得服务，包括：①向机构定期自动推送本机构作者发表的所有论文到机构知识库；②向机构自动和定期传送机构作者所发表论文的各种当期和累积的统计数据（投稿量、发文量、发文速度、下载量、下载率、引用量、引用率以及社交媒介引用链接数据等）；③向机构提供上述两项服务时采用标准规范的技术方法和流程，并给予积极的技术支撑；④向机构提供详细的期刊宣传培训资料并组织开展宣传服务；⑤支持机构进行APC经费效益分析；⑥保持各项机构服务的政策透明，如果涉及收费，保证其费用经济合理，等等。

## 6 结 语

源生数字和源生开放，使得学术期刊能提供更加丰富的功能与服务。同时，开放获取资源正在成为主流学术信息资源[38]，中国也有600多种期刊以各种形式开放获取[39]，一些机构已采取专门措施支持作者在开放获取期刊上发表论文，开放获取期刊评价与遴选也成为现实的需要。

我们在本文中特别强调，要充分理解开放的内涵以及它所带来的可能性，认识到它不仅有价格优势，还具有价值优势，要从这些新价值、新能力角度提出对开放获取期刊的新要求，不要浪费了创造新价值、新服务的巨大机会。正是基于这一考虑，我们尝试提出了开放获取期刊评价与遴选的指标框架，并将把它应用到（对外）完善支持作者发表开放出版论文的政策和（对内）建立支持期刊转型成为开放获取期刊的政策等工作中。

致谢：本文基于作者在中国开放获取推介周上所作"开放获取期刊的评价与遴选"报告（URL: http://ir.las.ac.cn/handle/12502/5515）而作，得到刘细文教授、Kristen Ratan 女士、Iryna Kuchma 女士等的建议。

## 参考文献：

[1] 庞景安. 学术期刊的评价、指标及工具[C]//第六届中国科技期刊发展论坛论文集. 2010年.

[2] 蔡玉麟. 科技期刊质量评价的历史轨迹[J]. 中国科技期刊研究,2002,13(2):95-97.

[3] 胡德华. 开放存取期刊质量研究[M]. 北京:科学出版社,2011.

[4] 刘锦宏,徐丽芳,方卿. 基于开放牛津期刊的开放获取引用优势分析[J]. 图书情报知识, 2011, 140(2):64-72.

[5] 陶雯,胡德华,曲艳吉,等. 开放存取期刊质量评价方法研究[J]. 图书情报工作, 2006, 50(10):72-75.

[6] 陈铭. 开放存取期刊评价模型构建[J]. 图书情报工作,2010,54(14):11-15.

[7] 严真. 开放存取期刊质量评价方法与相关问题思考[J]. 图书情报知识, 2011, 140(2):11-13.

[8] 苏金燕. 开放存取期刊质量也有评估之法[N]. 中国社会科学报, 2011-12-22(014).

[9] 侯集体. 开放存取期刊质量评价指标研究[J]. 图书情报工作,2009,53(12):140-144.

[10] 王学勤,韩仰东. 开放访问期刊学术影响力的分析与评价[J]. 现代情报, 2006(8):33-36.

[11] 赵铁汗,黄颖. 开放获取期刊学术影响力评价研究[J]. 情报科学, 2011, 29(6):874-879.

[12] 文奕,杨宁. 开放获取期刊与Elsevier H指数对比实证研究[J]. 情报杂志, 2010, 29(4):16-20.

[13] 孙博阳,金丽萍. 开放获取期刊用户利用数据分析[J]. 图书馆杂志, 2011, 30(2):41-46.

[14] 邓李君. 开放获取期刊与传统期刊的对比研究[J]. 情报理论与实践, 2010, 33(2):29-32.

[15] 张红芹,黄水清. 期刊质量评价的指标研究综述[J]. 图书馆理论与实践,2008(3):20-24.

[16] 张红芹,黄水清. 开放获取期刊质量评价的指标体系构建与评价实践[J]. 情报理论与实践, 2008, 31(3):386-391.

[17] UNESCO. Open access to scientific information:Policy guidelines[EB/OL]. [2012-11-15]. http://www. unesco. org/new/en/communication-and-information/access-to-knowledge/open-access-to-scientific-information/.

[18] Bourne P, Clark T, Dale R, et al. Improving the future of research communication and e-scholarship [EB/OL]. [2012-11-15]. http://drops. dagstuhl. de/opus/volltexte/2012/3445/pdf/dagman_v001_i001_p041_11331. pdf.

[19] Davis P M. Open access, readership, citations:A randomized controlled trial of scientific journal publishing[J]. FASEB Journal, 2011,25(3):1-6.

[20] Shotton D. The five stars of online journal articles-a framework for article evaluation [EB/

OL]. [2012 – 11 – 15]. http://www.dlib.org/dlib/january12/shotton/01shotton.html.

[21] SURF. Developing quality test for new open access journals [EB/OL]. [2012 – 11 – 15]. http://www.openaccess.nl/index.php/news/312-developing-quality-test-for-new-open-access-journals.

[22] 张晓林,李麟,李姝影. 国外教育科研机构支持作者发表开放出版论文的政策研究[J]. 图书情报工作,2013,57(1):32 – 36,42.

[23] 张晓林,刘细文,李麟,等. 研究图书馆推进开放获取的战略与实践[J]. 图书情报工作,2013,57(1):15 – 18,48.

[24] Fang Q, Xu L, Lian X. Peer-review practice and research for academic journals in China [J]. Journal of Scholarly Publishing, 2008, 39(4):417 – 427.

[25] Posohl U. Multi-stage open peer review: Scientific evaluation integrating the strengths of traditional peer review with the virtues of transparency and self-regulation[J]. Frontiers in Computational Neuroscience, 2012,33(6):1 – 16.

[26] 薛晓芳,陈锐,何玮. 纯网络期刊评价指标、工具及体系构建[J]. 中华医学图书情报杂志,2011, 20(4):16 – 19.

[27] Harzing A W, Van der Wal R A. Google Scholar H-index for journals: A better metric to measure journal impact in economics & business? [EB/OL]. [2012 – 09 – 22]. http://www.harzing.com/download/hjournals.pdf.

[28] Ma T, Wang G F, Dong K, et al. The journal's integrated impact index: A new indicator for journal evaluation[J]. Scientometrics, 2012,90(2):649 – 658.

[29] Hausteina S, Siebenlist T. Applying social bookmarking data to evaluate journal usage[J]. Journal of Informetrics, 2011,5(3):446 – 457.

[30] Nicholas D, Huntington P, Jamali H R. Open access in context: A user study[J]. Journal of Documentation, 2007, 63(6):853 – 878.

[31] Brody T S, Harnad S. Earlier Web usage statistics as predictors of later citation impact [J]. Journal of the American Society for Information Science and Technology, 2006, 57(8):1060 – 1072.

[32] Ratan K F. Metric: The new black[EB/OL]. [2012 – 08 – 16]. http://info.nfais.org/info/Ratan_ANC012.pdf.

[33] SPARC, PLOS, CASPA. How open is it? [EB/OL]. [2012 – 10 – 22]. http://www.plos.org/about/open-access/howopenisit/.

[34] Creative Common Licenses[EB/OL]. [2012 – 09 – 22]. http://creativecommons.org/licenses/.

[35] 张晓林,张冬荣,李麟,等. 机构知识库内容保存与传播权利管理[J]. 中国图书馆学报,2012(4):46 – 54.

[36] Waugh L. UNT library:Open access fund research report[EB/OL]. [2012 – 11 – 04]. http://digital.library.unt.edu/ark:/67531/metadc111007.

[37] Ratan K F. Evolving open access: The PLoS story[EB/OL]. [2012-11-24]. http://ir. las. ac. cn/handle/12502/5507.
[38] 张晓林,李麟,刘细文,等. 开放获取学术信息资源:逼近"主流化"转折点[J]. 图书情报工作,2012,56(9):42-47.
[39] Hu Dehua, Huang Biyun, Zhou Wenqi. Open access journals in China: The current situation and development strategies[J]. Serials Review, 2012, 38(2):86-92.

**作者简介**

顾立平,中国科学院国家科学图书馆副研究员,博士,E-mail:gulp@mail. las. ac. cn;

张晓林,中国科学院国家科学图书馆研究员,博士;

初景利,中国科学院国家科学图书馆教授,博士;

李麟,中国科学院国家科学图书馆馆员,博士研究生;

曾燕,中国科学院国家科学图书馆副研究馆员。

# 组建中国 ArXiv 服务工作组
# 促进我国有效参与 OA 活动

张智雄　顾立平　张晓林　李麟

**摘　要**　ArXiv 是一个由康乃尔大学图书馆运营的重要开放获取系统，在国际科学家团体中起着重要的作用。为了推动 ArXiv 在我国相关领域的普及，促进我国科技界积极参与 ArXiv 预印本论文的存缴和资源的有效利用，中国科学院国家科学图书馆于 2012 年 8 月发起成立中国 ArXiv 服务工作组的倡议，得到国内多家主要图书馆的响应。2012 年 10 月 22 日，在"中国开放获取推介周"上，国内 10 家重要机构成立"中国 ArXiv 服务工作组"，主要探讨 ArXiv 在科研成果开放发表中的特殊地位，分析 ArXiv 在中国科技界的主要应用情况，研讨中国 ArXiv 服务工作组将如何更有效地推动 ArXiv 在中国科技界中的普及和应用。

**关键词**　ArXiv　服务工作组　开放获取　开放发表

**分类号**　G250

## 1　ArXiv：一种支持科研成果开放发表的新模式

### 1.1　持续发展的 ArXiv

ArXiv 是一个重要的开放仓储系统，由量子物理学家 Paul Henry Ginsparg 于 1991 年创建[1]，最初创立于美国洛斯阿拉莫斯国家实验室，自 2001 年开始，转而由美国康奈尔大学图书馆运营。这一重要的开放仓储系统，提供物理学、数学、计算机科学、计量生物学、统计学领域的预印本论文存缴、检索、发布和交流共享服务。截至 2012 年 10 月，它已存储了 79 万余篇研究论文[2]，成为上述研究领域的重要学术交流平台，在国际科学家团体中起着重要的作用。从 2011 年的数据来看，这一年 ArXiv 共新增 76 578 篇论文，下载量超过了 5 000 万篇[3]。

自 2010 年 1 月，康乃尔大学图书馆开始了历时三年的 ArXiv 长期可持续发展模式探索，以促进 ArXiv 从完全由康乃尔大学图书馆主管向由多机构合作共管、多团体有效支持的会员管理模式转变。2012 年 8 月 28 日，康乃尔大学图书馆提出的 ArXiv 可持续发展模式得到了 Simons Foundation 的资助。根据资助计划，从 2013 年到 2017 年，Simons Foundation 每年将匹配支持 ＄300 000 的 ArXiv 会员费。同时每年"无条件赠予"康乃尔大学图书馆 ＄50 000 以支持其对 ArXiv 运营管理[4]。Simons Foundation 的资助，为 ArXiv 未来的可持续发展打下了重要的基础，康乃尔大学图书馆将采取新 ArXiv 会员和管理模式，确保 ArXiv 能够持续不断地继续成长，赢得未来。

### 1.2 庞加莱猜想的证明——ArXiv 在科技界中的经典案例

ArXiv 自创建之后，就以一种与传统不同的新型方式来支持科研成果的开放发表。俄罗斯数学家格里戈里·佩雷尔曼（Grisha Perelman）本世纪初对庞加莱猜想的证明成果的发布方式是反映 ArXiv 在科技界中重要地位的经典案例。在花了 8 年多时间研究庞加莱猜想这一古老数学难题后，2002 年 11 月 11 日，格里戈里·佩雷尔曼将其一篇名为"The Entropy Formula for the Ricci Flow and Its Geometric Applications"的论文提交给 ArXiv[5]，并将摘要通过电子邮件发给了几位数学家。在摘要中，格里戈里·佩雷尔曼认为这篇论文阐述了对庞加莱猜想进行证明的主体框架。此后，格里戈里·佩雷尔曼又在 2003 年 3 月 10 日和 2003 年 7 月 17 日，在 ArXiv 上分别提交了名为"Ricci Flow with Surgery on Three-manifolds"[6]和"Finite Extinction Time for the Solutions to the Ricci Flow on Certain Three-manifolds"[7]的两篇关键论文。这三篇论文仅仅提交给了 ArXiv，而没有发表在任何正式的刊物上，但这三篇论文在数学界引发重大讨论和争论[8]。到 2005 年 10 月，国际数学界的大部分专家认同格里戈里·佩雷尔曼的工作，认为其证明了庞加莱猜想。因为"发表"在 ArXiv 上的这三篇论文，2006 年 8 月 22 日格里戈里·佩雷尔曼被授予菲尔兹奖[9]。2006 年，*Science* 杂志将庞加莱猜想的证明列为当年的年度科学突破（Breakthrough of the Year）[10]。*Science* 将年度科学突破给予数字领域，这在历史上还是头一次。而 2010 年 3 月 18 日，由于解决了 7 大数学难题（millennium prize problems）之一的庞加莱猜想，格里戈里·佩雷尔曼被授予千禧年大奖（clay millennium prize）[11]。不过，与众不同的格里戈里·佩雷尔曼——拒绝了授予他的菲尔兹奖和千禧年大奖。

### 1.3 大亚湾中微子实验——开放发表新模式带来的冲击

格里戈里·佩雷尔曼的例子反映了 ArXiv 在科技界中的重要地位，而中国科学家 2012 年关于新的中微子振荡发现的例子则突出地显示了 ArXiv 这种开放发表的新模式给传统科学研究带来的强烈冲击[12]。

2012年3月8日，大亚湾中微子实验国际合作组发言人王贻芳在北京宣布，大亚湾中微子实验发现了一种新的中微子振荡[13]。其中的一篇关键论文是"Observation of Electron-antineutrino Disappearance at Daya Bay"[14]。将这篇论文于2012年3月7日晚向美国《物理评论快报》（*Physical Review Letters*）投稿，并于3月8日将论文的预印本提交给ArXiv开放发表。据此文的执笔者和通讯作者——中国科学院高能物理研究所曹俊研究员所述，这篇论文直至2012年4月1日才被*Physical Review Letters*接收，但"从3月7日投稿到接收，历时24天，但在ArXiv已被引用22次"[15]。也就是说，这篇重要论文在尚未被正式出版物接收的24天的时间内，其在ArXiv中的预印本已经被引用了22次。更值得注意的是，引用了这篇未正式发表的论文的另一篇论文"Implications of the Daya Bay Observation of θ_ {13} on the Leptonic Flavor Mixing Structure and CP Violation."[16]，在2012年4月1日也已经被引用了6次，这同样归功于ArXiv的新型发表模式。而"Observation of Electron-antineutrino Disappearance at Daya Bay"这篇论文直至2012年4月23日才在美国《物理评论快报》（*Physical Review Letters*）上线发表，至2012年4月27日才被纳入*Physical Review Letters*的Volume 108，Issue 17正式发表，从投稿至正式发表，时滞达51天。

## 2  ArXiv在中国科技界中的应用现况分析

ArXiv目前已经成为国际物理学、数学、计算机科学、高等数理（非线性科学）、数理生物学、统计学研究领域内一种新型的、重要的、必须的、当然也是首选的学术交流渠道。然而，除了一些高水平的科研机构之外，我国科技界对ArXiv的了解和应用还处于较为低下的水平。

### 2.1  与数理大国不相匹配的中国ArXiv应用

从2011年ArXiv使用统计的数据来看，来自于我国科技界的ArXiv文章的下载量占全部下载量的比例仅为4%，排在美国（26%）、德国（12%）、英国（8%）、日本（7%）、法国（6%）、意大利（5%）之后，这与我国数学物理科研大国的地位不相匹配。

而从机构的使用量统计来看，一流科研机构基本上是ArXiv使用的主要机构。从2011年ArXiv按机构域名下载文章的统计情况来看，排名在前的基本上都是一些顶尖的科研机构，如马普学会、欧洲原子能机构、东京大学、剑桥大学、哈佛大学、牛津大学、普林斯顿大学、加利福尼亚大学伯克利分校、法国国家核物理及粒子物理研究院都在前10位[17]。我国仅清华大学和中国科学院高能物理研究所这两个机构的使用量位列于前200名的名单之中，分别为29和39。实际上，近三年来，清华大学和中国科学院高能物理研究所这两个机构的使用量一直排列在ArXiv使用量的前50位。2009年中国科学院高能物理研究所列第35位，而清华大学列第38位。2010年，清华大学列第36位，中国科学院高能物理研究所列第37位。而除了这两个机构外，2009和2010年，我国的确也没有其他机构进入ArXiv前200名使用机构名单。如表1所示：

表1　2011年ArXiv按机构域名下载文章的统计情况[17]

| 排名 | 机构域名 | 机构下载量百分比 | 论文下载次数 |
| --- | --- | --- | --- |
| 1 | mpg.de（*） | 2.19% | 271 016 |
| 2 | cern.ch | 1.93% | 239 494 |
| 3 | u-tokyo.ac.jp | 1.35% | 167 057 |
| 4 | cam.ac.uk | 1.35% | 166 994 |
| 5 | harvard.edu | 1.16% | 143 299 |
| 6 | ox.ac.uk | 1.08% | 133 597 |
| 7 | kyoto-u.ac.jp | 0.99% | 122 816 |
| 8 | princeton.edu | 0.87% | 108 141 |
| 9 | berkeley.edu | 0.84% | 103 738 |
| 10 | in2p3.fr | 0.83% | 102 605 |
| …… | | | |
| 29 | tsinghua.edu.cn | 0.52% | 64 580 |
| …… | | | |
| 39 | ihep.ac.cn | 0.46% | 56 963 |

笔者根据ArXiv提供的三年统计数据，对中国主要科研机构对ArXiv的使用情况做了统计分析，列出了我国主要科研机构对ArXiv系统的使用情况，如表2所示：

表2 我国主要科研机构对 ArXiv 系统的使用情况

| 使用平均排名 | 域名 | 机构 | 主要领域 |
| --- | --- | --- | --- |
| 32 | ihep.ac.cn | 中国科学院高能物理研究所 | 天体物理、高能物理、其他物理 |
| 36 | tsinghua.edu.cn | 清华大学 | 凝聚态物理、高能物理、数学、其他物理、计算机 |
| 315 | nju.edu.cn | 南京大学 | 天体物理、凝聚态物理、高能物理、数学、其他物理 |
| 564 | lzu.edu.cn | 兰州大学 | 高能物理、凝聚态物理、其他物理 |
| 645 | amt.ac.cn | 中国科学院应用数学所 | 高能物理、数学、其他物理 |
| 715 | itp.ac.cn | 中国科学院理论物理研究所 | 高能物理、其他物理、天体物理 |
| 715 | sjtu.edu.cn | 上海交通大学 | 计算机、数学、其他物理 |
| 888 | hit.edu.cn | 哈尔滨工业大学 | 高能物理、凝聚态物理、其他物理 |
| 944 | jlu.edu.cn | 吉林大学 | 数学、凝聚态物理、其他物理 |
| 964 | pku.edu.cn | 北京大学 | 数学、天体物理、其他物理 |
| 1307 | fudan.edu.cn | 复旦大学 | 凝聚态物理 |
| 1440 | ustc.edu.cn | 中国科技大学 | 高能物理、凝聚态物理 |

笔者发现：①我国科技界对 ArXiv 系统的使用量排名不高，进入前200排名的仅有中国科学院高能物理研究所和清华大学，与我国科研机构在物理数学领域的排列地位不相符；②使用排名下滑严重，以兰州大学为例，兰州大学在2009年的使用排名为329位，到2010年下滑至462位，而2011年更是下滑至902位；③中国科研机构对 ArXiv 的应用主要集中在物理学相关领域，虽然 ArXiv 已经发展成为6个领域的预印本系统，但是对于中国科研机构和中国科学家而言，ArXiv 还主要是物理数学领域的预印本系统；④即使是在物理和数学领域，我国科研机构对 ArXiv 重要性的认识和了解还是不足，一些图书馆的网站上，也没有对这一重要资源进行有效的揭示和宣传。

## 2.2 一些国内机构的先期介入和探索

一些中国科研机构已认识到 ArXiv 的重要性，并积极采取行动，推动

ArXiv 在中国的应用。早在 1998 年，中国科学院理论物理研究研究所就在国内建立起了 ArXiv 中国镜像站 cn. arxiv. org[18]，为中国科研用户提供了优质的服务。2012 年，为了夯实 ArXiv 中国镜像站的长期可持续服务，中国科学院理论物理研究所和中国科学院国家科学图书馆商定加强 ArXiv 中国镜像站服务的紧密合作。根据 ArXiv 国际合作可持续发展计划的需要，由理论物理所和国家科学图书馆共同运营 ArXiv 中国镜像服务站，其中由国家科学图书馆具体负责 ArXiv 中国镜像服务站长期和可持续的系统运行、技术服务和数据保存，并具体负责与康奈尔大学图书馆相关部门的联系与沟通。两家机构希望通过这一举措，将 ArXiv 有效地纳入到中国科学院和国家的科技文献保障体系之中，更有效地服务于中国科研用户。

中国科学院国家科学图书馆还代表中国科学院用户，积极参与 ArXiv 的国际合作资助计划，从 2010 年到 2012 年，作为其第一梯队用户（Tier 1），每年向 ArXiv 支持 4 000 美元。2012 年，随着 ArXiv 可持续发展模式得到 Simons Foundation 的认可，ArXiv 新的成员模式也将在 2013 年开始实施。中国科学院国家科学图书馆（代表中国科学院高能物理研究所等中国科学院用户）和清华大学图书馆都积极支持这一新的模式。目前两个中国机构都承诺自 2013 年至 2017 年，按会员制要求，每年向 ArXiv 提供 3 000 美元的支持[19]。

## 3 组建中国 ArXiv 服务工作组，服务于中国的 ArXiv 用户

### 3.1 中国 ArXiv 服务工作组的筹建

为了促进我国科研机构对 ArXiv 的充分利用，经与康乃尔大学图书馆商议，中国科学院国家科学图书馆于 2012 年 8 月发起了成立中国 ArXiv 服务工作组（ArXiv China Service Group）的倡议。拟从向 ArXiv 提交资源较多并对 ArXiv 资源使用较广的科研机构中，邀请部分服务能力较强的单位，共同组成中国 ArXiv 服务工作组。

2012 年 9 月 28 日，中国科学院国家科学图书馆、清华大学图书馆、北京大学图书馆、复旦大学图书馆、上海交通大学图书馆、吉林大学图书馆、南京大学图书馆、中国科学院高能物理研究所、中国科学院理论物理研究所、中国科学院数学与系统科学研究院等 10 家机构的代表在北京召开了工作组成立的预备会议，参加会议的代表赞同中国科学院国家科学图书馆提出的倡议，一致同意成立中国 ArXiv 服务工作组。

在 2012 年 10 月 22 – 24 日举办的中国开放获取推介周（China OA Week）期间，上述的 10 家机构正式宣布中国 ArXiv 服务工作组成立，并召开了第一

次工作会议，确定了工作组的目标、任务和运行机制。

### 3.2 中国 ArXiv 服务工作组的目标和任务

中国 ArXiv 服务工作组是一个"服务"组织，这一组织高度认同 ArXiv 在我国科研机构中推广工作的必要性，高度认同中国科研机构应该参与和共同促进国际范围的专业或领域开放知识库的应用与发展。中国 ArXiv 服务工作组将采用开放创新的运行机制，以集体交互、互帮互助的方式，在非行政化的开放机制中，凝聚有志者，有效服务于中国 ArXiv 用户。中国 ArXiv 服务工作组确定中国科学院由国家科学图书馆和清华大学图书馆作为工作组的共同召集单位，工作组秘书处设在国家科学图书馆。

中国 ArXiv 服务工作组将努力推动中国科研机构对 ArXiv 的充分利用，加强 ArXiv 的国内宣传推广，参与 ArXiv 的国际支持计划，促进国际范围的专业或领域开放知识库的应用与发展。具体而言，中国 ArXiv 服务工作组将通力协作，实现 4 个目标：①推动中国科技界参加 ArXiv；②开展 ArXiv 用户培训；③参与 ArXiv 的国际支持计划；④促进国际范围的专业或领域开放知识库的应用与发展[21]。

为了实现上述目标，中国 ArXiv 服务工作组将完成以下 4 个任务：①在中国开展 ArXiv 的宣传，动员中国科学家参与内容存缴，促进中国科研人员和学生充分利用 ArXiv 系统；②代表中国参与推动 ArXiv 的发展，包括调查用户意见、参与 ArXiv 系统开放和个性化服务开发；③通过中国 ArXiv 用户组论坛交流，促进 ArXiv 的应用，促进中国领域知识库和机构知识库的发展；④以适当方式参与 ArXiv 国际支持计划的实施。

### 3.3 中国 ArXiv 服务工作组的具体工作计划

针对 2012 – 2013 年度，中国 ArXiv 服务工作组确定了更为明确的行动计划，具体如下：

- 加大 ArXiv 在国内的宣传培训。通过宣讲和培训，积极动员中国科学家参与内容存缴，促进中国科研人员充分利用 ArXiv 系统。具体包括：邀请康乃尔大学图书馆的相关人员在北京大学、清华大学、中国科学院高能物理研究所做宣讲；在适当的时候，选择国内前 20 – 30 名物理学、数学、计算机研究的密集型机构，针对可能向 ArXiv 存缴内容和使用内容的研究人员和学生进行培训。

- 编制 ArXiv 宣传培训资料。形成统一、标准、清晰的 ArXiv 宣传培训资料，提供给工作组成员单位及其他有所需要的单位宣传培训时使用。工作组将搜集汇总中国用户使用 ArXiv 的问题，征求成员单位补充意见，并与康乃尔大学交流后，形成中文版 FAQ；编制 ArXiv 宣传课件，积极获取康乃尔大学图书馆的宣传资料和相关授权，在尊重知识产权的基础之上，形成统一的 ArXiv 宣传课件，提供成员单位使用；翻译整理 ArXiv 的相关信息和中国 ArXiv 镜像站的服务内容，在征求服务工作组成员单位意见的基础上形成培训大纲和培训资料。

● 组织开展 ArXiv 中国应用情况调查。通过摸底调查，了解物理学、数学、计算机研究的密集型机构对 ArXiv 的了解程度、使用情况和反馈意见，进而形成相关调研报告，切实反映中国用户对 ArXiv 系统的意见和建议。

● 向 ArXiv 提出 ArXiv 系统发展建议报告。在调查报告的基础上，结合 ArXiv 本身的发展计划和 ArXiv 国际支持单位的意见，提出改进和完善 ArXiv 系统的建议，并提出中国相关单位承担相应工作的建议，使中国 ArXiv 服务工作组能够在 ArXiv 的运行与管理工作中发挥实质性作用，提高中国科研机构在其中的显示度。

● 建立工作组交流论坛。依托中国机构知识库支持门户网站建立 ArXiv 工作组的交流论坛，在其上组织相关信息的发布，提供相关宣传报告和工作成果，建立工作组成员间常规交流讨论机制。

## 4 结 语

ArXiv 是具有高质量信息的开放获取资源，而且其的国际影响力越来越大。国内科研人员对它的认识和利用，还有很大的扩展空间。为此，中国科学院国家图书馆牵头成立了中国 ArXiv 服务工作组，拟通过宣传、网上论坛、用户调查、意见反馈等多种方式，支持 ArXiv 的发展和服务于中国用户的需求。

致谢：本文基于作者在中国开放获取推介周上所作"中国 ArXiv 服务工作组成立发布会"报告（URL：http：//ir. las. ac. cn/handle/12502/5496）撰写而成，得到邓景康、邵敏、于润升、程岭梅、邵波、潘卫、聂华、姚晓霞、王乐、邵文晖、冯雷等馆长和老师们的有益建议，在此致谢。

**参考文献：**

[1] Ginsparg P. As we may read[J]. The Journal of Neuroscience, 2006, 26(38): 9606 -9608.

[2] ArXiv[EB/OL]. [2012 -11 -19]. http://arxiv. org/pdf/math/0303109.

[3] Ruddy D. Sustaining open access repositories[EB/OL]. [2012 -11 -19]. http://ir. las. ac. cn/handle/12502/5495.

[4] Ensuring ArXiv's future:GrantpProvides five years of matching funds for scientific repository[EB/OL].[2012-11-19].http://ir.las.ac.cn/handle/12502/5495.

[5] Perelman G. The entropy formula for the Ricci flow and its geometric applications[EB/OL].[2012-11-19].http://arxiv.org/pdf/1203.1672.

[6] Perelman G. Ricci flow with surgery on three-manifolds[EB/OL].[2012-11-19].http://arxiv.org/pdf/math/0303109.

[7] Perelman G. Finite extinction time for the solutions to the Ricci flow on certain three-manifolds[EB/OL].[2012-11-19].http://arxiv.org/pdf/math/0307245.

[8] Nasar S, Gruber D. Manifold Destiny:A legendary problem and the battle over who solved it[EB/OL].[2012-11-19].http://www.newyorker.com/archive/2006/08/28/060828fa_fact2.

[9] Wikipedia. Grigori perelman[EB/OL].[2012-11-19].http://en.wikipedia.org/wiki/Grigori_Perelman.

[10] Mackenzie D. Breakthrough of the year. The Poincaré Conjecture—Proved[J]. Science,2006,314(5807):1848-1849.

[11] Wikipedia. Millennium prize problems.[EB/OL].[2012-11-23].http://en.wikipedia.org/wiki/Millennium_Prize_Problems.

[12] 张智雄. 中国ArXiv服务工作组.2012年中国开放获取推介周国际研讨会(China Open Access Week)[R/OL].[2012-11-23].http://ir.las.ac.cn/handle/12502/5496.

[13] 大亚湾中微子实验发现新的中微子振荡[EB/OL].[2012-11-23].http://www.ihep.cas.cn/zt/zt_DYB_N/.

[14] Observation of electron-antineutrino disappearance at Daya Bay[EB/OL].[2012-11-23].http://arxiv.org/pdf/1203.1669

[15] 曹俊. 大亚湾文章被接收发表,引用22次[EB/OL].[2012-11-23].http://blog.sciencenet.cn/blog-296183-554191.html.

[16] Xing Zhizhong. Implications of the Daya Bay observation of $\theta_{13}$ on the leptonic flavor mixing structure and CP violation.[EB/OL].[2012-11-23].http://arxiv.org/pdf/1203.1672.

[17] ArXiv. 2011 institutional ArXiv usage data[EB/OL].[2012-11-23].http://ArXiv.org/help/support/2011_usage.

[18] cn.ArXiv.org[EB/OL].[2012-11-23].http://cn.ArXiv.org/.

[19] ArXiv. Initial five-year support pledges.[EB/OL].[2012-11-23].https://confluence.cornell.edu/display/culpublic/Initial+Five-Year+Support+Pledges.

备注:本文参考部分内部文件有:(1)中国ArXiv.org服务工作组第一次工作会议纪要;(2)中国ArXiv.org服务工作组备忘录;(3)中国ArXiv.org服务工作组2012-2013年度工作计划。

**作者简介**

张智雄,中国科学院国家科学图书馆研究馆员,馆长助理,信息系统部主任,E-mail:zhangzhx@mail.las.ac.cn;

顾立平,中国科学院国家科学图书馆副研究员,博士;

张晓林,中国科学院国家科学图书馆研究员,博士;

李麟,中国科学院国家科学图书馆馆员,博士研究生。

# 专题序:开放资源建设:评价、技术规范和再利用模式

张建勇

男,研究馆员,中国科学院国家科学图书馆资源建设部主任,主要从事资源建设、数据库建设等方面的研究。近5年来主持或参与国家科技支撑计划项目、国家和中国科学院相关研究项目10余项。E-mail:zhangjy@mail.las.ac.cn

开放获取(open access,OA)运动在全球范围内快速发展,科技信息迅速走向开放获取,开放资源的数量和影响力日益增加。在这个背景下,图书馆资源建设面临的不仅仅是商业资源,更多类型的开放资源成为图书馆关注的对象,研究型图书馆在开放环境中如何构建开放资源体系为用户服务成为资源建设的重要课题。

中国科学院国家科学图书馆持续推动开放获取和开放资源的建设,在试点建设了开放会议等开放资源建设课题的基础上,启动了开放资源建设系列研究课题,从开放资源的评价和遴选、开放资源的开放利用模式、开放资源获取与利用的技术规范等方面入手,深入分析各种类型、分布广泛、开放程度不一、使用许可和技术约束各异的开放资源,研究开放资源建设过程中的策略、方法、标准和规则,以期为图书馆发现、评价、遴选、采集、集成、再利用开放资源提供相关指南参考。

本专题从图书馆资源建设的角度组织了5篇文章,围绕着图书馆开放资源建设涉及的评价与遴选、组织与集成、使用与再利用、约束与技术框架、用户机制方面展开。论文《论开放资源建设的发展(2001-2013)》梳理OA运动中的开放资源发展历程,分析影响开放资源建设的重要因素和需要重点关注的建设内容。论文《开放资源的利用评价研究》重新定义图书馆资源中的开放资源,分析并设计适用于三类开放资源的广谱评价指标,并以OA期刊为例进行实证研

究。论文《开放资源互操作框架研究》进一步定义和描述开放资源的互操作框架，研究其中涉及的对象、内容、标准协议和关键技术，为促进开放资源的互操作和开放性利用提供参考。论文《开放资源的再利用模式研究》总结分析开放资源再利用中遇到的政策/许可和技术约束，提出6种开放资源再利用模式，以期实现开放资源的知识服务目标。为验证开放资源建设研究的有效性，论文《研究型图书馆开放获取服务模式探讨》从科研人员普遍关心的学术影响力分析入手，提出研究型图书馆的OA服务模式和工作流，结合在中国科学院研究所的实际工作剖析服务步骤、工作方法，探讨图书馆OA服务的突破口。

开放资源是开放获取运动的一部分并随着开放获取的发展而不断发展，开放资源将成为图书馆资源建设的主体并在学术交流中扮演主要角色。图书馆开放资源建设研究是图书馆资源建设研究的继续和发展。本专题的研究只是对开放资源建设做初步的探索，希望能对图书馆开放资源建设有所助益。

# 论开放资源建设的发展(2001—2013)[*]

张建勇　黄金霞　李麟

**摘 要** 梳理开放资源建设的重大背景、重点事件、重要项目和系统，从而分析开放资源建设的发展历程、现状特点和存在的问题，并进一步总结归纳开放资源建设的影响因素和建设内容，最后提出开放资源建设策略。

**关键词** 开放获取(OA)　开放资源建设　影响因素　建设内容　策略

**分类号** G250

## 1 引言：OA运动中的资源建设

从2001年提出《布达佩斯开放获取计划》开始，开放获取(open access, OA)已到了第12个年头。也是在2001年，P. Suber创建了《联机免费学术动态》[1]，主要跟踪和宣传OA，2012年又出版了 *Open Access* 一书[2]，系统地总结了OA的概念和理论。OA提供了知识的新出版方式、交流方式，改变了传统出版模式、交流模式，形成了以科研人员-出版商-读者为角色的新模型[3]，其中涉及的各方，如学协会、资助者、出版商、用户都逐渐认识到OA的价值并努力争取自身的最大利益。同时，开放资源发展到现在，占据了文献资源的相当大的比例[4]，并有逐渐成为主体资源的趋势。

本文所论述的开放资源建设是指对开放资源的收集、描述、集成、组织、保存和利用的过程。从开放资源建设的角度看，在OA发展中，包括图书馆在内的组织和机构通过项目启动建设的开放资源服务系统逐渐发展，标志性地出现了：①领域知识库，如：arXiv(1991年)、PubMed Central(PMC, 2000年)；②机构知识库，如：ePrints(2000年)、DSPACE@MIT(2002年)；Open Course Ware项目(2002年)、DOAJ(2003年)、BASE(2004年)、OpenDOAR(2006年)、EThOSnet项目(2007年)、Europe PMC(2007年)、Dryad(2007年)、

---

[*] 本文系中国科学院国家科学图书馆项目"开放资源的开放利用模式研究"(项目编号：馆1212)研究成果之一。

GitHub(2008年)、OpenAIRE 和 DataCite(2009年)、SciencePAD(2011年)、DOAB(2012年)开放资源建设系统和服务等。这些开放资源建设活动围绕着开放教育资源、开放科学数据、开放期刊、开放仓储、开放软件、开放图书等各种开放资源的内容、使用、集成、再利用、存储、开放政策、标准规范、技术约束展开,其中,DOAJ 已建设 10 年(2003—2013 年),收录的开放获取期刊从最初的 300 余篇发展到 9 000 余篇(截至 2013 年 10 月),在用户中具有很强的影响力和权威性[5]。

本文从开放资源建设的重大背景、重点事件、重要项目和系统建设来分析开放资源建设的发展历程,其中重点关注并分析了 DOAJ 的 10 年建设历程及其发展特点[6],力图通过对这些建设活动的透析来把握开放资源建设的发展脉络、建设内容和影响因素,为图书馆了解并推进开放资源建设工作提供启示。

## 2 开放资源建设的发展历程分析

### 2.1 OA 期刊创新期(2001-2004 年)

在这段时间中,OA 概念逐渐被接受并进入实践,开放资源建设项目逐步启动,知识库建设开始兴起,OA 期刊建设进入创新期。

在《布达佩斯开放获取计划》发布后,2002 年出现了一批 OA 资源建设项目,包括英国联合信息系统委员会(JISC)启动的 SHERPA 机构知识库项目,美国麻省理工学院(MIT)启动的开放课程项目,科学公共图书馆(PLoS)开始出版 OA 期刊,同时出现了一些开源软件以支持开放资源系统的建设,如 EPrints、MIT DSpace。到了 2003 年《毕士大开放获取出版宣言》和《柏林宣言》发布,OA 概念开始深入民心。2003-2004 年,资助者和科研机构意识到资助研究成果开放的意义,知识仓储(实现 OA 的一种方式,即绿色 OA,包括机构仓储和学科仓储)建设兴起,越来越多的机构推出开放存储。2005 年,美国国家健康研究院(NIH)宣布实施开放共享政策,英国惠康基金会发布了关于开放获取的立场声明。而很多出版社却还没有 OA 政策和仓储政策,无法应对知识仓储建设提出的要求,为此,出版社开始调整出版政策和出版方式(例如把传统订购期刊转变为 OA 或复合 OA 期刊、提供绿色 OA)。OA 期刊在 2000-2004 年为创新期[7]。作为实现 OA 的另一种方式(即金色 OA),OA 期刊具有版权清晰、遵循 CC 协议、出版后立即在期刊网站上发布,允许作者立即存储论文正式出版版本的特点。2004 年,更多 OA 期刊具有 ISI 影响因子[8],学术影响力增加。2001 年,PLoS 也成为非营利性开放出版机构,致力于出版高水平的开放获取期刊,旨在与同领域商业出版商的高质量学术期刊直接竞争。在这种形势下,OA 期刊目录资源系统——DOAJ 于 2003 年 5 月开始建设,一年内收录的 OA 期刊数量就增加 750 种,2004 年 6 月基本完成系统建设。P. Suber 曾这样评价 DOAJ 的出现:"是一个随着时间推移会显得越来越重要的事件。"[9]

2.2 OA 期刊巩固期(2005-2009 年)

OA 成为世界性趋势,更多国家级的机构、组织、大学倡议公共获取,开放资源层出不穷。OA 期刊的发展进入巩固期[7]。

首先,更多类型的资源被开放获取:2004 年开放数据被提出,国际科技数据委员会 CODATA 在 2005 年就启动了全球科学信息共享计划[10];2009 年,斯科特极地研究所提供了 150 年的 2 万多张基地考察照片的在线获取[11],超过 9 000 份美国国家科学院报告实现了 OA[12]。其次,不同资源类型的系统开始出现:2006 年 1 月开放仓储目录 OpenDOAR 启动,2007 年 1 月欧洲 PMC 启动,2007 年 3 月英国学位论文 OA 项目 EThOSnet 启动[13],2008 年 NIH 创建了全球最大的哮喘病临床和遗传公共获取数据集[14],2009 年 6 月英国高等教育学会(HEA)和 JISC 启动了开放教育资源项目[13]。第三,开放资源的数量、使用量、影响力也快速增长:2005 年至少有 10 多个订阅期刊转变为 OA 期刊[15],2007 年 1 月全球联合机构知识库(OAIster)收录的 OA 论文达到 100 万篇,2 月 Hindawi 出版社宣布其所有期刊实施 OA 出版;2007 年 7 月 BMC 单篇论文的访问量首次超过 10 万次;在 2005 年,BMC 的 5 种期刊排名居其各自所在领域的前 5 名,*PLoS Biology* 在出版后第一年的影响因子就达到 13.9[15]。Google Scholar 和微软的 Live Academic Search 分别于 2005 年 11 月和 2006 年 4 月推出,可实现对开放资源的索引和发现。DOAJ 在 5 年中收录的期刊增加 4 000 种,并且实行会员制,提供期刊长期保存服务,还与 SPARC 一起推出 OA 期刊的 SPARC Europe Seal 标准,一方面明示期刊的版权和 CC BY 协议,以便于重用,另一方面表示期刊允许通过 OAI 收割论文元数据,这是 OA 期刊建设中的第一个相关标准,在同期的其他类型开放资源建设中还没有。

2.3 OA 期刊持续期(2009—2011 年底)

这一时期 OA 已经燎原,开放资源也形成了各自的影响力。

2009 年 10 月 19-23 日,第一个国际开放获取周(OA Week)启动[16],自此,OA 运动已经得以持续并保持强劲的发展势头:OA 系列会议例如开放获取柏林会议、开放知识会议已具有国际影响力;国家层面的 OA 活动越来越多,2012 年美国民众发起白宫请愿,督促美国白宫实施公共资金资助的研究成果的开放共享;美国先后于 2006、2009、2012 年向国会提交了旨在推进联邦资助研究成果公开获取的 FRPAA 法案,每次均得到了更多议员的联署。更多的开放获取联盟和门户开始出现,例如开放获取知识库联盟(COAR)、科研资源获取权联盟、开放获取政策机构联盟(COAPI)、欧洲海洋联盟、全球开放获取门户(GOAP);更多的信息资源开始提供开放获取,在 2011 年 10 月英国皇家学会将其世界闻名的历史性期刊档案库永久性免费在线开放[17],2011 年各大出版社 OA 计划也遍地开花,如 1 月美国物理学会(APS)和英国自然出版集团(NPG)发布了新的 OA 期刊——*Physical Review X* 和 *Scientific Report*,2 月 Wiley - Blackwell 发布了 Wiley Open Access 平台,以推出一批生命科学和医学领域的 OA 期刊,6 月美国国家科学院出版社提供 4 000 多本图书 PDF 的免费下载,9 月 JSTOR 提供 200 多种期刊、50 万篇论文的免费访问。在开放资源建设方面:PMC 在 2010 年 7 月实现了两个里程碑——收录题录数据达到 2 千万条、收录全文达到 2 百万条,已是全球重量级的开放学术资源;2010 年开发的生物数据共享平台 BioTorrents 在开放性和容量两方面表现极佳,在大科学时代开创了数据共享的先河[9]。2011 年 6 月,霍华德休斯医学研究所、德国马普学会和英国惠康基金会宣布,将合作创办生物医学和生命科学领域的顶级开放获取期刊 *eLife*,与 *Science* 和 *Nature* 直接竞争。DOAJ 加大了宣传力度,参与 OA 相关会议并发表文章,并在 1 年多的时间内推出了 5 个语种站点(PMC 建立欧洲站点用了 7 年时间,DOAJ 建立第一个法语站点用了 8 年时间,预印本网站/学科仓储 ArXiv 在 2012 年 6 月却改变了在很多国家开通镜像站点的策略,关闭了一些站点,转而主要支持少数使用情况好的站点建设[18]),但 DOAJ 依然存在问题,例如在 2011 年 DOAJ 中 81% 的期刊没有使用 CC 协议,这个问题"将可能使 DOAJ 错过提供自由 Libre OA、提升论文学术价值、为科研和科研人员服务的黄金机会"[19]。在 2011 年发表的《期刊与知识库的作者与使用者的行为研究》一文中,学者提出"学术研究人员对学术交流系统的态度、认知和行为是保守的,不希望当前的传播和出版模式有实质性改变"[20],而对于开放资源建设来说,就是要把 OA 深入到研究人员的意识和利用中。在完善了检索和浏览功能、建立了期刊标准、提供 OAI - PMH 接口以供收割后,DOAJ 开始考虑与出版者、作者甚至与科研机构、资助者的合作,并推动科研工作对 OA 资源的使用。

### 2.4 OA 期刊战略期(2012 年至今)

OA 相关问题已经能放到国家层面上讨论和解决,科研资助者、OA 组织转为支持更深层次的 OA 知识服务、元数据框架和互操作框架、学术影响力分析,促使开放资源建设思考新的转变,以抓住先机。

2012年1月,美国研究图书馆协会提出《针对白宫科技政策办公室的公共获取学术出版物信息征询书的回应》,FRPAA再次提交至美国参议院和众议院,欧盟委员会和欧洲议会在下一个研究框架协议Horizon2020中全面实施受资助项目产生的研究论文的开放获取[21]。经过多年的较量,开放资源的开放程度加大,2012年西班牙和德国国家图书馆、博物馆已使用CC0协议开放数据[22],BMC的部分期刊向作者提供CC0的许可选择。越来越多的出版社在开放获取期刊中开始提供更加宽松的使用许可,允许研究论文的开放复用(如CC-BY许可),例如:SpringerOpen的绝大多数开放出版期刊采用CC-BY使用许可,2012年IOPP将其出版的开放获取期刊的使用许可由CC-BY-SA转为CC-BY;同在2012年,NPG将其旗下40余种开放获取期刊的使用许可在现有的CC-BY-NC-SA或CC-BY-NC-ND的使用许可基础上,新增CC-BY使用许可[23]。在开放资源建设中,2012年11月OpenAIRE发布第二版互操作指南[24]并推出OpenAIRE Plus项目,促使达成机构知识库与知识库服务聚合器的兼容以及更大范围资源的互操作;2013年2月美国国家信息标准组织(NISO)推出制定开放获取元数据和指标标准项目[25],制定标准化的书目元数据和可视化指标,不仅描述了论文的可获得性,而且潜在地描述了期刊论文的开放程度,这与DOAJ印章(DOAJ Seal)似乎殊途同归;2013年3月《开放获取的影响》发表[26],提出OA的学术影响力除了加大科研成果的可见度、使用量、引证影响力之外,还将对机构竞争态势、知识转移转化甚至经济产生影响,美国细胞生物学会在2013年5月发布的《关于科研评价的旧金山宣言》[27]提出,未来研究论文以外的其他产出(例如科学内容、数据集、软件)对于评价科研成效将越来越重要,这些文章将推动科研人员参与生产并使用开放资源。DOAJ收录期刊数量目前已近万种,于2012年12月进入它的第4个发展阶段,采取了转换发布平台、工具,调整工作团队和顾问委员会,推出开放期刊新标准、扩展期刊收录范围、与出版社更紧密合作以改善目录中期刊信息的质量等一系列举措,进入发展战略转变期。

## 3 当前开放资源建设特点和存在的问题

开放资源经过十几年的发展,资源量具有了一定规模、服务内容日益深化,也推动了标准规范和技术的发展,甚至在开放政策上超出了开放频谱(open access spectrum)提供的开放层级,例如Dryad、DataCite、DOAB已执行CC0许可协议(见表1)。然而开放资源面向未来的发展还存在一些障碍。

表1 部分开放资源(系统)的建设现状

| 开放资源 | 资源类型 | 资源量* | 再使用权** | 机读性** |
|---|---|---|---|---|
| OpenCourseWare | 开放教育课件 | 2 150 个课件 | 层级 2 (CC BY-NC-SA) | 层级 2(元数据), 层级 3(全文) |
| OpenDOAR | 开放仓储目录 | 2 200 个仓储 | 层级 5 (无相关说明) | 层级 2 (元数据) |
| The World Bank OKR | 开放机构仓储 | 9 200 份科研产品 (2012-04) | 层级 1 (CC BY) | 层级 2 |
| PMC | 开放学科仓储 | 280 万篇文章 | 层级 2、3、5 | 层级 2 (元数据) |
| Dryad | 专业领域数据仓储 | 3 699 个数据包,10 745 个数据文件,13 828 个作者,下载 353 万次 | CC0 (元数据和全文) | 层级 2 (元数据) |
| DataCite | 研究数据 | N/A | CC0 (元数据) | 层级 2(元数据) World Bank |
| Open Data | 开放数据 | 8 000 条指标,850 个数据集,11 000 个活动,700 份调查 | 层级 5 (网站使用条款) | 层级 2 |
| Open Video Project | 开放视频 | 4 079 个视频 | 层级 5 (网站无相关说明) | 层级 3 |
| DOAB | 开放图书目录 | 49 个出版社的 1 471 本图书 | CC0 (元数据) | 层级 1 (元数据) |
| PLoS | 开放期刊出版 | 7 种 OA 期刊 | 层级 1 (CC BY) | 层级 2 |
| DOAJ | 开放期刊目录 | 9 940 种 OA 期刊,116 万篇文章 | 层级 5(网站使用无相关说明) | 层级 2 |
| BASE | 开放搜索引擎 | 来自 2 662 个资源点的 4 954 万个文档 | 层级 5(网站使用无相关说明) | 层级 2 (元数据) |
| OpenAIRE | 欧洲开放获取科研设施 | 42 840 个出版物 | 层级 5(网站使用无相关说明) | 层级 2 |

\* 资源量列除了注明日期的,其余均来自 2013 年 7 月的网站信息。

\*\* 使用许可和机读性都属于资源开放程度描述。参照 DOAJ 评价标准[28]中采用《开放获取频谱》[29]对"再使用权"和"机读性"的开放层级设置,来描述表中的资源开放性,其中,层级 1 表示为最开放。

## 3.1 当前开放资源建设发展特点

结合上文对开放资源建设历程的分析以及表1中对具体开放资源的分析，可以看出当前开放资源建设具有几个特点：①建设的资源类型多样，除了开放期刊、开放仓储外，开放教育资源、开放数据、开放图书、开放视频也逐渐发展起来；②开放资源的数量增长较快，DOAJ 中的期刊数量、OpenDOAR 中的机构知识库数量、BASE 中的文档数量，都是很好的说明；③不同资源的再使用权各异，一些资源的开放性低，这些约束着开放资源的使用；④机读性开放程度低，很多开放资源只提供元数据的机器获取，并不提供全文的开放接口，这阻碍了开放资源的再利用。

## 3.2 存在的问题

尽管目前开放资源建设发展态势良好，但发展的步伐不停，开放资源建设工作还有可改进的地方：①使用许可的标识不清晰，例如在 DOAJ、BASE、OpenAIRE 网站上很难找到相关许可说明。②机读性说明文档难以发现，尤其是提供全文的资源系统，一般是在网站 FAQ 中才提供技术内容的相关文字，或者网站上介绍提供了下载全文的 OAI-PMH 接口，却难以查找到相关说明，例如 The World Bank OKR。③鲜有长期保存策略。除了数据仓储 Dryad 与数字资源长期保存项目 CLOCKSS 合作长期保存、PMC 自身有保存功能外，其他资源没有提供说明。DOAJ 在 2011 年时只有 8% 的期刊在 LOCKSS/CLOCKSS 中、5% 在 Portico 中，而目前要求被收录的期刊有数字仓储或保存管理计划[30]。④知识组织和再利用层面的建设和服务内容少，目前提供的服务基本是浏览和检索。⑤缺少用户需求分析。DOAJ 领导者 L. Bjørnshauge 在 2012 年建设 DOAB 的前期，已意识到用户需求研究的重要性[30]。⑥各自为阵，内容有重复。

## 4 开放资源建设的影响因素和建设内容分析

有学者提出我国开放获取资源服务存在"研究多，实践少"的现状，在集成平台建设、开放资源的信息组织、知识服务层面的研究和实践薄弱[31]，这主要是针对开放资源服务系统建设而言的。实际上，在现阶段的开放资源建设中，针对开放资源的开放程度不同、再使用权不一致等特点和存在的问题，在明确影响开放资源建设的因素后，其开放性建设、政策建设、标准建设显得更加必要[32]。

### 4.1 影响因素

从以上对 OA 环境和开放资源的分析中，笔者认为在开放资源建设中有 3 种主要影响因素：人、资源、方法。"人"的因素中包括作者和用户（包含需求、使用情况)、建设者(如图书馆员、技术人员、科研机构、出版者)、参与者(如资助者、学协会、项目组织者)。"资源"因素则涵盖资源类型、数量、知识产权、OA政策、开放性、合作方式、长期保存等,其中,OA 政策和资源开放性较复杂,影响到资源的获取和利用方案,前者包括国家层次的宏观 OA 资源建设政策、OA 期刊及仓储创建机构的资源建设政策、传统出版商的 OA 政策、科研资助机构的公共获取政策和图书馆等信息服务机构的 OA 资源建设政策[32];后者(对于 OA 期刊而言)包括阅读权、再使用权(使用许可)、版权、作者在线发布权、自动发布和机读性[9]。"方法"因素中,除了网络技术和信息技术外,还包括资源建设牵涉到的建设策略、分析报告、标准规范、知识组织、服务能力、推广方法等。因开放资源具有内容开放获取、形式数字化、在线访问的特点,信息技术对开放资源建设的影响程度降低,而 OA 政策、标准规范、服务能力等的影响比重加大。

### 4.2 建设内容

依据 OA 运动中不同时期的关注点和开放资源项目的侧重点,笔者提出开放资源建设的 4 个主要内容:服务建设、政策建设、规范和标准建设、技术能力建设。它们在开放资源建设的不同时期有不同侧重,涉及的影响因素也不同(见图1)。

| 开放资源建设 | | 创新期 | 巩固期 | 持续期 | 转变期 |
|---|---|---|---|---|---|
| 标准和规范建设 | 明确建设规范,促进行业标准 | ·遴选标准<br>·资源获取<br>·操作指南 | ·开放说明或指南<br>·元数据/全文规范<br>·资源规范说明 | ·资源评价标准<br>·元数据管理<br>·开放性规范<br>·参与行业标准 | ·标准规范的新需求分析 |
| 政策建设 | 资源开放利用和持续发展管理 | ·资源提供者政策<br>·建设者政策<br>·使用许可 | ·版权及使用政策<br>·资源合作政策<br>·资助与支持政策<br>·长期保存政策<br>·技术政策 | ·OA政策<br>·资源建设政策 | ·政策持续完善 |
| 服务建设 | 建立从资源发现到知识再利用的多样服务 | ·需求分析<br>·服务功能<br>·系统方案 | ·功能性完善<br>·资源规模扩展<br>·服务推广 | ·提供第三方利用<br>·资源建设年度报告<br>·服务成效年度报告 | ·新发展战略<br>·巩固核心能力 |
| 技术能力建设 | 贯穿整个建设过程,也是建设者如图书馆员需准备的能力 | ·需求获取与分析<br>·信息技术<br>·知识组织技术<br>·资源获取与合作 | ·用户合作能力<br>·推广方式<br>·资源合作能力<br>·信息技术 | ·统计分析能力<br>·趋势跟踪能力<br>·宣传能力<br>·参与行业标准能力 | ·战略规划<br>·多方合作能力<br>·知识组织<br>·信息技术 |

图1 开放资源建设阶段和建设内容分析

注:图中白色圆圈表示各阶段的关键建设内容

服务建设是指从资源发现到利用的过程,以实现多方位的服务,包括资源组织服务、长期保存服务、用户利用服务(包括第三方利用)。影响因素包括人(用户、建设者、作者、资助者组织)、资源(资源类型、数量、OA政策、开放性、长期保存、资源获取或获取方式)、方法(需求分析方法、知识组织技术、系统构建技术、服务推广方式、与资源拥有者或作者的合作能力)。服务建设在开放资源建设的创新期为重点建设内容,并在其他阶段逐步发展为核心能力。

　　政策建设是指从了解各方政策到构建资源本身利用和持续发展管理政策的过程,包括资源使用政策、资源OA政策、资助者政策、技术政策、资源合作政策。影响因素包括人(作者、资源拥有者、资助者、科研机构)、资源(相关政策)、方法(资源合作能力、与资助者或机构的协调能力)。政策建设为开放资源建设巩固期的重点建设内容,是对创新期政策的详细扩展,并在持续期凝练为完整的资源建设政策和OA政策。

　　标准和规范建设是指建立开放资源服务和利用规则,包括建设指南和规范、技术规范和标准资源的行业标准。主要影响因素为方法(分析能力、参与行业标准能力等)。标准和规范建设是持续期的重点建设内容,在创新期和巩固期逐步完善,并在持续期最终形成。

　　技术建设内容即影响因素中的"方法",贯穿于整个建设过程,是建设者(如图书馆员)需要掌握的能力。

## 5　开放资源建设策略

　　开放获取资源建设是一个充满活力的领域,众多的机构和组织参与其中并贡献着力量。正如前文所述,在开放资源建设中的人"已不仅仅是单一角色的人,而是包括了作者和用户、图书馆员、技术人员、出版人员、管理人员、项目组织人员等多种角色共同参与建设活动的人。图书馆可以参与到开放信息资源建设的"传播"、"检索"、"利用"和"保存"环节中[33]:①参与OA出版,从APC和权益上来控制出版商行为[34];②采集开放资源,构建虚拟、可信赖的、集成的馆藏;③对集成的信息资源进行开放复用,包括知识组织和再利用;④通过资助或合作等方式保存核心资源[33]。

　　回顾10年来开放资源建设的经典案例和发展演化,分析其中规律性的因素和核心建设内容,可得出以下结论:图书馆在规划和建设开放资源建设内容时,需要分阶段按步骤设计和推进:①尽快完成创新期和巩固期的建设内容;②利用在知识组织、长期保存、贴近用户/了解需求、长期资源建设工作中与出版商的合作等优势,建立为特定用户关键保障的开放资源体系;③提供更深程度的知识服务内容,开放获取、开放知识和开放创新的3O会聚为知识服务机构支持用户驱动的知识服务创新提供了巨大机遇[35];④图书馆在开放资源建设过程中应融入开放资源政策建设、标准规范建设,以便有效支持用户的开放资源获取和再利用服务。

## 参考文献:

[1] Suber P. SPARC open access newsletter and free online scholarship newsletter archive[EB/OL]. [2013-07-31]. http://legacy. earlham. edu/~peters/fos/newsletter/archive. htm.

[2] Suber P. Open access[M]. Cambridge:The MIT Press,2012.

[3] Science and technology committee inquiry into scientific publications:Evidence from the public library of science[EB/OL]. [2013-07-31]. http://www. myoops. org/cocw/plos/downloads/files/HCE videncefromPLoS. pdf

[4] Björk B-C, Welling P, Laakso M,et al. Open access to the scientific journal literature:Situation 2009[OL]. [2013-07-31]. http://www. plosone. org/article/info:doi/10. 1371/journal. pone. 0011273.

[5] Chauhan K. Selected free e-journals in library and information science in Directory of Open Access Journals[J]. DESIDOC Journal of Library & Information Technology,2012,32(4):339-346.

[6] DOAJ news archive[EB/OL]. [2013-07-31]. http://www. doaj. org/doaj? func = news&uiLanguage = en.

[7] Laakso M, Welling P, Bukvova H,et al. The development of open access journal publishing from 1993 to 2009[OL]. [2013-07-31]. http://www. plosone. org/article/info:doi/10. 1371/journal. pone. 0020961.

[8] Suber P. Open access in 2004[EB/OL]. [2013-07-31]. http://legacy. earlham. edu/~peters/fos/newsletter/01-02-05. htm#2004

[9] Suber P. Open access 2010[EB/OL]. [2013-07-31]. http://www. arl. org/sparc/publications/articles/oa-in-2010. shtml.

[10] 开放获取大事记(至2007年). 刘兰,编译[EB/OL]. [2013-07-31]. http://www. open-access. net. cn/5f00653e83b753d67b804ecb/

[11] 20 000 photos from 150 years of polar exploration available online[EB/OL]. [2013-07-21]. http://www. jisc. ac. uk/news/stories/2009/03/freezeframe. aspx.

[12] More than 9 000 national academies reports now available in open access[EB/OL]. [2013-07-31]. http://blogs. unimelb. edu. au/libraryintelligencer/2009/04/15/more-than-9000-national-academies-reports-now-available-in-open-access/.

[13] 陈晋. 开放获取十年(2001-2011)[M]. 北京:国家图书馆出版社,2012:244-255.

[14] NIH expands open-access dataset of genetic and clinical data to include asthma[EB/OL]. [2013-07-31]. http://www. nih. gov/news/health/dec2008/nlbi-15. htm.

[15] Suber P. Open access in 2005[EB/OL]. [2013-07-31]. http://www.earlham.edu/~peters/fos/newsletter/01-02-06.htm#2005

[16] Open access week declared for 2009[EB/OL]. [2013-07-21]. http://www.eifl.net/cps/sections/services/eifl-oa/oa-news/2009_03_06_open_access_week.

[17] Royal Society journal archive made permanently free to access. 朱曼曼,编译[J]. 图书情报工作动态,2011(12):16.

[18] arXiv mirror sites[EB/OL]. [2013-08-01]. http://arxiv.org/help/mirrors.

[19] Seadle M. Archiving in the networked world:Open access journals[J]. Library Hi Tech,2011,29(2):394-404.

[20] Fry J,PEER 项目组. 期刊与知识库的作者与使用者的行为研究(结论部分). 张倩,编译[J]. 图书情报工作动态,2011(12):11-13.

[21] Open access in horizon2020-furthers open access and open data[EB/OL]. [2013-07-31]. http://ec.europa.eu/research/horizon2020/pdf/proposals/com%282011%29_808_final.pdf

[22] National libraries and a museum open up their data using CC0[EB/OL]. [2013-07-31]. http://creativecommons.org/weblog/entry/31853

[23] CC-BY license option now available on 42 NPG journals[EB/OL]. [2013-07-31]. http://www.nature.com/press_releases/cc-licenses42journals.html.

[24] OpenAIRE releases version 2.0 of the OpenAIRE Guidelines[EB/OL]. [2013-07-31]. http://www.openaire.eu/en/component/content/article/9-news-events/427-openaire-releases-version-20-of-the-openaire-guidelines.

[25] NISO launches new initiative to develop standard for open access metadata and indicators[EB/OL]. [2013-07-31]. http://www.niso.org/news/pr/view?item_key=d2e5f409bc6af6b7f504a10edf0329203ffec6f9.

[26] Alam S. Open access impact:A briefing paper for researchers,universities and funders[EB/OL]. [2013-07-21]. http://www.openscholarship.org/upload/docs/application/pdf/2010-10/open_access_impact.pdf.

[27] San Francisco declaration on research assessment:Putting science into the assessment of research[EB/OL]. [2013-07-21]. http://am.ascb.org/dora/

[28] DOAJ announces new selection criteria[EB/OL]. [2013-07-21]. http://www.doaj.org/doaj?func=news&nId=303&uiLanguage=en.

[29] Open access spectrum(OAS)[EB/OL]. [2013-07-21]. http://www.plos.org/about/open-access/howopenisit/.

[30] DOAB user needs report[EB/OL]. [2013-07-31]. http://www.doabooks.org/doab?func=news&nId=10&uiLanguage=en.

[31] 邓君,毕强,宋文凤. 国内开放存取资源在线集成服务理论进展[J]. 情报科学,

2012,30(7):1103-1108.

[32] 黄金霞,张建勇,黄永文,等. 开放资源建设的措施及工作策略[J]. 图书情报工作,2013,57(8):57-61.

[33] 张晓林,李麟,刘细文,等. 开放获取学术信息资源:逼近"主流化"转折点[J]. 图书情报工作,2012,56(9):42-47.

[34] PEER behavioural research:Authors and users vis-à-vis journals and repositories. Final Report[EB/OL].[2013-07-31]. http://www.peerproject.eu/fileadmin/media/reports/PEER_D4_final_report_29SEPT11.pdf.

[35] 张晓林. 开放获取、开放知识、开放创新推动开放知识服务——3O会聚与研究图书馆范式再转变[J]. 现代图书情报技术,2013,29(2):2-10.

**作者简介**

张建勇,中国科学院国家科学图书馆研究馆员,E-mail:zhangjy@mail.las.ac.cn;

黄金霞,中国科学院国家科学图书馆副研究馆员,博士;

李麟,中国科学院国家科学图书馆馆员,博士研究生。

# 开放资源的利用评价研究*

黄金霞　陈雪飞　沈东婧

**摘　要**　以利用为目的，重新界定广义的开放资源，并将其归纳为3类，包括出版类资源、仓储类资源和交互式资源。分析这3类开放资源的5种不同评价角度和评价内容，提出开放资源利用评价原则和功能以及包含质量、影响力和开放性的广谱评价指标，并以开放期刊为例，设计完整的评价体系，基于分区思想实现开放资源遴选。

**关键词**　开放资源　利用评价指标　开放期刊　分区遴选

**分类号**　G250

《布达佩斯开放获取宣言》在发布10周年时提出："不鼓励使用期刊影响因子作为测度期刊、论文和作者质量的指标，鼓励构建多样化的、更可靠的、可以完全开放地使用和再利用的测度影响力和质量的计量方法"[1]。接着，《旧金山宣言》也对科学评价方式提出质疑和新的建议[2]。出现这样的情况，部分原因是越来越多的科研成果正在以OA方式交流和传播，脱离了依赖传统出版的学术交流模式和科研评价模式。与此同时，用户发现权威、符合需求的开放资源也是缺乏方法，而评价和遴选资源总是使用资源的第一步。目前针对开放期刊、开放仓储等主要开放资源，国内外学者提出了一些评价模型，但一方面，因评价指标不一致、评价数据难以获得等问题，很多评价工作止步于理论研究；另一方面，开放科学数据、开放教育资源、科研博客等资源，还缺乏相应的评价指标。本文将基于开放资源利用的目的，首先定义图书馆建设的开放资源及其类型，针对三大类开放资源，提出广谱评价指标，并以开放期刊为例，提出完整的评价体系，以期推动开放资源的规范化建设。

## 1　开放资源的概述

### 1.1　开放资源的定义

"开放资源"的英文称谓，有open access resources、open access literature、

---

\*　本文系中国科学院国家科学图书馆项目"开放科技资源评价和遴选"（项目编号：馆1213）研究成果之一。

open access materials、open access publication、open resources 等，学者们和机构对"开放资源"的定义也不统一[3-8]，但最为普遍接受的是布达佩斯开放获取先导计划[9]中 OA 的定义，例如澳大利亚 CQ 大学图书馆、PLOS 出版社、我国兰州大学图书馆等都采用其定义。知名 OA 学者 P. Suber 认为 OA 文献具有如下特征[7]：①主要为学术论文，且不存在使用许可限制问题；②内容经过严格审核；③开放存取资源本身的生产并不是免费的。这与当前两种 OA 实现方式（OA 出版和开放仓储）的特征一致，但比布达佩斯开放获取计划中的定义要狭窄，例如后者并不明确与质量或同行评议相关。

笔者从开放资源的广泛利用角度，基于 Gratis OA 和 Libra OA 概念[10]来定义更广义的开放资源（open resources），包括基本不受限访问的资源（如 OA 期刊、开放仓储），也包括在一定许可限定下访问的资源（如开放数据、科研博客）。

该定义标准包括：①载体：数字化；②访问方式：通过公共网络访问，永久免费；③版权和许可限定：不受很多版权或许可限定，资源拥有者可通过一定的知识共享协议控制内容的完整性、署名权、非商业使用或演绎等；④使用方式：允许阅读、下载、复制、发布、打印、检索、超链接到文章全文，并为之建立索引，作为软件的输入数据，或者使用它们没有经济、法律或者技术方面的障碍。

### 1.2 开放资源的分类

对于开放资源的分类，目前也无权威标准[11]。从信息内容来划分，开放资源涵盖开放期刊、开放仓储、开放图书、开放教育资源、开放科学数据、开放学位论文、开放会议论文、开放专利和标准、开放软件工具、开放视频、重大项目网站、科学博客等。从来源划分这些开放资源，可将之归纳为 3 类：①出版类资源。强调通过同行评议、通过出版途径、通过网络免费获取，包括开放期刊、开放图书、开放会议论文等。②仓储类资源。部分资源也是经过同行评议或质量控制，强调某特定研究团体的研究成果不依赖出版、在一定使用许可下可通过网络免费获取，包括开放仓储、开放数据、开放教育资源、开放学位论文等。③交互类资源。类似于"用户生成内容（UGC）"，一般没有同行评议环节，是在发布后被评论或进入讨论，包括开放视频、博客、论坛等。

### 1.3 开放资源的两大个性

开放资源除了具有数字化、网络化的特点外，还显示出两大个性：

111

### 1.3.1 开放性

开放性从技术上增加了开放资源互操作与获取的便捷性，与当前越来越多的开放创新需求相吻合[12]，主要体现为永久免费、再使用性和机读性[13]。在再使用性上，很多开放资源遵循知识共享协议即 CC 协议，该协议在传统的两种极端著作权——保留所有权利和不保留任何权利（public domain）之间，通过 4 种核心权利（BY、NC、ND、SA）和 6 种常见组合方式，供创作者选择授权行使。开放资源的其他类似 CC 协议还包括美国建国者著作权、特别取样授权、非商业特别取样授权、GNU 通用公共许可证（即 Copyleft 概念）、GNU 自由文档协议、GNU 较宽松公共许可证、开放数据公共领域的贡献与许可、开放数据共享署名许可等，适用于不同类型的开放资源。

### 1.3.2 共享约束

包括使用政策限定和技术限定。不同于电子资源通过法律申明或不允许批量下载的限制手段，开放资源为了作者权益和自身成本，其开放性受到政策和技术的开放程度限定，这些限定包括开放资源的版权和许可政策、文本和数据挖掘政策、数据开放获取方式等。随着 OA 运动的推动，这些开放限定在向最大开放性和规范性的演化，例如已经有越来越多的开放资源从提供 CC BY – NC – ND 协议转变为 CC BY 协议。然而，开放资源的这些不确定性本身很有可能使那些渴望研究成果效益最大化的作者和用户都谨慎起来，影响到开放资源的利用。

## 2 开放资源的评价现状

### 2.1 5 种评价角度

不同类型开放资源的体量、发展速度、被使用程度的不同，形成不同的评价关注度。对于开放资源的评价，目前存在着 5 种评价角度，包括：学者指标研究、机构（主要是图书馆）评价、第三方评价或排名、自我评价以及资源集成系统遴选标准。

#### 2.1.1 学者指标研究

这些工作在研究方法上借鉴其他学科的研究理论和研究技术，如层次分析法、主成分分析法、关联分析法等，探讨评价原则、评价方法、评价指标（见表1）。对于出版类开放资源，以开放期刊为例，学者研究较多，提出多种评价指标体系，主要包括质量指标和学术影响力指标，顾立平等提出了开放程度指标；对于仓储类资源，开放仓储的评价主要围绕着内容、服务和管理，开放数据的评价主要围绕数据的结构化、关联性和再利用能力；对于交互类资源，以科研博客为例，主要进行影响力评价。

表 1 来自学者研究的开放资源评价指标

| 类型 | 开放资源 | 作者 | 提出的评价模型或指标 |
| --- | --- | --- | --- |
| 出版类资源 | 开放期刊 | 蒋静[14] | OA期刊综合评价指标体系：学术信息含量、被收录情况、信息发布质量、版权政策和学术影响力 |
| | | 陈铭[15] | 16个定量评价指标，包括载文量、发稿时滞、总被引频次、影响因子、期刊h指数、访问量等 |
| | | 顾立平[16] | 质量与影响力、开放程度、成本与服务 |
| | | J. Beall[17] | 对不良开放获取出版社的确定标准 |
| 仓储类资源 | 开放仓储 | 崔丹[18] | 资源数量、学科分布、回溯时间、更新速度、个性服务 |
| | | 孙坦[19] | 从系统建设、内容组织、服务管理等方面进行多角度评价 |
| | | M. Westell[20] | 项目规划、与机构学术目标的契合度、资金分配与使用模式、与相关数字化项目的关系、平台互操作性、文档使用的测量、机构仓储推广策略、资源保存策略 |
| | | Y. H. Kim[21] | 系统指标、内容指标和管理指标 |
| | 开放数据 | T. Davies[22] | 对开放政府数据门户的评价：让用户直接找到需要的事实、数据可视化、支持进行更高效/有效的工作、支持创新和再利用 |
| | | T. Berners–Lee[23] | 关联开放数据的5星评价体系：以开放协议提供在网络上（1星）、机器可读的结构化数据（2星）、非专有格式（3星）、使用W3C的开放标准使别人可以指向你的数据（4星）、关联数据到别的数据以提供语境（5星） |
| | | OpenData Institute[24] | 好的开放数据能被关联、标准/结构化的格式提供、可保障的可用性和一致性、可追溯 |
| 交互类资源 | 科研博客 | A. Oleman | 首次提出科研博客的10大特征：可利用性、教育功能、适用性、交互性、时效性等。 |
| | | 张晓阳[25] | 博客h指数 |
| | | C. L. Scofield[26] | 作者的权威性与博客的影响力 |
| | | A. Bolen[27] | 博客影响力判断5步法：①评价内容；②评价站点社区；③在Google search中做博主搜索；④做博主姓名和博客URL的Google blog search；⑤做Twitter search |

### 2.1.2 机构（图书馆）评价

美国加州大学（UC）大学图书馆认为，开放资源要满足 UC 科研或教学的需求、由公认有信誉的组织生产或支持、持续且稳定、接口容易访问、告知使用时是否需要专门技术（例如非标准的浏览器插件、使用专门应用程序等）[5]。对于开放期刊的评价，图书馆多以是否列在 DOAJ 为依据，要求服从开放获取学术出版者协会（OASPA）准则，不认可延时 OA 期刊。在评价开放仓储时，图书馆更关注仓储和数据信息的完整性和服务功能。目前图书馆一般不收录科研博客，对于另一种交互资源——视频，图书馆关注视频的影响力、原创性和创新性，如表 2 所示：

表 2 机构的开放资源评价标准

| 开放资源 | 机构（或图书馆） | 评价标准 |
| --- | --- | --- |
| 开放期刊 | 哈佛大学图书馆<br>康奈尔大学图书馆[28] | 不收取读者费用；列在 DOAJ 中；是 OASPA 的成员或者服从 OASPA 行为准则；具有公开的标准文章收费表；具有在经济困难情况下免收费用政策；康奈尔大学图书馆还包括评审或同行评议机制 |
| 开放仓储 | 马里兰大学图书馆[29] | 单一入口、概况、可浏览、可检索、数据检索格式提供用户下载、在线数据交互机制、可视化界面、反馈机制 |
| 视频 | Vermont 大学[30] | 风格和组织、创造性、内容、质量、拼写和语法 |
| | Virginia 大学[31] | 对现实世界的影响力、创新性、创意度、可行性 |
| | Eola Pono Competititon[32] | 内容清晰和信息简洁、原创性、影响力、技术质量 |

### 2.1.3 第三方评价

一些评价机构或搜索引擎为了测算信息资源或站点的地位或影响力，对开放资源进行排名，例如西班牙赛博实验室对机构仓储的排名、博客搜索引擎 Technorati 的博客排名。这些排名具有一定的权威性。

在很多分析报告中，来自 ISI 的期刊影响因子依然被用于评价开放期刊，虽然有人提出网络影响因子，但因其缺乏可靠的数据收集方法等问题而不具有普遍性意义[33]。西班牙国家研究委员会的赛博实验室从 2008 年起推出的"网络知识库的世界排名"[34]，以影响力指标和活动指标计算排名，前者即可见度，包括外链和反向链接，后者包括规模、文档数量、学术文章数量，相关数据源来自 Majestic SEO、Google 和 Google Scholar。这个排名是评价向其提交申请的仓储,不是主动全面评价。Technorati 每年的 Top100 全球博客网站排名,是以 technorati authority 来测算一个博客站点的地位和影响力[35],算法基于站点的链接行为、分类和一个有限时间中的其他相关数据,这与 Google 博客搜索排名有所不同,后者是默认首先按照"相关度"进行排序,其次取决于网站/网页的质量分数,是对检索结果的排序工具。

### 2.1.4 自我评价

为了保证生产质量,开放资源也设定了学术影响力评价指标和质量控制机制。对于开放期刊,Springer、Wiley 等出版社注重期刊影响因子的变化,而完全 OA 出版社如 PLOS、eLife、PeerJ,已经开始注重在文章层级的评价。PLOS 用 Article Level Metrics(ALM,文章层级指标)来评价文章的整体性能和广度[36]。ALM 是一组科研影响指标集,包括使用量、引文、社会标签和发布行为、媒体和博客覆盖、讨论行为等,被用于 PLOS 出版的每一篇文章,科研人员可以实时了解自己文章与合作者、资助者、研究所和科研社区的共享及影响力。eLife 也用新的和刚出现的标准/指标来追踪和显示文章跨网络和科研社区的影响力,包括学术影响力(分析数据来自 Mendeley、F1000)和公众影响力(数据来自 Topsy)[37]。PeerJ 提出基于科学和方法的稳健性来选择文章,而不是主观决定的"影响"、"新奇"、"兴趣",并执行开放同行评议[38]。对于仓储类资源,MIT 开放课件仓储在建设过程中一直注重用户评价和质量控制工作,它采用档案袋评价方法,通过多种评价方式包括网站分析、网络在线调查、访谈、网站反馈分析、财政报告、IP 运行追踪数据库、内容审核等,对仓储中的数据进行访问、使用和影响力 3 个方面的评估[39-40]。

### 2.1.5 资源集成系统的遴选标准

开放期刊目录系统 DOAJ 提出的遴选新标准,增加了新要求,包括期刊要在 SHERPA/RoMEO 中注册、开放度要符合开放获取频谱(open access spectrum)的一定层次,例如阅读权在层次 1、再利用权在层次 3[41]。开放获取频谱是由 OA 领域中的 3 家知名机构协作推出的,包括学术出版与学术资源联盟(SPARC)、开放获取学术出版协会(OASPA)和美国科学公共图书馆(PLOS),从阅读权、再使用权、版权、作者在线发布权、自动发布和机读性这 6 个内容来归纳开放期刊的开放程度。较其旧标准,DOAJ 的新标准更客观、更容易执行。为了提高收录标准,DOAJ 还推出了 DOAJ Seal 以鼓励"质量好"的期刊,这些期刊能提供机器可读的版权信息、文章层级的 DOI 和元数据、有本地的数字保存管理以及比遴选标准更高的开放层次[42]。开放获取期刊集成平台 African Journals Online 也对收录开放期刊提出了信息完整、同行评议或质量控制、保障下载服务等要求[43]。OAJSE 确定不收录的开放期刊范围，包括收取访问或订购费用、不是所有内容都提供全文访问、有时滞期、不是英文出版的、没有 ISSN 号、没有评审机制的期刊[44]。

开放仓储目录系统 OpenDOAR 由专业人员对每家开放仓储按照学术水平、资源状况、运行情况等多方面进行主动评估和筛选，而其他的很多开放资源仓储系统执行用户提交、系统再审核的运行方式。PMC 以签署参与协议、存储和开放政策等方式来约束资源提交者，提出了科学质量标准和数字文档的技术质量标准[45]，前者来源于 NLM 的资源建设选择规范，后者则约定提交数据的格式。

在科研博客平台或博客群上，例如科学网、Nature Blog Network，对博客的评价主要依据博客页面访问量。

### 2.2 当前评价的特点

#### 2.2.1 3 类开放资源的评价关注点不同

出版类开放资源的评价指标主要关注质量、学术影响力和开放性，仓储类开放资源的评价关注内容（包括数据的结构化、关联性和再利用能力）、影响力、服务和自身管理，交互类开放资源则关注影响力评价。

#### 2.2.2 不同角度的评价重点存在差异

学者们的研究注重提出包含很多指标的完整评价体系，机构评价尤其是图书馆员的评价注重方法的简洁和可操作，第三方利用多种算法进行定量评价，自我评价时更关注提升自身的服务和管理能力，开放资源集成系统注重用标准和规范来约束和遴选资源。

#### 2.2.3 与网络信息资源评价相比，出现新的评价内容

在开放获取频谱提出后，很多开放资源的评价都开始关注资源开放性，以 DOAJ 的遴选新标准最为典型。对于出版类开放资源，社会标签、媒体覆盖等开放评价指标被加入。对于仓储类开放资源，数据的再利用、关联性等新指标被提出。

### 2.3 当前评价用于开放资源利用评价中的问题

图书馆建设开放资源的目的是为了再利用开放资源，而针对这个利用目标，当前的开放资源评价还存在一些问题：①相对于开放资源的多类型、开放性和共享约束的特点，现有评价研究内容还显得不完善；②缺乏权威评价标准或简洁的评价指标；③很多评价基于链接或反向链接等算法的定量评价，

数据难以获得；④缺乏对资源开放性的评价，包括对开放获取政策和开放性技术的评价。

## 3 开放资源的利用评价指标分析

根据以上对开放资源的评价现状和特点分析，笔者提出开放资源的利用评价广谱指标，并以开放期刊为例，建立详细的开放期刊评价体系和权重设置。这里的利用是指使用和再利用开放资源，不包括对开放资源的发现、管理、服务的评价。

### 3.1 评价原则和评价功能

开放资源利用评价的3个原则：①针对用户利用，而不是资源自身建设；②指标数据较易获取；③分区遴选，有助于发现核心资源。分区遴选，就是借鉴布拉德福定律，按评价结果、按学科把开放资源分到核心区、相关区和非相关区，而不提供开放资源的排名。

开放资源评价具有3方面的功能：①规范描述开放资源。指标内容既包括信息内容，也反映出开放资源的开放性特点。②总体评价开放资源。对于不同评价内容，确定不同层次指标，从而构成一个较完整的评价体系，完成评价功能。③最重要的功能是影响开放资源的发展方向。在开放资源的不同发展阶段，赋予各指标不同权重，以推动某一指标内容的发展，例如，在当前开放资源建设巩固阶段，用户关注开放资源质量和影响力，可以赋予这两者高权重，随着用户自我开放创新能力加大，对数据开放接口的需求会加大，这时开放性指标的权重就需要加大。

### 3.2 开放资源利用的广谱评价指标

对于3类开放资源，笔者定义3个一级指标：质量、影响力和开放性，然后，按照层级分析方法，对不同类型开放资源设置各自的二级指标，如表3所示：

### 3.3 开放期刊评价体系

以开放期刊（完全OA期刊）为例构建开放资源评价体系。开放期刊的一级评价指标包括出版质量（JQ）、学术影响（AI）和开放能力（DO），二级指标主要来源于当前的一些评价，如DOAJ遴选标准、PLOS的ALM、哈佛大学图书馆的OA期刊遴选依据等（见表4）。在进行生物学领域OA期刊的评价测试后，一级指标间的权重比例设置为2:2:1。

**表3 3类开放资源的评价指标**

| 开放资源类型 | 一级评价指标 | 开放资源 | 二级评价指标 |
|---|---|---|---|
| 出版类资源仓储类资源交互类资源 | 质量 | 开放期刊 | 期刊出版质量（是否被DOAJ收录、载文量、编委） |
| | | 开放仓储 | 仓储建设活动（建设者、文档量） |
| | | 开放数据 | 开放数据质量（建设者、完整性、可视化） |
| | | 科研博客 | 学术性（博主权威、博文数量） |
| | 影响力 | 开放期刊 | 论文学术影响（影响因子、H5指数、被收录） |
| | | 开放仓储 | 开放仓储能见度（外链、反向链接数量） |
| | | 开放数据 | 开放数据影响力（外链、被引用次数） |
| | | 科研博客 | 博客能见度（微信息数量、超链接、好友数量） |
| | 开放性 | 开放期刊 | 数据开放获取能力（再利用性、机读性、仓储性） |
| | | 开放仓储 | 内容开放程度（再利用性、机读性、在线数据交互） |
| | | 开放数据 | 数据开放程度（开放标准、结构化、关联） |
| | | 科研博客 | 内容共享程度（开放评价、分享链接） |

**表4 开放期刊评价体系**

| 一级指标（权重） | 二级指标（权重） | 指标定义 |
|---|---|---|
| 出版质量（JQ）（0.40） | 是否OASPA成员（0.1） | OASPA网站上成员查询 |
| | 不在Beall's list上（0.1） | 网站上查询 |
| | 是否在DOAJ上（0.1） | 网站期刊列表中查询 |
| | 年论文数量>10（0.05） | 网站查询 |
| | 编委（主编）权威（0.05） | 权威性定义为教授并出版过专著 |
| 学术影响（AI）（0.40） | 期刊影响因子（0.2） | 依据中国科学院SCI期刊分区表，按学科 |
| | H5指数（0.15） | 来自Google Scholar，按学科 |
| | 期刊被索引、被收录（0.05） | 包括3大索引库，CA、SA等二次文摘库以及部分搜索引擎 |
| 开放能力（DO）（0.20） | 机读性（0.1） | 开放频谱中的机读性开放程度 |
| | 再使用权（0.05） | 包括CC0协议与开放频谱的再使用权 |
| | 仓储政策（0.05） | 依据开放频谱，数据来自RoMEO |

出于不同的评价目的，可以选择其中的部分指标进行开放资源评价。图

书馆在向用户推荐开放资源时，可以 JQ 作为评价依据，快速而有效地推荐资源；科研人员在选择开放期刊发文时，可以 AI 作为期刊遴选依据，发现能扩大自己学术影响力的开放期刊；在集成、再利用开放期刊时，可以 DO 作为重点遴选标准，有效地批量获取相关数据。

在实际的开放期刊遴选中，依据评价体系及期刊的总评价分数，以分区的方式遴选出核心期刊。首先，按照各指标给期刊打分。执行 5 级打分制，所有的二级指标都分为 5 级，赋予 1－5 分，例如 AI 的二级指标具体打分设置见表 5。其次，计算期刊总评价分数。它等于各指标分数乘以权重后之和。最后，按照布拉德福定律对期刊总评价分数进行分区，遴选出核心保障期刊、可保障期刊和相关期刊。

表 5　开放期刊的学术影响力打分设置

| 论文学术影响力指标 | 1 级（5 分） | 2 级（4 分） | 3 级（3 分） | 4 级（2 分） | 5 级（1 分） |
| --- | --- | --- | --- | --- | --- |
| 期刊影响因子（0.2） | SCI 期刊分区 1 区 | 2 区 | 3 区 | 4 区 | 无影响因子 |
| H5 指数（0.15）* | 学科 H5 指数 1 区 | 2 区 | 3 区 | 4 区 | 5 区 |
| 期刊被索引、被收录（0.05） | SCI/EI/ISTP 收录 | CA、SA、BP、CBST、AJ、Medline 收录 | 学术搜索引擎收录 | - | 被其他数据库收录或未声明被收录 |

＊把 H5 指数分为 5 个区。参照 Google Scholar 中各学科前 20 期刊的指数分布，计算学科内 5 个区的 H5 指数范围。计算方法为：①对 H5 指数前 20 的期刊先做 2 区分析，并计算各区中（最高指数－最低指数）/最高指数，得到 R 值；②利用 $R_{1区}/R_{2区}$ 的值，推算 3 区、4 区、5 区的 R 值，再计算这些区的 H5 指数范围。例如生物物理学，5 个区的 H5 指数范围分别为：72－37、35－24、23－18、17－15、14－0。

## 4　结　语

开放资源的评价具有资源类型的个性化评价特点，需要在大量的遴选和利用工作中进一步完善。目前利用开放期刊的评价体系，正在遴选中国科学院需关键保障的开放期刊，已经选出 2 000 种核心期刊。其中，笔者发现一些问题，例如年论文数量在不同期刊中差异较大，在评价体系中设置为大于 10，虽然比 DOAJ 遴选标准（年论文数＞5）高一些，但也显得较主观，可以根据需要对遴选出的期刊体量做设置,又如机读性指标,在开放获取频谱中定义了5种,但在实际分析过程中,发现期刊提供的机读性说明或文件很难对应上开放频谱的定义,所以,需要重新定义开放期刊的机读性。

开放资源的评价本身不是目的,目的是遴选出资源,同时能推动开放资源未来在规范化建设、开放性建设上的发展。

## 参考文献:

[1] Ten years on from the Budapest Open Access Initiative:Setting the default to open[EB/OL].[2013-08-12].http://www.budapestopenaccessinitiative.org/boai-10-recommendations.

[2] San Francisco Declaration on research assessment:Putting science into the assessment of research[EB/OL].[2013-07-21].http://am.ascb.org/dora/.

[3] Tietenberg T. Open access resources[EB/OL].[2013-08-28].http://www.eoearth.org/view/article/155050.

[4] Open access resources at the UC Libraries[EB/OL].[2013-07-21].http://www.cdlib.org/services/collections/openaccess.html.

[5] What are open access resources?[EB/OL].[2013-07-21].http://libguides.southernct.edu/openaccess.

[6] Open access resources[EB/OL].[2013-07-21].http://www.cqu.edu.au/library/for-staff/open-access-resources.

[7] Suber P. Open access overview[EB/OL].[2013-07-21].http://legacy.earlham.edu/~peters/fos/overview.htm.

[8] Open access resources[EB/OL].[2013-07-21].http://www.digitallibrary.edu.pk/open.htm.

[9] Budapest Open Access Initiative[EB/OL].[2013-07-21].http://www.budapestopenaccessinitiative.org/read.

[10] Suber P. Open access[M].Cambridge:The MIT Press,2012.

[11] 邓君,毕强,宋文凤.国内开放存取资源在线集成服务理论进展[J].情报科学,2012,30(7):1103-1108.

[12] 张晓林.开放获取、开放知识、开放创新 推动开放知识服务——3O会聚与研究图书馆范式再转变[J].现代图书情报技术,2013,29(2):2-10.

[13] 开放获取频谱[EB/OL].[2013-07-12].http://www.plos.org/wp-content/uploads/2012/10/OAS_Chinese_web.pdf.

[14] 蒋静.开放存取期刊综合评价指标体系研究[D].上海:华东师范大学,2011.

[15] 陈铭.开放存取期刊评价模型构建[J].图书情报工作,2010,54(14):11-15.

[16] 顾立平,张晓林,初景利,等.开放获取期刊的评价与遴选:质量水平、开放程度和服

务能力[J]. 图书情报工作,2013,57(1):49-54.

[17] Beall J. Criteria for determining predatory open-access publishers (2nd edition)[EB/OL].[2013-07-21]. http://scholarlyoa.com/2012/11/30/criteria-for-determining-predatory-open-access-publishers-2nd-deition/.

[18] 崔丹. 开放获取资源及其评价研究[D]. 长春:东北师范大学,2008.

[19] 孙坦,陶俊. 2002-2009年国外机构仓储评价研究述评[J]. 图书馆建设,2010(4):6-9,22.

[20] Westell M. Institutional repositories:Proposed indicators of success[J]. Library Hi Tech,2006(2):211-226.

[21] Kim Y H, Kim H H. Development and validation of evaluation indicators for a consortium of institutional repositories:Across discipline[J]. The Journal of Academy Librarianship,2007(6):647-654.

[22] Davies T. Brief notes on user-centred evaluation of open data portals[EB/OL].[2013-08-21]. http://papers.ssrn.com/sol3/papers.cfm?abstract_id=1926201.

[23] Berners-Lee T. Is your linked data 5 star?[EB/OL].[2013-07-21]. http://www.w3.org/DesignIssues/LinkedData.html.

[24] What is open data?[EB/OL].[2013-07-21]. http://www.theodi.org/guide/what-open-data.

[25] 张晓阳,李晓亮. 科学家博客h指数评价及其相关性分析[J]. 图书情报工作,2010,54(2):66-69.

[26] Assessing author authority and blog influence[EB/OL].[2013-07-21]. http://www.freepatentsonline.com/pl-7747630.html.

[27] Bolen A. Five steps for measuring blogger influence[EB/OL].[2013-07-21]. http://www.sas.com/knowledge-exchange/customer-intelligence/featured/secondary-feature/five-steps-for-measuring-blogger-influence/index.html.

[28] The Cornell open-access publication fund[EB/OL].[2013-07-21]. http://www.library.cornell.edu/compact/coap.html.

[29] Quality repositories:Evaluation criteria[EB/OL].[2013-07-21]. http://www.cs.umd.edu/class/spring2006/cmsc838s/data_repositories/evaluation.html.

[30] Video evaluation/criteria[EB/OL].[2013-07-21]. http://www.uvm.edu/extension/youth/pdfs/events/videoevaluationrev12_09.pdf.

[31] Vedio evaluation criteria[EB/OL].[2013-07-21]. http://conference.darden.virginia.edu/olssonevent/criteria.asp.

[32] Eola Pono Competition:Video evaluation criteria[EB/OL].[2013-07-21]. http://dlir.state.hi.us/labor/ponoproject/9-12_Grade_files/Video%20Judging%20Criteria.pdf.

[33] 李江. 网络影响因子的三大缺陷探析[J]. 图书情报工作,2008,52(5):107-

109,113.

[34] Ranking Web of repositories: Methodology[EB/OL]. [2013-07-21]. http://repositories.webometrics.info/en/Methodology.

[35] Altmetrics[EB/OL]. [2013-07-12]. http://article-level-metrics.plos.org/altmetrics/.

[36] Overview: Article-level metrics measure the dissenmination and reach of published research articles[EB/OL]. [2013-07-21]. http://article-level-metrics.plos.org/alm-info/.

[37] Enhanced content: Using digital technology to enhance the story, broaden the audience, and increase use[EB/OL]. [2013-07-21]. http://www.elifesciences.org/the-journal/enhanced-content/.

[38] Editorial criteria: Rigorous yet fair review. Judge the soundness of the science, not its importance[EB/OL]. [2013-07-21]. https://peerj.com/about/editorial-criteria/.

[39] MIT OpenCourseWare. 2005 program evaluation findings report[EB/OL]. [2013-07-12]. http://ocw.mit.edu/ans7870/global/05_Prog_Eval_Report_Final.pdf.

[40] 王龙,王娟. 麻省理工学院开放课件项目(MIT OCW)的执行经验评述[EB/OL]. [2013-07-12]. http://www.doc88.com/p-993235008774.html.

[41] DOAJ announces new selection criteria[EB/OL]. [2013-07-21]. http://www.doaj.org/doaj?Func=news&nId=303&uiLanguage=en.

[42] DOAJ announces the DOAJ seal![EB/OL]. [2013-07-12]. http://www.doaj.org/doaj?func=news&nId=304&uiLanguage=en.

[43] What is AJOL?[EB/OL]. [2013-07-12]. http://www.ajol.info/index.php/ajol/pages/view/About AJOL.

[44] OAJSE:About us[EB/OL]. [2013-07-21]. http://www.oajse.com/about_us.html.

[45] Add a journal to PMC[EB/OL]. [2013-07-21]. http://www.ncbi.nlm.nih.gov/pmc/pub/pubinfo#sci-quality.

**作者简介**

黄金霞,中国科学院国家科学图书馆副研究馆员,博士,E-mail: huangjx@mail.las.ac.cn;

陈雪飞,中国科学院国家科学图书馆馆员,硕士;

沈东婧,中国科学院上海生命科学信息中心副研究馆员。

# 开放资源互操作框架研究*

王昉　黄永文　马建玲　刘静羽

**摘　要**　首先,根据不同权益方及其系统在互操作中扮演的角色与作用将开放资源互操作活动参与者归纳为内容提交者、内容管理与发布者、内容消费者及服务支持者4类角色,并据此提出开放资源互操作的内容组成框架,描述和总结各自的目标、功能和实例;其次,在对开放资源互操作已有的各类协议、标准功能抽象的基础上,提出开放资源互操作4层协议参考模型,分别界定各层提供的服务、接口,并列举典型代表;最后,进一步分析和比较几种主要的互操作技术原理、机制及应用需求。

**关键词**　开放资源　互操作框架　互操作协议框架

**分类号**　G250

促进人类的科学知识和科研成果被更广泛地传播、获取和利用,并进而产生新的知识和成果是开放资源的终极目标。由于开放资源广泛分布在不同类型开放仓储、出版商平台、图书馆网站等不同权益方的平台中,而孤立存在的开放资源和系统,无法被充分发现和利用,也无法真正体现开放的精神。较非开放资源而言,业界是对与开放资源相关的异构系统之间互操作的需求更为迫切,其实践也更为活跃,并可见于开放资源的创作、存档、传播、挖掘、再利用等活动的整个生命周期。目前全球由各国政府机构、联盟等支持的相关项目如 OpenAIRE(欧洲)[1]、COAR[2]、KE[3] 主要聚焦于以仓储为中心的互操作,如仓储与科研信息系统(如 KE CRIS/OAR[4])、出版商平台、搜索引擎(如 Intute Repository Search 项目[5])等异构系统间的互操作规范研究与应用实践以及仓储网络建设(如 UK RepositoryNet+[6]、中国科学院 IR GRID[7] 等),主要研究领域涉及元数据挖掘、跨系统内容传输、跨系统使用统计、复合数字对象管理、内容与作者唯一识别、支持服务等,并产生了一系列推荐标准与建设指南。COAR 2012 年《开放仓储互操作现状》[8] 报告梳

---

* 本文系中国科学院国家科学图书馆资助项目"开放科技资源获取与利用的技术规范研究"(项目编号:馆1214)研究成果之一。

理了仓储相关互操作项目和研究现状,梁娜等提出机构仓储的互操作需求和互操作规范框架[9]。本文从参与开放资源互操作的各种对象(如仓储、出版平台、搜索引擎等)出发,试图厘清不同参与者的角色、作用,并以此为基础构建和描述开放资源互操作组成框架,同时对现有众多互操作标准和规范的功能、作用进行梳理、抽象,提出互操作4层协议参考模型,便于开放资源建设者在选择和利用相关协议、规范时了解它们之间的相互关系,用以构建本地的协议实施框架。此外,并基于此框架,讨论互操作中涉及的对象、内容、标准协议和关键技术等,为促进开放资源建设和互操作提供参考。

## 1 互操作框架组成结构

笔者根据互操作各参与角色在开放资源的产生与利用的生命周期中承担的功能和作用,将其分为内容提交者、内容管理与发布者、内容消费者和服务支持者4类,并由此构建开放资源的互操作组成框架。图1描述了框架中这4类角色间的组成结构与互操作内容。

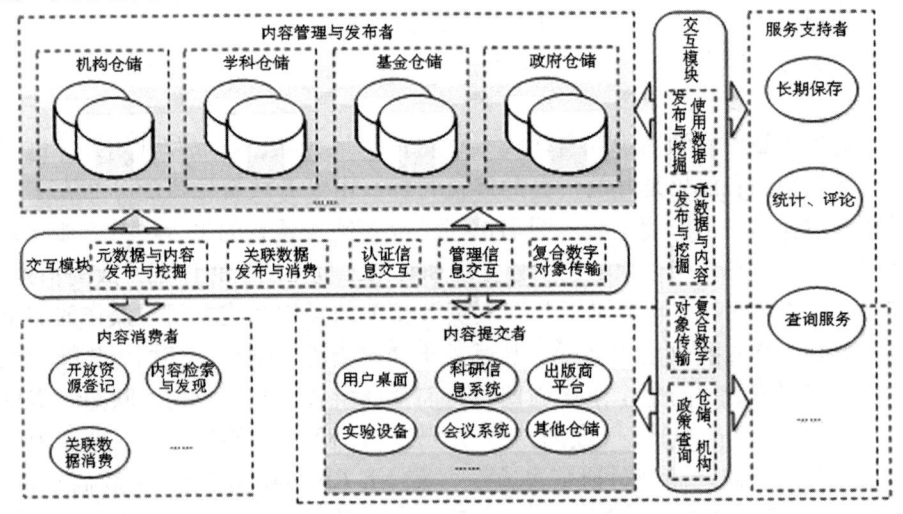

图1 开放资源互操作框架组成结构

### 1.1 内容管理与发布者

指提供开放资源内容存档、管理与发布的系统,是开放资源互操作的主体。考虑开放仓储作为作者自存档主要途径的使命,与其独立于出版者的性质、存档内容类型的多样性等因素,笔者以其作为该类角色的主要代表,研究他与其他3类角色之间的互操作。

开放仓储按其主持机构和存档内容来源的不同可分为机构仓储、学科仓储、基金仓储、政府仓储以及聚合类仓储,其支持存档的资源类型涵盖所有开放获取资源种类。仓储在搭建时多采用 DSpace、EPrint 等开源软件,对元数据挖掘、数字对象传输、数字对象唯一标识等互操作协议支持良好。而一些基于仓储的互操作项目在开发相关软件和服务时,也以软件工具、插件、开发包等方式提供对常见仓储软件的支持,如德国 OA – Statistics 项目[10]为 DSpace 和 WebDoc 提供使用数据挖掘客户端开源软件包、CNRI Handles 对 DSpace 提供数字对象唯一标识符插件等。这些软件和工具为开放资源的互操作应用和推广提供了良好的技术支持。

表1 常用开源仓储软件的互操作协议应用状况[11-14]

| 协议名称及应用领域 | DSpace | EPrints | Greenstone | Fedora | Zentity |
|---|---|---|---|---|---|
| OAI – PMH(元数据挖掘) | √ | √ | √ | √ | √ |
| METS(复合数字对象描述与封装) | √ | √ | √ | √ | × |
| OAI – ORE(复合数字对象描述与封装) | √ | √ | × | √ | × |
| SWORD(远程内容管理和互操作) | √ | √ | 第三方实现 | √ | × |
| RDF(数字对象的语义描述) | √ | √ | × | √ | × |
| SRU/SRW(检索) | √ | √ | √ | √ | √ |
| ReMEO(出版者存档政策查询) | √ | 第三方实现 | × | × | × |

### 1.2 内容提交者

指向仓储提供开放资源的人、机构或系统。作者出于促进作品更广泛地传播和利用、所属机构或资助基金强制存缴要求等原因,需要将已发表论文、图书、报告、工作文档、实验数据等科研成果存缴到机构仓储或学科仓储中提供开放获取利用。该操作可由用户自行完成,或由第三方(如出版者、图书馆、科研信息系统等)代为完成。另外,仓储之间出于存档任务的需要(收集本学科、机构、地区等开放资源),还可能通过数据挖掘、聚合、批量摄入等方式从其他仓储收集、接收存档内容对象。

#### 1.2.1 用户桌面到仓储

作者自行将本人在科研过程和中产生的文档和数据、科研产出成果等向仓储存缴,通常步骤包括作品上传、基本信息描述、对仓储授权、设置开放获取时间等操作,仓储在存缴成功后返回系统分配的作品唯一标识符地址供作者引用。存缴方式包括:①仓储或基金网站提供的 Web 存缴向导,如 NI-

HMS 手稿提交系统[15]、Open Depot 开放存档[16]等;②桌面自动存缴工具,目标在于将存缴操作嵌入到用户的工作流中,通过存缴行为的自动化来减少用户的消耗,促进开放内容的共享,如 DepositMOre[17]、OfficeSword[18]插件工具支持将 Office 文档直接提交到仓储。

### 1.2.2 第三方系统到仓储

指根据作者授权、机构或基金组织存缴政策要求,将作者在系统中提交、产生、发表的作品自动/批量提交到目标仓储中。这类系统包括出版商系统、科研信息系统、会议提交系统、实验设备、其他仓储等。内容提交后将进入仓储工作流,由仓储管理员决定内容下一步的处理(进一步加工或直接在某个资源集合中显示)。存缴方式通常采用标准的跨系统内容传输协议,如 SWORD[19]构建的自动存缴工具,如 BMC 为其会员机构提供论文自动存缴服务,研究人员在 BMC 发表的论文将在 24 小时后自动提交到其隶属的机构仓储[20]。

表2 第三方系统到仓储自动存缴

| 第三方系统 | 存档内容 | 案例 | 应用目标 |
| --- | --- | --- | --- |
| 出版商平台 | 作者被接受发表的论文 | BMC、ASBMB/JBC | 协助作者自动存缴论文 |
| 科研信息系统 | 提交的论文、成果、专利、科研数据等 | CRIS – OAR[4]（欧洲） | 促进两个系统间的信息交换与共享,避免重复提交 |
| 会议系统 | 提交的会议论文、报告 | EasyChair、SERA[21]、arXiv[22] | 帮助收集会议信息、创建会议论文集 |
| 实验设备 | 自动采集和保存的实验数据(设定条件、方案、环境参数、结果数据、实验视频)和附加元数据等 | TARDIS[23]、R4L[24] | 实验数据自动存缴 |
| 其他仓储 | 与仓储存缴任务相关的其他学科、机构、地区等仓储开放资源 | UK RepositoryNet +、CAS IR GRID | 仓储存档内容共享 |

### 1.3 服务支持者

为开放仓储的可持续发展,帮助仓储内容高质量低成本地摄入、改进质量和可持续获取等目的,向仓储提供长期保存、统计、评价、政策查询等服务的系统,统称服务支持者。主要包括:

### 1.3.1 长期保存服务

除一些仓储本身扮演着开放获取期刊长期保存中心的角色（如 PMC），大部分开放仓储本身不具备长期保存功能，仍然依赖专门的长期保存系统，如 CLOKSS[25]、Portico[26]，另外有一些项目专门致力于开放仓储资源的长期保存，如 DARE[27]。

### 1.3.2 统计、评价服务

通过挖掘、聚合开放资源在不同来源（如出版商平台、仓储、博客、社交网络等）的使用数据，包括下载、引用、用户评论等，利用标准的统计方法如 COUNTER[28] 进行处理、分析，用于评价单个资源、资源集合（如期刊）及仓储等的影响力。

### 1.3.3 查询支持服务

提供与开放资源建设相关的查询服务，包括：①政策查询工具，如 RoMEO 的出版者版权转移协议和政策查询[29]，JULIET 的科研资助机构开放获取出版和存档政策查询[30]；②仓储与机构查询工具，用以支持存缴自动化和引导用户自存档，如 ORI 机构与仓储识别系统[31]、OpenDOAR 等提供的仓储查询服务。这类服务通常以开放的 API 接口方式供第三方系统调用和集成。

## 1.4 内容消费者

指通过采集、挖掘和关联开放资源内容、元数据等，产生面向用户的新服务的第三方系统，包括开放资源登记、内容检索与发现、内容集成与聚合、关联数据消费等。它们是开放资源与用户之间的桥梁。

### 1.4.1 开放资源登记系统

收集和登记特定类型开放资源的目录信息，以促进该类开放资源的发现和再利用。如 DOAJ（开放期刊）、DOAB（开放图书）、OpenDOAR、ROAR（开放仓储）、ODD（开放数据）[32]等。登记信息的来源除资源所有者主动登记之外，也包括登记系统利用相关资源登记的开放接口进行数据挖掘，如 OpenDOAR 通过仓储登记的 OAI – PMH 接口进行元数据挖掘，并用以提供对仓储内容的元数据检索和对存档内容、类型、活跃度等的统计分析报告。

### 1.4.2 内容检索与发现系统

提供基于开放资源元数据和内容的检索与发现。如通用元数据搜索引擎 OAISTER，商业学术搜索引擎 Google Scholar、Microsoft Academic Search，跨仓储搜索引擎 Institutional Repository Search[33]、CAS IR Grid（中国科学院机构知识库服务网格）等。

### 1.4.3 关联数据消费

越来越多的开放资源选择以关联数据的方式发布，并以基于 SPARQL 语义查询或关联数据集下载方式供使用，如 Archives Hub（英国机构仓储数据集成）的关联数据发布与查询服务[34]，ORI 数据集以 RDF/XML、Turtle 关联数据格式下载。而关联数据消费者通过其与本地数据的集成和动态发现实现数据间的互联，构建数据的语义网络，将开放数据的价值趋向最大化。如 OpenAGRIS 在农业信息检索中混搭了来自 DBPedia、世界银行、FAO 国家和渔业数据等多个来源的关联数据[35]。

上述以仓储为中心的 4 类角色互操作的内容主要涉及：①元数据与内容对象的发布与挖掘，主要用于开放资源的发现与检索；②复合数字对象的跨系统传输与管理，用于向仓储提交存缴内容、仓储内容与长期保存系统之间的传输等；③关联数据的发布与消费；④认证信息交互，用于在存缴时识别作者、代表作者的机构或出版者；⑤管理信息交互，如为内容提交者传输内容分配上传地址等；⑥开放资源使用数据发布与挖掘，用于跨系统使用统计；⑦仓储、机构、存档政策等服务支持信息交互，用于支持和引导开放资源自存档。

## 2 互操作协议参考模型

在开放资源互操作中涉及众多的标准、协议、规范，同一关键问题不同系统可能采用不同的协议标准。为帮助理解各类协议的作用和相互关系，笔者将其抽象为互操作 4 层协议参考模型，分别界定各层提供的服务、接口，并列举每层典型的代表协议（见图2）。其中各层之间功能相对独立，上层协议通过下层协议提供的标准接口运行，并不规定各层采用的具体协议。

### 2.1 描述层

负责向其高层协议提供关于互操作对象的计算机可读的描述和交换格式以及对象的持久和唯一标识符。其主要功能包括：描述内容、作者、机构等互操作对象及其属性、权益、管理、使用等信息；定义不同元数据规范之间的交换格式和映射方法；为对象分配唯一标识符。在这一层，资源仅以单个媒介类型的资源型态存在，如一段音乐、一篇论文文本、一张图片等。

### 2.2 封装层

负责封装由描述层提供的单个资源组成的复合数字对象，并向传输层提供。其主要功能包括：描述复合数字对象的组成、结构与相关关系；定义封装对象的查询、获取、校验等方式。该层为可选层，只用于数字对象以复合

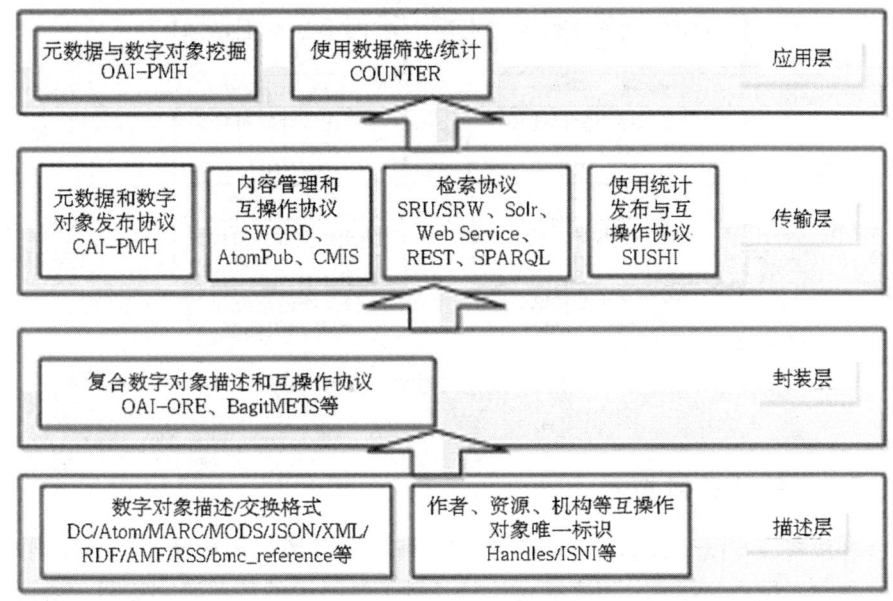

图2 互操作4层协议参考模型及典型代表协议

数字对象方式向传输层提供时使用。

### 2.3 传输层

该层作为应用层与封装层、描述层的桥梁，负责向应用层提供数字对象或其元数据，其主要功能包括：提供元数据、数字对象的发布服务，并支持应用层挖掘；提供数字对象、元数据在异构系统间的传输与互操作；以检索服务方式向应用层提供对数字对象的查询与挖掘。其典型的协议类型包括元数据与数字对象发布协议、跨系统内容传输与互操作协议、检索协议等。

### 2.4 应用层

由若干个特定类型的应用服务单元构成，负责对应用软件提供接口，使其能利用传输层提供的内容，如元数据与数字对象的挖掘、使用数据筛选与统计、关联数据消费等，与具体软件应用无关。

大多数类型的开放资源互操作都需应用到该模型中的3层或4层协议，如复合数字对象的发布与挖掘即是一个典型的包括了4层协议的互操作应用，而跨系统使用统计、关联数据消费等则用到了描述层、传输层和应用层3层协议。

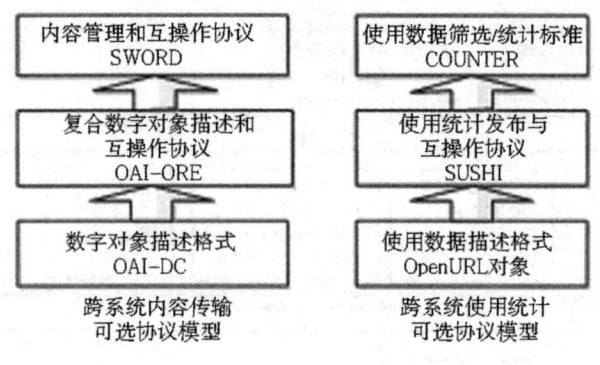

图 3　互操作应用可选协议模型示例

## 3　互操作关键技术

开放资源互操作内容中涉及元数据挖掘、跨系统内容传输、复合数字对象管理与互操作等技术。下文通过比较几种关键技术的相关研究实践、协议、标准和工具，分析其在互操作中的作用及技术原理、机制和应用需求。

### 3.1　元数据挖掘

开放资源的内容提供者以支持开放标准和协议的方式向第三方系统提供元数据的采集、挖掘，是帮助开放资源被其他系统发现、集成、利用的主要方式。一个典型的元数据挖掘互操作模型可由元数据提供者、元数据收割者、查询/响应请求过程构成。主要涉及两个关键问题：

#### 3.1.1　支持元数据挖掘的开放接口

目前仓储软件、开放出版平台、开放资源登记系统等普遍支持 OAI-PMH 元数据挖掘标准，另外许多开放资源平台也支持其他标准的开放接口，如聚合类标准 RSS、Atom，检索类如 SRU/SRW、Solr、Z39.50、RDF SPARQL、Web Service、RESTful 等方式。元数据挖掘基于发布者提供的开放接口通过机器自动收割或以人工的方式下载，而支持元数据的自动采集有助于提高元数据的采集时效，加快开放资源的发现和传播。开放资源发布者应选择机读性、交互性强的元数据发布标准，具体包括：①支持标准、通用的元数据挖掘、查询或聚合规范；②支持对发布资源的描述与内容协商机制；③支持按指定资源集合、查询条件批量下载元数据；④返回的记录集格式应便于机器理解、处理。

### 3.1.2 元数据描述和交换格式

用于互操作的资源描述和权益管理等的元数据格式，应具备以下特征：①采用通用的描述和交换格式，如 DC 及其扩展、RDF、MODS 等；②为保证无论何种粒度上的互操作元数据的无损交换，自定义元素需清晰、简单，尽量减少元素属性、首字母缩写、代码的使用；③为减少语义的不确定性，自定义元素应尽量采用受控词汇；④用于互操作的受控词表设计应以资源实体为核心，可包括人、机构、出版物、事件和项目，而所有实体都围绕资源关系描述。

### 3.2 复合数字对象封装与互操作

复合数字对象是多个不同类型、分布式网络资源的聚合，用于表示不同数字资源之间的关联关系，聚合相关数字资源。开放资源的形态可表达为复合数字对象，如由论文元数据、不同格式全文、图片、附加数据组成的单篇论文复合对象，由多个章节构成的图书复合对象，按学科分类组织的资源集合复合对象等。采用通用的复合数字对象描述和管理格式与标准，有助于其在异构系统互操作过程中的发现和获取。主要包括：

### 3.2.1 复合数字对象的描述与封装

包括：①封装对象的组成、结构、相互关系，常用的表示方式有基于文件组织的树状结构（如 BagIt[36]和 METS[37]）以及基于语义关系的 ReM 资源图描述方式（如 OAI – ORE[38]）。比较而言，后者从语义角度能胜任更为复杂的对象关系描述，如一篇论文的网页快照与 PDF 版全文。②组成资源对象及其获取方式（URI）。③与其相关的管理信息、可执行操作、校验信息等。其他常见的描述与封装格式有 SODA、MPEG – 21 DIDL、SCORM 等，而 OAI – ORE、BagIt、METS 3 种协议在开放仓储与其他系统的互操作中应用较广泛。

### 3.2.2 支持复合数字对象在平台之间的交换与互操作

包括：①复合数字对象的发布：封装后的复合数字对象，经过 RDF/XML、Atom、RDFa 等计算机可读格式序列化之后，可通过 OAI – PMH、RSS 等方式发布[39-40]，或基于 ReM 资源图的关联数据方式发布[41]，以支持复合数字对象的发现；②跨系统内容传输与管理，封装后的复合数字对象需借助 AtomPub[42]、SWORD、GRABIT[43]等远程内容管理与传输协议进行跨系统的发送、接收、管理等操作。

### 3.3 跨系统内容传输

用于开放资源的自动存档、长期保存等互操作，其传输的对象类型可能包括元数据、元数据+数字对象、文件、文件包、复合数字对象等。一个典型的跨系统内容传输互操作模型包括传输发起系统、存档目的解析、传输目标系统以及相关跨系统内容传输和互操作协议。

### 3.3.1 存档目的解析器

用于帮助传输请求系统对传输内容分发的目的系统的自动分析、决策。传输目标系统的选择通常依据内容责任者（作者）指定、所在机构拥有机构仓储，或依据受资助的基金组织的存档要求。这个过程涉及作者、机构、仓储的唯一识别（见3.4），机构仓储、基金存档政策查询。RJ－Broker[44]是一个具备上述功能的独立中间件，用于处理存档内容从一个数据提供者向多个仓储存缴。它通过解析内容元数据，利用ORI定位目标仓储，将对象分发到对应的仓储中。

### 3.3.2 跨系统内容传输和互操作协议

用于异构系统间元数据、文件包、复合数字对象等的传输、创建和管理等，有助于传输过程的自动化，减少传输、处理的时间消耗。其协议属于传输层协议，通常具备以下特征：①支持对存档内容的跨系统管理，即对内容的检索、创建、修改和删除操作（缩写：CRUD）。②支持对复合数字对象的跨系统传输。协议本身对传输对象采用的描述与封装规范、打包方式透明，但应支持对传送和接收双方支持、采用的规范和格式的查询和响应。③支持认证和授权信息的交互。④支持对内容接收方管理信息（如存档政策、接受内容最大长度、相关服务等）的查询和响应。表3是几种协议的比较。

**表3 跨系统内容传输和互操作协议比较**

| 协议名称 | 跨系统内容管理 | 认证和授权方式 | 支持的复合数字对象描述格式 | 调用方式 | 支持文件包、资源集合传输 | 协议实现复杂程度 | 常见应用领域 |
| --- | --- | --- | --- | --- | --- | --- | --- |
| AtomPub | CRUD | 未定义 | Atom Multipart[45] | HTTPPOST, PUT, DELETE | 否 | 简单 | CMS 系统/博文管理 |

续表

| 协议名称 | 跨系统内容管理 | 认证和授权方式 | 支持的复合数字对象描述格式 | 调用方式 | 支持文件包、资源集合传输 | 协议实现复杂程度 | 常见应用领域 |
| --- | --- | --- | --- | --- | --- | --- | --- |
| SWORD[19] | CRUD | HTT Pheader：X-On-Behalf-Of | Atom Multipart、OAI-ORE、BagIt、METS 等 | HTTPPOST, PUT, DELETE | 是 | 轻量级 | 出版平台、仓储及自动存档工具 |
| CMIS[46] | CRUD | 记录级访问控制（ACL）及授权 | 自定义 Atom Multipart 数据模型 | WebService、RESTFul | 是 | 功能定义完整，也相对复杂 | 大型企业级内容、数据管理仓储 |
| GRABIT[43] | R | 未定义 | BagIt、METS | HTTP | 是 | 轻量级 | 数字资源长期保存系统 |

### 3.4 开放资源互操作实体的唯一标识

作者、资源（作品、出版物等）、机构、仓储是开放资源互操作的主要实体。这些实体之间存在多对多关系，并互为对方的属性。唯一标识的应用有助于在开放资源互操作过程中对实体对象的识别与精确归属，以及不同实体对象间的相互关联与引用。如 ODIN 项目[47]致力于建立数据与作品、版权声明、人之间唯一标识与相互链接的互操作网络。

#### 3.4.1 数字资源的唯一标识

全球影响力较大的数字资源唯一标识符系统包括在出版界应用广泛的 Handle System、DOI 以及面向图书馆应用的 ARK[48]、PURLs[49]、PerSID[50]等。一些开源仓储软件自身集成了数字资源持久标识符分配和管理插件，在本地资源创建或存档初始即为其分配唯一标识符，如 DSpace 的 Handle System 插件、Fedora 的 PID。其在互操作中主要用于：①为开放资源提供长期有效的资源访问地址，以保证其能为第三方可靠地参考、引用；②开放资源之间及其与作者、机构等的相互链接和互操作，如 CrossRef 使用 DOI 提供文献间、文献与数据等的引用链接服务。

### 3.4.2 作者的唯一标识

作者包括与开放资源（作品）的创作、表演、传播等相关的贡献者以及潜在相关的研究人员。作者唯一标识是持久和唯一标识作者及其作品、机构等相关属性的方法，通常由作者唯一标识符和作者个人资料构成。现有的作者唯一标识符系统有 ISNI（国际标准名称标识符）[51]、AuthorClaim[52] 及 DAI（数字化作者标识符，荷兰）[53]、The Names Project（英国）[54] 等以及由出版商开发的 ORCID[55]、Scopus ID[56] 等。作者唯一标识在互操作中主要用于：①跨系统人名标识符链接，为作者在不同系统使用的不同标识符、不同领域使用的名称（全称、缩写、笔名、昵称等）建立统一标识符和相互链接，用于系统间数据交换、链接和生成关联数据；②生成作者的个人资料，包括其姓名、作品、机构等，可用于作品的自动存档、精确检索等；③嵌入到投稿、文章发表、自动存档、统计等学术工作流程中，并协助研究者、研究机构、出版商和基金组织管理他们的数据。

**表4　几种作者唯一标识符系统/项目互操作特性比较**

| 系统/项目名称 | 数据来源 | 跨系统链接 | 开放接口类型 | 使用授权 |
| --- | --- | --- | --- | --- |
| ISNI | VIAF + 作者注册/认领 | 跨多领域/系统 | SRU | 受限制的免费使用 |
| AuthorClaim | 出版商/开放仓储 + 作者注册/认领 | 无 | FTP 下载 | CC0 |
| The Names Project | 英国大学、研究所提供 + 注册 | 无 | 自定义 OpenURL 接口 | CC0 |
| ORCID | 出版商数据 + 作者注册/认领 | ISNI/ScopusID | 自定义 OpenURL 接口 | 公开数据部分 CC0 |

### 3.4.3 机构的唯一标识

机构指与资源相关的创作、发行（出版者）、演绎、传播组织以及作者所属机构、提供资助的基金组织等。该实体对象的属性包括机构名称、地理位置（经纬度、城市等）、国别、IP 地址、名称标识符、作者、资源、仓储等。机构唯一标识在互操作中的作用在于识别机构与其他实体对象如用户、仓储、资源等的关系，为自动存档、数据交换、精确检索等提供服务。如 OpenDepot（英国开放存档项目）利用 ORI 提供的机构和仓储识别服务，根据用户 IP 地址判断用户所属机构、机构仓储，引导用户存档过程。目前提供机构唯一标识的系统有 ISNI、ORI 等，其中 ORI 的数据主要来源于 Unlock、OpenDOAR、WHOIS 等系统的开放数据服务，提供基于 Web 服务和 Http 等开放接口的元数据以及关联数据查询，其数据使用授权声明类似于 CC0；ISNI 的数据来源主要基于 VIAF 的机构名称规范档及机构自注册信息。

### 3.4.4 仓储的唯一标识

与仓储对象相关的属性包括地理位置、国别、开放元数据接口、软件平台、类型、存档内容（种类、数量）、学科、语种、标识符等以及与仓储相关的机构。仓储的唯一标识系统通过上述信息提供对仓储的准确标识，并提供相关信息的查询，协助对仓储的自动存档、元数据挖掘、统计、检索等利用。除 ORI 机构与仓储识别系统外，OpenDOAR、ROAR 类仓储登记系统也可视作仓储的唯一识别系统。后者除提供仓储查询、元数据挖掘服务之外，还基于登记和动态采集信息提供对仓储按学科、地理位置、存档类型、数量、活跃程度等的统计、分析报告。上述系统数据及分析图表属于开放资源，并以 OAI-PMH、检索查询接口、列表等方式供下载、挖掘和复用。

### 3.5 跨系统使用统计

指对仓储群、出版商系统等遵循标准的电子资源使用标准统计规范来处理和表示本地用户访问日志（点击、下载等），并提供针对单个资源级别的使用数据挖掘服务进行采集，根据需求生成聚合的统计、分析和报告的服务。跨系统使用统计的作用在于：①由于日志格式、统计方法等的差异，不同系统自身提供的使用统计往往不具有可比性，而跨系统使用统计通过定义和使用统一的统计内容、格式、传送机制和数据处理规则，方便系统之间直接比较并衡量其影响力；②支持对分布在不同系统中同一资源的使用统计，如在不同系统平台（出版商系统、机构仓储、基金指定的学科仓储等）同时提供访问的某篇论文，通过聚合不同系统的使用数据可较为完整地获取其访问下载总数。该结果可与其他服务结合，如 Citebase 引用影响力服务[57]，用来揭示开放获取论文下载次数与被引次数之间的关系。

跨系统使用统计的服务框架构成可分为数据提供者、数据挖掘者两种角色，其中：①数据提供者指仓储、出版商平台等提供电子资源访问的系统，将本地用户访问日志基于 COUNTER 筛选后，通过 OAI-PMH、SUSHI[58]等方式定期自动发布；②数据挖掘者定期采集数据提供者发布的使用数据，通过更复杂的筛选生成聚合的分析报告、提供相关增值服务。建立该服务涉及以下几个关键问题：①统计分析标准被广泛认可和使用，能支持不同类型资源以及单个资源级（如单篇文章）的表示和分析；②数据聚合时对作者、资源、机构等对象的唯一识别；③制定统计分析、评价的标准和依据。目前该领域的项目和服务较多，为解决不同项目间统计方法、尺度的一致性问题，KE 知识交换项目通过对不同项目采用的技术规范进行比较，提出了关于使用统计数据积累和交换的使用统计指南[59]，对相关术语、策略、数据格式、传输协议、规范和法律边界进行了定义和说明，该指南将在几个区域性项目——PIRUS2（英国）[60]、OA – Statistics[61]（德国）、SURE（荷兰）[62]和跨国项目 NEEO[63]、COUNTER 中得到应用。

## 4 结 语

从开放资源的互操作现状看，元数据层面的互操作发展态势良好，基于元数据的挖掘与交换仍然是各国开放资源互操作项目的重点；而基于内容、资源集合的互操作主要发生在彼此合作、受信任的出版商、科研信息系统等内容提交者与学科仓储、机构仓储之间的论文自动存缴，仓储与长期保存系统之间的内容传输等领域。虽然各个内容提供者、发布者在不同程度上支持内容的开放利用，基于 OAI – PMH 等协议发布复合数字对象技术也已相对成熟，但与 OAI – PMH 元数据发布接口已经成为绝大部分开放仓储的基本配置相比，只有部分开放资源出版商（如 PLoS）以 OAI – PMH 或 FTP 方式提供论文全文集合的挖掘或下载，少有开放仓储支持对本地开放资源内容集合的挖掘和下载。由此可见，互操作并不仅是技术问题，也不仅与资源采用的开放许可协议相关，还需要开放资源的各个权益方采取更加开放的心态与政策。

仅从技术层面看，促进开放资源的互操作对于开放资源建设者而言，其系统应足够开放以支持与不同权益方的不同系统在不同层次上的开放互联。而采用主流的仓储开源软件，由于其对常见互操作标准的良好支持，有助于避免"重新发明轮子"。对于开放资源互操作项目的设计者而言，应通过调查、比较互操作参与方选用的技术平台、元数据方案、协议规范等的异同点，设计针对不同应用场景的互操作方案，并根据自身需求选择适合的、通用的互操作标准、协议，而避免重新定义新的标准、协议导致互操作更加复杂、混乱。同时，以软件开发包、插件等方式提供对主流出版、仓储软件的支持，有助于项目的推广。

**参考文献：**

[1] Open Access Infrastructure for Research in Europe[EB/OL]. [2013 – 08 – 05]. http://www.openaire.eu/.

[2] COAR[EB/OL]. [2013 – 08 – 05]. http://www.coar – repositories.org/.

[3] Knowledge exchange[EB/OL].[2013-08-05].http://www.knowledge-exchange.info/.

[4] Knowledge exchange CRIS-OAR metadata interoperability project[EB/OL].[2013-08-05].https://infoshare.dtv.dk/twiki/bin/view/KeCrisOar/WebHome.

[5] Intute repository search[EB/OL].[2013-08-05].http://irs.mimas.ac.uk/demonstrator/.

[6] UK RepositoryNet+[EB/OL].[2013-08-05].http://www.repositorynet.ac.uk/.

[7] CAS IR GRID[EB/OL].[2013-08-05].http://www.irgrid.ac.cn/.

[8] COAR.The current state of open access repository interoperability(2012)[EB/OL].[2013-08-05].http://www.coar-repositories.org/files/COAR-Current-State-of-Open-Access-Repository-Interoperability-26-10-2012.pdf.

[9] 梁娜,张晓林.机构知识库的互操作需求和互操作规范框架[J].现代图书情报技术,2013,29(9):1-7.

[10] OA-Statistics[EB/OL].[2013-08-05].http://www.dini.de/projekte/oa-statistik/english/.

[11] A guide to institutional repository software v 3.0[EB/OL].[2013-08-05].http://www.budapestopenaccessinitiative.org/pdf/OSI_Guide_to_IR_Software_v3.pdf.

[12] Repository software survey, November 2010[EB/OL].[2013-08-05].http://www.rsp.ac.uk/start/software-survey/results-2010/.

[13] Greenstone[EB/OL].[2013-08-05].http://www.greenstone.org/.

[14] Zentity[EB/OL].[2013-08-05].http://research.microsoft.com/en-us/projects/zentity/.

[15] NIH public access[EB/OL].[2013-08-05].http://www.nihms.nih.gov/.

[16] Opendepot[EB/OL].[2013-08-05].http://opendepot.org/.

[17] DepositMOre[EB/OL].[2013-08-05].http://blog.soton.ac.uk/depositmo/2012/11/27/depositmore-new-deposit-tools-follow-the-content/.

[18] Officesword[EB/OL].[2013-08-05].http://officesword.codeplex.com/.

[19] SWORDv2[EB/OL].[2013-08-05].http://swordapp.org/.

[20] BMC automated article-deposit[EB/OL].[2013-08-05].http://www.biomedcentral.com/libraries/aadfaq.

[21] Southwest educational research association[EB/OL].[2013-08-05].http://sera-edresearch.org/.

[22] arXiv.org[EB/OL].[2013-08-05].http://arxiv.org/.

[23] TARDIS[EB/OL].[2013-08-05].http://tardis.edu.au/.

[24] R4L:Repository for the laboratory[EB/OL].[2013-08-05].http://r4l.eprints.org/.

[25] CLOCKSS.[EB/OL].[2013-08-05].http://www.clockss.org/clockss/Home.

[26] Portico[EB/OL].[2013-08-05].http://www.portico.org/digital-preservation/.

[27] Doorenbosch P. Institutional repositories, long term preservation and the changing nature of scholarly publications [EB/OL]. [2013 - 08 - 05]. http://journals.tdl.org/jodi/index.php/jodi/article/view/1764/1851.

[28] COUNTER [EB/OL]. [2013 - 08 - 05]. http://www.projectcounter.org/.

[29] RoMEO [EB/OL]. [2013 - 08 - 05]. http://www.sherpa.ac.uk/romeo/.

[30] JULIET [EB/OL]. [2013 - 08 - 05]. http://www.sherpa.ac.uk/juliet/.

[31] Organisation and repository identification [EB/OL]. [2013 - 08 - 05]. http://ori.edina.ac.uk/.

[32] Open data directory [EB/OL]. [2013 - 08 - 05]. http://dir.w3.org/.

[33] Institutional repository search [EB/OL]. [2013 - 08 - 05]. http://irs.mimas.ac.uk/projectinfo/.

[34] Archives hub [EB/OL]. [2013 - 08 - 05]. http://archiveshub.ac.uk/.

[35] OpenAGRIS [EB/OL]. [2013 - 08 - 05]. http://agris.fao.org/openagris - linked - data/.

[36] The BagIt file packaging format (V 0.97) [EB/OL]. [2013 - 08 - 05]. http://tools.ietf.org/html/draft - kunze - bagit - 09#ref - GRABIT.

[37] The metadata encoding and transmission standard (METS) [EB/OL]. [2013 - 08 - 05]. http://www.loc.gov/standards/mets/mets - examples.html.

[38] ORE specifications and user guides [EB/OL]. [2013 - 08 - 05]. http://www.openarchives.org/ore/1.0/.

[39] Resource harvesting within the OAI - PMH framework [EB/OL]. [2013 - 08 - 05]. http://www.dlib.org/dlib/december04/vandesompel/12vandesompel.html.

[40] 陈晓凤, 张志平, 白海燕. OAI-ORE 在机构知识库中的应用研究与实现 [J]. 现代图书情报技术, 2010(11):69 - 74.

[41] Van de Sompel H, Lagoze C. Interoperability for the discovery, use, and re - use of units of scholarly communication [J/OL]. CTWatch Quarterly, 2007, 3(3). [2013 - 08 - 05]. http://www.ctwatch.org/quarterly/articles/2007/08/interoperability - for - the - discovery - use - and - re - use - of - units - of - scholarly - communication/.

[42] The atom publishing Protocol [EB/OL]. [2013 - 08 - 05]. http://tools.ietf.org/html/rfc5023.

[43] The GrabIt package exchange protocol (V0.1) [EB/OL]. [2013 - 08 - 05]. http://dot.ucop.edu/home/jak/grabitspec.html.

[44] The repository junction broker [EB/OL]. [2013 - 08 - 05]. http://edina.ac.uk/projects/RJB_summary.html.

[45] Atom multipart media resource creation [EB/OL]. [2013 - 08 - 05]. http://tools.ietf.org/html/draft - gregorio - atompub - multipart - 04.

[46] OASIS content management interoperability services (CMIS) [EB/OL]. [2013 - 08 - 05].

https://www. oasis - open. org/committees/tc_home. php? wg_abbrev = cmis.

[47] [EB/OL]. [2013 - 08 - 05]. ODINhttp://odin - project. eu/.

[48] Archival resource key[EB/OL]. [2013 - 08 - 05]. https://confluence. ucop. edu/display/Curation/ARK.

[49] PURL[EB/OL]. [2013 - 08 - 05]. http://purl. oclc. org/.

[50] PerSID[EB/OL]. [2013 - 08 - 05]. http://www. persid. org/.

[51] International standard name identifier(ISO 27729)[EB/OL]. [2013 - 08 - 05]. http://www. isni. org/.

[52] Author claim[EB/OL]. [2013 - 08 - 05]. http://authorclaim. org/.

[53] Digital author identifier(DAI)[EB/OL]. [2013 - 08 - 05]. http://wiki. surf. nl/display/standards/DAI.

[54] The names project[EB/OL]. [2013 - 08 - 05]. http://names. mimas. ac. uk/.

[55] ORCID[EB/OL]. [2013 - 08 - 05]. http://orcid. org/.

[56] Scopus author identifier[EB/OL]. [2013 - 08 - 05]. http://info. sciencedirect. com/scopus/scopus - in - detail/tools/authoridentifier.

[57] Citebase[EB/OL]. [2013 - 08 - 05]. http://urlm. co/www. citebase. org.

[58] Standardized usage statistics harvesting initiative(SUSHI, ANSI/NISO Z39. 93 - 2013)[EB/OL]. [2013 - 08 - 05]. http://www. niso. org/workrooms/sushi.

[59] KE usage statistics guidelines[EB/OL]. [2013 - 08 - 05]. http://www. knowledge - exchange. info/Default. aspx? ID = 395.

[60] PIRUS2[EB/OL]. [2013 - 08 - 05]. http://www. cranfieldlibrary. cranfield. ac. uk/pirus2/tiki - index. php.

[61] OA - Statistics[EB/OL]. [2013 - 08 - 05]. http://www. dini. de/projekte/oa - statistik/english/.

[62] Statics on the usage of repositories(SURE)[EB/OL]. [2013 - 08 - 05]. http://www. surf. nl/nl/projecten/Pages/SURE. aspx.

[63] NEEO[EB/OL]. [2013 - 08 - 05]. http://www. nereus4economics. info/projectneeo. html.

## 作者简介

王昉，中国科学院国家科学图书馆馆员，E-mail：wangfang@mail. las. ac. cn；

黄永文，中国科学院国家科学图书馆副研究馆员；

马建玲，中国科学院国家科学图书馆兰州分馆研究馆员；

刘静羽，中国科学院国家科学图书馆助理馆员。

# 开放资源的再利用模式研究*

黄永文  张建勇  谢靖  刘春江  王思丽  韩红

**摘 要** 总结主要的资助机构、出版社和开放仓储对开放资源的再利用许可和限制规定，分析主要开放获取期刊和开放仓储资源提供的技术接口方式，最后提出开放资源的6种开放资源的再利用服务模式：开放资源的集成检索服务、开放资源之间的关联服务、开放资源的使用统计服务、学术引用网络分析服务、语义丰富后数据的开放利用服务、开放资源专题聚合成的虚拟开放期刊服务。

**关键词** 开放获取  开放获取政策  开放获取许可协议  再利用模式

**分类号** G250

## 1 引 言

随着学术出版和交流模式的开放步伐不断加快，开放获取期刊、开放的机构仓储和学科仓储的数量持续稳步增长，尽管传统出版商对学术研究成果的控制仍占主导地位，但越来越多的学术成果通过开放获取可以免费访问与使用，越来越多的开放科技资源的内容提供者将元数据和全文以开放的方式提供给第三方系统采集和挖掘。目前，已经出现了一些开放资源再利用方面的项目和实践，如 OpenAIRE 及 OpenAIREplus（Open Access Infrastructure Research for Europe）开放获取欧洲学术交流数据基础设施、BASE（Bielefeld Academic Search Engine）开放资源搜索引擎、JISC 资助的 CORE（COnnecting Repositories）连接仓储项目等，实现了分布开放资源的统一访问以及不同类型、不同来源的开放资源的互联。在对开放资源

---

\* 本文系中国科学院国家科学图书馆资助项目"开放资源的开放利用模式研究"（项目编号：馆1212）研究成果之一。

进行再利用时，需要关注开放资源的许可协议和规定、开放资源为第三方提供的再利用技术方式以及开放资源的再利用模式，因此本文主要从开放科技资源的再利用许可和使用约束入手，总结主要开放资源所提供的接口和下载限制，并从为用户提供服务的角度出发，对国外相关项目和服务的开放资源再利用模式进行分析，以期对国内开展开放资源的再利用研究和建设起到抛砖引玉的作用。

## 2 开放资源的再利用许可

目前，一些资助机构、科研机构等已经开始要求由它们资助的项目成果必须以开放获取的形式发布，同时也对再利用政策方面提出了一些要求。英国研究理事会（Research Councils UK，RCUK）[1]和英国惠康基金会（Wellcome Trust）[2]在开放获取资源的再利用政策方面迈出了重大的一步，开始强制要求采用 CC – BY 协议。项目资助机构和科研机构的 OA（Open Access，开放获取）政策在很大程度上影响了出版商的 OA 出版政策，开放出版越来越多地支持开放利用，许多主要的 OA 期刊都采用 CC BY 协议，允许任何人对 OA 论文进行再利用和重新编辑，以适应基金组织和研究机构的 OA 政策。因此，下面主要对资助机构、出版社和开放仓储对开放资源的再利用许可和规定进行分析。

### 2.1 资助机构的再利用许可要求

目前，很多 OA 政策都集中在公众资助的科研项目上，要求支持金色 OA 出版或绿色 OA 存档。通常情况下，资助机构要求将发表论文存放在开放的学科仓储或机构仓储中，可以是即时开放获取，也可以是延时开放获取，并未对论文所采用的许可协议做具体的规定和要求。随着研究人员对开放获取资源进行文本和数据挖掘的需求增加，有些资助机构开始要求论文采用 CC – BY 协议。从 2013 年 4 月 1 日起，Wellcome Trust 和 RCUK 要求由它们支付文章处理费（article processing charge，APC）的同行评议论文采用 CC – BY 许可立刻开放获取，授权任何人可以再利用，包括商业组织。Wellcome Trust 还在 2013 年 10 月 1 日后扩大开放获取政策的适用范围，应用于专著和专著章节，强力推荐 CC – BY 协议，不过专著和专著章节也可以采用 CC – BY – NC 和 CC – BY – NC – ND 协议。主要资助机构的开放获取政策如表 1 所示：

表1 主要资助机构的开放获取政策

| 序号 | 基金/机构名称 | 年代 | 存档内容 | 开放获取时限 | 存档仓储要求 | 再利用要求 |
|---|---|---|---|---|---|---|
| 1 | 英国研究理事会（Research CouncilsUK） | 2005 | RCUK全部或部分资助的发表在同行评议期刊和会议录上的论文最终版本 | 6个月或12个月或24个月内 | 机构仓储或学科仓储（如PMC或EuropePMC） | 支付APC的论文要求采用CC-BY协议，不支付APC的论文允许将正式发表版本存储在其他仓储中，在一定时间后不限制非商业再利用 |
| 2 | 英国惠康基金会（Wellcome Trust） | 2006 | 全部或部分资助的发表在同行评议期刊上的论文最终版本 | 6个月内 | PMC或Europe PMC | 支付APC的论文必须采用CC-BY协议，不支付APC的论文允许自由拷贝和再利用（如文本和数据挖掘） |
| 3 | 欧洲研究理事会（European Research Council）[3] | 2007 | ERC全部或部分资助所发表的论文和专著，并建议对相关的原始数据、计算机代码存档 | 6个月内 | 学科仓储（如Europe PMC、ArXiv）或机构仓储 | - |
| 4 | 美国国立卫生研究院（National Institutes of Health）[4] | 2007 | NIH资助的同行评议论文的正式版本 | 12个月内 | PMC | - |
| 5 | 欧盟委员会（European Commission）[5] | 2008 | FP7项目资助的同行评议论文的最终版本 | 6个月或12个月内 | 机构仓储或学科仓储 | - |

## 2.2 出版社提供的再利用许可协议

在传统出版模式下,作者通常把版权授予出版社,而在开放获取的出版模式下,许多主要的 OA 期刊,如 *American Physical Society*、*BioMed Central*、*Elsevier*、*Frontiers*、*Hindawi*、*IOP*、*MDPI*、*PLOS*、*SpringerOpen*、*WileyOpen* 等都采用 CC 协议,作者通常保留版权,在 CC 协议下授权其他人的使用和再利用的权利。所有的 CC 协议都允许用户访问、下载、复制相关内容,或将其向学生、同事再次发布,或提交到开放网站上。其中,CC-BY、CC-BY-SA、CC-BY-NC、CC-BY-NC-SA 允许用户对相关内容进行改编以及进行文本和数据挖掘。在所有的 CC 协议中,CC-BY 许可提供了最大的自由,最能体现布达佩斯开放获取宣言(Budapest Open Access Initiative,BOAI)和柏林宣言所倡导的开放获取的宗旨。

本文主要分析 DOAJ 收录期刊中出版社所采用的许可协议,DOAJ 中有 3 415 种期刊采用 CC 协议(占总数的 34.8%),在这些期刊中大概有一半采用 CC-BY 协议,如表 2 所示[6]:

表 2 DOAJ 收录期刊采用 CC 协议的种数

| 序号 | 许可类型 | 期刊种数 |
| --- | --- | --- |
| 1 | CC-BY | 1 694 |
| 2 | CC-BY-SA | 47 |
| 3 | CC-BY-ND | 44 |
| 4 | CC-BY-NC | 767 |
| 5 | CC-BY-NC-SA | 236 |
| 6 | CC-BY-NC-ND | 671 |

不过,也有一些出版商比较抵触 CC-BY 协议,认为这样会影响他们的商业利益,因此采用了一些折衷的方案,只有 RCUK 和 Wellcome Trust 资助的论文采用 CC-BY,其他的则不允许商业性再利用,如 BMJ、IEEE 等。国际科学、技术和医学出版商协会(International Association of Scientific, Technical and Medical Publishers,STM)[7]正在研究可选择替代的许可协议,该协议不允许商业使用或衍生使用的重印、摘要或改编,但允许文本挖掘和翻译。

## 2.3 开放仓储的许可规定

开放仓储作为 OA 运动的重要形式,在过去的 10 年里发挥了重要的作用,有学者统计,超过 20% 的同行评审论文可以通过机构仓储或学科仓储免费阅读[8]。大多数出版社并不阻碍作者将论文存档在开放仓储中提供免费访问,不过一般有开放延时期、论文存档版本和内容再利用的限制要求。在一些开放仓储中规定了开放资源的使用许可，本文主要分析 OpenDOAR 中注册的开放仓储对元数据和全文的再利用的规定，如表 3 所示（统计结果包括 2 194 个开放获取仓储）[9]。

表 3　OpenDOAR 中开放仓储的再利用规定统计

| 序号 | 许可内容 / 许可类型 | 元数据 | | 全文 | |
| --- | --- | --- | --- | --- | --- |
| | | 仓储数量 | 百分比 | 仓储数量 | 百分比 |
| 1 | 禁止再利用 | 3 | 0.1% | 6 | 0.3% |
| 2 | 允许非商业目的再利用 | 182 | 8.3% | 143 | 6.5% |
| 3 | 允许商业目的再利用 | 111 | 5.1% | - | - |
| 4 | 禁止机器自动收割所有数据 | - | - | 100 | 4.6% |
| 5 | 不同的再利用许可限制 | - | - | 85 | 3.9% |
| 6 | 没有提供再利用的说明 | 1 898 | 86.5% | 1 860 | 84.7% |

从表 3 可以看出，绝大多数的开放仓储并没有明确提供对元数据和全文的再利用说明，明确允许对元数据可以再利用的有 293 个（包括商业和非商业目的），允许对全文非商业目的再利用的只有 143 个，禁止机器自动获取全文的有 100 个，这给第三方利用带来了一定的难度。另外，如果采用机器批量下载方式，除了阅读开放仓储上的相关版权说明外，还需要确认开放资源网站 Robot.txt 文件中是否有相关的规定。例如，arXiv 禁止机器自动获取网站上的全文（除了特定的一些搜索引擎之外），并且对不同的搜索引擎在爬行目录和爬行时间间隔的政策并不一样。

## 3　开放获取资源的再利用技术方式分析

开放获取主要有两个层面的含义：一是指人可以免费地阅读和再利用；二是指机器可以下载和对内容进行挖掘。对于机器而言，为了更大程度地利用 OA 资源，OA 资源提供方需要支持开放的获取和使用方式，提供便于机器理解和分析的标准格式（如 XML），以及批量下载元数据和全文及相关数据集的接口，或者提供下载服务（如 FTP）。本文选取一些具有代表性的开放获取资源，对它们的使用许可协议、提供的第三方接口和全文获取方式进行比较和分析，以便了解目前主要开放获取资源为第三方提供的再利用技术方式，如表 4 所示（数据统计截至 2013 年 6 月 30 日，表中 OA 期刊中的数据量为发表 OA 论文的数据总量，OA 仓储中的数据量为仓储收录的所有数据总量）。

表 4  主要开放获取资源的分析

| 资源名称 | 资源类型 | 学科领域 | 使用许可协议 | 数据量 | 提供第三方的接口 | 自动下载全文或数据的方式 |
| --- | --- | --- | --- | --- | --- | --- |
| BMC | OA 期刊 | 生命科学,医学 | CC-BY | 164 949 | OAI-PMH、RESTful API、RSS | 提供 FTP 和 OAI 方式下载或者从 PMC 下载,提供 XML 格式文件 |
| PLOS | OA 期刊 | 生物,医学 | CC-BY | 85 572 | Search API、ALM API | 存储在 PMC 中 |
| Hindawi | OA 期刊 | 多学科 | CC-BY | 71 948（DOAJ 收录） | OAI-PMH | 提供 FTP 下载,提供 XML 格式文件 |
| Springer Open | OA 期刊 | 多学科 | CC-BY | 24 733 | OAI-PMH、RESTful API、RSS | 提供 FTP 和 OAI 方式下载或者从 PMC 下载,提供 XML 格式文件 |
| WileyOpen | OA 期刊 | 生物,化学,医学 | CC-BY、CC-BY-NC、CC-BY-NC-ND | 6 155（PMC 收录） | OpenURL、Z39.50、RSS | 存储在 PMC 中 |
| PMC | OA 仓储 | 生物,医学,生命科学 | CC 和其他类似允许再利用的协议 | 628 890（OA 子集） | OAI-PMH、web service | 提供 FTP 和 OAI 方式下载,提供 XML 格式文件 |
| arXiv | OA 仓储 | 物理,数学和统计,计算机科学,生物学 | 没有明确说明 | >340 000 | OAI-PMH、API、RSS | 在 Amazon s3 批量下载（收费） |
| RePEc | OA 仓储 | 经济科学 | 没有明确说明 | >1 400 000 | OAI-PMH、RSS | 不提供 |
| PANGAEA | OA 仓储 | 环境和地球科学,生命科学 | CC（大部分 CC-BY） | 680 833 | OAI-PMH | 不提供 |
| Figshare | OA 仓储 | 工程科学,生命科学,自然科学,人类和社会科学 | CC-BY 和 CC0 | 96 063 | Search API | 不提供 |

从表 4 中可以看出 OA 期刊和 OA 仓储在支持第三方利用方面具有如下特点：

- 在使用许可协议方面，OA 期刊一般都明确说明所采用的许可协议，而大多数 OA 仓储并没有明确说明元数据和全文的再使用规定，不过有些基金组织和研究机构的 OA 政策指定存档的学科仓储，一些积极响应 OA 运动的数据仓储也做了相关的说明，如表 4 中所列的 PMC、PANGAEA、Figshare 等。
- OA 期刊和 OA 仓储为了提高开放资源的可见性和可发现性，都积极地让搜索引擎收录和索引，以一个高度可见的方式来传播研究成果，促进更广范围的共享。因此，一般都提供 OAI-PMH 服务或者检索接口，方便元数据的收割和再利用。
- OA 期刊提供的 API 功能日益丰富多样，除了基本检索接口外，BMC 还提供最新文章 API、编辑优选文章 API、获取文章权限验证 API，PLOS 提供文献计量 ALM API，可以帮助分析文章的影响力和价值。
- 有些 OA 期刊（如 BMC）通过 SWORD 协议支持自动将论文发布到相关的机构仓储或学科仓储，保证 OA 论文及时存储到一些常用的开放仓储中（如 PMC），同时还解决了研究人员的重复提交问题。
- 有些 OA 期刊除了提供获取元数据的标准接口外，一般还会通过 FTP 或 OAI 服务支持全文的批量下载，尽量做到最大化的开放共享。同时，还提供机器可读的全文的 XML 格式，便于机器分析和挖掘。而 OA 仓储一般不提供全文或数据的批量下载。

## 4 开放资源的再利用服务模式

本文所指的开放资源再利用服务模式主要是指对不同来源的开放资源进行聚合、集成和整理，增加开放资源的有效价值，为用户提供更加方便的服务方式，包括对元数据的再利用、对内容的再利用、对所涉及的研究数据的再利用。自 BOAI 宣言提出后的 10 年中，人们一直以 OA 数量的增长以及 OA 内容的使用增长作为 OA 运动成功的基准，出现了一些开放资源再利用方面的成功实践。目前，开放资源的再利用服务模式主要包括：开放资源的集成检索服务、关联服务、使用统计服务、学术引用网络分析服务、语义丰富后数据的开放利用服务、虚拟开放期刊服务等。

### 4.1 开放资源的集成检索服务

开放资源最常见的再利用模式是通过标准协议（如 OAI-PMH）收割元数据及获取全文，建立本地索引，将来自多机构的开放资源集成和整合在一起形成新的使用方式,为用户提供检索和下载服务,如 BASE 搜索引擎、IRS (Intute Repository Search) UK 仓储查询服务等。同时,这些搜索引擎又提供标准的访问接口供第三方系统调用,形成了良好的开放环境。另外,许多商业发现系统,如 ProQuest 公司的 Summon 系统、EBSCO 公司的 EDS 系统、Elsevier 的 Scirus 等也都将开放资源纳入到他们的发现系统中,把免费的开放获取资源与商业数据库资源进行集成。还有一些开放资源的集成检索系统不仅实现了元数据聚合,还对内容进行深度分析,如 CORE[10]、DRIVER D-NET[11]等。CORE 是一种新型的开放资源搜索引擎,对全文内容进行抽取和解析,这使 CORE 能够在机构仓储所提供的内容之上建立更多的增值服务,如文章相似性、内容分类、统计分析等。DRIVER D-NET 框架和 CORE 的研究方向是一致的,打算到 2013 年底实现类似 CORE 的服务。

### 4.2 不同类型开放资源之间的关联服务

在现代的科学工作和信息交流环境下,将文献与相关的原始数据、表格和所有类型的数字资料进行连接,是越来越普遍和有效的关联方式。目前,已经有一些数据库开始提供这方面的服务。例如,NCBI 推出的"LinkOut"功能[12]可以发现在 Dryad 中与 PubMed 或 GenBank 相关的数据。越来越多的出版商与机构团体合作,积极实现开放数据和文献之间的整合,如从 Elsevier、Nature、Springer、Wiley、Thomson Reuters 等的论文连接 PANGAEA 中的数据集。Harvard 大学承担的 DataverseNetwork 数据网络和 OJS (Open Journal System) 开放期刊系统整合项目[13]主要是实现学术期刊和研究数据之间的关联,通过开放获取期刊系统与数据仓储之间的互操作,保证发表论文与数据的双向永久性连接。ECO4R (Exposing Complex Objects for Repositories,扩展仓储中的复合对象)[14]、ESCAPE (Enhanced Scientific Communication by Aggregated Publications Environments,聚合文献出版物来增强科学交流)[15]、OpenAIREplus[16]等利用不同仓储系统中的开放资源形成增强型出版物 (enhanced publication),实现由文本连接到其他的材料,如研究数据、模型、算法、图像、元数据集或用户的评论和打分等。Data2Semantics[17]项目研制的 Linkitup 工具可以关联到 Wikipedia/DBPedia、Elsevier、DBLP、ORCID、CrossRef,对 Figshare 仓储中的研究数据增加语义信息,为用户提供先进的数据扩展服务平台。

### 4.3 开放资源的使用统计服务

学术研究成果以 OA 方式发表的好处之一是能够追踪到研究成果的查看次数和下载次数,实现基于文章的统计评价,而不是传统的针对整个期刊的评价。资助者和研究人员需要追踪和管理开放学术研究成果，以便更好地了解学术成果的影响力，监测 OA 政策的执行情况。因此，出现了一些开放获取资源的引用追踪与使用统计的相关服务，为机构和个人提供各种统计分析服务。如 PLOS 的 ALM（Article Level Metrics）文章计量服务[18]、荷兰的 SURE（Statistics on the Usage of REpositories）仓储使用统计项目[19]、英国的 PIRUS（Publisher and Institutional Repository Usage Statistics）出版社和机构仓储使用统计项目[20]、德国的 OAS（Open Access Statistics）开放获取统计项目[21]等。PLOS 提供基于文章的统计评价服务，从引用次数、不同格式全文的查看次数和下载次数、转载到其他社交网络的次数、用户评论次数等方面进行统计分析。SURE、PIRUS、OAS 等研究项目主要是在不同开放仓储之间、出版社与机构仓储之间收集和交换数据，通过 OAI-PMH 获取统计数据，基于 COUNTER 统计标准进行数据处理，实现对不同仓储中同一篇文章的使用统计比较，来衡量文章的学术价值和影响力。

### 4.4 利用开放资源分析学术引用网络

为了揭示研究成果的全部价值，分析论文的学术引用网络是一种有效的方式。通过分析开放获取领域的大量研究成果出版物，能够识别高影响力的论文，识别出研究团体的行为模式，辨识出研究领域的发展趋势。DiggiCORE（Digging into Connected REpositories）[22]对分布在 1 800 余个开放获取资源库和开放获取期刊进行收割、清洗、整合和处理，支持三种学术网络关系挖掘：文章引用网络、语义相关文章和作者引用网络，挖掘研究者引用的新视角，发现影响力高的文章的特征。DOARCS（Distributed Open Access Reference Citations Service）[23]项目从不同机构仓储中聚合元数据，对元数据进行丰富并发现引用网络，DOARCS 与 AuthorClaim 作者数据库共享数据，请作者对论文进行认领，保证数据的准确性。JISC 资助的 Open Citations 项目[24]对 PMC 的 OA 子集进行了引文分析，以可视化的方式展示论文的引用网络。

### 4.5 对开放资源进行语义丰富后再提供数据的开放利用

随着开放获取资源的不断增多，目前已经有一些开放资源允许用户自由下载和对全文内容进行再利用，如 PMC、*BMC*、*Hindawi* 等以 XML 格式提供 OA 文献全文的 FTP 下载，允许进行全文挖掘，使得在开放资源上实现更细粒度的结构化和语义丰富成为可能。一些研究机构开始对开放资源进行结构化和语义化处理，并将丰富后的数据再发布提供开放利用，如 BioLit[25]、OpenAIREplus[16]等。BioLit 项目利用生物本体对生命科学领域的开放获取文章进行内容丰富，并将经过语义化的数据以 XML 格式提供给公众开放使用。

OpenAIREplus 在数据丰富方面投入了很多的努力，通过对论文、数据集、作者、主题、资助等实体之间语义关系的自动推理，弥补汇总的数据之间缺乏实体间关联关系的不足，为实体提供更丰富的背景信息。OpenAIREplus 通过 SPARQL 端点提供五星级的开放关联数据。

### 4.6 利用开放资源进行专题聚合，形成虚拟开放期刊服务

利用开放资源进行专题聚合主要是根据特定的学科领域或主题，按照一定的评价标准，从事先确定的开放仓储或开放期刊发表的文章集合中选取相关论文，经过一定组织后定期集中发布给用户。用户查看论文时，链接回源开放仓储或开放期刊。ECO4R 项目[14]在 Fedora 和 OPUS 仓储平台上基于主题进行论文聚合，实现了不同仓储系统中的开放获取资源的再使用，架构中包括仓储注册、OAI－PMH 收割、ReM（Resource－Maps）三元组存储、专题汇总创建和元数据丰富、可视化、导出（OAI－PMH 接口和用户界面）和长期保存。还有学者提出[26]通过联盟的方式在多个开放获取期刊基础上形成学科虚拟开放期刊，并通过语义标注工具来丰富聚合的论文。

## 5 结 语

开放获取的发展变革了学术交流体系，促进了信息更广泛范围的共享，开放获取的优势和可行性已经得到充分证实。与传统出版模式阻碍文本挖掘不同，在开放获取的环境下，研究人员能够获取大量数据进行密集的计算分析，更快地获得结果并实现科技创新，图书馆、信息机构等也可以利用开放获取资源为用户提供更好的服务。不过，在利用开放获取资源方面，目前还存在着一些问题。例如，现实中还存在一些非真正意义上的开放获取形式（如延时 OA），在元数据层面并未对它们的开放状态、开放延时时限、使用授权等信息进行描述；还有很多开放资源提供者只提供用户访问和下载服务，不支持机器通过标准接口或协议获取元数据和全文，这些都不利于搜索引擎或第三方系统来识别和确认资源的开放程度以及对开放获取资源的再利用。不过，美国信息标准化委员会（National Information Standards Organization，NISO）[27]已经开始制定开放获取元数据和指示符标准，相信随着开放获取运动的不断深化和开放获取基础设施的不断完备，会出现更多更好的开放获取资源的再利用服务模式。

**参考文献：**

[1] RCUK policy on open access［EB/OL］.［2013－05－20］. http://www. rcuk. ac. uk/re-

search/Pages/outputs. aspx.

[2] Wellcome Trust open access policy[EB/OL]. [2013-05-20]. http://www.wellcome.ac.uk/About-us/Policy/Policy-and-position-statements/WTD002766.htm.

[3] Open access policy for researchers funded by the ERC[EB/OL]. [2013-05-20]. http://erc.europa.eu/sites/default/files/document/file/open_access_policy_researchers_funded_ERC.pdf.

[4] NIH public access policy[EB/OL]. [2013-05-20]. http://publicaccess.nih.gov/policy.htm.

[5] European commission open access[EB/OL]. [2013-05-20]. http://ec.europa.eu/research/science-society/open_access/.

[6] DOAJ[EB/OL]. [2013-07-10]. http://www.doaj.org/.

[7] Richard V N. Researchers opt to limit uses of open-access publications[EB/OL]. [2013-07-10]. http://www.nature.com/news/researchers-opt-to-limit-uses-of-open-access-publications-1.12384.

[8] Swan A. Policy guidelines for the development and promotion of open access[EB/OL]. [2013-07-10]. http://unesdoc.unesco.org/images/0021/002158/215863e.pdf.

[9] OpenDOAR[EB/OL]. [2013-07-10]. http://opendoar.org.

[10] CORE[EB/OL]. [2013-07-10]. http://core.kmi.open.ac.uk/.

[11] D-NET[EB/OL]. [2013-07-10]. http://www.d-net.research-infrastructures.eu.

[12] NCBI LinkOut[EB/OL]. [2013-05-20]. http://www.ncbi.nlm.nih.gov/projects/linkout/.

[13] PKP-Dataverse Integration Project[EB/OL]. [2013-05-20]. http://projects.iq.harvard.edu/ojs-dvn/.

[14] Andres Q. Remember, reuse, eestructure: Compound publications from theory to practice [EB/OL]. [2013-05-20]. http://swib.org/swib11/vortraege/swib11-andres-quast.pdf.

[15] ESCAPE: Enhanced scientific communication by aggregated publications environments[EB/OL]. [2013-05-20]. http://www.surf.nl/en/projecten/Pages/ESCAPE-Enhanced-Scientific-Communication-by-Aggregated-Publications-Environments.aspx.

[16] Manghi P, Bolikowski L, Manola N, et al. OpenAIREplus: The European scholarly communication data infrastructure[OL]. [2013-05-20]. http://www.dlib.org/dlib/september12/manghi/09manghi.html.

[17] Data2Semantics[EB/OL]. [2013-05-20]. http://www.data2semantics.org/.

[18] PLOS: Article-level metrics measure the dissemination and reach of published research articles[EB/OL]. [2013-05-20]. http://article-level-metrics.plos.org/alm-info/.

[19] SURE[EB/OL]. [2013-05-20]. http://www.surf.nl/en/projecten/Pages/SURE.aspx.

[20] PIRUS: Publisher and institutional repository usage statistics[EB/OL]. [2013 – 05 – 20]. http://www.jisc.ac.uk/whatwedo/programmes/pals3/pirus.aspx.

[21] The OAS infrastructure[EB/OL]. [2013 – 05 – 20]. http://www.dini.de/fileadmin/oa – statistik/projektergebnisse/oas – poster – berlin8 – noprint.pdf.

[22] Digging into connected repositories (DiggiCORE) [EB/OL]. [2013 – 05 – 20]. http://core – project.kmi.open.ac.uk/about – diggicore – project.

[23] Michael M, Eberhard R H. DOARC – Distributed open access reference citations service [EB/OL]. [2013 – 05 – 20]. http://biecoll.ub.uni – bielefeld.de/volltexte/2011/5069/.

[24] JISC open citations[EB/OL]. [2013 – 05 – 20]. http://opencitations.net/.

[25] BioLit: Integrating open literature and databases[EB/OL]. [2013 – 05 – 20]. http://biolit.ucsd.edu/doc/.

[26] Maria C P. Metajournals: A federalist proposal for scholarly communication and data aggregation[EB/OL]. [2013 – 05 – 20]. http://dx.doi.org/10.2139/ssrn.2255775.

[27] NISO launches new initiative to develop standard for open access metadata and indicators [EB/OL]. [2013 – 05 – 20]. http://www.niso.org/news/pr/view?item_key = d2e5f409bc6af6b7f504 a10edf0329203ffec6f9.

## 作者简介

黄永文，中国科学院国家科学图书馆副研究馆员，E-mail: huangyw@mail.las.ac.cn;

张建勇，中国科学院国家科学图书馆研究馆员；

谢靖，中国科学院国家科学图书馆馆员；

刘春江，中国科学院国家科学图书馆成都分馆馆员；

王思丽，中国科学院国家科学图书馆兰州分馆馆员；

韩红，中国科学院国家科学图书馆成都分馆副研究馆员。

# 研究型图书馆开放获取服务模式探讨*

黄金霞　向桂林　王昉　王妍　宋秀芳

**摘　要**　针对我国研究型图书馆开放获取（OA）服务效果弱、方法缺乏的问题，图书馆员有必要尽快找到 OA 服务的突破口。分析国外知名科研机构的 OA 建设内容和服务方式，围绕我国科研人员普遍关注的学术影响力问题，提出研究型图书馆 OA 服务模式和工作流，并在中国科学院生物物理所的实践中详细剖析服务步骤、工作方法和服务效果。最后，讨论 OA 服务对图书馆员能力的要求。

**关键词**　OA 服务　学术影响力　OA 图书馆员

**分类号**　G250

## 1　问题的提出

在开放获取（open access，OA）运动中，图书馆积极参与开放资源建设、开放获取政策制定、开放出版等活动，形成一定的 OA 服务内容，包括获取 OA 资源充实馆藏、为科研人员提供 OA 传播、OA 出版、OA 利用等[1]，例如中国科学院国家科学图书馆（以下简称"中科院图书馆"）的开放资源建设实践[2]。

但是，图书馆员对于如何开展 OA 相关服务，存在着实际工作上的困惑。笔者在 2013 年初对中国科学院（以下简称"中科院"）用户（科研人员、研究生、图书馆员）进行了开放资源使用调查[3]，发现研究所的 OA 服务效果并不理想，74% 的受访研究生基本不用或很少使用开放资源，几乎所有用户不了解开放资源的作者权益、使用限定问题。在 OA 环境中图书馆员遇到的实际问题，包括如何从大量的 OA 资源中选择信息给用户？如何支持科研人员出版 OA 内容、实现知识仓储？如何确保自己的技能和专业知识能支持 OA 服务？工作流和工作量受到怎样的影响？[4]这些都属于图书馆 OA 服务，即图书

---

\* 本文系中国科学院国家科学图书馆项目"开放科技资源的发现、评价和遴选"（项目编号：馆1213）研究成果之一。

馆帮助科研机构管理有关OA建设工作流的服务,该服务涉及图书馆员、科研人员、出版商和资助者[5]。

有学者提出:"学术研究人员对学术交流系统的态度、认知和行为是保守的,不希望当前的传播和出版模式有实质性改变"[6]。随着OA运动已成趋势,图书馆在OA服务中需要尽快找到突破口。笔者在中科院的调查中也发现科研人员对OA有两个关注点:①学科领域内有哪些高质量OA资源可用;②如何利用OA出版物提高自己的学术影响力。这些结果与一些图书馆员的发现一致。图书馆员发现科研人员当前普遍关心两个问题:"学术评价(不是简单的IF值的问题)"和"如何提升自己论文的影响力",有科研人员提出OA可能是解决问题的一种途径(个人邮件)。基于我国科研人员最切身的关注点来引入OA服务,可能是一个有效的方法。本文在调研国外机构OA服务内容的基础上,提出围绕OA学术影响力分析的OA服务模式和工作流,以中科院生物物理研究所图书馆的实践为例,剖析具体服务内容和工作方法,并讨论OA环境中图书馆员的素质培养。

## 2 图书馆OA服务模式和工作流分析

### 2.1 国外机构(图书馆)OA服务分析

首先,调研国外在OA领域较活跃的一些大学和机构的OA相关服务(见表1)。

表1 国外知名大学和科研机构的OA建设内容

| 机构名称 | OA政策 | OA仓储 | OA出版 | OA资源利用 |
| --- | --- | --- | --- | --- |
| 美国哈佛大学(Havard University) | OA政策指南哈佛OA项目(HOAP) | 开放仓储学术交流服务——DASH | OA出版协议哈佛OA出版权益(HOPE)基金 | 开放资源计划(open collection program) |
| 美国麻省理工学院图书馆(Massachusetts Institute of Technology) | OA政策 | 机构仓储DSpace@MIT建设开放课件仓储建设 | OA出版协议,与多家出版社签订作者权利协议建立OA出版基金 | — |
| 瑞典隆德大学图书馆(Library of Lund University) | OA政策提供从OA政策到自存档的操作流程 | 机构仓储LUP | 提供OA出版基金提供OA期刊出版的服务器空间和技术支持 | 参与建设OA期刊服务——DOAJ |

续表

| 机构名称 | OA 政策 | OA 仓储 | OA 出版 | OA 资源利用 |
|---|---|---|---|---|
| 英国剑桥大学（University of Cambridge） | OA 政策框架 | 机构仓储 DSpace@Cambridge | 提供作者对资助者政策的分析帮助 OA 出版资助基金 | - |
| 马普学会（the Max Planck Institute） | OA 政策提供给作者 OA 资料 | 机构知识库 eDoc 和 PubMan | 与多家出版社达成协议 OA 出版资助基金 | 与 Open Access Information Platform 合作 |
| 美国霍德汉斯医学研究所（Howard Hughes Medical Institute） | 出版物公共获取政策 | - | 出版政策检索帮助科研人员上载手稿到 PMC | 联合创建顶级开放获取期刊 eLife 与多家出版社达成协议资助作者开放出版 |
| 欧洲分子生物学实验室（European Molecular Biology Laboratory） | - | 建设开放数据库和信息学软件参与欧洲 PMC 建设 | - | 在图书馆服务中提供 OA 期刊、开放数据库链接 |

从表 1 可以看出，这些机构和图书馆的 OA 服务内容丰富。7 家机构的 OA 服务内容涵盖到 OA 政策及与出版社的合作协议（例如 MIT 与 Springer 合作，作者无需亲自提交，文章即可在 MIT 的开放获取库 Dspace@MIT 中出现）、机构知识库建设及存储帮助、OA 出版基金、OA 期刊出版及其技术支持、开放资源建设（如哈佛大学图书馆对近代探险资料的开放、MIT 的开放教育课件仓储）、提供 OA 资料。其中 6 家机构都提供了 OA 政策、机构仓储建设、OA 出版服务和 OA 资料。表 1 的内容也表明，目前 OA 服务的内容不够系统，表现为各自为阵现象。

在表 1 中一些 OA 服务是由图书馆以外的组织提供的。哈佛大学的开放资源计划（open collections program）[7]是由图书馆执行，把大学的知识财富与世界共享，而开放项目（harvard open access project）[8]却由 Berkman Center for Internet & Society 执行，通过协商、协作、社区建设和直接援助的方式促进科研的开放获取。欧洲分子生物学实验室（EMBL）参与欧洲 PMC、提供大量的生物信息学开放服务[9]，而 EMBL Szilard 图书馆提供的仍是传统图书馆服务方式，包括把全文层次的开放资源如 OA 期刊、开放仓储、开放搜索引擎 BASE 以链接方式揭示给科研人员。虽然当前图书馆的 OA 建设和服务能力较弱,但针对世界 OA 大趋势(即 BOAI 在未来 10 年的 OA 建议中提到的,关于 OA 政策、许可和重用、基础设施、倡导和协调的发展[10]),图书馆需要积极寻求更多机会参与 OA 服务。

## 2.2 我国研究型图书馆 OA 服务模式设计

我国的研究机构 OA 服务基本还没有开展,有必要尽快找到面向科研人员需求的服务突破口。OA 对提升学术影响力的作用依然是科研人员最关心的问题,研究型图书馆员的 OA 服务可以围绕着该问题来开展,不仅仅是提供 OA 资源的组织和使用,也包括让科研人员了解 OA 及 OA 政策,帮助科研成果通过 OA 出版或开放存储于机构知识库,甚至争取到 OA 出版资金或优惠政策。基于国外的 OA 服务内容以及我国科研工作者普遍关心的学术影响力问题,笔者提出我国研究型图书馆的 OA 服务模式,如图 1 所示:

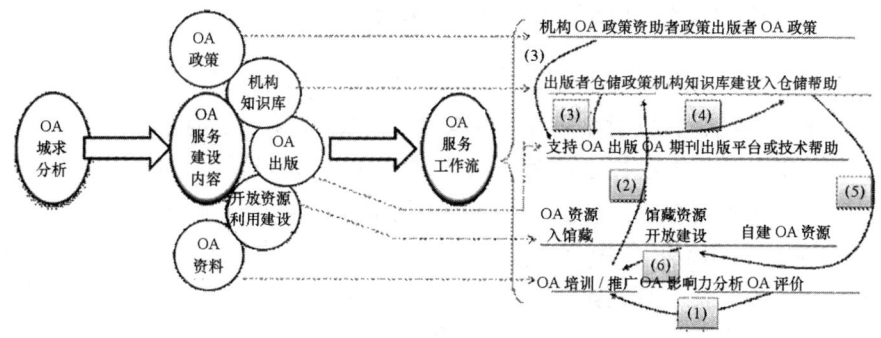

图 1　研究型图书馆 OA 服务模式和工作流

该模式贯穿研究型图书馆 OA 服务的 3 个环节:科研人员需求分析、明确服务内容和进入服务工作流。其中,服务内容包括 5 个方面:①协助制定机构 OA 政策包括机构仓储政策、开放出版政策、开放出版基金设立等,以及为科研人员提供科研项目资助者的 OA 政策和出版社 OA 政策的咨询;②机构知识库建设,提供科研人员对出版社仓储政策的咨询及出版物加入机构知识库的帮助,甚至与相关出版社签订协议,由出版社直接把机构人员发表的论文通过 SWORD 等方式存入该机构知识库;③提供 OA 出版帮助,包括设立开放出版基金支持、提供论文提交中的技术支持;④进行开放资源利用建设,包括遴选 OA 资源提供链接访问、集成组织 OA 资源提供深层知识服务、把馆藏资源或自有特色资源进行开放建设等;⑤在图书馆网站上提供 OA 资料和相关进展,供科研人员了解,并组织用户 OA 权益等内容的培训。

## 2.3 OA服务工作流

系统的服务工作流程能有效提高服务效果。在我国研究型图书馆中，可建立系统的OA服务工作流：①帮助科研人员分析OA学术影响力→②给科研人员培训期刊的OA政策和用户权益→③提供OA论文投稿帮助→④机构知识库建设和仓储服务→⑤推荐个性化OA资源→⑥分析新需求，继续OA培训和推广（见图1）。5个OA服务内容的不同部分将分散在服务工作流的不同阶段，例如服务内容"机构知识库"包括的出版者仓储政策、机构知识库建设、在出版物发表后帮助作者仓储入机构库，这些服务将分别在工作流的②和④阶段进行。在本文的第3部分，通过案例具体阐述该工作流、工作方法并分析服务效果。

## 3 中科院生物物理所OA服务实践

中科院生物物理所[11]是国内知名的生物物理领域研究机构，开创和推动了我国细胞生物学、放射生物学、宇宙生物学、酶学、结构生物学、膜生物学、神经生物学、生物控制论和生物物理工程技术等学科的研究与发展，取得了众多高水平研究成果，参与国际科研活动，获得多种国家奖项。

在2003—2013年的10年间，中科院生物物理所共发表文章1 971篇，涵盖期刊248种，其中OA期刊为17种，占全部期刊种类的7%。通过OA期刊发文数量，占全部发文量的9%，呈逐年增长方式。与国外同类机构相比，中科院生物物理所发文OA期刊比例和OA论文比例，低于欧洲分子生物学实验室而高于德国马普生物物理所，见表2。

表2 中科院生物物理所和国外2家同类机构近10年发文期刊类型比较*

| 统计项<br>机构 | 期刊<br>（种） | OA期刊<br>（种） | OA期刊数/<br>总发文期刊数<br>（百分比） | OA期刊<br>发文量（篇） | 总发文<br>量（篇） | OA论文量/<br>总发文量<br>（百分比） |
|---|---|---|---|---|---|---|
| 欧洲分子生物学实验室 | 180 | 18 | 10 | 285 | 2 185 | 12 |
| 中科院生物物理所 | 248 | 17 | 7 | 195 | 1 971 | 9 |
| 德国马普生物物理所 | 245 | 15 | 6 | 158 | 2 763 | 5 |

*统计分析方法：从Web of Science中检索中科院生物物理所、欧洲分子生物学实验室、马普生物物理所2003-2012年发表的论文，分析发文期刊类型（商业期刊、OA期刊、复合OA期刊）分布比例、论文数量在不同类型期刊的比例。

### 3.1 科研人员的需求整理

针对当前该所科研人员普遍关心的"学术评价（不是简单的 IF 值的问题）"、"如何提升自己论文影响力"等问题，图书馆员意识到：①期刊的影响因子不是一成不变的，也不是永远上涨的，IF 值已经不足以评价科研人员的学术能力，而发表 OA 论文不仅是研究经费资助机构（基金、政府机构）的未来政策所指，更是研究人员提升自己论文影响力的一个快捷渠道；②图书馆 OA 服务可从学术影响力分析入手，包括 OA 发文情况、OA 论文被引次数、领域重点发文期刊的 OA 条款 – 投稿 – 付费 – 审稿时间等相关说明、科研人员和研究生查找 OA 资源的入口、资源评价 – 遴选 – 利用 – 知识服务等。

### 3.2 OA 期刊及 OA 论文影响力分析

#### 3.2.1 从研究所整体角度

首先，选取中科院生物物理所近 10 年中发文量排名前 20 的期刊，分析期刊影响因子的变化，如表 3 所示：

**表 3 发文量前 20 中商业期刊（部分）和 OA 期刊的 10 年影响因子变化**[*]

| 期刊类型 | 期刊名称 | 发文量排名 | 2002 年影响因子 | 2011 年影响因子 | 10 年影响因子变化量 |
|---|---|---|---|---|---|
| 商业期刊 | Progress in Biochemistry and Biophysics | 1 | 0.16 | 0.554 | +0.394 |
| | Journal of Biological Chemistry | 2 | 6.696 | 4.773 | -1.923 |
| | PNAS | 7 | 10.272 | 9.681 | -0.591 |
| | Protein and Peptide Letters | 8 | 0.622 | 1.942 | +1.32 |
| | Journal of Molecular Biology | 9 | 5.359 | 4.001 | -1.358 |
| | Acta Crystallographica Section D Biological Crystallography | 12 | 1.76 | 12.619 | +10.93 |
| | Journal of Immunology | 14 | 7.014 | 5.788 | -1.226 |
| | Cell Research | 18 | 1.958 | 8.19 | +6.232 |
| | Journal of Structural Biology | 19 | 4.194 | 3.406 | -0.788 |
| OA 期刊 | Chinese Science Bulletin | 10 | 0.57 | 1.321 | +0.751 |
| | Nucleic Acids Research | 13 | 7.051 | 8.026 | +0.975 |
| | BMC Genomics | 39 | 3.25 | 4.073 | +0.823 |
| | PLOS Pathogens | 63 | 6.056 | 9.127 | +3.071 |

[*] 为便于保证有足够的 OA 期刊样本数量，在分析中还扩展到排名前 20 以外的 OA 期刊。

其次，选取排名前 20 中复合 OA 期刊的生物物理栏目下的 OA 论文和非 OA 论文，分析这两种论文的被引次数是否存在差异，如表 4 所示：

表 4　复合 OA 期刊同一栏目下 OA 和非 OA 论文被引次数统计*

| PNAS 期刊栏目"Biophysics" | 103 卷 47 期 | 103 卷 42 期 | 103 卷 39 期 | 103 卷 31 期 | 103 卷 29 期 | 103 卷 23 期 | 平均被引数 |
|---|---|---|---|---|---|---|---|
| OA 论文平均被引次数 | 92 | 48.75 | 19 | 88.67 | 197 | 25 | 78.4 |
| 非 OA 论文平均被引数 | 41.75 | 63 | 53.5 | 43 | 39 | 66.75 | 51.2 |
| JBC 期刊栏目"Molecular Biophysics" | 285 卷 15 期 | 285 卷 17 期 | 285 卷 45 期 | 285 卷 50 期 | 285 卷 52 期 | 285 卷 53 期 | 平均被引数 |
| OA 论文平均被引次数 | 12 | 5 | 32 | 2 | 13 | 22 | 14.33 |
| 非 OA 论文平均被引次数 | 8 | 20.5 | 8 | 2.25 | 7 | 4 | 7.25 |

*统计分析方法：选择同一栏目下论文数量超过 1 且至少有 1 篇为 OA 论文、至少有 1 篇为非 OA 论文的期刊卷期。从 Web of Science 中获得论文从发表到目前的总被引次数。

分析结果表明，生物物理学领域商业期刊的影响因子年度变化趋势有升有降，而大多数 OA 期刊的影响因子目前持平或具有上升的趋势；在同一本期刊中 OA 论文的被引次数要高于非 OA 论文。可以说，对于生物物理领域而言，OA 方式发表的论文总体影响力能得到提升。

3.2.2　从科研人员个性化角度

分析科研人员在 OA 期刊和传统商业期刊的论文被引次数和 H 指数，以帮助其了解论文影响力。对该所 2003 - 2013 年 OA 论文发文数量前 2 名的作者 Chen RS、Zhao Y 进行分析，其中，Zhao Y 年度发表 OA 期刊论文 1 - 2 篇，年度论文被引次数在 13 - 63 次，H 指数达到 8（有 8 篇 OA 论文被引用 8 次以上），而年度在传统商业期刊上发表非 OA 论文 1 - 4 篇，年度论文被引次数在 1 - 7 次，H 指数为 3（有 3 篇论文的被引次数超过 3 次），如图 2 所示：

以上结果表明，科研人员 OA 论文多年持续的被引次数和 H 指数明显高于非 OA 论文。

3.3　OA 的学术影响力及用户权益培训

围绕着 OA 论文学术影响力的分析结果，图书馆推出"通过发表 OA（Open Access）论文来提升学术影响力"的培训，引起科研人员的共鸣，进而继续推出"OA 与科研人员"的相关内容，从 OA 资源的免费使用、新的作者权益、机构或资助者 OA 政策、出版社仓储政策以及 OA 更深层次的影响力

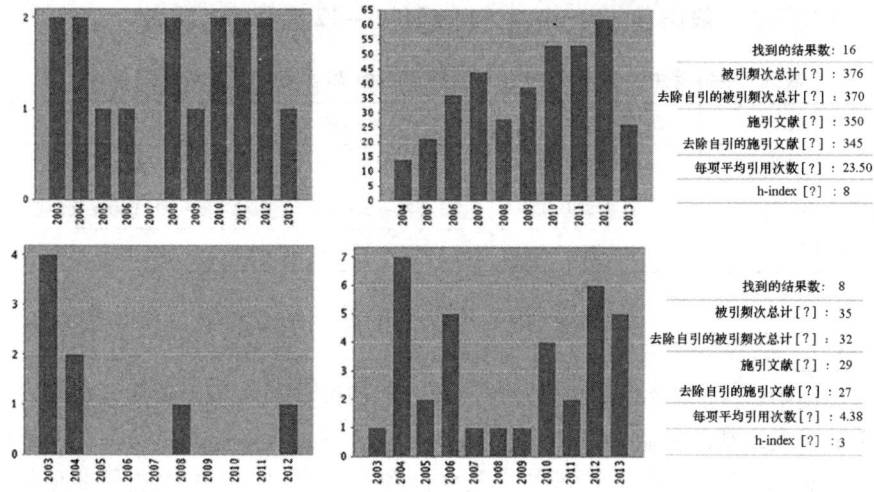

图 2　作者 Zhao Y 在 OA 期刊（上）/传统商业期刊（下）10 年发文被引次数分析
（图中横坐标为发表后的年份，纵坐标为被引用次数）

研究分析等角度，促进科研人员切实认识自己在 OA 中的权益，而不仅仅是通过 OA 方式增加自己科研成果的可见度、使用量和引证影响力，还可以促进科研成果的转化、增加研究所显示度，甚至产生对社会经济的影响[12]。

### 3.4　OA 论文投稿帮助

对于本所越来越高的 OA 发文量，图书馆再次组织全所培训或提供到课题组的投稿帮助，包括 OA 论文处理费（APC）分析、发表周期整理、投稿指南介绍。商业期刊和 OA 期刊都需要通过同行评议，在审稿周期上没有明显区别，但 OA 期刊如 PLOS 系列、BMC 系列都采用了在线审稿、在线出版的方式，论文一旦被接受就立即会被在线出版，不受传统期刊出版数量、出版周期的限制，很多 OA 出版社在自己网站上谈到 OA 优势时都提出可以缩短发表周期。

首先，统计本所发文量排名前 20 期刊的论文处理费（见表 5），帮助科研人员选择发文期刊，或提供生物物理领域其他具有高影响因子的 OA 期刊。其次，深入到课题组提供投稿帮助。目前，各大出版社都在网站上提供了投稿政策或指南，例如 SpringerOpen、Elsevier Open Access、Wiley Open Access、Oxford Open 等，BMC 出版社还提供到中科院不同研究所的出版培训。最后，在作者发表论文后，及时提醒作者把论文存储入机构知识库。需要注意的是，OA 论文允许在出版后即刻存储，但对于非 OA 论文，则需要根据出版社的具体存储政策，一般作者自发布或存储要经过 6–12 个月的时滞期。

表5　中科院生物物理所 10 年发文量排名前 20 期刊的论文处理费统计

| 期刊类型 | 版面费（平均） | APC（平均） | 总费用 |
| --- | --- | --- | --- |
| 传统商业期刊 | \$67–\$80/页 | 0 | \$536–\$640+其他费用 |
| 复合 OA 期刊 | \$67–\$80/页 | \$1 000–\$3 000 | \$1 536–\$3 640+其他费用 |
| OA 期刊 | 0 | \$1 350–\$2 770 | \$1 350–\$2 770 |

### 3.5　机构知识库建设和仓储帮助

利用中科院图书馆提供的 IR 建设软件，积极推动本所知识库系统和存储政策的建设，帮助科研人员把出版物和其他科研成果存储入知识库，实现论文、数据、报告、工具等资源的自我仓储和开放使用，扩大本所研究项目和科研成果的影响力，实现知识价值和社会价值。

### 3.6　面向课题组的开放资源推荐

在取得科研人员对图书馆 OA 服务初步认可的情况下，面向不同课题组推荐个性化的开放资源。中科院生物物理所领域相关的开放资源类型除了 OA 期刊（DOAJ、J–STAGE）外，还有开放仓储（PubMed Central、DASH）、开放教育资源（MIT Open Course）、开放数据（Dryad）、开放软件（SourceForge）、开放资源搜索引擎（BASE、CORE）等，可把这些资源或揭示/集成入本所馆藏，或嵌入课题组信息环境。

### 3.7　服务效果分析

在 OA 需求调研中，科研人员积极回复，引出大家共鸣的学术评价问题，并讨论 OA 可能是提升学术影响力的途径，欢迎图书馆提供相关培训；在"通过 OA 发表提升学术影响力"的培训中，科研人员进而询问 OA 论文版面费和投稿注意事项。

笔者在服务中也发现，科研人员对于图书馆推荐开放资源的反应不积极，一方面与科研人员的资源使用习惯有关，另一方面他们不认同当前图书馆对开放资源的揭示方式，如通过图书馆网站或邮件推送的方式。这对图书馆开放资源利用建设提出了要求，例如提供开放资源内容的集成检索服务，按学科分类、资源类型组织，并提供开放接口供研究所课题组网站集成；提供 OA 出版政策查询服务；提供各类 OA 资源利用许可查询服务；推送 OA 资源、政策等的最新动态等甚至更深层次的数据挖掘和知识再利用。这些服务方式对很多中科院研究所图书馆有实现难度，可以借助中科院图书馆的"综合科技资源登记系统"[13]实现开放资源的个性化定制。

## 4  OA服务对图书馆员的要求

作为服务提供者,图书馆员在信息资源领域发生任何变革、面临新技术挑战时,都积极完善自身能力,例如数字图书馆时代出现的信息图书馆员,知识服务口号从图书馆喊响时的学科馆员,Web 3.0下的Lib 3.0中虚拟图书馆员[14],嵌入科学数据管理服务中的数据图书馆员(Data Librarian)[15],同样,在OA运动中,图书馆面临的最大挑战之一是从内容拥有者向提供大规模内容的创建和传递服务转变[16],例如要充分利用外部发现系统,管理元数据更重要,图书馆需要协作、分享功能,这些必然影响到图书馆员信息素质和知识结构[17-18],在MIT图书馆中学科馆员、版权馆员、数据馆员都参与到OA服务中[19]。

笔者认为,在OA环境下的图书馆员需要提升以下的能力,而且,这些能力重点不是基于单纯的资源建设,而是基于用户需求[20]:①开放资源利用建设能力:图书馆员将摆脱传统的期刊内容订购方式,提供更有效的资源发现服务,对于提供服务的质量,将作为评价他们价值的标准;②OA政策掌握和推动能力;③与科研人员交流OA相关内容及提供培训的能力;④机构知识库建设和管理能力;⑤OA趋势跟踪能力;⑥信息技术能力,例如在语义网内容中的元数据管理技能;⑦统计分析能力。

在知识结构调整上,OA图书馆员可以通过了解和跟踪以下知识点来培养OA能力:

● SHERPA RoMEO/Juliet:掌握期刊/出版商的仓储政策、资助者的OA政策。

● OA期刊出版商:科研人员依然把OA期刊作为出版的途径,目前,几乎所有的出版社都提供了OA出版方式,包括OA期刊和复合OA期刊。

● OpenDOAR、ROAR、OASIS、Repositories Support Porject:可用于机构仓储建设。

● BASE、OpenDOAR、CORE、Open Journals Systems servers:这些OA搜索服务和资源目录系统的服务,可以帮助科研人员快速发现OA资源。

● Creative Commons:知识共享协议,是OA运动中重要的组成部分,让科研人员遵循作品作者提供的使用许可。

当前,国内的OA环境与国外相比有一定差距[21],而我国的科研成果在世界产出中的分量越来越大,如何推动我国的OA政策和OA实践,也是离科研工作最近的研究型图书馆和图书馆员们要积极付出努力的。笔者期望本文提出的 OA 服务案例,能给同行提供参考。

## 参考文献:

[1] 张晓林,李麟,刘细文,等.开放获取学术信息资源:逼近"主流化"转折点[J].图书情报工作,2012,56(9):42-47.

[2] 黄金霞,张建勇,黄永文,等.开放资源建设的措施及工作策略[J].图书情报工作,2013,57(8):57-61.

[3] 王昉,黄金霞,张建勇,等.中科院研究所开放资源调查问卷分析报告:2013[EB/OL].[2013-08-15].http://ir.las.ac.cn/handle/12502/6244?mode=full&submit_simple=Show+full+item+record.

[4] Galligan F. The impact of open access on librarians[EB/OL].[2013-08-15]. http://www.swets.com/blog/the-impact-of-open-access-on-librarians.

[5] Open Access Services[EB/OL].[2013-08-15].http://www.swets.com/open-access-services.

[6] F Jenny(PEER 项目组).期刊与知识库的作者与使用者的行为研究(结论部分)[J].张倩,编译.图书情报工作动态,2011(12):11-13.

[7] 哈佛大学的 OA 项目(HOAP)[EB/OL].[2013-08-15]. http://cyber.law.harvard.edu/hoap/Main_Page.

[8] Harvard university library open collections program[EB/OL].[2013-08-15]. http://ocp.hul.harvard.edu/.

[9] Bioinformatic services[EB/OL].[2013-08-15].http://www.embl.de/services/bioinformatics/index.php#Gene Analysis.

[10] Ten years on from the Budapest Open Access Initiative:Setting the default open[EB/OL].[2013-08-15]. http://www.dudapestopenaccessinitiative.org/boai-10-recommendations.

[11] 生物物理所所况简介[EB/OL].[2013-08-15]. http://www.ibp.cas.cn/skjj/.

[12] Alam S. Open Access Impact:A Briefing Paper for Researchers, Universities and Funders[EB/OL].[2013-07-21].http://www.openscholarship.org/upload/docs/application/pdf/2010-10/open_access_impact.pdf.

[13] 综合科技资源登记系统[EB/OL].[2013-08-15].http://irsr.llas.ac.cn/.

[14] 柯平,刘莉.虚拟图书馆员——Lib3.0 环境下的新型馆员[J].大学图书馆学报,2012(3):24-29.

[15] Rice R, Macdonald S. Research data management training for librarians-an edinburgh approach[J]. ALISS Quarterly,2013,8(3):6-9.

[16] Open access and its impact on the future of the university librarian[EB/OL].[2013-08-15]. http://www.theguardian.com/higher-education-network/blog/2012/oct/25/open-access-university-library-impact.

[17]　宫平,杨溢. 开放存取环境下我国图书馆发展路径研究[J]. 图书馆建设,2007(1):21-24.
[18]　Robyn H. The open access librarian:Educating and Advocating for change[EB/OL].[2013-08-10]. http://www.academia.edu/366323/The_Open_Access_Librarian_Educating_and_ Advocating_for_Change.
[19]　Ask the experts[EB/OL].[2013-08-10]. http://libraries.mit.edu/.
[20]　Lorcan Dempsey's "Libraries and the Informational Future:Some Notes" Now Available[EB/OL].[2013-08-10]. http://www.oclc.org/research/news/2012/10-11.html.
[21]　初景利,李麟. 国内外开放获取的新发展[J]. 图书馆论坛,2009(6):83-88.

**作者简介**

黄金霞,中国科学院国家科学图书馆副研究馆员,博士,E-mail:huangjx@ mail.las.ac.cn;

向桂林,中国科学院生物物理所图书馆馆长;

王昉,中国科学院国家科学图书馆馆员;

王妍,中国科学院国家科学图书馆硕士研究生;

宋秀芳,中国科学院国家科学图书馆副研究馆员,博士。

# 理 论 篇

# 开放获取学术信息资源：
# 逼近"主流化"转折点*

张晓林 李 麟 刘细文 曾 燕

（中国科学院国家科学图书馆 北京 100190）

**摘 要** 总结开放获取期刊和开放获取论文迅速增长的发展趋势，分析开放获取期刊影响力快速提升的原因，介绍 SCOAP³ 和 PLoS 等出版商积极介入开放获取出版的情况及在开放出版模式上的创新及其影响，指出科研人员和资助者已采取更为积极的支持态度和措施，开放获取学术资源正成为主流学术信息资源，研究图书馆面对这一颠覆性发展趋势，应做好充分准备。

**关键词** 开放获取 学术信息资源 研究图书馆

**分类号** G250

以学术期刊和论文为代表的开放获取学术信息资源（开放学术资源）已成为学术研究不可或缺的资源，正逐步逼近"成为学术研究主流资源"的转折点。开放学术资源的管理与利用非常不同于传统商业学术资源的采购、组织、利用和保存方式，因此对于研究图书馆来说，这可能带来颠覆性影响，也可能为其提供更好地服务于用户的空前机会。本文对开放学术资源发展趋势进行分析，揭示其"主流化"走势，为研究型图书馆建立应对策略提供基础。

## 1 开放学术资源发展的动力框架

开放学术资源发展直接体现为开放获取学术论文的数量增长和影响力增长，但有多重因素促进这些增长，包括开放获取出版者的增加、出版模式的

---

\* 本文基于 Chinese Journal of Library and Information Sciences 发表的论文"Defining an open access resource strategy: Part I——The coming main streamlization of open access resources"（2011 年 3/4 期）而写，征得该刊同意修改后以中文发表。

创新、机构知识库对学术论文开放获取的促进以及科研人员和科研资助机构对开放学术资源的支持。图1描述了这些因素的相互关系，下文将分别介绍这些因素本身的变化：

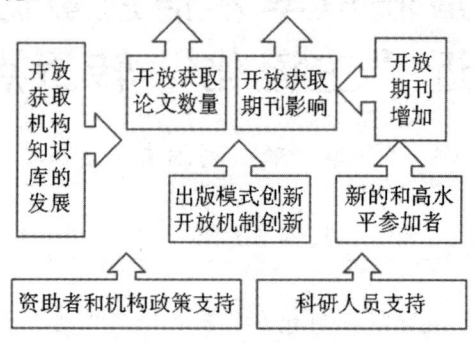

图1　开放学术资源发展的动力框架

## 2　开放获取期刊和开放获取论文迅速增加

统计数据显示，开放获取期刊和开放获取论文均呈现强劲增长趋势。根据开放获取期刊目录DOAJ[1]，截至2012年2月，已经有7 522种有质量控制机制的学术性开放获取期刊。此外，根据Suenjr Dallmeier-Tiessen等人[2]2009年的研究，在商业出版期刊中约2%的论文是按篇开放（即复合开放出版，Hybrid OA）的。最近的一项关于开放获取期刊增长率的研究[3]显示，1993－2009年开放获取期刊年增长率为18%，开放获取论文的年增长率为30%（包括在开放获取知识库中存储的开放论文）。Suenjr Dallmeier-Tiessen等人把完全开放获取期刊论文与复合开放期刊论文相加，计算出2009年约发表了120 000篇开放获取论文（其中，定期出版的开放获取期刊2 800种，其他为复合开放获取期刊的开放征文）。考虑到2009年全球学术论文产出约为150万篇[4]，因此开放论文占全球学术论文产出量的8%－10%。尽管现在开放获取期刊数量的增长速度已经有所缓解，但由于下文将提到的以*PLoS ONE*为代表的超级开放期刊的出现和出版商开始大踏步进入开放获取期刊出版市场，我们仍推测开放获取论文数量的增长将保持较快的步伐。

开放获取论文的另一形式是存储到机构知识库后开放获取的论文，或指直接在机构知识库中自出版的预印本或报告。这方面的发展也令人注目。根据OpenDOAR[5]的统计，截至2012年1月，全世界的机构知识库数量超过2 150个，年增速超过30%（即使是这个数字，我们也认为偏于保守，例如中国科学院已经建成了 78 个研究所机构知识库,但在 OpenDOAR 中登记的知识库只有 30 个)。反映机构知识库增长的另一个方面是存储论文量及其数据使用情况。据统计,截至 2011 年底,PubMed Central[6]中共存储论文 230 万篇,包括 1 017 种期刊的全部内容和 1 649 种期刊的生物医学相关内容;arXig.org[7]存储 72.9 万篇预印本;RePEC[8](经济学领域的开放获取知识库)存储 113.5 万篇预印本和论文。RePEC 的数据使用情况生动说明了这些知识库的影响力:从 1998 年起,RePEC 存储论文的年下载量达到 620 万次,2011 年 12 月该知识库的论文下载量高达 58 万次。中国科学院机构知识库群也反映了它们的影响力:中国科学院自 2008 年启动机构知识库建设,截至 2011 年已有 76 个机构知识库投入运行,包含 125 万篇论文全文,2011 年下载量达 57 万次。

## 3 开放获取期刊的影响力不断增强

开放获取期刊的影响力体现在多个方面,例如论文下载量、引用量的增加。体现开放获取期刊影响力的简单指标之一是看其是否被收录到主要的期刊引文索引中。表 1 是开放获取期刊在汤森路透公司《期刊引证报告》(*Journal Citation Report*,JCR)的收录状态变化,可以看到,越来越多的开放获取期刊被收录到科学引文索引(Science Citation Index,SCI)中:

**表 1　期刊引用报告(JCR)中收录的开放获取期刊数量**

| 收录年 | 期刊种数 | 信息来源 |
| --- | --- | --- |
| JCR 2004 | 239 | McVeigh, 2004[9] |
| JCR 2005 | 295 | Vanoupline, 2008[10] |
| JCR 2008 | 385 | Giglia, 2010[11] |
| JCR 2009 | 619 | Wouter, 2011[10] |

另外,汤森路透公司中国办事处告知笔者①,2011 年底 SCI 已经收录了 1 100 多种开放获取期刊,而 Web of Knowledge 平台收录了 1 400 多种开放获取期刊。另一项研究显示,有 1 365 种开放获取期刊获得 ScimagoJR 排名[10],而这是 Scimago Journal Ranking 系统给予有重要影响的期刊的类似影响因子的评价指标[12]。

一些高质量开放获取期刊也为开放获取期刊影响力的不断增加提供了生动

---

① Private communication to the corresponding author,北京:Thomson Reuter China Office, 2012.

案例。据 2010 年 JCR[13] 的数据，*PLoS Medicine* 影响因子为 15.6，排名 5/153（指在同主题领域 153 种期刊中排名第 5，下同）；*PLoS Biology* 影响因子为 12.4，排名 1/86；甚至是"发表一切值得发表的科研成果"的 *PLoS ONE* 也拥有 4.41 的影响因子，在生物学领域排名 12/86。另一主要开放获取期刊出版商 BioMed Central 旗下的 220 种期刊已有 95 种被 JCR 收录，其中 *Genome Biology* 影响因子为 6.89，排名 11/160；*BMC Biology* 影响因子为 5.2，排名 6/86。

高影响力开放获取期刊时代到来的另一标志是：2011 年 6 月，德国马普学会、美国霍华德休斯医学研究所、英国惠康基金会宣布将联合出版生物医学和生命科学领域的顶级开放获取期刊，暂定名为 *eLife*[14]。该期刊将致力于出版具有潜在高影响力的研究论文，提升科学认知、拉动领域发展，直接与 *Nature* 或 *Science* 竞争。

目前还缺乏对开放获取论文下载量、引用量的系统数据，但来自主要开放获取出版者的数据可提供形象的范例：截至 2010 年底[15]，*PLoS Biology* 2003 年的 33 篇文章，篇均下载达 12 400 次，2010 年的 160 篇文章，篇均下载达 3 200 次；*PLoS ONE* 2006 年的 137 篇文章，篇均下载达 8 800 次，2010 年的 5 250 篇文章，篇均下载达 900 次。另据 BioMed Central 报告①，中国科学院作者 2011 年发表在 BMC 开放获取期刊上的近 100 篇文章的 2011 年度平均下载量已超过 500 次。可见，尽管多数开放获取期刊年限仍短，但高质量开放获取期刊的不断增加是毋庸置疑的。

## 4 传统期刊出版商正积极进入开放获取出版市场

出版商们已经意识到，开放获取期刊已经是一种可靠的商业模式。正如出版商协会（PA）和学协会出版商协会（ALPSP）在 2011 年召开"开放获取：未来十年"期刊出版商论坛时所承认："开放获取已经扎下根来，而且得到了学术出版的关键参与者的支持"[16]。因此，众多商业出版社正积极进入开放获取期刊出版领域。据统计，2011 年有 530 家传统的学协会出版商共出版开放获取期刊 616 种，而 2007 年时只有 425 家传统出版商出版了 450 种开放获取期刊[17]。即使是大型出版商，也开始试验开放获取期刊的规模化经营，例如 Springer 出版 SpringerOpen 系列开放获取期刊[18]，Wiley‐Blackwell and Blackwell 出版 Wiley Open Access 系列开放获取期刊[19]，Taylor & Francis 出版 Taylor & Francis Open Journals 系列开放获取期刊[20]，甚至 Elsevier 也出

---

① BioMedCentral. 中国科学院 2011 年会员报告. 2012.

版了开放获取期刊 *International Journal of Surgery CASE Reports*[21]。

同时，出版商还在扩大复合开放出版业务。有研究显示，12家大型出版商（覆盖8 100种期刊）复合开放出版期刊比例已达25%。表2是部分出版商复合开放获取出版项目：

表2 部分出版商复合开放获取期刊

| 出版商 | 复合开放出版业务 | 链接地址 |
| --- | --- | --- |
| Springer | Open Choice | http：//www.springer.com/open+access/open+choice? SGWID=0-40359-0-0-0 |
| Wiley and Blackwell | OnlineOpen | http：//authorservices.wiley.com/bauthor/onlineopen.asp |
| Taylor & Francis | Open Select | http：//journalauthors.tandf.co.uk/preparation/OpenAccess.asp |
| ACS | Author Choice | http：//pubs.acs.org/page/policy/authorchoice/press-release.html |
| IEEE | Open Access | http：//www.ieee.org/documents/ieee_open_access_faq_2011.pdf |
| OUP | OXFORD OPEN | http：//www.oxfordjournals.org/oxfordopen/ |
| APS | Open Access Articles | http：//publish.aps.org/OpenAccessAnnounce.html |
| AIP | Author Select | http：//journals.aip.org/au_select.html |
| Portland Press | Opt$^2$Pay | http：//www.portlandpress.com/pp/opt2pay_faq_pp.asp |
| Elsevier | Sponsored Articles | http：//www.elsevier.com/wps/find/authors.authors/sponsoredarticles |
| Nature Communication | Open Access Option | http：//www.nature.com/ncomms/open_access/index.html |
| RSP | EXiS Open Choice | http：//royalsocietypublishing.org/site/authors/EXiS.xhtml |

## 5 研究机构集体推动 SCOAP³ 转换开放模式

SCOAP³是高能物理领域一种新的快速培育高质量开放获取期刊的模式[22]。它通过将科研资助机构、科研机构、大学、重要实验室、国家图书馆和重要专业图书馆组成联盟，将原订购经费转换为共同的出版经费，招标出版商，将高能物理领域的原来以订阅方式出版的重要期刊以开放获取方式出版。这些期刊包括：*Physical Review D*（美国物理学会，APS）、*Physics Letters B*（Elsevier）、*Nuclear Physics B*（Elsevier）、*Journal of High Energy Physics*（英国物理学会，IOP）、*European Physical Journal C*（Springer），以及包含部分高能物理论文的 *Physical Review Letters*（美国物理学会，APS）和 *Nuclear Instru-*

ments and Methods in Physics Research A（Elsevier）。目前，国际上从事高能物理研究领域的主要机构几乎都加入了 SCOAP³。

与许多悲观的预测相反，SCOAP³ 计划正在逐步实现。最近由欧洲粒子物理中心牵头进行的出版商调查显示[23]，许多主要出版商都表示愿意承担 SCOAP³ 的开放出版计划，包括 Elsevier、Springer、Nature 出版集团、美国物理学会、欧洲物理学会、Hindawi 出版公司、日本物理学会与英国牛津大学出版社、World Scientific 公司等。这些出版商同意 SCOAP³ 提出的原则：出版内容应永久开放获取，且允许宽泛的再利用；从自己的数据订购库包中扣减 SCOAP³ 所覆盖的期刊订购费用，以便图书馆可将原来用于采购的经费转而支持 SCOAP³。根据计划，SCOAP³ 将在 2012 年进行正式招标，从 2013 年 1 月 1 日起提供出版服务。

## 6　超级开放获取期刊重新定义出版模式

*PLoS ONE* 是 PLoS 出版社自 2006 年起出版的跨学科开放获取期刊，其不仅致力于学术论文的开放获取，还努力改造现行的学术出版机制。按照其创办者的说法[24]，它不设篇幅限制，发表一切值得发表的科学成果。它建立了严格细致的客观评审标准，要求评审专家主要根据论文研究是否符合严谨的科学研究规范、是否符合科研道德规范、结论是否得到可靠数据支持、撰写是否严谨合理来决定是否录用，而将论文的"重要性"和"影响程度"留待读者来决定（通过论文详细下载数据来体现），因此保证了合格的科学研究论文能快速发表，从而避免了科学家常采取的"先投顶级期刊、按期刊等级逐级拒稿改稿"所造成的严重的发表延误。尽管许多人认为 *PLoS ONE* 不会成功，但恰恰是这种革命性创新为该刊带来了巨大成功，也对整个期刊出版领域带来巨大震动。表 3 是该刊投稿量和出版量增长数据（引自 Peter Binfield[25]，2011 年出版量数据来自该刊网站）：

表3　*PLoS One* 投稿量和出版量

| 年份（年） | 投稿量（篇） | 出版量（篇） | % of PubMed content |
|---|---|---|---|
| 2007 | 2 497 | 1 231 | 0.16% |
| 2008 | 4 401 | 2 723 | 0.34% |
| 2009 | 6 734 | 4 310 | 0.52% |
| 2010 | 13 567 | 6 784 | 0.7% |
| 2011 | >22 000 * | >13 000 | ≈1.5% * |

根据 JCR 2010，*PLoS ONE* 影响因子达到 4.41，在 JCR 2010 生物学的 86 种期刊中排名第 12 位，其出版者估计，它在 2012 年的发表论文量将占科学与医学论文总量的 3%[22]。

其他出版商借鉴 *PLoS ONE* 的成功案例，纷纷启动自己的超级开放获取期刊计划，如表 4 所示：

表 4 出版商的超级开放获取期刊计划

| 出版商 | 期刊名 | URL |
|---|---|---|
| AIP | *AIP Advances* | http://aipadvances.aip.org/ |
| BMJ | *BMJ Open* | http://bmjopen.bmj.com/ |
| GSA | *G3: Genes, Genomes, Genetics* | http://www.g3journal.org/mission.html |
| APS | *Physical Review X* | http://prx.aps.org/ |
| Sage | *Sage Open* | http://sgo.sagepub.com/ |
| NPG | *Scientific Reports* | http://www.nature.com/srep/index.html |
| Company of Biologists | *Biology Open* | http://bio.biologists.org/ |
| Royal Society | *Open Biology* | http://rsob.royalsocietypublishing.org/ |
| Elsevier/Cell Press | *Cell Reports* | http://cellreports.cell.com/ |

这些超级开放获取期刊的发展及其对出版业的未来影响将非常值得我们关注。Peter Binfield 预测[22]，多数的超级开放获取期刊将成为各自学科领域的主要出版阵地（因而"拥有"这个学科领域），"到 2016 年，50% 的科学、技术与医学文献将由约 100 种超级开放获取期刊出版，其余的有影响论文则由 100 种高质量的商业期刊出版"。

## 7 研究者和机构日益加强对开放学术资源的支持

真正让人们信服开放学术资源正走向"主流资源"的，不仅仅是上述"表面"趋势，更主要的是科学家、科研机构和资助机构等以越来越积极、有力的态度支持开放获取。

最近的几项大规模调查提供了可靠证据。欧盟 SOAP 项目通过对 38 000 多名研究人员的调查发现[26]，89% 的被调查者赞同"科学研究将从开放获取期刊中获益"，超过 85% 的被调查者赞同"公共资助的研究成果应该开放共享"。欧洲癌症研究协会 88% 的成员也赞同"公共资助的研究成果应该开放共享"[27]。欧盟"数字时代的科学信息"（Scientific Information in the Digital Age[28]）项目的调查结果也显示，90% 的科研人员支持"公共资助研究产出的出版物应该开放共享,并将其作为一项原则"。

尤其值得一提的是全球科学家对 Elsevier 的抵制及所带来的巨大影响[29]。2011 年 12 月,美国两名议员向美国国会提出了 Research Works Act(RWA),试图禁止美国国立健康研究院(NIH)关于所资助科研成果必须在发表一年后开放共享的决定。美国出版商协会以其成员名义公开支持 RWA,但是包括 Nature 出版集团、美国科学促进会(Association for the Advancement of Science)、美国物理协会(AIP)、Wiley & Sons 等在内的 19 个出版机构公开表示不支持 RWA。为了制止出版商们试图扼杀 NIH 开放共享政策的企图,菲尔兹奖获得者 Timothy Gowers 在 2012 年 1 月 21 日发起了对最为积极支持 RWA 的 Elsevier 的抵制,号召科学家拒绝向 Elsevier 投稿、拒绝为其评审期刊论文、拒绝参加其编辑工作。短短不到一个半月的时间,就有 7 000 多位科学家签名参加抵制。面对如此猛烈的反对浪潮,Elsevier 不得不在 2012 年 2 月 27 日宣布撤消对 RWA 的支持。随即,RWA 的两个提案人也明确宣布不再推进这个法案,并声明:"新技术使得出版成本一再减低,我们将继续目睹开放出版的增长。这种新的和创新性的出版模式似乎是未来的趋势。……美国人有权利获取他们付费支持的科研成果"。

其实,许多科研资助机构已制定专门政策推动公共资助研究成果的开放共享,例如美国国立健康研究院(NIH)、英国研究理事会(RCUK)、欧洲研究理事会(ERC)、英国惠康基金会(Wellcome Trust)、加拿大国立健康研究院(CNIH)、美国霍华德休斯医学研究所(HHM)、德国研究基金会(DFG)等,要求受资助研究的出版物在指定公共知识库中公开共享,或资助在开放获取期刊上出版研究成果[30]。正如澳大利亚国家卫生与生物医学研究理事会所指出的[31],"澳大利亚政府通过投资研究来不断提升社会福祉。为了使研究投资的利益最大化,从这些研究中产生的出版物必须尽可能广泛地传播,使得其他研究者和更广泛的社群能够获取。……我们要保证本研究理事会投资的研究成果能够最广泛的、最经济有效和尽可能早的获取。因此,我们要求,所有源自我们资助研究项目的出版物必须在发表之后 12 个月内存缴到一个开放获取的机构知识库"。另外,美国白宫科技政策办公室自 2010 年 12 月起,根据 2010 年的 America COMPETES 重新授权法的要求,就联邦政府资助科研成果的长期保存和公共获取问题,已组织了公众咨询,将这一问题明确提上公共政策日程[32],并为美国政府出台推进公共资助科研成果开放共享的行政措施制造了舆论。

同时,越来越多的重要科研教育机构制定出了自己的开放获取政策。例如,以哈佛大学、斯坦福大学、杜克大学、加州理工学院、加州大学伯克利分校为首的北美22所顶级大学，建立了自己的教职员工开放获取政策，要求教职员工在出版论文时保留版权，并将论文存储到学校的机构知识库中供开放获取。这些大学成立了开放获取政策机构联盟（Coalition of Open Access Policy Institutions[33]），汇聚和提升开放获取政策的影响力，推动学术出版市场的积极变化。以哈佛大学、康奈尔大学、麻省理工学院为首的16所大学还成立了开放获取出版资金联盟（Compact for Open Access Publishing Equity[34]），承诺各自设立一笔持久经费，资助本机构教职工在开放获取期刊上发表论文。英国多个高校成立了开放获取实施组织（UK Open Access Implementation Group[35]），致力于帮助高等教育机构实施支持开放获取的政策，欧洲OpenAIRE[36]项目通过34家合作伙伴为欧洲各国的开放获取提供实践经验和交流支撑服务。

## 8 结语：为开放学术资源"主流化"做好准备

虽然本文引用的数据还不完整，但其揭示的趋势已很明显：①开放获取期刊已成为可靠的学术资源和得到证明的商业模式；②开放共享机构知识库已成为机构和公众认可的机构研究成果管理和公共资助研究成果开放共享平台；③开放学术资源得到资助者、机构、科学家群体甚至传统出版商越来越强劲的支持；④开放学术资源日益成为学术信息交流不可或缺的资源，并展现出在不远的未来成为主流研究资源的可能性。尽管仍存在一定的不确定性，但如果像许多人预计的那样，超级开放获取期刊持续迅速发展，或者美国"联邦研究成果公共获取法案"成为法律[37]，将推动开放获取资源迅速成为"主流学术资源"。

如果超过50%以上的学术论文以开放获取方式出版，研究图书馆将面临什么样的挑战？传统商业学术期刊的边缘化毫无疑问将颠覆图书馆深度依赖的以采购为基础的馆藏和服务模式。研究与教育机构需要全新的政策、服务、技术等来管理、利用开放学术资源。如果研究图书馆不想在开放学术资源主流化时变得无关或无能，必须从现在起就严肃和积极地应对相关的挑战。那么，挑战是什么？如何应对？谁来应对？研究图书馆究竟能做什么、如何做、现在就应该做什么？

我们将在后续文章中提出开放学术资源"主流化"挑战因素框架，分析相应的政策实践，并提出系统化的开放学术资源战略，并简要介绍国家科学图书馆已经采取的主要措施。

## 参考文献:

[1] Directory of open access journals[EB/OL]. [2012-02-25]. http://www.doaj.org/.

[2] Dallmeier-Tiessen S, Darby R, Goerner B, et al. First results of the SOAP project, Open access publishing in 2010[OL]. [2012-02-25]. http://arxiv.org/abs/1010.0506.

[3] Laaksol M, Welling P, Bukvova H, et al. The development of open access journal publishing from 1993 to 2009[OL]. [2012-02-25]. http://www.plosone.org/article/info:doi/10.1371/journal.pone.0020961.

[4] Jinha A E. Article 50 million: An estimate of the number of scholarly articles in existence [J]. Learned Publishing, 2010, 23(3): 258-263.

[5] The directory of open access repositories[EB/OL]. [2012-02-25]. http://www.opendoar.org/index.html.

[6] PubMed central[EB/OL]. [2012-02-25]. http://www.ncbi.nlm.nih.gov/pmc/.

[7] arXiv.org[EB/OL]. [2012-02-25]. http://www.arxiv.org/.

[8] Research papers in economics[EB/OL]. [2012-02-25]. http://repec.org/.

[9] McVeigh M E. Open access journals in the ISI citation databases: Analysis of impact factors and citation patterns——A citation study from Thomson Scientific[EB/OL]. [2012-02-25]. http://science.thomsonreuters.com/m/pdfs/openaccesscitations2.pdf.

[10] The impact factor of open access journals[EB/OL]. [2012-02-25]. http://wowter.net/2011/01/06/the-impact-factor-of-open-access-journals/.

[11] Giglia E. The impact factor of open access journals: Data and trends. ELPUB 2010 International Conference on Electronic Publishing, 2010[EB/OL]. [2012-02-25]. http://dhanken.shh.fi/dspace/bitstream/10227/599/72/2giglia.pdf.

[12] Scimago journal and country ranking[EB/OL]. [2012-02-25]. http://www.scimagojr.com/.

[13] Journal citation report 2010[EB/OL]. [2012-02-25]. http://admin-apps.webofknowledge.com/JCR/JCR?RQ=LIST_SUMMARY_JOURNAL.

[14] Leading research organizations announce top-tier, open access journal for biomedical and life sciences. June 27, 2011[EB/OL]. [2012-02-25]. http://www.hhmi.org/news/20110627.html.

[15] Journal summary usage data[EB/OL]. [2012-03-07]. http://www.ploscompbiol.org/static/journalStatistics.action.

[16] Suber P. Recent watershed events[EB/OL]. [2012-02-25]. http://www.earlham.edu/~peters/fos/newsletter/03-02-11.htm.

[17] Suber P. Open access journals from society publishers[EB/OL]. [2012-02-25]. http://www.earlham.edu/~peters/fos/newsletter/12-02-11.htm.

[18] SpringerOpen[EB/OL]. [2012-02-25]. http://www.springeropen.com/.

[19] Wiley open access[EB/OL]. [2012-02-25]. http://www.wileyopenaccess.com/.

[20] Taylor & Francis open journals[EB/OL]. [2012-02-25]. http://www.tandfonline.com/page/openaccess/.

[21] International journal of surgery case reports[EB/OL]. [2012-02-25]. http://www.elsevier.com/wps/find/journaldescription.cws_home/723449/description.

[22] Sponsoring consortium for open access publishing in particle physics[EB/OL]. [2012-02-25]. http://scoap3.org/.

[23] Major step in the SCOAP$^3$ tendering process[EB/OL]. [2012-02-25]. http://scoap3.org/news/news89.html.

[24] Konkiel S. PLoS ONE: Five years, many milestones. Dec. 20, 2011[EB/OL]. [2012-02-25]. http://blogs.plos.org/everyone/2011/12/20/plos-one-five-years-many-milestones/.

[25] Binfield P. PLoS ONE and the rise of the open access mega journal. 2011.06[EB/OL]. [2012-02-25]. http://www.slideshare.net/PBinfield/ssp-presentation4.

[26] Report from the SOAP symposium[R/OL]. [2012-02-25]. http://project-soap.eu/report-from-the-soap-symposium/.

[27] Kenney R, Warden R. An open access future? Ecancer, Medicalscience. 2011, 5:223 [2012-02-25]. http://www.ncbi.nlm.nth.gov/pubmed/22276063.

[28] Online survey on scientific information in the digital age. January 2012[EB/OL]. [2012-02-25]. http://ec.europa.eu/research/science-society/document_library/pdf_06/survey-on-scientific-information-digital-age_en.pdf.

[29] Suber P. A Tale of two bills: The Research Works Act and Federal Research Public Access Act. [2012-03-05]. http://www.earlham.edu/~peters/fos/newsletter/03-02-12.htm.

[30] Research funders' open access policies[EB/OL]. [2012-02-25]. http://www.sherpa.ac.uk/juliet/.

[31] Revised policy on dissemination of research findings, 22 February, 2012[EB/OL]. [2012-02-25]. http://www.nhmrc.gov.au/media/notices/2012/revised-policy-dissemination-research-findings.

[32] Request for information: Public access to peer-reviewed scholarly publications resulting from federally funded research[EB/OL]. [2012-02-25]. http://www.whitehouse.gov/administration/eop/ostp/.

[33] KU establishes first coalition of institutions practicing open access. August 2, 2011[EB/OL]. [2012-02-25]. http://www.news.ku.edu/2011/august/3/openaccess.shtml.

[34] Compact for Open-access Publishing Equity[EB/OL]. [2012-02-25]. http://www.oacompact.org/compact/.

[35] UK Open Access Implementation Group[EB/OL]. [2012-02-25]. http://open-ac-

cess. org. uk/.
[36]　OpenAIRE[EB/OL]. [2012 - 02 - 25]. http://www. openaire. eu/.
[37]　Federal Research Public Access Act[EB/OL]. [2012 - 02 - 25]. http://www. arl. org/sparc/advocacy/frpaa/.

**作者简介**

　　张晓林,男,1956 年生,教授,馆长,博士生导师,发表论文若干篇,出版著作若干部。

　　李　麟,女,1981 年生,馆员,博士研究生,发表论文数篇。

　　刘细文,男,1965 年生,研究馆员,副馆长,发表论文若干篇,出版著作若干部。

　　曾　燕,女,1973 年生,副研究馆员,发表论文 10 篇,参编著作 2 部。

# 开放学术信息资源环境的挑战及其应对策略[*]

张晓林[**] 曾燕 李麟 刘细文

（中国科学院国家科学图书馆 北京 100190）

**摘 要** 提出开放学术资源的挑战及应对措施的分析框架，建议图书馆积极支持开放出版并在开放期刊选择、资助政策和论文处理费控制等方面发挥主导作用；提出基于开放资源环境的层级复合馆藏策略，建议充分依靠开放环境提供普遍检索，同时选择关键资源定制个性化服务和保障长期保存，并积极将本地资源融入数字化开放环境。

**关键词** 开放获取 挑战分析 开放出版 论文处理费 复合馆藏建设 长期保存 研究图书馆

**分类号** G250

作者在《开放获取学术信息资源：逼近"主流化"转折点》[1]一文中指出，开放获取学术信息资源（简称"开放学术资源"）迅猛增长，正呈现逐步"成为学术研究主流资源"的趋势。这种趋势将对习惯于依赖采购资源来建设馆藏、利用馆藏提供服务的图书馆形成严峻挑战。在本文中，作者提出了关于开放学术资源的挑战与应对措施的分析框架，从开放知识环境中研究机构的角度，探讨是否应该和如何支持开放出版，探索如何在多数学术资源不能纳入图书馆本地可控馆藏的情况下提供高质量、可靠的检索与获取服务以及如何对重要开放学术资源进行长期保存。基于上述分析，本文给出了研究图书馆应采取的策略建议。

## 1 开放获取给图书馆带来的挑战及其分析框架

开放学术资源正逐步成为学术研究的主流资源，而且2012年年中的一系

---

[*] 本文基于作者在 Chinese Journal of Library and Information Sciences 发表的论文"Defining an Open access Resource Strategy for Research Libraries：Part II——Challenges and Responses"（2012年第2期）而写，征得该刊同意后以中文发表。

列重要机构的行动无疑将加速这个趋势的形成与发展：2012年7月17日，欧盟提出[2]，即将实施的800亿欧元"地平线2020"(Horizon 2020)研究与创新计划中所发表的研究论文，必须开放出版或在出版之后将其存放到开放知识库。对于后者，要求科技领域的论文不迟于6个月开放获取，人文和社科领域的论文不迟于12个月开放获取。欧盟还将在"地平线2020"计划的部分项目中试验实施开放数据。当天，欧盟还建议其成员国推进开放获取政策，支持所有公共资金资助论文要么通过开放出版方式在发表时立即开放，要么存放到开放知识库中[3]；英国研究理事会在2012年7月16日推出其新的开放获取政策[4]，要求受其全部或部分资助的出版物，自2013年4月1日起，应发表在遵循其开放政策要求的期刊上，或者提供开放出版，或者允许存放在开放知识库中，开放时限要求与欧盟一致；几乎与此同时，13位美国国会议员在6月28日联名致信于白宫科技政策办公室，要求白宫支持对联邦资助研究论文的开放获取[5]。

开放获取资源的迅速增长[6]，加之政府和资助机构的支持不断加强，展现了学术信息资源开放获取不可避免的趋势[7]。曾经提出《研究作品法案》(Research Works Act)、试图阻止美国国立健康研究院开放获取政策的美国众议员Darryl Issa和Carolyn Maloney，在声明不再推进此法案时承认，"当新技术不断促使出版成本降低时，我们将见证开放出版商的不断增长。开放出版这种具有创新性的新出版模式将成为未来的学术出版模式"[8]。英国大学与科学大臣David Willetts在向英国出版商演讲时强调，"科研资助模式必将进一步变化，甚至超越当前已经出现的向开放获取或复合开放获取期刊的转移。试图保留旧的模式将是一场错误的战争"[9]。甚至出版商也意识到开放获取已经扎下根来[10]。

但是，图书馆的历史发展模式与即将到来的开放信息环境存在严重冲突：一方面，即便在数字时代，研究图书馆仍构筑在通过采购获得的本地化资源基础上。尽管图书馆的一些服务已由开放资源或第三方资源提供，但图书馆的主要功能依旧是对所采购的资源(包括数字资源)进行组织并提供检索服务。根据2010年iThaka S+R图书馆调研报告，越来越多的人认为图书馆主要是资源的购买者，而不是信息的守门人[11]；另一方面，根据Peter Binfield预测，"到2016年，约100个超级开放获取期刊就能覆盖全球近50%的科技文献，另外的文献则由100种高质量传统期刊收录"。图书馆提供信息的解决方案似乎脱离了学术信息交流的市场解决方案，也脱离了开放数据和开放科研环境下的科研变革之路[12]。

面临上述变革现实，研究图书馆不得不正视摆在面前的难题：

• 当绝大多数学术资源开放时，什么是图书馆馆藏？是否需要建设本地化馆藏?
- 当不需要也不可能购买资源时,我们如何组织、管理和利用这些资源?
- 是否应该支持开放出版?如何支持?
- 是否应该提供对开放学术资源的检索与获取服务?如何提供?
- 是否应该对开放学术资源进行长期保存?如何保存?

尽管上面仅列出了部分挑战,但足以看出,图书馆正面临比数字图书馆更富有颠覆性的新危机。应对这个危机必须依赖范式转变,而不是在传统模式上采取被动的改进措施。

我们将基于下列宏观思路来分析应对危机的措施:
- 从科学研究的需求出发,而不是局限于图书馆的需求;
- 将科学研究和教育本身视为一种开放事业;
- 将知识本身视为由数字化和互联网驱动的开放基础设施,可开放获取,便于理解,能被可靠评估,可支持智能化应用;
- 将信息服务作为开放知识基础设施的有机部分与贡献者,支持信息的传播、组织、利用、复用和保存,重构强健的和可持续发展的学术交流链;
- 重构图书馆的服务,作为开放知识基础设施下的有机组成部分和主导中心之一。

基于上述分析,我们构建了分析主要挑战及应对措施的矩阵(见图1):横轴代表信息服务链,纵轴描述针对各项服务的各层次决策内容。例如,对于信息传播而言,首要问题是支持开放出版(金色开放获取之路),或依赖开放知识库(绿色开放获取之路),或两者均包括。如果选择支持开放出版,其主要任务是什么、这些任务面临的关键挑战是什么?需要什么样的组织与管理结构?下文将对矩阵内容进一步阐述。

## 2 开放出版的挑战及应对策略

### 2.1 图书馆是否应该支持开放出版?

正如莎翁在《哈姆雷特》中所说,"生存还是毁灭,这就是问题",对于图书馆,是否应该支持开放出版,将是遇到的第一个难题。尽管机构知识库已被广泛认同为研究图书馆服务不可或缺的部分并得到迅速发展[13],关于资助机构或研究机构是否应该资助开放出版仍然存在不同的甚至是尖锐对立的观点[14-15],下面列出了其中部分具有代表性的观点:

不支持者认为:
- 资助开放出版会造成对非开放出版期刊的歧视,会扰乱出版市场;

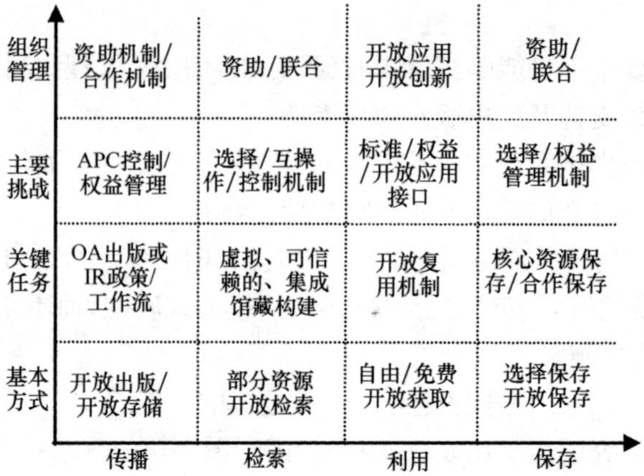

| | | | | |
|---|---|---|---|---|
| 组织管理 | 资助机制/合作机制 | 资助/联合 | 开放应用开放创新 | 资助/联合 |
| 主要挑战 | APC控制/权益管理 | 选择/互操作/控制机制 | 标准/权益/开放应用接口 | 选择/权益管理机制 |
| 关键任务 | OA出版或IR政策/工作流 | 虚拟、可信赖的、集成馆藏构建 | 开放复用机制 | 核心资源保存/合作保存 |
| 基本方式 | 开放出版/开放存储 | 部分资源开放检索 | 自由/免费开放获取 | 选择保存开放保存 |
| | 传播 | 检索 | 利用 | 保存 |

图 1　开放获取对信息服务挑战矩阵分析

- 仅仅因为获取模式不同而偏向支持开放期刊,这将限制作者选择期刊的学术自由;
- 将导致资助经费增长和操作困难(包括处理各种不同的论文处理费用以及在项目结题后资助出版费用);
- 将与在机构知识库存缴论文的规定形成重复努力;
- 有些开放出版期刊的质量没有达到学术出版的标准;
- 如果还继续采购期刊,可能会导致双重付费。

支持者认为:
- 支持广泛的开放获取和对科研成果的广泛利用是研究工作的内在内容之一;
- 研究人员接受了公共资金资助,就有责任确保科研成果的公共获取;
- 开放获取构筑了公共资金资助完成其科研使命的最后一英里;
- 开放出版使出版内容能即时获取并提供了对内容进行复用的机会;
- 开放出版资助经费仅仅占科研经费的一小部分,却可以赢得巨大的投资回报;
- 资助开放出版提供了学术出版的可持续发展机制;
- 开放出版期刊已证明了它们的质量和影响,非开放出版期刊同样存在质量问题;
- 支持全开放出版期刊有助于避免对复合型期刊的双重付费。

正如作者此前研究[1]指出,开放出版期刊的迅猛增长以及传统出版商开始大量出版开放期刊,已将舆论导向支持开放出版。而2012年6月发布的Finch

报告[16]强力推荐支持开放出版,成为支持开放出版的决定性推力。正如英国政府在宣布接受 Finch 报告建议时所指出,"推倒针对纳税人资助科研成果的获取壁垒,将带来显著的经济和社会效益。学术界和商业界将能更容易地开展研究并将研究成果商业化,这标志着新的学术发现时代的到来[17]。现在的问题变成该如何支持开放出版。我们后面将讨论支持开放出版的有关政策问题。当然,需要提醒的是,许多开放获取政策既支持开放出版也支持将未开放出版的期刊论文存缴到机构知识库里,包括此前提及的英国研究理事会和欧盟的政策;另一个值得关注的事实是并不是所有开放出版期刊都需要作者交纳论文处理费。

2.2 支持哪些开放出版期刊?

当考虑资助开放出版时,首先需要考虑的是资助全部开放出版期刊还是只选择其中部分期刊。支持选择部分期刊的理由有:
- 对于某些开放出版期刊的质量仍心存疑虑;
- 希望避免资助那些商业掠夺性的开放出版期刊[18];
- 由于政策尚属试验性和转型期,经费有限,只能选择部分开放出版期刊;
- 由于成本的不确定性及支出的不可控性,经费有限,只能选择部分开放出版期刊;
- 选择部分开放出版期刊,有利于迫使出版商减低论文处理费,尤其在规则形成期。

也有资助者将选择权留给了研究人员,只要期刊符合其开放获取规定,例如英国研究理事会、欧盟和惠康基金会。除了让作者选择更有利于学术自由外,这些资助机构相信研究人员将自发地关注期刊的质量,并且市场机制最终会导致优胜劣汰。

大部分研究机构和部分资助机构比较谨慎,认为在目前还应选择性资助。目前常见方式一是只要开放出版期刊满足了特定要求就予以支持,一是选择部分开放出版商予以支持。

选择第一种方式的范例是哈佛大学 HOPE 基金[19]——要求作者选择发表的开放出版期刊必须满足以下条件:该刊被开放学术期刊目录(DOAJ)收录,除非是由于创刊时间非常短暂未被收录;出版者是开放获取学术出版联盟(Open Access Scholarly Publishers Association)成员,或遵守其行为规范;将论文处理费标准予以公开;对经济困难者提供实质性的论文处理费减免政策。对 SPARC 关于高校开放出版资助政策[20]的调研证明上述标准应用很普遍。

选择第二种方式的有德国科学基金会(DFG)为大学提供的开放出版资助

经费。例如,DFG与汉诺威医药大学达成协议[21],主要支持该校教师在PLoS期刊群和BioMed Central(BMC)期刊群上发表论文,因为两者被认为是医学领域的高质量的开放出版机构。我们注意到这项协议的医学院背景,也看到当DFG将开放出版资助政策延伸到其他大学时,将开放出版期刊条件放宽到"期刊出版之时,内容能立即在网上获取且免费,而且应用了公认的方法保障质量"即可,并说明这些期刊应被DOAJ收录且实行同行评议方法[22]。

无论是哈佛大学还是DFG都不支持复合开放出版。DFG特别强调,资助经费不能用于将已发表在商业订购期刊中的论文转换为开放论文。

Wiley-Blackwell和三家欧洲研究机构签署的协议[23]则提供了支持OA出版的新方式。奥地利FWF科学基金和意大利Telethon基金将资助研究人员在Wiley的开放出版期刊或复合开放出版期刊中发表开放论文,而德国马普学会仅资助在Wiley的开放出版期刊上发表论文。

### 2.3 如何资助开放出版

已有多个报告提供了资助者或研究机构资助开放出版的政策细节[24]。资助经费的来源包括:课题研究基金(例如欧盟和英国研究理事会①);专门新增的OA出版专项基金(例如惠康基金会);与机构投入绑定的专项资助经费(例如DFG);专用于机构成员的特殊基金(例如哈佛大学的开放获取基金)。

SCOAP3(高能物理开放出版联盟)[25]则提出了一种将订购经费转为集中和集体支付开放出版费用的新模式。这种模式将相应的高能物理期刊或论文转换为开放获取,作者也不再支付论文处理费用。目前,超过29个国家的100多家机构及相关出版社已加入,2014年起实现转换,将覆盖几乎全部高能物理领域的高水平论文。

### 2.4 如何控制论文处理费

在资助开放出版时,人们关心开放出版的论文处理费(Article Processing Charge,APC)到底应该是多少。尽管并非所有的开放出版期刊都需要付费,但APC正快速成为支持开放出版的常用工具。最新研究发现[26],无论是商业或非商业出版机构的开放出版期刊,其APC平均需要900美元,专业出版机构的开放出版期刊的APC要比大学、学协会出版的开放出版期刊更高。另一项调研则表明,复合型开放出版期刊的APC要高于全开放出版期刊[27]。

鉴于期刊价格猛涨的历史,我们没有理由相信出版商会突然放弃其追求利润最大化的步伐。拱手让出版商来设置规则将非常危险。有些机构开始限制

---

① 英国研究理事会(RCUK)正在考虑未来将对资助政策提出特殊的门槛措施。

所资助开放论文的最高 APC,例如,哈佛大学和哥伦比亚大学限定为 3 000 美金之内,DFG 将其控制在 2 000 欧元之内。

需要采取其他措施来控制 APC:

● 把绿色 OA(把非开放出版论文存缴到开放知识库并在一定期限后开放获取)作为为 APC 定价的平衡器。当几乎所有公共资金资助的科研成果发表一年之后都能在互联网上免费获取时,再要索取高昂的 APC 费用将变得非常困难。

● 通过类似 SCOAP3 的联盟进行集体谈判。这种联盟也作为政策协调平台,例如开放出版资金联盟(Compact for Open – Access Publishing Equity)[28]。

● 充分利用市场机制。美国科学基金会和德国马普学会正在讨论的开放出版使能环境计划(Enabling Environment Initiative)考虑资助机构仅支付部分 APC 费用,剩余由作者承担①。由于资助机构资助"不足",促使作者在其他情况相当的情况下寻求更具合理性的 APC 价格的开放期刊。这样,提供了一个有效机制以避免"道德风险"(moral hazard,指当消费者不用考虑获得商品的成本时出现的过度消费)[29]。

## 2.5 复合 OA 期刊:新的迁移策略?

大约有 4 000 种商业性订购期刊可接受复合开放出版论文[30],即作者交纳论文处理费后论文出版时即开放获取。有人认为复合 OA 期刊可保证在已构建良好声誉的传统期刊中发表论文同时又提供开放获取,还可使传统出版平滑过渡到完全 OA 出版。但是有关研究指出[31],复合 OA 期刊的开放论文尽管数量在增长,在整体发文中的比例却非常有限。有些学协会的复合 OA 期刊能有高达 10% 的开放论文比例,但所有这 4 000 多种期刊的平均比例只有大约 2%,对于大的出版商而言比例则更低。造成这种情况的原因被归于这些期刊的 APC 费用过高,大约需要 3 000 美金,相比之下全开放出版期刊的 APC 仅为 900 – 1 500 美金。据同一研究,牛津大学出版社的 Bioinformatics 对原创论文收取 100% APC 费用,但对篇幅较短的应用性论文则只收 50% 的 APC,导致前者中只有 18% 的开放论文,后者中的开放论文却占到 36%,由此可见 APC 的影响。另外,复合 OA 期刊仍需要订购,这显然难以鼓励人们在这种期刊上发表开放论文。而且,由于开放论文所占份额较少,出版商宣传的期刊定价随开放论文比例增加而降低的情况并没有出现。

也许人们会认为复合 OA 期刊是失败的尝试,尤其是当很多采用复合模式

---

① 与 Ralf Schimmer(德国马普学会数字图书馆)的个人通讯。

的出版商更积极地投入到出版全开放期刊时。然而,更为仔细的研究揭示出从订购期刊到开放期刊的迁移策略的一些变化:出版商不再直接从作者那里获得APC 费用,而是转向由作者所在机构自动将订购费用转为 APC 费用。例证如下:

• 美国化学会[32]:通常的复合期刊 APC 费用为3 000美元,但期刊订户机构的非会员作者只交纳2 000美元,期刊订户机构的会员作者仅收取 1 000 美元。

• 牛津大学出版社的 *Journal of Experimental Biology*[33]:如果通讯作者所在机构订有现刊,则对其开放出版,不再收费。其余作者每篇文章需支付 3 000 美元来开放出版。

• *Proceedings of the National Academy of Science*[34]:发表开放论文时,如作者所在机构订有 2013 年期刊,作者每篇文章支付 1 000 美元;所在机构未订购 2013 年期刊,作者每篇文章则支付 1 350 美元。

• 英国皇家化学会[35]:来自英国研究机构的作者,如果所在机构订购了其 Gold Collection 系列期刊,则将 APC 费用从订购费用中扣减,将其论文转为开放出版。

## 3 开放获取对馆藏建设的挑战及应对策略

### 3.1 开放学术资源如何纳入"本地"馆藏?

当绝大部分学术资源都能够开放获取了,人们自然就会提出:图书馆是否需要建立本地馆藏。一直以来,图书馆都是事先建立本地馆藏,以便在读者需要时能够从馆藏中迅速检索和提供所需资料。尽管这样做很不经济(事先收藏的资料很可能没有人使用),但在印刷时代这却是必须的。而今,在无处不在的数字网络和开放获取环境下,这种"为防万一需要而事先纳入馆藏"(just-in-case collection)的做法已经不合时宜。让人欣慰的是,图书馆员一直在采用按需采购的方法,例如文献传递服务以及现今的通过存储在出版商处、通过网络来即时获取的电子期刊数据库。我们仍可称这些电子资源为"馆藏",因为图书馆还必须事先购买它们。但是,当所需资源不需要采购时,本地图书馆馆藏的构成是什么?

如果不考虑历史文化遗产的保存和特殊本地资源的数字化建设(即使这些也受到 HathiTrust 这类合作数字化计划[36]的影响),人们容易认为可以不需要本地馆藏,因为:

• 所有的资源都可以免费获取;

- 我们所需的只是搜索引擎,而谷歌学术搜索和其他通用搜索服务商能帮我们实现;
- Internet Archives、PMC 和 arXiv.org 等联合计划以及出版者数字仓储,可以帮助我们解决长期保存问题;
- 应将更多的时间、精力和资源投入到帮助用户使用开放学术资源中去,从而将我们从其他人可做而且几乎已为我们做好的事情中解脱出来;
- 在开放学术资源中构筑本地馆藏面临太多的困难,包括为那些并未付费的开放资源建立相应的组织机制并且定制相应的服务界面等。

然而,作者认为上述考虑过于简单化,甚至是不负责任。理由如下:
- 在网络世界仍未被证明是完全可靠的情况下,那些其使命依赖于信息的获取和利用的机构,必须要有危机管理意识;
- 仍有强烈需求,要求有组织地选择和"控制"高质量的和重要的信息资源,并确保其能可信赖地、可靠地和可持续地被获取;
- 仍有强烈需求,要求提供基于本地化环境的个性化获取服务;
- 仍有强烈需求,要求提供基于本地化环境的灵活复用和链接服务;
- 仍有强烈需求,要求提供对于关键信息资源的可信赖长期保存。

谷歌学术搜索无疑给我们提供了普遍的和常规的检索和查询服务,OCLC 关于图书馆认知的报告已证实了这点[37]。但是对于研究机构而言,所需的不仅仅是检索和查询,而是对重要资源的管理,确保其能被可持续地、可靠地获取,无论保障的方式随时间如何变化;需要开发基于可信赖资源的个性化服务,尽管"可信赖"并非意味着本地收藏。

因此,当业务模式已然发生变化时,研究图书馆仍需致力于馆藏发展,建立一个概念上为本地而实际为本地加开放资源的复合馆藏。这并非虚荣心作怪,而是构筑在实际需求之上的谨慎和平衡之举。这时,图书馆应尽可能地利用开放出版、互联网和市场机制的优势,平衡需求满足度与成本投入度,确保对开放资源和其他资源的可信赖、便捷获取和利用,同时促进馆藏建设模式的创新,积极开展本地资源建设的合作并支持各类资源的互链。

### 3.2 本地或复合馆藏策略是什么?

基于上述考虑,我们构建了如图 2 所示的层级化策略。一个机构可能依赖谷歌学术搜索或其他通用搜索引擎(universal search engines)来提供常规的资源检索和发现服务,利用馆际互借或联合文献传递服务来获取非 OA 资源。专门定制的通用搜索引擎和本地搜索引擎将确保对重要资源提供可靠的检索和获取服务,其中有些资源可能存在特殊的互操作需求或特殊的权利管理要求等。

本地或者联合建设的开放关联数据引擎[38]将把多个资源（包括第三方资源）链接起来支持知识搜索。此外，可以通过本地存档或联合存档方式来长期保存那些关键性资源和那些仍需要采购的资源，并通过各种 Apps 提供丰富的复用。

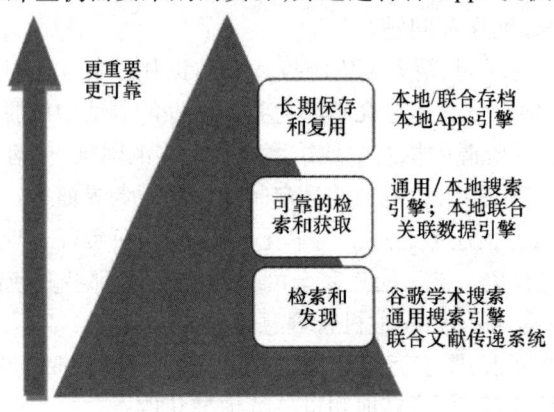

图 2　图书馆层级化馆藏策略

层级策略的关键是分析不同资源的需求层次。表 1 列出了关于需求的维度分析框架：

表 1　复合馆藏建设的层级策略

| 项目 | 发现 | 可信赖获取 | 可链接可复用 | 长期保存 |
| --- | --- | --- | --- | --- |
| 重要性 | | | | |
| 可获得性和对外依赖性 | | | | |
| 法律可行性 | | | | |
| 技术可行性 | | | | |
| 经济可行性 | | | | |
| 机会成本 | | | | |

当我们已经确定用户所需要的资源（包括工具和服务）后，每种资源应从发现、获取、链接与复用、保存的重要性和可能性进行评估。此外，还需分析为这种资源构建某层级的本地服务的投资回报，包括机会成本（因为投入此项服务可能导致丧失开展其他服务的机会）。

目前，分析的困难主要包括对资源覆盖情况的评估及对不同搜索引擎搜索和发现效果的比较评估。尽管有研究表明，谷歌学术搜索在学术论文搜索上的成功率介于 98% – 100% 之间[39]，但搜索引擎对于数据库型网络资源的发现仍然存在问题,需要更为经常和合理的搜索引擎资源覆盖情况研究。专门针对开放资源的搜索引擎还处在发展初期阶段,如 Bielefeld 学术搜索引擎(BASE)[40],它在 2012 年 7 月号称覆盖了 2 289 个机构知识库,包含大约 3 700 万篇开放论文。与 BASE 类同的工具还有开放获取期刊目录(DOAJ)、开放获取知识库目录(DOAR)、开放获取知识库登记系统(ROAR)等。这些工具由于依靠开放资源建设者自行登记或者依靠特定的检索协议,因此有可能限制了其覆盖范围。另一挑战是如何评估深度检索功能以及对其支持复用、数据关联、文本挖掘以及其他延伸服务(如跟踪使用情况等)的支持程度。

3.3 如何确保对关键资源的长期保存和可靠复用?

对于研究机构而言,能可信赖地长期保存和获取与自身发展密切相关的关键资源是至关重要的。在数字开放环境,要做到这点并不像在印本时代那样自然。另一方面,我们又不可能保存所有开放资源,需要考虑优先级和保存策略。对此,已有多种可选择的方式:

• 与出版商签订本地保存协议(如中国科学院国家科学图书馆与 BMC、Springer 和 NPG 分别签署的长期保存协议);

• 联合共建镜像站点(如 PMC 和 arXiv.org 国际镜像网络);

• 由存档站点网络支持的联合存档(如 CLOCKSS);

• 通过现有的保存机制(如 PLoS 通过 PMC 和 Portico 存档);

• 像 Internet Archive 那样对网络资源进行存档。

开放获取资源并不一定自然地保证提供可信赖的长期保存,仍存在权益管理要求和在收割开放获取资源上的限制。即便开放资源的宿主系统允许搜索和下载开放内容,仍要考察内容拥有者或宿主系统在版权方面的规定,不影响宿主系统的正常运行,并尊重其首家服务权。需要仔细阅读并了解宿主系统的权利声明,例如,PMC 强调[41],其存储论文的著作权归作者所有,进行搜索与下载的机构务必尊重这些权利;PMC 将其提供的 OAI 和 FTP 接口视为下载服务的唯一通道,并禁止其他任何自动下载行为。此外,获得被保存内容的权威元数据和被覆盖资源的可靠审计信息也非常重要,这些都需要出版商的合作。

确保出版商合作的一种聪明做法是利用采购协议或者开放出版协议来提出合作要求[42]。这些协议是图书馆将订购或支持开放出版的投资与服务要求绑定的工具。下面列出了图书馆可能提出的主要要求:

• 允许尽可能广泛的获取权利和复用权利,例如对开放出版内容采用 CC-By 协议[43];

• 提供免费的、高质量、可信赖的检索服务;

- 提供将本机构发表论文(按照特定格式)自动存放进机构知识库的服务;
- 提供定期并可靠地按照特定格式将相关内容存放进本地保存系统的服务;
- 支持开放互操作;
- 支持相关的延伸服务、复用、开放链接和文本挖掘。

当然,上述需求应进一步细化。例如,开放互操作应包括检索互操作(如检索协议)、元数据的可理解性(如开放元数据格式)、资源对象可识别性(如唯一标识符)等。图书馆不应将开放学术资源视同物理馆藏中被动存储的资料,而应将其视为用户在研究和学习中使用的对象,提出能使其成为用户可复用或可嵌入用户工作流的资源。

### 3.4 如何将本地特殊资源转换入复合馆藏?

当考虑开放获取时,人们往往更多地考虑新出版的资源。然而,将本地特殊资源一并纳入数字化的开放的馆藏体系,使其能被机构内外用户更好地利用,将是发展复合馆藏的重要组成部分。本地特殊资源可能包括:

- 研究图书馆的具有历史价值的、特殊的、不为外人所熟知的资源[44];
- 本地出版的资源,包括正规出版物、非正规出版物和档案;
- 发表在外部刊物上的本地研究产出,例如期刊论文、专著等;
- 为研究和教学而编制、收集或保存的资料,例如研究生课程的资料;
- 为本地或邻近社群而编制、收集或保管的资料,例如某个社区历史群组的资料;
- 由公众或第三方机构委托编制、收集或保管的资料,如个人档案等。

这些资源为整个学术世界增添了独特的本地价值。图书馆,作为其所服务的机构的首席信息官,需要确保这些资源成为开放知识基础设施中的一部分,而且这些资源也将加强复合馆藏的整体价值。图书馆可以通过以下方式将这些资源转变为数字化的开放的学术资源:①数字化[45-46],因为不能通过电子网络获取的资源相当于无法利用的资源;②出版,作为图书馆为研究人员、教师和学生以及市民提供的一种服务,数字化并管理他们有价值的资源[47];③收录到机构知识库,使其成为机构知识资产管理和传播平台;④收录到公共或社区的知识库[48],使其支持社区知识的存档和传播。上述任务均为图书馆的专长,将提升在开放学术资源环境下本地资源的贡献,也将提高图书馆在未来开放获取世界的地位。

## 4 结 论

毋庸置疑,在开放获取的世界,研究图书馆面临了巨大挑战,必须跳出传统框架来思考应对策略。新瓶装老酒的伎俩是无济于事的,时不我待,亦无退路,图书馆应奋起前行。

正是从这点出发,本文对"逼近"的开放获取世界给图书馆带来的挑战做了深入分析并基于事实和系统考虑提出了应对策略。在后续研究中,我们还将以国家科学图书馆为例,阐述其当前采取的具体措施和策略。

## 参考文献:

[1] 张晓林,李麟,刘细文,等. 开放获取学术信息资源:逼近"主流化"转折点[J]. 图书情报工作,2012,56(9):42-47.

[2] European Commission, Communication from the commission to the Eurapean parliment, the council, the Earopean economic and social committee and the committee of the regions. Towards better access to scientific information: Boosting the benefits of public investments in research[EB/OL]. [2012-08-20]. http://ec. europa. eu/research/science-society/document_library/pdf_06/era-communication-towards-better-access-to-scientific-information_en. pdf.

[3] European Commission. Commission recommendation on access to and preservation of scientific information [EB/OL]. [2012-08-20]. http://ec. europa. eu/research/science-society/document_library/pdf_06/recommendation-access-and-preservation-scientific-information_en. pdf.

[4] RCUK. Research councils UK policy on access to research outputs [EB/OL]. [2012-08-20]. http://www. rcuk. ac. uk/research/Pages/outputs. aspx.

[5] Representatives urge white house support public access federally funded research. [EB/OL]. [2012-08-20] http://doyle. house. gov/press-release/representatives-urge-white-house-support-public-access-federally-funded-research.

[6] The dramatic growth of open access[EB/OL]. [2012-08-20]. http://poeticeconomics. blogspot. ca/2012/07/inevitability-of-open-access-june-30. html.

[7] Inevitability of open access [EB/OL]. [2012-08-20]. http://blogs. law. harvard. edu/pamphlet/2012/06/28/the-inevitability-of-open-access.

[8] Issa-Maloney statement on the Research Works Act [EB/OL]. [2012-08-20]. http://maloney. house. gov/press-release/issa-maloney-statement-research-works-act.

[9] Willetts D. Public access to publicly-funded research[EB/OL]. [2012-08-20]. http://www. bis. gov. uk/news/speeches/david-willetts-public-access-to-research.

[10] [EB/OL]. [2012-08-20]. http://web. archive. org/web/20110725001919/http:/

www. alpsp. org/ngen_public/article. asp? aid = 341706.

[11] Long M, Schonfeld R C. Library survey 2010: Insights from U. S. academic library directors [EB/OL]. [2012 - 08 - 20]. http://www. sr. ithaka. org/research - publications/library - survey - 2010/.

[12] The Royal Society. Science as an open enterprise: Open data for open science [EB/OL]. [2012 - 08 - 20]. http://royalsociety. org/policy/projects/science - public - enterprise/report/.

[13] Registry of open access repositories[EB/OL]. [2012 - 08 - 20]. http://roar. eprints. org/.

[14] Misleading open access myths [EB/OL]. [2012 - 08 - 20]. http://www. biomedcentral. com/about/advocacy12.

[15] Summary: Hearing on public access to federally funded research[EB/OL]. [2012 - 08 - 20]. http://www. taxpayeraccess. org/issues/access/access_resources/10 - 0814. shtml.

[16] Accessibility, sustainability, excellence: How to expand access to research publications: Report of the working group on expanding access to published research findings[EB/OL]. [2012 - 08 - 20]. http://www. researchinfonet. org/wp - content/uploads/.

[17] Government to open up publicly funded research[EB/OL]. [2012 - 08 - 20]. http://www. bis. gov. uk/news/topstories/2012/ Jul/government - to - open - up - publicly - funded - research.

[18] Predatory online journals lure scholars who are eager to publish[EB/OL]. [2012 - 08 - 20]. http://chronicle. com/article/Predatory - Online - Journals/131047/.

[19] [EB/OL]. [2012 - 08 - 20]. http://osc. hul. harvard. edu/hope.

[20] Campus - based open - access publishing funds[EB/OL]. [2012 - 08 - 20]. http://www. arl. org/sparc/openaccess/funds/.

[21] DFG has agreed to offer financial support for the publication of research findings in open access journals[EB/OL]. [2012 - 08 - 20]. http://www. mh - hannover. de/fileadmin/zentrale_einrichtungen/bibliothek/Dateien/dateien_allgemein/pdf/DFG_Project_Library_Home_Page_7. 12. 10. pdf.

[22] The DFG offers incentives for the publication of research results in open access journals [EB/OL]. [2012 - 08 - 20]. http://www. uni - due. de/ub/en/eopen_access. shtml.

[23] Wiley - Blackwell signs open access agreements with telethon Italy, FWF Austrian Science Fund, and Max Planck Society[EB/OL]. [2012 - 08 - 20]. http://as. wiley. com/WileyCDA/PressRelease/pressReleaseId - 101041. html.

[24] [EB/OL]. [2012 - 08 - 20]. http://oad. simmons. edu/oadwiki/OA_journal_funds.

[25] Sponsoring consortium for open access publishing in particle physics[EB/OL]. [2012 - 08 - 20]. http://www. scoap3. org/.

[26] Solomon D J, Björk B C. A study of open access journals using article processing charges [J]. Journal of the American Society for Information Science and Technology, 2012, 63

(8):1485-1495.

[27] Selective list of open access and paid access fees[EB/OL]. [2012-08-20]. http://www.lib.berkeley.edu/scholarlycommunication/oa_fees.html. Comparison of BMC APC with others, Jan 26, 2012. http://www.biomedcentral.com/about/apccomparison/.

[28] Compact for open-access publishing equity[EB/OL]. [2012-08-20]. http://www.oacompact.org/compact/.

[29] Shieber S M (2009) equity for open-access journal publishing[EB/OL]. [2012-08-20]. http://www.plosbiology.org/article/info:doi/10.1371/journal.pbio.1000165.

[30] Paid options for open access[EB/OL]. [2012-08-20]. http://www.sherpa.ac.uk/romeo/PaidOA.html.

[31] Björk B C. The hybrid model for open access publication of scholarly articles - A failed experiment? [J]. Journal of the American Society for Information Science and Technology, 2012,63(8): 1496-1504.

[32] ACS author choice[EB/OL]. [2012-08-20]. http://pubs.acs.org/page/policy/authorchoice/index.html.

[33] OUP JXB open access[EB/OL]. [2012-08-20]. http://www.oxfordjournals.org/our_journals/exbotj/open_access.html.

[34] PNAS open access option[EB/OL]. [2012-08-20]. http://www.pnas.org/site/subscriptions/open-access.shtml.

[35] RSC launches ? 1 million gold for gold initiative as open access transition begins[EB/OL]. [2012-08-20]. http://www.rsc.org/AboutUs/News/PressReleases/2012/gold-for-gold-rsc-open-access.asp.

[36] HathiTrust digital library[EB/OL]. [2012-08-20]. http://www.hathitrust.org/.

[37] OCLC Research. Perceptions of libraries, 2010: Context and community[EB/OL]. [2012-08-20]. http://www.oclc.org/reports/2010perceptions.htm.

[38] Linked data: Connect distributed data across the Web[EB/OL]. [2012-08-20]. http://linkeddata.org/.

[39] Chen Xiaotian. Google scholar's dramatic coverage improvement five years after debut[J]. Serials Review, 2010,36(4):221-226.

[40] BASE - Bielefeld Academic Search Engine. Repositories[EB/OL]. [2012-08-20]. http://www.base-search.net/.

[41] PMC OA subset[EB/OL]. [2012-08-20]. http://www.ncbi.nlm.nih.gov/pmc/tools/openftlist/ and. http://www.ncbi.nlm.nih.gov/pmc/about/copyright/.

[42] Promoting open access through national licensing in Germany[EB/OL]. [2012-08-20]. http://www.coar-repositories.org/files/Birgit-Schmidt-Promoting-OA-through-National-Licenses-in-Germany.pdf.

[43] Creative commons[EB/OL]. [2012-08-20]. http://creativecommons.org/.

［44］ Dooley J, Luce K. Taking our pulse：The OCLC research survey of special collections and archives, 2010［EB/OL］.［2012 – 08 – 20］. http://www. oclc. org/research/publications/library/2010/2010 – 11. pdf.

［45］ Glazer G. Digitizing hidden collections in public libraries［EB/OL］.［2012 – 08 – 20］. http://www. ala. org/offices/sites/ala. org. offices/files/content/oitp/publications/oitpperspectives/oitp_perspectives_ju. pdf.

［46］ Proffitt M, Schaffner J. The impact of digitizing special collections on teaching and scholarship［EB/OL］.［2012 – 08 – 20］. http://www. oclc. org/research/publications/library/2008/2008 – 04. pdf.

［47］ Kennison R. Libraries as publishers：Current and best practices［EB/OL］.［2012 – 08 – 20］. http://www. aserl. org/wp – content/uploads/2012/04/Kennison_ASERL – Talk. ppt.

［48］ Silverstein E. Online community repositories hosted by public libraries［EB/OL］.［2012 – 08 – 20］. http://www. pages. drexel. edu/es446/eport/docs/info894communityrepositories. do.

## 作者简介

张晓林，男，1956年生，教授，馆长，博士生导师，发表论文若干篇，出版著作若干部。

曾　燕，女，1973年生，副研究馆员，发表论文11篇，参编著作2部。

李　麟，女，1981年生，馆员，博士研究生，发表论文数篇。

刘细文，男，1965年生，研究馆员，副馆长，发表论文若干篇，出版著作若干部。

# 国外开放获取图书出版模式研究

魏蕊　初景利

**摘　要**　OA图书出版是开放获取运动中相对较新的领域。借鉴OAPEN开放获取出版模式的内容框架,从商业-出版模式、服务模式、法律框架3方面分析国外20个典型OA图书出版项目。总结出商业-出版模式的6种类型:机构资助、OA出版成本支付、合作出版、复合内容出版、免费内容+增值服务、其他;从OA图书内容与质量控制、成员-作者服务、用户服务3方面分析服务模式;最后,阐述使用不同类型创作共用许可的法律框架。

**关键词**　开放获取　OA图书　出版　商业　服务　法律框架
**分类号**　G253

## 1 开放获取图书的兴起

过去几十年里,学术专著市场萎缩了近90%。图书馆经费的缩减导致了图书采购量的下降。1980至2000年间,美国图书馆专著平均采购量从2 000本降到500本[1]。即使是一个很小的专业领域研究性书籍的采购费用许多图书馆也已负担不起;而无法获得充足资金支持的图书馆个人用户更买不起。当前的学术著作特别是人文社科(HSS)领域专著的出版制度不但没有促进反而阻碍了人类知识的传播,波及到所有作者和读者,对发展中国家的研究人员和社区来说尤其严重[2]。传统专著的可持续性受到威胁,出版社和作者的利益受到损害,学术图书出版面临着危机。

OA图书出版是开放获取运动中相对较新的领域。虽然早在1996年美国国家科学院出版社(The National Academies Press,NAP)[3]就开始尝试通过网站提供免费电子图书,而收取相应印本费,并不断有新的出版社或发行商开始尝试开放获取专著出版业务,但OA专著出版(monograph publishing)仍处于初创阶段。

2012年4月,欧洲开放获取出版网络(Open Access Publishing in European

Networks，OAPEN)[4]发布开放获取图书目录DOAB，以增加OA图书的可发现性。2012年8月，在北京国际版权交易会上，Springer宣布将OA出版项目推广到图书。开放获取学术出版联盟(Open Access Scholarly Publishers Association，OASPA)[5]2010年会议上OAPEN基金会与DOAB主任F. Eelco首次发表了"OA图书出版"及"OA图书出版分会"的演讲，2012年会议则第一次将OA图书作为独立的主题分会。他指出"图书将是开放获取下一个发展重点，Springer的OA图书计划将有助于推动建立学术图书的开放出版模式"[6]。OA图书出版的时代到来了。目前国内关于OA图书方面的理论研究及应用实践还较少。研究国外OA图书出版模式将为我国OA图书的发展提供借鉴。

OAPEN的OA图书出版项目在国际上具有一定的权威性，其OA出版模式框架包含出版模式、商业模式、服务及法律框架4方面。商业模式主要涉及创建者、资助机构、资金来源，出版模式则包括出版方式(如是否只提供免费OA版本)、出版成本。考虑到创建者的性质会影响出版方式、出版成本，如大学出版社的项目，出版方式一般会考虑提供免费OA版与收费POD版，笔者拟借助OAPEN出版模式框架，从商业－出版模式、服务模式及法律框架3方面分析国外20个典型OA图书出版项目及其模式。

## 2 商业－出版模式分析

OA图书出版项目的商业模式，一方面利用数字发行和网络营销降低成本，另一方面引入合作伙伴，充分综合各方现有资源提供服务。每个项目都有独特背景，而数字技术、网络环境及数字工具为学术交流领域多种机构加入OA图书出版领域提供了机遇。因此，出版模式更加多样化。

项目创建者性质在很大程度上决定了OA图书出版的商业模式、所提供的服务及版权使用限制。从创建者性质出发，项目可分为7类。它们主要是研究机构和协会：拉丁美洲科学协会(The Latin American Council of Social Sciences，CLACSO)[7]，NAP[3]与南非人类学研究协会出版社(Human Sciences Research Council，HSRC Press)[8]；大学出版社：澳大利亚国立大学电子出版社(ANU E Press)[9]，芝加哥大学东方研究所电子出版计划(University of Chicago Oriental Institute Electronic Publications Initiative，UCOI－EPI)[10]与澳大利亚莫纳什大学出版集团(Monash University Publishing，MUP)[11]；大学出版社与图书馆：加州大学出版社电子书馆藏项目(UC Press E－Books Collection，1982－2004)[12]，密歇根大学出版社数字文化图书项目(University of Michigan Press－Digital Culture Books，UMP－DCB)[13]，匹兹堡大学出版社数字版项目(University of Pittsburgh

表 1 商业 – 出版模式

| 创建者类型 | 名称 | 开始时间 | 创建者及资金来源 | 是否生而 OA | OA 服务 | 非 OA 服务 |
|---|---|---|---|---|---|---|
| 研究机构或协会 | CLACSO[7] | 1998 | 拉丁美洲社科协会;SIDA | 传统 – 大部分 OA | PDF 版免费下载 | 印本付费 |
| | HSRC Press[8] | 2004 | 人类科学研究协会;国家科学系统 | 传统 – 大部分 OA | 按章节或整本免费下载 PDF 版 | POD 版付较低费用 |
| | NAP[3] | 2011 | 美国国家科学院 | 传统 – 全 OA | 按章节免费下载 PDF 版（个别除外），按章节免费在线阅读,打印 | POD 版付费,注册会员优惠 10% |
| 大学出版社 | ANU E Press[9] | 2003 | 澳大利亚国立大学信息中心 | 全 OA | 免费电子版 OA 全文：Acrobat PDF,EPIB,HTML 格式用于屏幕浏览,HTML 及 MOBI 格式用于移动设备 | POD 版付费 |
| | UCOI – EPI[10] | 2004 | 芝加哥大学东方研究所 | 全 OA | PDF 版免费下载 | POD 版付费 |
| | MUP[11] | 2010 | 澳大利亚莫纳什大学出版集团 | 全 OA | 免费下载 EPUB 版移动阅读终端 | 销售印本 |
| | UC Press E–Books Collection[12] | 2000 | 加利福尼亚数字图书馆出版集团 – 加州大学出版社 | 传统 – 全 OA | 本校范围内免费阅读网页版 | |
| 大学 – 图书馆 – 出版社 | UMP – DCB[13] | 2006 | 密歇根大学出版社 – 图书馆 | 全 OA | 免费阅读网页版 | 下载电子书,购买印本付费 |
| | UPP – DE[14] | 2007 | 匹兹堡大学出版社 – 大学图书馆系统 | 传统 – 全部 OA | 按章节免费阅读网页版 | 印本付费 |
| | OSTP – OAI[15] | | 俄亥俄州立大学出版社 – 图书馆 | 全 OA | PDF 版免费下载 | 不提供印本 |

续表

| 创建者类型 | 名称 | 开始时间 | 创建者及资金来源 | 是否生而 OA | OA 服务 | 非 OA 服务 |
|---|---|---|---|---|---|---|
| 大学图书馆 | IFUP[16] | 2004 | 康奈尔大学图书馆 | 全 OA | PDF 版内容与视频免费下载 | 印本图书与 DVDs 收费 |
| | Newfound Press[17] | 2005 | 田纳西州大学图书馆 | 全 OA | PDF 版免费下载 | POD 版付费 |
| | eScholarship[18] | 2009 | 加州大学图书馆出版集团;图书馆 | 全 OA | 免费阅读网页版(内容检索,总点击量及下载量,平均每图书),可下载 PDF 版 | POD 版付费 |
| 商业出版商 | Bookboon - Business[19] | 2008 | Ventus Publishing | 传统(1988—2005)-全 OA | 邮件注册后免费下载 PDF 版 | 15% 的高质量的广告 |
| | Springer Open[20] | 2012 | Springer | 全 OA | | 电子版,印刷版;图书馆用户可使用电子版及平装印刷版 |
| 学者-OA出版商 | InTech[21] | 2004 | 两位机器人方面的专家;作者 APC 费用 | 全 OA | 免费阅读网页版、下载 PDF 版 | |
| | Open Book Publishers[22] | 2008 | 剑桥大学的学者;Polonsky 基金会,Thriplow 慈善信托及 J. E. Smith 与 K. R. Brine 慈善信托 | 全 OA | 免费阅读网页版,PDF 版受资助后可免费下载 | 零售或机构购买平装、精装及电子版本收费 |
| | re. press[23] | | | 全 OA | 电子版免费 | 实体书店,网店购买印本 |

198

续表

| 创建者类型 | 名称 | 开始时间 | 创建者及资金来源 | 是否生而 OA | OA 服务 | 非 OA 服务 |
|---|---|---|---|---|---|---|
| 专业 OA 组织 | OAPEN[4] | 2008 | 阿姆斯特丹大学及其出版社、荷兰科学院及荷兰国家图书馆；欧盟；研究资助者、大学、研究机构、研究图书馆或馆联盟 | 全 OA | mainframe 在线可用；在线阅读基础版、基于资源库基础设施及电子仓储 | 印本、POD 版、高级电子版收费；收取出版社 OA 的出版费（计算和抵消生产成本费用） |
| | OpenEdition Books[24] | 2013 | Cleo；Label Equipex 未来投资奖 | 全 OA | 开放获取 PDF、EPUB、MOBI 格式信息 | 资源服务收费 |

Press – Digital Editions,UPP – DE)[14]与俄亥俄州立大学出版社开放获取计划(The Ohio State University Press Open Access Initiative,OSTP – OAI)[15];大学图书馆:Internet – First 大学出版社(Internet – First University Press,IFUP)[16],Newfound 出版社(Newfound Press)[17]与 eScholarship[18];商业出版商:Bookboon – Business[19]与 Springer Open[20];OA 出版商:InTech[21],Open Book Publishers[22]与 re. press[23];OA 专业组织:OAPEN[4]与 OpenEdition[24]。

目前 OA 图书出版的商业 – 出版模式可归纳为六大类型,其运营方式各有不同。总的来说,这些模式均综合各利益相关方力量,协同为用户提供 OA 图书出版服务。

● 机构资助:获得直接的资金、设备、人力等支持。资助者提供 OA 版本或归档过程的资金支持,主要通过与大学、非营利组织、图书馆、资助机构合作,或与(外国)出版商达成战略合作关系,或企业赞助。资助机制的形式有结构性补贴或捐赠基金、一次性资助计划实验或其他计划。如 OpenEdition Books 2012 年获得 Label Equipex 投资奖 700 万欧元;CLACSO 图书的大部分资助来自 SIDA;OAPEN 的启动资金来自欧盟;OSTP – OAI 通过俄亥俄州立大学图书馆及其他捐助资金支持出版成本。

● OA 出版成本支付:出版商、个人或机构或作者支付。由成员、作者及外部机构支付 OA 图书出版成本。如 OAPEN 收取出版商 OA 的出版费。Open Book Publishers 接受个人或机构资助,按每页 25 英镑、每章 250 英镑、整本书 3 000 英镑赞助。虽然作者自费(APC)模式在期刊出版方面的应用已经非常普遍,但 OA 图书方面只有 Springer 采用。

● 合作出版:寻求外部合作开展 OA 服务。利用合作者(如大学、研究所、图书馆、学术团体、营利性组织、基金会或政府机构)现有设备、人力及数字化生产、管理、营销和存储等技术提高效率。主要方式有出版社与图书馆合作,图书馆负责数字扫描、保存及托管技术和成本,出版社则负责发行。如 UC Press E – Books Collection 项目,CDL 负责集成资源,而出版集团支持资源制作与传播;UPP – DE 项目中,ULS 数字研究图书馆负责图书数字化及全文检索。

● 复合内容出版:通过非 OA 内容销售收入交叉补贴。大部分项目采用这种方式,提供 OA 版供免费阅读或下载而 POD 印本付费服务。除 OSTP – OAI 及 3 个 OA 出版商项目不提供印本服务,UMP – DCB、Open Book Publishers 电子版下载付费外,其他 15 个都提供印本付费服务。少量项目仅提供免费网页版在线阅读,而 PDF 或电子书格式文件下载、POD 印本付费。如 Open Book Publishers 的 PDF 版零售价为 5.95 英镑,受资助后方免费,所得用于支持高质量出版。

● 免费内容+增值服务:通过提供增值服务支持 OA 出版。OA 出版增值服务是重要的潜在收入来源,主要针对出版过程中不同的利益相关者。针对用户可通过销售 OA 图书印本抵消成本;为图书馆、图书馆用户、学者提供完整的浏览功能和全文搜索,并提供博客、播客及在线资源、社会媒体网站的链接等;为作者提供网络营销、电子管理、POD 服务及绝版书再版。OAPEN 标准营销服务如加入 Google Scholar、WorldCat、Amazon、GBS 免费,可选择性出版服务如POD、DOI、XML、Review 管理则需要收费,加入书目则需缴纳 700 英镑。OpenEdition Freemium 模式是基本服务免费而高级订阅服务付费,通过在线免费访问保证学术文献最大化分布,同时通过增值服务来资助出版。

● 其他方式:广告模式,即出版商——通过出售 OA 内容中的广告位来支持 OA 出版,如 Bookboon – Business 在页面投放 15% 的高质量广告补贴 OA;委托出版,通过设立公共资金支付作者费用来创作规定题目的内容,如 HSRC Press 主要支持促进社会发展方面的 OA 出版物。

## 3 服务模式分析

OA 出版项目的成员主要有 3 类:出版商——希望通过 OA 图书来扩大影响力;研究机构——希望提高机构评价的贡献度;研究人员和个人作者——出于学术研究、撰写学术著作的目的。服务的用户则主要有 2 类:直接用户——主要为获取知识或进行学术研究、应用知识;机构用户——通过获取出版物为用户提供相应服务。项目针对的学科领域主要集中在 HSS,部分延伸到科技领域,这是成员和用户服务首先关注的(见表 2)。作者主要关注出版能力如年出版量、出版时间,而用户主要关注可用数量及许可服务。OA 图书质量控制关系到出版物的权威性,不管对作者评价还是对用户使用,都非常重要。

大部分 OA 图书出版项目集中在 HSS 领域,目的在于将自然科学领域开放获取出版的成功带入 HSS 领域。可供数量方面,从传统出版转为 OA 出版可供量最多,主要是基于传统图书品种积累;其次是专业 OA 出版商,在商业模式、出版模式方面都有更为详细的规划;再次是大学出版社与图书馆合作项目,发挥了出版社图书运作、图书馆数字化资源管理方面的优势。

OA 图书出版项目特别强调 OA 图书的同行评议过程。大部分都坚持严格的同行评议和质量控制标准,采取传统的双盲方式和高质量编辑,如 ANU E Press、MUP、OSTP – OAI、Newfound Press、SpringerOpen、Open Book Publishers、re. press、OAPEN、OpenEdition Books 等。部分从传统图书转为 OA 则经过了传统同行评议方式,如 CLACSO、HSRC Press、NAP、UC Press E – Books Collection、UPP – DE、IFUP、Bookboon – Business。一部分采用更开放和可替代的同行审查

表 2 服务内容与质量

| 名称 | 学科领域 | 数量(种) | 质量控制 | 成员和作者服务 | 用户许可和服务 |
| --- | --- | --- | --- | --- | --- |
| CLACSO | 拉丁美洲及加勒比海机构成员研究成果 | 730 | 经同行评议的传统出版物转为 OA | 每两周更新,在线自动归档系统,支持数字出版,数字图书馆和机构库的资源 | |
| HSRC Press | HSS | 354 | 双盲评议标准:可靠性及与HSRC社会科学研究重点的相关性、主题的重要性和方法的创意、论点的力度、组织的清晰性及写作质量 | | |
| NAP | 科技,社科 | 2011年后出版物全部免费 | 经同行评议的权威研究报告转为 OA | | 将图书目录嵌入到其他网站免费下载;发布"共享"信息;申请在其他出版物、课程包、安全网站和媒体上再版 |
| ANU E Press | 专著,包括关键人物学术传记 | 截至2011年已出版 55 种,另有 400 种待出版 | 同行双盲评议:至少两个评审,一个外审 | 提供标准化出版流程及工作流,提供内容索引(标题和元数据)与超链接词索引 | 免费下载,复制或打印 OA 图书;选取部分章节用于选集或课程使用 |
| UCOI-EPI | HSS | 147 | 经同行评议的传统出版物转为 OA | 所有出版物同步发行印本与网络电子版,电子版作为附赠本 | 125种传统出版物已扫描免费发布;其他138本在资金和时间的允许下将陆续发布出来 |

续表

| 名称 | 学科领域 | 数量(种) | 质量控制 | 成员和作者服务 | 用户许可和服务 |
| --- | --- | --- | --- | --- | --- |
| MUP | HSS | 64 | 根据专业领域重要性、中心论点独创性、采用方法稳定性、表达清晰度、适当写作风格、参考文献深度及适用性,编委会组织至少2名领域专家评议 | 在线开放获取传播;国内外销售印本,发布元数据提升访问的便捷性 | |
| UC Press E-Books Collection | 艺术、科学、历史、音乐、宗教和小说 | 2 000 | 经同行评议的传统出版物转为OA | | 对本校师生免费;标"public"的可免费在线浏览、打印;部分电子版印本可向出版商购买;提供全文搜索、脚注和引文链接服务 |
| UMP-DCB | HSS | 32 | 开放同行评议过程 | 出版印本和电子格式专著,托管和出版开放获取格式在线版期刊;开发数字出版模式,建立社区门户网站,提供更广泛的知识共享服务 | 在署名下做任何修改、非商业用途情况下,复制、发布、展示或表演演图书 |
| UPP-DE | 皮特拉美系列、俄罗斯皮特系列和东欧研究、结构、素养和文化、不再版图书 | 762 | 经同行评议的传统出版物转为OA | | 全文浏览及检索服务,可下载部分章节之PDF版 |

续表

| 名称 | 学科领域 | 数量(种) | 质量控制 | 成员和作者服务 | 用户许可和服务 |
|---|---|---|---|---|---|
| OSTP-OAI | 叙事理论、维多利亚时代、中世纪研究及传统经典 | 96 | 与传统出版物同样的同行评议 | | 只需下载免费 Adobe 或其他 PDF 阅读器即可下载阅读 |
| IFUP | 自然、HSS | 88 | 经同行评议的传统出版物转为 OA | | 整本书或图片下载;在书店或图书馆可通过 CBS 数字服务购买打印或邮购副本,或邮购 |
| Newfound Press | 科学研究、人文知识及艺术创作类 | 41 | 与传统出版物同样的同行评议;多媒体作品则审核"内容、设计、视觉感知、传达预期信心的导航力" | 提供数字出版标准及最佳实践建议 | 按章节或整本书下载 |
| eScholarship | HSS、自然 | 246 | 113 种经过同行评议 | 本校范围内提供免费的出版服务,如内容相关的编辑、校对及排版服务 | 免费阅读网页版(内容检索,总点击量及下载量,平均量相关图书)、下载 PDF 版;POD 版付费 |
| Bookboon-Business | IT、工程、销售、营销、金融、管理 | 400 | 经同行评议的传统出版物转为 OA | | 提供专业类、快速阅读类图书 |
| Springer Open | 所有学科 | | 与传统出版物同样的质量审、生产及出版流程 | APC 模式运作;基于每本书的页数收费用,每本专著约 1.5 万欧元;OA 成员作者享受 15% 折扣 | 提供 HTML 版本图书,不提供高附加值的服务;可购买定制版印本 |

续表

| 名称 | 学科领域 | 数量(种) | 质量控制 | 成员和作者服务 | 用户许可和服务 |
|---|---|---|---|---|---|
| InTech | 自然、HSS | 2 201 | | | 个人用户可按章节或整本书在线阅读或下载，图书馆用户可将 PDF 文件保存到本地，打印或获得副本个人使用，教师可以用于教学、会议、讲座等非商业性专业 |
| Open Book Publishers | HSS | 29 | 由至少 2 名行业专家评议；3 名主管决定是否出版；请作者根据评改审意见修改；评议专家通读并再次提意见 | 不收取任何出版费用 | 按章节在线阅读、链接、查看评论、图片等数字资源；注册后下载 PDF 版 |
| re. press | 政治哲学、本体、科学哲学、伦理、美学和精神分析 | 24 | 内部编辑器可接受性判断审核通过后，进入双盲同行评议流程，删除所有可能识别作者的信息 | 出版新作品，再版绝版作品，并接受禁出(unsolicited)稿件 | |
| OAPEN | HSS | 截至 2013 年初为 1 200 多种 | 要求出版商公布合理透明的同行评议程序，提交经同行评议的出版物；在 OAPEN 网站发布同行评审的过程资料并供下载；最低要求是独立的个人或编委会，编辑等不得担任评审人 | 标准的营销服务；可选择性出版服务 | 在国家版权法范围内出于个人或教育目的可以在线阅读、下载、打印和复制；除此以外，保留其他权利 |

205

续表

| 名称 | 学科/领域 | 数量(种) | 质量控制 | 成员和作者服务 | 用户许可和服务 |
|---|---|---|---|---|---|
| OpenEdition books | HSS、环境及健康领域 | 1 000 种,年底将达 2 000 种;2020 年将达 156 万种 | 经过技术与学术评估 | 提供创新项目,包括基于 OA 作品的销售服务与衍生产品,申请的图书馆无限制地获取、协助及在线培训;MARC 数据服务及定制预告系统;数据统计,相关信息及文档,日常管理等 | 以 HTML 格式出版,通过 Web 可浏览,成员馆用户可下载定制的 PDF、EPUB、MOBI;其他用户可从在线电子图书网站购买 |

方式,如 eScholarship 提供每本 OA 图书的总点击量与下载量、月均点击量与下载量。少量项目未提及同行评审的细节或简单注明会进行同行评议。

成员服务方面,除基础服务外,很多项目还提供增值服务。而用户服务方面则主要集中在提供免费 PDF 或 Web 版阅读服务,POD 的印本服务则收费。

## 4 法律框架分析

关于 OA 图书版权使用和许可方案,采用不同的使用许可,因此在 OA 许可下可选择不同的方案。开放获取多采用创造共用许可(CC 许可),既保护著作权人合法权益又利于知识传播;在著作权人保留著作权的同时,授予公众因个人学习、研究等合理目的而下载、复制、保存、传播、展示、表演等使用作品的权利。许多机构采用 CC-BY-NC-ND(署名、非商业使用、禁止衍生作品)许可来保护著作权人权益。一些科学家提倡使用 CC-0 将作品作为公共产品开放[25]。如表 3 所示:

创作共用许可 CC,已被 OA 图书出版商广泛使用,而且涵盖各种不同类型。大部分项目规定了 CC-BY(署名)、CC-BY-NC(署名、非商业使用)最基本版权限制;部分项目采用"CC BY-NC-ND 3.0:在同等条件下,用户可复制、发行、展览、表演、放映、广播或通过信息网络传播作品";部分项目采用"CC BY-NC-ND 2.5:在署名、非商业使用、禁止衍生作品的条件下,用户可复制、发布、传播作品",如 re. press;少量项目并未进行版权方面的规定。此外,一些机构起草了自己的"开放存取"版权许可,仿照 CC 许可或限制更加严格,如 NAP 规定所有版权未经过书面许可任何人不得发布、传递或复制;OpenEdition Books 则声明须按规定方式分享;还有一些项目规定只能用于非商业性质的共享,为出版商保留发行作品获利的专有权。

## 5 结　语

OA 图书出版项目提供免费内容,通过机构资助、销售其他版本的内容、收费提供增值服务等方式来支持 OA 出版。它打破了传统销售内容的出版模式,转为销售服务。在出版 OA 图书的合作中,出版社主要负责组织同行评议、提供基于成本核算的 OA 出版服务、出版并销售其他版本或与资助者分享收入;而资助者则负责制定 OA 出版的标准(如同行评议保证质量标准、合理的出版费用或费用核算模式)、提供出版资金[1]。

OA 图书出版项目主要集中在 HSS 领域,是继 STM 领域开放获取期刊成功的又一实践探索。OAPEN 的宗旨是建立和实施 HSS 学术图书可持续开放获取出版模式。鉴于 OA 期刊在质量及权威性方面受到质疑的问题,OA 图书出

表 3 版权规定

| 名称 | CC-BY | CC-BY-NC | CC-BY-NC-ND | CC-BY-ND | CC-BY-NC-SA | CC-BY-SA | 其他 |
|---|---|---|---|---|---|---|---|
| CLACSO |  |  |  |  | √ |  | CC BY – NC – ND 2.0 |
| HSRC Press |  |  |  |  |  |  | 无,获得许可后可以连接到其他网站 |
| NAP | √ |  | √ | √ |  | √ | 所有版权(电子版权与印本权)归NAP所有,未经过书面许可任何人不得发布,传递或复制这些作品 |
| ANU E Press | √ | √ |  |  | √ | √ | 本社拥有全球独立发行权,用户不得通过电子邮件列表、电子新闻组或主机在其他服务器上再发布电子副本;严格禁止商业使用 |
| UCOI – EPI | √ | √ |  |  |  |  | 讨论中 |
| MUP | √ | √ | √ | √ |  |  | 未经许可不得发布衍生作品 |
| UC Press E – Books Collection | √ |  |  |  |  |  | 加州大学政策 |
| UMP – DCB | √ | √ | √ |  |  |  | CC BY – NC – ND 3.0 |
| UPP – DE | √ | √ |  |  |  |  | 任何大规模的复制,包括教育及非营利性使用都需获得授权许可 |
| OSTP – OAI | √ | √ |  |  |  |  | 俄亥俄州立大学出版社版权 |
| IFUP | √ | √ |  |  |  |  | 康奈尔大学版权保护 |
| Newfound Press | √ | √ |  |  |  |  |  |
| eScholarship |  |  |  |  |  |  | 可选择性得使用CC许可;所有版权归作者所有 |
| Bookboon – Business |  |  |  |  |  |  | 无 |

续表

| 名称 | CC-BY | CC-BY-NC | CC-BY-NC-ND | CC-BY-ND | CC-BY-NC-SA | CC-BY-SA | 其他 |
|---|---|---|---|---|---|---|---|
| SpringerOpen | √ | √ | | | | | |
| InTech | √ | √ | √ | | | | CC BY-NC-ND 3.0 |
| Open Book Publishers | √ | √ | √ | √ | | | 无书面许可,不得复制、转载、发布或传播 |
| re. press | √ | √ | √ | √ | | | CC BY-NC-ND 2.5 |
| OAPEN | √ | √ | √ | √ | | | 在国家版权法范围内出于个人或教育目的可在线阅读、下载、打印和复制;除另有规定外,作品保留所有权利 |
| OpenEdition Books | √ | √ | | | | √ | 按规定方式分享 |

209

项目将同行评议和质量控制标准作为重要的组成部分。在服务方面,出版社参与的项目主要为作者提供出版、营销服务,为终端用户提供免费 OA 内容及增值服务;出版商或组织项目还会为成员机构提供基本的免费服务与增值服务。大多数服务基于 CC 许可,同时兼顾本机构自主制定的权利与限制规则。

  在 OA 图书出版模式中,资助者加速了知识传播,提高了投资回报率,出版社加强了知识传播效率,图书馆满足了用户需求,提高了知识获取及服务能力,而学者则增加了公众的能见度与影响力资源的可获取性[1]。作为一种新兴的图书出版模式,OA 图书出版还处于初期实验阶段。同时,国外经过 10 余年的发展,已积累了一定的成功经验,对我国开展 OA 图书出版具有重要的借鉴意义。

## 参考文献:

[1] Eelco F. OAPEN open access publishing for academic books [C/OL]. [2013 - 03 - 13]. http://www.unica - network.eu/sites/default/files/Eelco%20ferwerda.pdf.

[2] Opening access to scholarly books[EB/OL]. [2013 - 04 - 07]. http://www.knowledgeunlatched.org/about/mission/.

[3] The National Academies Press [EB/OL]. [2013 - 04 - 20]. http://www.nap.edu/.

[4] Open Access Publishing in European Networks [EB/OL]. [2013 - 04 - 20]. http://www.oapen.org/home.

[5] Open Access Scholarly Publishers Association [EB/OL]. [2013 - 04 - 20]. http://oaspa.org/.

[6] Springer now publishing open access books [EB/OL]. [2013 - 03 - 13]. http://www.springer.com/about + springer/media/pressreleases? SGWID = 0 - 11002 - 2 - 1387743 - 0.

[7] The Latin American Council of Social Sciences [EB/OL]. [2013 - 04 - 20]. http://www.clacso.org.ar/inicio/inicio.php? idioma = ing.

[8] HSRC Press [EB/OL]. [2013 - 04 - 20]. http://www.hsrcpress.ac.za/.

[9] ANU E Press [EB/OL]. [2013 - 04 - 20]. http://epress.anu.edu.au/.

[10] University of Chicago Oriental Institute Electronic Publications Initiative [EB/OL]. [2013 - 04 - 20]. http://oi.uchicago.edu/.

[11] Monash University Publishing[EB/OL]. [2013 - 04 - 20]. http://publishing.monash.edu/.

[12] UC Press E - Books Collection,1982 - 2004[EB/OL]. [2013 - 04 - 20]. http://publishing.cdlib.org/ucpressebooks/.

[13] University of Michigan Press – Digital Culture Books [EB/OL]. [2013 - 04 - 20]. http://www.press.umich.edu/.

[14] University of Pittsburgh Press – Digital Editions [EB/OL]. [2013 - 04 - 20]. http://dig-

ital. library. pitt. edu/p/pittpress/.
- [15] The Ohio State University Press Open Access Initiative [EB/OL]. [2013 – 04 – 20]. https://ohiostatepress. org/index. htm? /books/openaccess. htm.
- [16] Internet – First University Press[EB/OL]. [2013 – 04 – 20]. http://ifup. cit. cornell. edu/.
- [17] Newfound Press [EB/OL]. [2013 – 04 – 20]. http://www. newfoundpress. utk. edu/.
- [18] eScholarship [EB/OL]. [2013 – 04 – 20]. http://www. escholarship. org/.
- [19] Bookboon – Business [EB/OL]. [2013 – 04 – 20]. http://bookboon. com/en.
- [20] SpringerOpen [EB/OL]. [2013 – 04 – 20]. http://www. springeropen. com/.
- [21] InTech [EB/OL]. [2013 – 04 – 20]. http://www. intechopen. com/.
- [22] Open Book Publishers[EB/OL]. [2013 – 04 – 20]. http://www. openbookpublishers. com/.
- [23] re. press [EB/OL]. [2013 – 04 – 20]. http://re – press. org/.
- [24] OpenEdition Books [EB/OL]. [2013 – 04 – 20]. http://www. openedition. org/.
- [25] The OAPEN final report 2010 – 2011[EB/OL]. [2013 – 03 – 13]. http://project. oapen. org/images/documents/oapen_final_review_presentation. pdf.

**作者简介**

魏蕊,中国科学院国家科学图书馆、中国科学院大学博士研究生,E – mail: weirui@ mail. las. ac. cn;

初景利,中国科学院国家科学图书馆教授。

**编者按**：这一组文章为《图书情报工作》杂志社出版基金项目"大学开放获取实施策略研究"的项目成果。开放获取运动在全球范围内已经获得了快速发展，大学图书馆的资源建设、服务模式和角色定位等方面都会受其深刻影响。国外的一些大学图书馆对开放获取运动的发展作出了积极贡献，取得了很多经验，值得我们学习和借鉴。本组文章围绕大学的学术交流活动，从多个角度揭示了大学图书馆如何在这场运动中发挥独特的作用；面对未来的学术环境，大学图书馆如何为继续保持学术影响力而作出努力；大学开放获取政策是推行开放获取的保障，也扩展了图书馆的服务领域。

# 开放获取的发展态势及大学图书馆的作用\*

孙博阳　王琼

**摘　要**　分析指出当今开放获取已获得广泛的民意支持，大学、科研机构等学术和管理部门纷纷出台开放获取政策，甚至将其作为国家发展战略；开放获取出版规模也迅速壮大，网络环境下传统商业学术出版面临挑战；开放获取顺应学术交流体系变革的需求，是不可逆转的发展方向。认为学术交流体系的巨变将会给大学图书馆带来革命性影响，大学图书馆应顺应历史潮流，将开放获取提升为事关未来发展的关键议题，在未来开拓全新的服务领域，深度参与校园学术活动，实现图书馆的战略性转变。

**关键词**　开放获取　学术交流　图书馆发展战略
**分类号**　G203

过去10年里，开放获取运动在世界范围获得了快速发展。我国大学图书馆也逐渐开始进入服务实践阶段，相继开展了一些开放获取服务项目。如厦门大学的机构知识库，经过多年建设，产生了较好的社会影响；CALIS三期机构知

---

\* 本文系图书情报工作杂志社2012年出版基金项目"大学开放获取实践策略研究"（项目编号：2012CB003）研究成果之一。

识库项目虽然建设时间尚短,也已产生了很好的带动效应。尽管如此,笔者认为,目前大学图书馆对开放获取的重视依然不足。开放获取是网络环境下科研生态演变的必然要求,伴随着学术交流体系的变革,其对大学和图书馆的影响是革命性的。开放获取与大学社区内的每个教师、管理者、图书馆员、学生都息息相关,图书馆应于其中发挥重要的作用。认清当前形势和发展趋势,分析其产生的各方面影响,调整大学图书馆发展战略,是我们今天需要认真对待的重要议题。

## 1 传统学术出版模式已不可持续

近年来的开放获取出版究竟达到了怎样的规模,这个问题一直都很引人关注,有多项研究得出了不同的结论。芬兰最新的一项研究表明[1],2000－2011年期间,开放获取学术论文出版以平均每年1%的速度增加,2011年通过开放获取出版的期刊论文约占全部论文(近170万篇)的17%。尤其是生物医学领域,开放获取出版论文规模在2000－2011年间增长了16倍,占全部开放获取论文的36%。在开放获取出版早期(2000－2005年),学术团体、专业学会、大学以及研究者个人是主要的开放获取出版力量。而2005年之后,商业出版社成为了开放获取出版的主要来源,例如,Wiley、Springer、Nature集团等学术出版巨头,纷纷推出开放获取出版项目。在2003年布达佩斯先导计划设立之前,除了那些开放获取的早期推动者,没有人会相信开放获取的理念可以撼动每年93亿美元的科技医学学术期刊出版产业[2]。而现在,业界普遍认为开放获取学术资源正在成为学术资源的主流[3-4],取代传统出版只是时间的问题。自2013年4月1日起,英国将开始在全国实行公共资金项目成果的开放获取强制政策,这些项目预计每年产生2.6万篇论文(以2011年数据为基准)。依据2010年联合国教科文组织科学报告[5]的数据,在全世界高质量学术论文来源中,英国约占6%,美国约占27.7%,欧盟约占37%。如果美国也按照预期计划,相继推行开放获取政策,仅就学术期刊而言,开放获取学术出版在未来几年内超过传统出版已经不成问题。

学术著作的开放获取也已启动。例如,OAPEN是欧盟资助的促进欧洲社科学术著作传播的开放获取出版项目,由多家大学、大学出版社、大学图书馆、荷兰国家图书馆等机构合作承担。OAPEN项目2012年仿效DOAJ推出了Directory of Open Access Books(DOAB)平台,提供开放获取出版和服务,目前已有35家出版社的1 272种图书上线。世界银行、国际卫生组织、OECD等国际组织,由于推行了开放获取强制政策,其机构内部产生的相当数量的学术著作和科研报告也都是开放获取的。美国国家卫生研究院的NCBI Bookshelf项目,目前包括了 1 000 多种图书和科学报告。美国国家学术出版社（National Academies Press）是美国科学技术研究院、医学研究所和国家研究委员会的专门学术出版机构，它在 2011 年 6 月宣布，在先期开放部分图书的基础上，进一步将其所出版的全部图书和科研报告（共 4 000 余册）电子版提供给公众免费下载阅读。大学出版社和大学图书馆也积极参与图书的开放获取出版，如 Project Euclid Open Access Monograph 和 UC Press E - Books Collection（1982 - 2004 年），都属于这一类情况。北京师范大学图书馆于 2012 年 3 月曾对开放获取出版的电子图书、学术报告、会议录等文献进行了整理，统计出可供免费获取的图书、报告、会议录等文献总数为 12 321 种。除了上述几个项目来源外，还包括了 Gutenberg - e 哥登堡项目、美国政府报告等其他来源。开放图书的这种现状很容易让我们联想起开放获取电子期刊的早期发展阶段，显然可供读者免费阅读的资源数量还会持续地增加。

## 2 开放获取对经济的促进作用引起重视

开放获取不仅可以促进学术繁荣，更符合公平道义，使高等教育直接受益。而且，开放获取带来的巨大经济效益，也引起社会各界的关注。已有多项研究的成果证明开放获取可以获得巨大的经济回报。当今科学的产出量是惊人的，根据科技医学出版商国际学会 2012 年的科学出版报告[2]的数据，目前全世界约有28 100种同行评议期刊，每年出版 180 多万篇论文。期刊数量和发表文章数分别以每年 3% 和 3.5% 的速度增长，人们越来越难以跟踪和充分利用这些信息。而数据文本挖掘技术则赋予人类"超级阅读"方式，新的科学发现会从中产生。JISC 的一项研究报告称[6]，在学术成果开放获取的背景下，数据挖掘技术在科研成果上的应用假设仅提高 2%，就可以节约大约价值 1.23 - 1.57 亿英镑的工作时间。麦肯锡全球研究院在 2011 年的一份报告[7]则得出结论，针对美国医疗系统产生的大数据挖掘可以产生每年 3 亿美元的收益，大部分出自于国家医疗花费 8% 的缩减。研究还估算出欧洲公共政府每年开支也可以节约 1 千亿欧元。开放获取对英国公共部门（不包括高等教育、私有企业）产生经济效益的评估报告[8]，也是英国开放获取实施工作组（Finch 工作组）的专门研究报告之一，声称开放获取已经为英国节约约 2.86 千万英镑的开支，并且开放的文章每增加 5%，还会给英国带来 170 万英镑的额外利益。对科研成果和数据开放，从而使之得到更广泛的利用，已经被欧洲等发达国家看作是潜在的经济增长点。

开放获取的定义中，不仅有对学术成果内容免费获取的要求，还有对科研成果的再利用的开放要求。P. Suber 以免费（gratis）和自由（libre）两个词区分仅开放内容阅读和同时开放再利用版权两种情况下的开放获取[9]。出于利益的需求,科研数据有严格的版权控制或者限制。在日益高涨的开放获取呼声中,版权保护法律改革近些年也开始启动,英、美和欧洲法律界人士积极探讨如何在知识产权保护和促进知识的传播和利用之间寻找新的平衡。人们认识到过于严苛与毫无意义的知识产权保护已经开始妨害现代科技的应用,进而影响到经济发展。在 BOAI 先导计划 10 周年倡议中[10],就倡议使用 CC – BY 或其他类似协议作为科研成果的版权授权协议。目前要求采用 CC – BY 版权要求的政策也越来越多,如英国研究委员会(RCUK)的开放获取政策,Springer 的 Open Choice 出版计划等。

在 2012 年英国 RCUK 新开放政策出台前,英国科学与大学事务大臣 D. Willett 在英国出版商协会年会、国会、卫报等多个场合发言或者撰文,说明尽管英国的学术出版业对国家经济和提供就业做出了很大贡献,而且出版业 80% 的收入来自于海外市场,但是政府仍旧要在英国推行开放获取政策[11],因为这会给英国社会带来社会效益和长期的经济效益,有助于保持英国的科研竞争力。美国白宫科技政策办公室就扩大美国公共访问政策的声明[12]则称科研成果和数据的开放获取会增进美国在新的数据聚集、保存、分析和可视化等领域的服务实力,开放获取政策将会加速科学发展和创新,促进创业,提振经济和创造就业机会。欧盟欧洲委员会副主席 N. Kroes 也在各种场合解释和宣传开放获取将会给欧洲经济注入新的活力,不遗余力地推动欧洲开放获取进程。

## 3 开放获取成为一些国家的战略发展选择

到目前为止,在 ROARMAP 中已经登记了 400 多个开放获取政策,这些开放获取强制执行政策的推行者主要是科研基金组织、大学、国际组织和机构,这些政策极大地促进了开放获取的发展。而 2012 年 7 月,英国 RCUK 新开放获取政策的出台,则标志着开放获取已成为一些国家的国家发展战略选择,开放获取发展进入一个新的阶段。

2012 年 7 月,英国政府正式对 Finch 报告[13]做出答复,基本上全面采纳了 Finch 报告的建议,7 月 16 日正式颁发 RCUK 的新开放获取政策[14]。RCUK 新政策有两个特点:一是全面倾向于支付文章发表费(APC)的金色开放获取,二是对支付了文章发表费的成果明确要求采纳 CC – BY 版权协议。为了配合 RCUK 新政,英国政府在当年 9 月份宣布投入 1 千万英镑,作为 30 个大学的开放获取出版配套启动资金。RCUK 对开放获取出版的完整支持方案,基于每年约产生 26 000 篇文献的水平,在新政策执行的第一年(2013 – 2014),对大约 45% 的文章提供开放出版基金,此后逐年增加,大约在 2017 – 2018 年度增加到

75%的程度[15]。以 Finch 报告给出的 APC 支付水平为准进行估算,RCUK 在未来 5 年对开放获取出版的支持将超过 1 亿英镑。英国高等教育基金会(HEFCE)等 4 个科研基金会发表了声明,认为科研成果的广泛传播是高质量科研活动不可分割的一部分。在现行的英国科研评估框架(REF)于 2014 年结束后,新一轮 REF post-2014 评估框架[16]将与 RCUK 的开放获取政策保持高度一致。所有提交 REF 审核的作品必须首先满足 RCUK 开放获取出版要求。HEFCE/REF 详细解释了新政策的原则、思路,并在 2013 年 3 月 25 日前征求了公众意见。科研绩效评估方案的修改,为开放获取政策在英国的顺利实施增加了一枚极重的砝码。从英国这一系列决定,足可见其选择开放获取道路的决心。

学术交流环境的国际化特性,决定了开放获取政策的执行不可能总是单方的。欧洲委员会副主席 N. Kroes 于 2010 年 2 月在欧洲开放获取基础设施研究(OpenAIRE)计划启动会议上说:"开放获取已经在法律上和技术上成为事实,问题不再是我们是否应该采纳开放获取,而是我们应该怎样发展、深化和推动它。"欧洲的 Horizon 2020 计划,要求对未来 7 年内受到 800 亿欧元资助的科研项目成果和数据,分步骤在 2020 年前实现全部开放获取。此外,欧盟还稳步推进开放获取基础实施平台建设,许多开放获取项目都卓有成效。

美国 NIH 公共获取政策的影响是有目共睹的。2012 年 5 月发起的白宫"我们人民"扩大公共访问政策的网络请愿活动声势浩大,最终获得了 6.5 万人签名支持。美国总统办公厅科技政策办公室(OSTP)主任 J. Holdren 于 2013 年 2 月 22 日正式对请愿作出回应[17],再次表明美国奥巴马政府承诺将扩大政府所投资科研项目成果和科学数据的开放获取。同一天,向美国政府各相关部门签发了促进公共资助科研项目成果开放获取的备忘录[18],即白宫行政指令,要求那些接受联邦政府科研投入超过 1 亿美元的部门在接下来的 6 个月之内,按照备忘录提出的政策制定原则,拿出具体的开放获取政策的实施方案;科研成果要在出版 12 个月内,向公众提供科研成果和科研数据的公共访问。受该指令影响的包括农业部、商业部、国防部、教育部、能源部等政府部门以及环境保护署、NASA、国家科学基金会(NSF)等专门机构,共 10 余个部门,受影响的科研经费则是一个天文数字。指令发出后,各利益相关团体纷纷表态支持。就连一贯反对开放获取立法、成员包括 400 多个学术出版社的美国出版商协会(AAP),也公开声明支持该指令,认为扩大公共获取是"合情合理"的。可以说,美国的国家开放获取政策正式出台已经有了时间表。此外,美国推动开放获取立法的活动也没有停止,就在备忘录签发的前两周,要求科学研究成果开放获取的新法案(FASTR)[19],已被两党议员在两会递交,它是原 FRPAA 法案的新版本。法案要求政府资助科研成果和数据在出版 6 个月内开放,同时允许数据挖掘、文本挖掘等技术手段对内容的再应用。美国政府的加入,使世界开放获取发展格局发生了根本性转变。

## 4 开放获取更适应当今学术生态环境的演化

开放获取的成功不是偶然的,其原动力来自于信息科技的进步。发生在网络空间的学术交流活动打破了以往围绕印刷型文献的出版社、学者和图书馆组成的原有学术交流圈。与传统同行评议学术出版不同,今天大量的科研信息是在科研过程中,通过社交网、博客、网络讨论组等途径传播的。在网络社区里,发表学术成果不再是科研过程的结束,而是才刚刚开始。每一个读者既是生产者,也是消费者和过程参与者。例如,以 Research Gate 为代表的学术型社交平台大受欢迎,在 4 年不到的时间里,它吸引了 200 万科学家加入。在这里可以浏览任何人的研究兴趣、科研成果,向他们索要原文。该平台目前汇聚了 1 000 万篇科学文献,4 500 万篇文摘,仅清华大学就有 100 多个院系所的 900 多名注册者,围绕他们聚集了 2 万多篇文献信息。虚拟科学社区的效率和潜力非传统学术交流模式可比。抛弃传统学术出版,在技术上已经完全可以实现,开放获取顺应了这种发展趋势,摆脱了以科研活动牟取暴利的商业枷锁,使科学研究的价值得以回归,使科学成果以新的形式发布、获取、索引、评述、注释,满足了这些信息被更广泛传播和再利用的内在需求。受学术交流方式变化的影响,科研评估体系也需要在未来做出重大调整。总之,人类的科学研究在开放获取的知识网络中,可以达到新的高度。

学者、大学及科研机构的管理者、政策制定者、投资人等各利益方都意识到,在一个开放的、没有制约的知识网络环境中,获取、关联、挖掘和再利用相关的研究数据与成果,任何一方都可以获益,获益的程度取决于创造一个全球化、开放透明、无障碍的科学世界。开放获取的实践也证明了这一点。开放获取可以带来更高的引用率,这一点在多项研究中早已得到证实。据 2011 年 Arxiv 统计[20],仅来自于清华大学域名下的下载文章请求数就多达 64 580 篇。截至 2012 年 10 月,MIT 的机构知识库 Dspace@ MIT 推出仅三年,以区区 7 000 篇存档论文,就积累了 63 万篇下载量,其中 11% 来自中国[20-21]。在今天网络化和日渐开放的学术环境中,越来越难以统计有多少资源不是通过图书馆渠道获得的。可以说,开放获取将要改变的不仅仅是学术出版,而且还加速了科研生态环境的进化,这种进程是不可逆转的。开放获取的早期倡导者们在布达佩斯先导计划 10 周年纪念之日再聚首[6],总结认为开放获取在各个领域都得到很好发展,开放获取不是乌托邦,在 10 年里积累了丰富的经验、智慧,技术手段、经济可持续性和法律可行性都得到了验证。布达佩斯先导计划的下一个 10 年目标,就是在所有国家和所有学科,让开放获取成为同行评议学术文献的缺省的传播方式,在一个开放获取的世界,人类科学研究的所有成果都可以被免费地传播和再利用。这绝非妄言。

## 5 开放获取与图书馆未来命运休戚相关

图书馆一直是推动开放获取的一支重要力量。学术期刊的价格危机是迫使图书馆加入这场运动的最初理由,这种选择既发自不得已,又出于自觉意识。图书馆员们清醒地认识到,价格危机只是问题的表面现象,真正的症结是学术交流体系需要改革,开放获取代表着更有希望的未来。支持开放获取运动的同时,图书馆也在转变着自己的角色。那就是当学术环境最终发生根本改变时,图书馆必须要实现自身变革。这是因为,当越来越多的学术资源成为开放资源的时候,当学术交流越来越依赖网络进行的时候,当图书馆终于有可能从经费紧张中获得喘息机会的时候,图书馆的那些传统服务职能却变得失去意义,图书馆对读者的吸引力必然会急剧下降。图书馆的价值会被怀疑,甚至会被完全取代。2011年初发表的《2050大学图书馆验尸报告》一文,就反映了对网络学术交流环境中图书馆未来命运的隐忧。在新型的学术交流体系中,图书馆要改革自身,以充分体现核心价值,为自己争取到应有的位置。

有人预测到2025年,图书馆通过机构知识库自我存档等各种聚合手段提供服务的学术资源数量将超过购买的资源[22]。在开放获取的环境中,图书馆继续失去了作为信息看门人的资格。谷歌会持续对图书馆造成威胁。然而,因为新的信息需求也会不断涌现,图书馆也存在着继续保持竞争力的机会。例如,承担机构知识库的建设与维护任务;为老师们提供自我存档帮助和版权知识咨询;积极推动大学开放获取政策出台,完成政策执行细节;作为教师代表从出版商那里争取必要的版权;开辟学术出版、科学数据服务新领域;管理开放获取出版基金;基于教师科研成果的数字资产系统,可以进一步为大学管理者提供学术评价依据等。这些工作使图书馆参与到了学术出版和传播中,在学术信息生产阶段提供服务,拉近了图书馆员和学者的关系,进而可以提高图书馆在大学社区内的影响力。随着这些新服务项目的开展,图书馆可以提供更深入的数据服务、科研评估服务等。这些工作在国外大学中已经被广泛地开展,意味着大学图书馆的发展战略正在悄然发生转变,正在慢慢与建立在几百年印刷文化上的传统图书馆做最后的告别。

这就是为什么进入本世纪以来,大学图书馆未来发展战略的研究一直非常引人关注的原因。近年来对这一问题的研究更加迫切。美国研究图书馆协会(ARL)确立的2010-2012年三大战略方向中,促进学术交流和学术图书馆转型列居其二。三大战略方向之下列出的 10 个关键议题,有一多半都是对图书馆适应新环境的考验,包括版权和知识产权、E-Science、学术出版新模式、促进学术交流、研究型图书馆的转变等。和美国类似,欧洲学术图书馆协会(LIBER)也把促进学术交流、建设包括科学数据和其他新兴科研资源的资源保障框架、重塑大学图书馆服务职能作为 2013-2015 年发展战略的重点。许多大学图书馆对发展目标、根本任务、核心价值等问题开展了讨论和专项研究,纷纷重新制定图书馆发展规划,无一不是把图书馆放到了新型学术交流体系的背景中去考虑的[23-25]。

在日趋国际化的学术研究环境下,我国大学图书馆面临的问题和国外没有本质的区别。因此,我们也不能单纯地仅看到开放获取使图书馆可以获得更多的免费资源。大学图书馆对开放获取的参与,不能仅停留于建设一个功能齐备的机构知识库,而是一定要与学术交流改革的背景和图书馆战略转型联系起来。开放获取相关实践关系到对未来图书馆发展蓝图的设计,关系到图书馆的未来命运。

## 6 对大学图书馆开放获取实践的建议

### 6.1 扩大图书馆资源覆盖范围,充分享用开放获取的成果

图书馆的资源发现系统、全文链接系统、参考咨询、读者培训以及学术资源评价,都应该尽可能涵盖开放获取资源部分。图书馆应该追踪不断涌现的开放获取资源,经过鉴别并整合入现有的资源服务系统中。目前已经有不少图书馆开始践行。由于开放获取资源不是哪一个图书馆的独有资源,大学图书馆之间的合作变得更加重要,这有别于传统的各馆购买资源、分别建设馆藏的做法。图书馆面临的一个难题是对于那些混合型开放获取期刊(hybrid OAJ)中的部分开放论文如何识别处理。目前 NISO 正在酝酿相关的新标准,多个资源发现系统厂商也都对这个问题有所回应。另外,对开放获取资源的服务和使用,本身就是一种宣传。在利用开放获取资源和以开放获取方式发表的成果方面,部分高校教师已经走在了图书馆的前面[26]。

### 6.2 积极开展校园内的开放获取宣传教育活动

总结国外发展历程,开放获取 10 年发展最坚强的后盾其实是科学界的支持。每一个大学开放获取政策的出台,都是因为获得了大多数教师的理解和支持。机构知识库存缴更是需要学者们的行动。因此,宣教活动永远都十分重要。尤其是中文的翻译问题和汉字的丰富含义,常常会造成一些概念的混乱。开放获取在大学的推行绝不是图书馆一个部门的议题,也不是图书馆独立推行

的事务,关起门来是无法实现的,它切实关系到校园中的每一个人。

当然图书馆所起的作用也是其他部门所不能替代的。且不说价格危机是图书馆的切身之痛,其独具的校园公共关系,也使其更适合承担校园宣教活动的职责——向老师们提供版权知识等方面的咨询服务。目前世界上大多数的大学机构知识库都是由图书馆承担建设、维护的,图书馆员也乐意帮助老师们完成存缴的过程。图书馆也是最适合代表大学与出版商协商版权问题的部门。因此图书馆应该抓住机会,积极开展校园宣教活动,推动校园内开放获取的发展。

### 6.3 机构知识库建设应高举开放获取的旗帜

国外出台的大学开放获取政策,本质就是通过校园政策的形式,强调大学对大学知识成果的优先权利主张,并声明利用机构知识库的平台,以开放获取的方式,对这些成果进行保存和传播,从而提升大学影响力。开放获取的理念符合大学尊崇的价值观,因此大多数校园开放政策都由大学教师委员会投票通过,甚至是全票通过。这种政策是一种授权形式,通过这种授权,大学可以毫无争议地收集、保存和传播这些作品,无须再与作者逐个签署协议。集体的力量胜于个人,如果出版商与大学政策相抵触,出版商将处于道义的劣势。同时,这种政策也是对过去出版社掠夺作者全部版权的错误的纠正,提醒作者慎重转让自己的权利。中国科学院国家科学图书馆的研究报告《公共教育科研单位机构知识库内容存缴与传播的权益管理政策指南》[26],梳理了我国已有的相关法律、政策和规定,明确了机构知识库的建设和服务的合法性。

建设大学机构知识库的目的,就是要实现大学科研成果的开放获取,因此它和保存本校教师科研成果的特藏库有本质的区别。不能把机构知识库的建设和整个开放获取运动相隔离,也不能(永远)仅对本校开放。机构知识库应该坚定不移地坚持和倡导开放获取。我们应该充分利用机构知识库的"关于"、"FAQ"、"帮助"等栏目,宣传开放获取。

### 6.4 机构知识库建设应尊重版权规定

大学的优先版权主张,在现实中会与出版社的出版政策产生矛盾,因此目前的强制性大学开放获取政策都允许作者申请提交豁免,而且也允许作者提交成果的不同版本。即便这样,机构知识库仍旧有很大的发展空间。SHERPA/RoMEO 对全球 1 200 多家出版社的作者自我存档政策作了登记,只有 32% 的出版社没有明确地支持作者自存档行为。SHERPA/RoMEO 提供 API 接口,可以查询特定出版社和期刊的具体版权规定。国外的一项研究[27]对加州大学伯克利分校、麻省理工学院等 5 所美国重要大学 2011 年发表的 29 322 篇论文,通过

SHERPA/RoMEO API 查询其自我存档规定,统计得出 28.83% 的论文可以存档最终出版的 PDF 版本,87.95% 可以存档经过评议并修改的 post – print 版本手稿。因此,在尊重版权规定的前提下,我们也有条件去充实机构知识库内容,尤其是中国作者发表在国外期刊的文章。反倒是目前大部分的中文期刊,我们因为没有办法获知出版社的政策规定和作者已签署的版权转让合同的详情,也没有大学开放获取出版政策,因此在现阶段应该谨慎处理。

### 6.5 关注机构知识库版权政策

OpenDOAR 曾经在 2006 年做过一个调查[28],发现三分之二的机构知识库都没有明确关于其内容使用权限的版权政策。缺少明确的版权声明,是阻碍资源利用的另一个原因。目前国内已有的机构知识库在这方面做得还不够,包括规模最大的科技论文在线都有类似的问题,往往在网站上查找不到明确的相关信息,如提交政策、资源的版权规定、长期保存问题等。中国科学院机构知识库是目前笔者见到的最规范的一个。OpenDOAR 还专门开发了一个机构知识库版权政策的生成工具,围绕政策应该予以规定的各个方面,依据机构知识库内容的开放程度不同,给出了从最宽松到最严格的各种政策选项,选择的结果就生成了适合本机构的模板化的机构知识库政策草案。该工具提供的可选项涵盖了元数据、数据、知识库内容、提交规定、长期保存等多个方面。我们至少可以以其为借鉴。

## 7 结 语

传统图书馆通过购买的手段建设独立的馆藏,为自己的特定用户服务,体现自身的价值,所谓资源共享,也只是作为一种服务的补充手段。而对开放获取而言,版权的意义则仅仅是使作者有权控制其作品的完整性及作品被准确地传播和引用。当开放获取成为学术出版的主流渠道时,图书馆将不得不认真考虑其产生的影响,并从发展战略、应用系统设计、馆员再教育、校园发展影响力战略等多个方面采取行动。否则,在未来的环境中,谷歌会继续夺走我们的读者。失去教师的信赖,也就失去了图书馆在校园中存在的意义。开放获取必须成为图书馆未来发展的关键议题。

**参考文献:**

[1] Laakso M, Björk B. Anatomy of open access publishing: A study of longitudinal development and internal structure[J]. BMC Medicine, 2012(10): 124 – 137.

[2] Ware M, Mabe M. The STM report: An overview of scientific and scholarly journal publish-

ing(Third edition, November 2012)[EB/OL].[2013 – 03 – 10]. http://www.stm – assoc.org/2012_12_11_STM_Report_2012.pdf.

[3] 张晓林,李麟,刘细文,等. 开放获取学术信息资源:逼近"主流化"转折点[J]. 图书情报工作, 2012, 56 (9): 42 – 47.

[4] Lewis D W. The inevitability of open access[J]. College & Research Libraries, 2013, 73 (5): 493 – 506.

[5] UNESCO science report 2010[EB/OL].[2013 – 03 – 10]. http://www.unesco.org/new/en/natural – sciences/science – technology/prospective – studies/unesco – science – report/unesco – science – report – 2010/.

[6] Value and benefits of text mining[EB/OL].[2013 – 03 – 10]. http://www.jisc.ac.uk/publications/reports/2012/value – and – benefits – of – text – mining.aspx.

[7] McKinsey Global Institute. Big data: The next frontier for innovation, competition, and productivity, 2011[EB/OL].[2013 – 03 – 10]. http://www.mckinsey.com/insights/mgi/research/technology_and_innovation/big_data_the_next_frontier_for_innovation.

[8] Rightscom/Matrix evidence, benefits of open access to scholarly research outputs to the public sector [EB/OL].[2013 – 03 – 10]. http://www.matrixknowledge.co.uk/Documents/publicsector_oa_report_final_20120312.pdf.

[9] Gratis and libre open access[EB/OL].[2013 – 03 – 10]. http://legacy.earlham.edu/~peters/fos/newsletter/08 – 02 – 08.htm#gratis – libre.

[10] Ten years on from the Budapest Open access initiative: Setting the default to open[EB/OL].[2013 – 03 – 10]. http://www.opensocietyfoundations.org/openaccess/boai – 10 – recommendations.

[11] Willetts D. Public access to publicly – funded research[EB/OL].[2013 – 03 – 10]. http://www.gov.uk/government/speeches/public – access – to – publicly – funded – research.

[12] John H. Increasing public access to the results of scientific research[EB/OL].[2013 – 03 – 10]. https://petitions.whitehouse.gov/response/increasing – public – access – results – scientific – research.

[13] Finch Working Group. Accessibility, sustainability, excellence: How to expand access to research publication[EB/OL].[2013 – 03 – 10]. http://www.researchinfonet.org/wp – content/uploads/2012/06/Finch – Group – report – FINAL – VERSION.pdf.

[14] RCUK policy on open access and supporting guidance[EB/OL].[2013 – 03 – 10]. http://www.rcuk.ac.uk/documents/documents/RCUKOpenAccessPolicyandRevisedguidance.pdf.

[15] RCUK announces block grants for universities to aid drives to open access to research outputs[EB/OL].[2013 – 03 – 10]. http://www.rcuk.ac.uk/media/news/2012news/Pages/121108.aspx.

[16] Open access and submissions to the REFpost-2014[EB/OL]. [2013-03-10]. http://www.hefce.ac.uk/media/hefce/content/news/news/2013/open_access_letter.pdf.

[17] White House's "We the People" petition on requiring online public access to scientific journal articles that arise from tax-payer fund[EB/OL]. [2013-03-10]. https://petitions.whitehouse.gov/response/increasing-public-access-results-scientific-research.

[18] Memorandum for the heads of executive departments and agencies[EB/OL]. [2013-03-10]. http://www.whitehouse.gov/sites/default/files/microsites/ostp/ostp_public_access_memo_2013.pdf.

[19] Fair Access to Science and Technology Research Act (FASTR)[EB/OL]. [2013-03-10]. http://lofgren.house.gov/images/stories/pdf/2013%2002%2014%20doyle%20lofgren%20yoder%20fastr%20final.pdf.

[20] arXiv.org help - arXiv sustainabilify initiative[EB/OL]. [2013-03-07]. http://arxiv.org/help/support.

[21] Global downloads of papers under MIT Faculty Open Access Policy[EB/OL]. [2013-03-07]. http://libraries.mit.edu/sites/news/worldwide-impact/9615/.

[22] Lewis D W. A strategy for academic libraries in the first quarter of the 21st century[J]. College & Research Libraries, 2007, 68(5): 418-434.

[23] 牛津大学图书馆发展规划 2010-2013[EB/OL]. [2013-03-10]. http://www.lib.cam.ac.uk/strategic_framework.pdf.

[24] 杜克大学图书馆发展计划[EB/OL]. [2013-03-07]. http://library.duke.edu/about/planning/.

[25] 西华盛顿大学图书馆战略规划[EB/OL]. [2013-03-07]. http://www.wwu.edu/provost/planning/documents/Appendices/Appendix3.1.pdf.

[26] 中国科学院国家科学图书馆科技信息政策研究中心. 机构知识库内容存缴与传播的政策指南[EB/OL]. [2013-03-10]. http://ir.las.ac.cn/handle/12502/5043.

[27] Hansen D. Understanding and making use of academic authors' open access rights[EB/OL]. [2013-03-10]. http://dx.doi.org/10.7710/2162-3309.1050.

[28] OpenDOAR policies tool[EB/OL]. [2013-03-10]. http://www.opendoar.org/tools/en/policies.php.

## 作者简介

孙博阳,北京师范大学图书馆副研究馆员,E-mail:sunby@bnu.edu.cn;
王琼,北京师范大学图书馆研究馆员,副馆长,博士。

# 国外大学图书馆开放获取实践概述*

孙博阳　李书宁

**摘要**　大学是学术交流中的一支活跃力量,随着开放获取影响的日益扩大,大学图书馆与开放获取的关系更加紧密。国外大学图书馆在推动开放获取发展,应对学术交流变革的进程中,在大学校园内创新性地采取了一系列举措。这些成功举措包括图书馆员积极推动校园开放获取政策出台,并为政策的顺利推行提供不可替代的服务;图书馆摈弃信息看门人的信息交流末端角色,直接参与到学术出版环节;图书馆员重视加强自我教育;图书馆有很好的组织性,图书馆联盟机制为图书馆高效运作和开辟未来发展空间发挥了巨大作用;大学图书馆面对学术交流体系的巨大变革,也清醒地认识到大学图书馆未来发展战略需要做出重要调整。

**关键词**　开放获取运动　开放获取校园政策　图书馆员职业教育　国外大学　图书馆发展战略

**分类号**　G203

开放获取(open access,OA)运动先驱 P. Suber 在接受采访时,称赞图书馆员为开放获取运动最好的朋友。他说图书馆员比其他利益相关者——学者、科研管理人员、出版商、科研基金管理人和政策制定者都更好地理解了 OA 的意义。他还一一列举了图书馆员卓有成效的实践活动[1]。事实确实如此,最初的期刊价格危机迫使大学图书馆与开放获取运动的先驱者走在一起,在校园内开展了形形色色的宣传、推广活动,并且凭借图书馆独具的校园公共关系,吸引更多的学者关注和参与进来。随着开放获取运动对学术出版、学术研究和学术交流的影响不断扩大,图书馆如何调整自身定位和发展战略以更好地适应新型学术交流体系这一问题也日益凸显。我国是一个迅速崛起的学术资源消费和生产大国,开放获取运动必然会对我们产生重大影响,大学图书馆对此应负起责

---

* 本文系《图书情报工作》杂志社 2012 年出版基金项目"大学开放获取实践策略研究"(项目编号:2012CB003)研究成果之一。

任。而现实中我们对开放获取的研究和参与现状,与欧洲、北美等地区的差距还很大。因此,借鉴国外的发展经验,尽快在我国大学校园开展开放获取相关工作,尽早使其融入到全球开放获取运动中,具有重要意义。

## 1 国外大学开放获取实践背景

布达佩斯开放获取倡议、毕士达声明、柏林宣言以及萨尔瓦多声明等一系列声明与宣言,建立了有关开放获取的全球性共识。经过10余年的努力,开放获取在促进学术交流、信息共享、科学发展中的积极作用得到更多的验证、认可和支持。开放获取从最初的理念倡导、舆论宣传、实验项目开展和建设,转向通过政策、法律的形式保障其在学术体系内全面推行。在这方面,英国又一次走在前面。2012年6月,受政府委托成立的学术成果扩大开放获取工作小组发表了开放获取全面实施的评估报告[2]。英国政府接受了大部分开放获取建议。紧接着,英国研究委员会(Research Councils UK,RCUK)的新开放获取政策出台[3],规定自2013年4月1日起,接受RCUK资助的科研项目,必须开放获取其成果,实行CC-BY协议,同时还要提交一份相关科学数据访问的说明。RCUK之下7个研究院的经费目前有30亿英镑之多,这意味着这些科研成果被大学、企业和普通民众免费享用在两年内将基本成为现实。欧洲委员会则提出了Horizon 2020开放获取出版议案[4]。该议案涉及2014-2020年800亿欧元科研项目成果,包括学术文献和科学数据的开放获取。2013年2月,美国白宫发布备忘录,它标志着美国的开放获取政策有了出台时间表[5]。而且在《科技研究成果合理利用提案》(*Fair Access to Science and Technology Research Act*,FAS-TR)的基础上,新法案FASTR(the Fair Access to Science and Technology Research Act)被两党议员在参、众两院递交。惠康基金会等机构准备采取更严格的强制开放获取政策,对没有履行开放获取义务的项目人和机构采取一定的制裁行动。学术出版商也纷纷调整自己的开放获取出版政策。Wiley出版集团2012年6月宣布推出OnlineOpen计划——旗下超过80%的期刊都允许作者选择支付论文处理费(article processing charge,APC)费用的方式实现OA。Springer出版集团不仅有类似的Open Choice计划,还进一步对OA论文采用CC-BY协议。此外,Nature出版集团、Elsevier出版集团等学术出版巨头也都有相应的政策。在这样的背景之下,国外大学图书馆围绕开放获取运动开展的实践活动也进入新的发展阶段。

## 2 积极推动大学开放政策的出台

积极推动大学开放获取政策的出台,是大学图书馆重要的成功实践之一。

大学是一个培育学术、倡导科学自由的场所。大学都希望自己的研究成果得以广泛地传播并服务于人类社会的文明进步,也十分看重通过学术传播获得的大学声誉和影响力。出版商通过学术来牟取暴利的行径,引发了校园对学术交流危机的极大关注,在这个问题上图书馆和大学的利益高度一致。目前已经有296所大学或者大学内的机构实行开放获取政策,以一揽子政策的形式,以大学的名义,保护教师版权,保障大学利益,与出版商就开放出版问题进行谈判。

校园政策的制定都要经过十分慎重严密的民主过程,政策的通过需要充分的民意支持。在每一个通过的大学开放获取政策里,都蕴含了图书馆员的积极努力。他们开办讲座,组织宣传材料,设计专门网站,提供咨询服务。他们主动向学者们介绍学术交流危机的根源、可替代的出版模式、开放获取与老师的利益关系、作者的版权权益等知识,消除教师对开放获取以及大学政策的误解。在学校各种教师委员会组织内,积极游说教师代表和管理者,就图书馆经费困难与期刊价格不合理现状等问题与老师们积极沟通,争取教师和大学管理者的支持,乃至于大学图书馆直接参与大学OA政策的起草。

以加州大学图书馆为例,其开放获取政策的出台十分艰难,在这个漫长的过程中图书馆付出了诸多努力。2004年1月,图书馆就与Elsevier出版集团签订新合同时不得不削减期刊订购量的事件,适时地向教师们发表公开信做出解释[6]——价格危机问题的根源在于学术交流体制在经济上的不可持续性,并警告这种深层结构性问题会对学术研究产生极大的威胁,呼吁教师们共同改变知识创造者对学术出版完全失去控制的被动局面。在图书馆的呼吁下,加州大学学术委员会成立了学术交流特别委员会(Special Committee on Scholarly Communications,SCSC),SCSC在2006年提交了5份白皮书报告和1份关于大学作者版权的政策提案[7]。基于这个政策提案,加州大学第一版大学OA政策草稿出炉。加州大学图书馆继而发表了老师们对草稿意见的调研报告,并参与到草稿的八易其稿过程中。2010年,针对Nature集团提价400%的事件,图书馆再一次向全校发出4条倡议,倡议老师们转向OA出版模式。图书馆与Nature集团几个回合的激烈辩论都在网络公开,成为面向加州大学乃至全美国大学的直播课堂。2012年5月,加州大学一分校通过了首个开放获取政策,加州大学全系统开放获取政策也在5月发布最终草稿(final draft)等待通过。草稿起草机构——加州大学图书馆和学术交流委员会(UCOLASC),向大学学术委员会特别声明该草稿得到了大学图书馆、加州大学数字图书馆、大学图书馆员委员会、加州大学图书馆协会等机构的大力支持[8]。图书馆在大学开放获取政策制定过程中的作用可见一斑,其他大学也无不如此。

## 3 为大学开放获取政策实施提供全面的服务保障

大学开放获取政策事关大学所有需要发表文章的学者,政策执行过程繁琐又具有长期性,大学图书馆成为最适合提供这类服务的机构。首先,机构知识库是实施大学政策的系统基础设施,在全世界范围内,这项工作都往往由图书馆承担。有人曾根据 OpenSOAR 数据做过统计,由美国大学注册的 364 个机构库中有 153 个都是由图书馆负责创建和维护的[9],包括著名的 ArXiv。关于 IR 的建设,图书馆积累了丰富的经验,做出了极大贡献。笔者对这个方面不再赘述。此外,即便老师们有开放自己作品的愿望,实际操作中仍有许多问题需要得到全面指导和帮助。因此,图书馆还做了大量软性服务工作。独立完成或者配合学校相关部门提供的服务包括:

——以各种形式开展开放获取相关宣教活动。

——为作者提供出版商、大学、科研资助部门等机构的开放获取出版政策咨询服务。

——普及版权知识,提供版权合同补遗模版,撰写实践指南,帮助作者从出版商那里争取版权。

——代表作者与大学和出版商就出版合同进行谈判。

——管理开放获取出版基金,或者直接参与学术出版。

### 3.1 建立专题网站

网站是受众比较广的信息传播手段,图书馆往往以"学术交流"、"作者版权"、"学术出版"等作为标题建设专门网页,既起到知识宣讲的作用,也作为相关服务的入口。网站的内容一部分是图书馆员正对本校师生自己组织的各种材料,也提供 ARL( Association of Research Libraries,美国研究图书馆学会)、ACRL( Association of College and Research Lipraries,美国大学与研究图书馆协会)、SPARC( Scholarly Publishing and Academic Resources Coalition,学术出版和学术资源联盟)、Create Change 等其他网站内容的链接,包括文章、宣传彩页、学术论文和研究报告、演讲 PPT 以及宣传视频等各种相关材料。负责网站运行的是图书馆专门设立的工作小组或委员会,至少是由专门的学术交流图书馆员来负责其内容。如麻省理工学院(MIT)的"Scholarly Publishing @ MIT Libraries"网站,由图书馆的学术出版和版权办公室负责维护。加拿大英属哥伦比亚大学(UBC)的"Scholarly Communications @ UBC"网站,虽然是由大学学术交流指导委员会负责,但该委员会的副主席正是大学图书馆馆长。网站对象是老师(作者和期刊编辑)、学生、管理者、出版商、基金会、图书馆员,每个人都能通过这个网站获得有关知识和了解学术交流模式的改革动向。尤为值得一提的是,这些网页一般都采用了 CC-BY 共享协议,鼓励网站内容的开放传播,以惠及更多的大学、图书馆和学者,可以说,开放获取倡导的开放理念,其巨大的生命力在大学推动开放获取的实践中也得到了极好的展现。

### 3.2 建立图书馆员博客

相关的专门岗位图书馆员(如 scholarly communication librarian)还会开设博客。除了具有知识宣教的职能外,他们还会对发生在学术交流领域的事件做深度评述。这些文章的读者不仅包括校园内的学者,还包括互联网上所有关心学术交流变革的社会用户。这些博客文章乃至读者对博客添加的评论,都具有很好的启示作用。如杜克大学的学术交流图书馆员 K. Smith 的博客[10],配合杜克大学图书馆的版权和学术交流办公室的网站,影响很大。目前很多图书馆都在最近几年新设立了学术交流图书馆员的职位,他们的职责包括协调、发展校园学术交流,发展学术出版、知识产权保护和开放获取发展项目。在 ARL[11] 网站招聘专栏上可以看到,能够胜任这一岗位工作的图书馆员是十分受欢迎的。经由这些馆员的入职,可以预见开放获取会通过图书馆在大学校园里得到更深入、更广泛的开展。

### 3.3 利用 Libguides 将 OA 融入学科服务

Libguides 是一个帮助学科馆员提供学科指南的流行软件。学科馆员用它来为读者提供学科、课程、资源服务的同时,也自然地利用这个工具来提供 OA 相关知识。如在达特茅斯大学图书馆员创建的 40 多个为学科和课程服务的 Libgudies 中,介绍 OA 知识和资源的就有 20 个[12]。在被图书馆员公开(愿意提供给同行参考分享)的 Libguides 社区中,以 open access、scholarly communication 为关键词,可以轻松找到许多专题 Libguides 指南。

### 3.4 组织校园宣教活动

图书馆员还会在校园内组织各种活动来推广大学开放获取运动。杜克大学学术交流图书馆员 K. Smith 的一篇博客总结了他在 2006-2007 年的各项工作,其中包括举办了 28 场讲座和提供了 222 次咨询[13],专职图书馆员的工作状况可见一斑。

特别值得一提的是 SPARC 开放获取周的活动。从 2011 年开始,每年 10 月的最后一个完整周被定为开放获取周。这个活动是为了号召更多的个人、学术机构、基金会等参与到相关活动中,相关机构也愿意利用这个时机推出一些开放获取的重大事件、项目和成果,其标志性的橘红色 Logo 已经深入人心。2012 年活动周的活动主题是"开放获取势为当然(set the default to open access)"。

在谷歌上用开放获取周和大学作为检索词,可以看到全球各大洲相当多的大学图书馆,都在开放获取周中集中举办校园宣传推介活动,张贴海报,举办研讨会等。开放获取周的官方网站提供宣传海报等材料,汇总世界各场馆的学术演讲视频,及时报道全球活动的开展情况。中国科学院国家科学图书馆联合中国图书馆学会专业图书馆分会等单位,2012年首次在国内举行"中国开放获取推介周"活动。

### 3.5 开展大学图书馆员自我教育

在席卷全球的学术交流体系变革之背景下,图书馆员自身非常需要知识更新,足够的知识储备是开展相关服务的必要条件。一方面,ARL、ACRL、SPARC等机构会针对图书馆员知识更新提供必要的学习材料,包括文章、演讲PPT、宣传页、视频等。另一方面,大学图书馆自己也会开展专门的学习项目,对相关馆员展开岗位培训。如佛罗里达大学的学术交流工作小组(scholarly communications working group)就是既对图书馆员做工作指导,又对馆员做培训[14]。工作小组提供宣传材料、图书馆员的学习背景资料,组织全校性的宣教活动。为方便馆员开展活动,统一设计了教师公开信模版,提醒馆员们校园宣传的策略与技巧等。该馆2010年参与了ACRL的巡回研讨活动,15名馆员接受一整天的培训,通过讨论为未来工作的开展总结出了84条建议。相信这样的教育形式会使参加培训者的业务能力得到提高[15]。

## 4 大学图书馆参与开放获取学术出版的举措

传统的学术出版模式在互联网传播时代已不可持续,被新型学术出版模式替代只是时间问题。而新型学术出版则可能是各种各样的形式,如大学机构知识库、符合开放获取强制政策的学术商业期刊出版、以社会网络形式进行的动态学术传播等。图书馆员重新审视了自己在学术交流过程中的角色,看到了深入参与的机会,比如直接参与学术出版或者为学术出版提供服务。

### 4.1 参与学术出版

大学图书馆参与学术出版的形式,目前主要有两种——负责出版(publishing)和仅提供网络阅读服务(hosting)。ARL 2008年对图书馆的学术出版服务做过一项研究[16],对80所学术图书馆的调查显示,44%的图书馆已经提供出版服务,主要是开放获取期刊和低成本期刊,21%的图书馆考虑发展这个领域的工作,只有36%的图书馆称没有这方面的计划。图书馆的出版优势还包括可以提供后出版阶段的元数据编目,提供统一的检索、发现和链接功能等。该研究报告分析了大学图书馆参与学术出版的动力,认为大学学术社区对图书馆开展学术出版有所需求;大学图书馆更有条件将学术出版上升到数字化学术中心的高度;大学图书馆具有集成各种资源和可持续发展的条件,等等。图书馆参与学术出版虽然目前还不是十分普遍,但是其意义却绝不容忽视,而且也取得了不俗的成果。

加拿大人文社科学术资源网络(Canada's SSH Research Infrastructure)Synergies 项目[17],由 5 个大学建设,16 个大学参加,建设和维护的主要力量就是图书馆。目前这个平台整合了 200 多种期刊、54 158 篇学术论文和 1 647 部会议文献,绝大部分全文内容是开放获取的。该项目采用了开源的期刊出版管理系统 OJS(open journal system)和会议出版系统 OCS(open conference systems),这两个软件则是 PKP 项目[18]的研究成果。PKP 项目的主要参加者也主要是加拿大和美国的几所大学图书馆和加拿大大学图书馆学会(OCARL)。据不完全统计,利用该平台出版的期刊已经有 10 000 多种,主要是 OAJ(开放获取期刊),分布于世界各地,因此 PKP 项目对开放获取学术出版的贡献也极大,这一点在前述 ARL 的报告中也有提及。

有的图书馆采用和大学出版社合作的方式,如 Euclid 项目[19],就是康奈尔大学图书馆和杜克大学出版社合作的产物。该项目汇总了数学和统计学领域的期刊,这些期刊是独立的出版社和学协会负责,但是用户可通过该项目提供的服务平台,获得全文检索、链接等服务。该项目下的期刊都是以低价格或者开放获取的方式出版的。参与期刊出版的大学图书馆还有华盛顿大学、佐治亚理工学院,加拿大的英属哥伦比亚大学和阿尔伯特大学,英国的爱丁堡大学等等。

### 4.2 管理开放获取出版基金

开放获取出版也是有成本的,必须要有人为它付费。目前许多科研资助机构允许将项目经费用于开放获取出版,但是仍有许多研究成果没有出版经费支持,或者作者对付费出版存有误解。因此,开放获取出版行为应该受到鼓励和资助。欧洲委员会资助的 SOAP(study of open access publishing)项目 2011 年发表的研究报告称[20],缺少对 OA 出版的资助是妨碍 OA 推广的原因之一。对有过付费 OA 出版经历的 22 977 名学者的调查,结果显示,24% 的人是由所在的大学和研究院来支付 OA 发表费用的。

多年来大学校园开放获取运动发展产生的积极结果之一,就是越来越多的大学今天已愿意拿出资金,资助本校成员的开放获取出版。而对这笔开放获取出版基金的管理,成为大学图书馆的一项新服务职责。最早设立开放获取出版基金的是荷兰阿姆斯特丹大学。2009 年 9 月 14 日,康奈尔大学、达特茅斯大学、哈佛大学、麻省理工学院、加州大学伯克利分校发起并签署了"促进开放获取出版公平契约",简称COAP[21]。所谓公平,指的是图书馆用期刊采购支持了传统期刊的出版,也应该平等地对待开放获取出版。在学术出版的转型期,COAP要在购买商业期刊与资助OA期刊出版之间建立一种公平。签署这个契约的大学承诺尽快建立相对长期稳定的资助项目,在没有其他经费资助的情况下,为大学作者的OAJ出版付费。目前已签订该合同的共有14所大学和学院。

其他一些大学根据情况出台了自己的资助政策。根据SPARC于2012年4月发表的对北美地区大学的统计[22],有27所大学提供开放获取出版基金(含COAP成员)。这些经费的来源有学校、院系和图书馆等。这27所大学都是由图书馆处理这笔经费的审批使用。英国在2008、2009和2011年也做过类似的调查,但是发现大学对设立出版基金的积极性并不高[23]。但随着RCUK新开放获取政策的实施,相信情况会大大改变。该政策倾向于以支付文章发表费的方式实现开放,这笔钱据估算在未来5年将超过1亿英镑。2012年9月英国政府已经对30所大学投入了1 000万英镑的第一笔资金,相信对这笔资金的管理会成为英国大学和图书馆的一项长期工作。

开放获取基金在大学的设立时间还不长。从长远来看,在付费出版和付费阅读之间,只要不打破某个价格临界点,对大学来说就是合适的。但是短期来看,大学还是要承担一定的经济负担。若不是开放获取出版有根本性转变,这种局面短期内都不会改变。但对大学图书馆来说,掌管这笔资金的管理优势是被认可的。

## 5 大学图书馆联盟的贡献

国外大学图书馆的学会、协会等联盟体,在推动实现开放获取的过程中发挥了极重要的作用,如SPARC、ALA(ACRL)、ARL、LIBER(Association of European Research Libraries,欧洲学术图书馆学会)、CARL等。SPARC本身就是为专门目标组建的图书馆联盟。ARL也把"发展学术交流"作为ARL的三大战略方向之一:发展高效的、可持续的和经济的新型学术交流模式,实现对学术信息的无障碍访问,在学术交流系统的各个利益相关者之间发展更加开放和协作的关系。这些联盟组织在以下几个方面发挥着作用:

### 5.1 为图书馆解决操作中的困难

国外的图书馆联盟机构在运用集体力量和智慧,促进图书馆的合作发展方面有很长的历史和成熟的经验。在当前的学术交流转型时期,其在为图书馆解决实际困难方面做了很多工作。如ACRL的学术交流委员会(Scholarly Communications Committee)就发布了学术交流工具包(scholarly communications toolkit),包括各种实践指南、图书馆开展活动的建议等,既有原则性指导,也有典型案例。资料形式包括彩页、宣传材料模版、视频、PPT等。协助图书馆员从图书馆的视角理解学术交流中自己的角色,进而提供优质高效的服务。工作之细致,内容之丰富,令人羡慕。这些内容当然也会让全球同业者,包括我们从中获益。ACRL还开展了全美学术交流巡回宣讲活动(scholarly communications road shows),每年选择美国的5个城市开展。该活动最初被命名为"Scholarly Communications 101",重点面向大学教师和图书馆员。从2012年开始,该项目的重点已经从扩大宣传和认知转向对图书馆员具体实施操作的培训项目上来。

### 5.2 协助处理版权等敏感问题

版权知识是图书馆员的知识弱项,却又是开展工作的关键要素。SPARC的Author Rights Initiative则在这方面做了许多工作。SPARC和Science Commons合作推出了SPARC版权补遗模版。这个模版的影响很大。在这个基础上,SPARC和CARL推出了Canadian Author Addendum。MIT的Copyright Amendment也是以Science Commons／SPARC的版本为蓝本的。而大学合作委员会CIC(the Committee on Institutional Cooperation)推出的版权协议补遗,则是以大学联盟的形式处理版权问题的例子。CIC是由美国芝加哥大学、伊利诺伊大学、印第安纳大学、西北大学、俄亥俄州立大学、宾州大学、普渡大学等13所顶级大学组成的大学集团。在2006年,CIC还发表了CIC教务长关于出版协议的公开声明,同时推出了CIC作者版权协议补遗[24],统一解决这些大学的作者版权问题。

### 5.3 推动国家立法

联盟作为图书馆界的代言人,向全社会传播OA的理念,积极推动国家立法。推动立法是ALA的一项重要工作,ALA下设立法委员会、华盛顿办公室、立法行动指导中心等专门组织。ACRL每年都会针对相关立法工作制作一份备忘录,2012年备忘中[25]的第一任务,就是继续加强推动对政府资金项目成果的公共访问立法。他们代表图书馆团体,游说议员,参加国会的听证会辩论等活动。2012年5月份,积极发起了美国白宫"We the People"网络请愿活动,ACRL、SPARC都向图书馆员发出签名倡议。这项请愿活动十分成功,由于网络签名人数超过法定数量,2013年白宫科技政策办公室(OSTP)主任J. Holdren,于2013年2月22日正式作出回应,再次表明美国奥巴马政府承诺将扩大政府投资科研项目成果和科学数据的开放获取,向美国政府各相关部门签发备忘录,要求那些接受联邦政府科研投入超过1亿美元的各个部门,在6个月之内提交开放获取政策实施草案,美国的国家开放获取政策出台有了时间表。此外,要求科学研究成果开放获取的新法案 FASTR,在参、众两院,被共和、民主两党议员联名提交。由此可见,ALA 推动立法的工作卓有成效。

图书馆联盟的工作是多方面的,还包括支持相关科学研究,发展研究项目等。国外这种通过联合图书馆力量,更有成效地应对共同问题的联盟工作机制十分成熟,值得我们学习。

## 6 大学图书馆的战略调整

学术交流环境的深刻转变,让大学图书馆面临新的机遇与挑战。有人已经开始称开放获取为"最佳的和无可避免的"新型学术出版模式,大学图书馆做出相应的发展战略调整不可避免。开放获取出版改变了图书馆资源建设的范畴,改变了图书馆资源发现系统的设计思路,更新了数据长期保存的职能。图书馆员已经开始加入学术交流环节,他们参与机构知识库的建设和其他学术出版,帮助老师们解决版权、OA 出版等问题。随着 E-Science、E-Scholarship 等深入依赖互联网的社区、具有开放交流与传播优势的新型科研形态的形成,学者们需要的信息服务内容也完全不同,如科学数据管理已经提上图书馆日程。LIBER 对 100 多个欧洲学术图书馆的调查显示,80% 的学术图书馆都面临对科学数据管理服务的需求[26]。美国国家科学基金会(NSF)和英国 RCUK、EPSRC 都已经开始要求项目研究者必须提供关于科学数据共享和访问的说明。麻省理工学院、达特茅斯大学、昆士兰理工大学的图书馆已经全面提供数据管理服务。康奈尔大学等 7 所大学的 VIVO 项目,图书馆也都深入参与,它体现了图书馆未来将从提供资源向面向科研社区提供新型信息服务转变的新趋势。图书馆的读者信息素质教育项目、图书馆员的职业素养和人员结构、经费管理、与出版商的关系等也都会发生变化。

大学图书馆对形势变化有清醒的认识和危机感。2007 年加州伯克利分校图书馆启动了"New Directions Initiative(NDI)"项目[27],通过这个项目,让图书馆员了解转变中的图书馆环境、未来的需求和服务,包括推动开放获取、融合图书馆与校园学术交流环境。伊利诺伊大学的 21 世纪发展战略[28]研究始于 2007 年,把加强对 E-Science、E-Scholarship 和数字化人文的支持,加强对学术交流的服务作为未来 5 年的重要发展目标之一。科罗拉多大学图书馆成立了学术交流工作组,因为他们认为"图书馆要执行有凝聚力的发展战略,包括采纳数字科技手段和拓展服务,以支持正在进行中的国家和全球学术交流体系演变"[29]。可见,国外大学图书馆十分重视重新构造未来图书馆发展的蓝图。其核心目标是图书馆要增强在学术交流过程中所发挥的作用,提高图书馆在学术交流生态圈中的可见性和影响力。图书馆要更加专业、灵活和全方位地为读者提供教学、科研和学术出版服务,包括提供馆藏和非馆藏的资源,提供传统和非传统的教育、咨询、学术评估和学术合作服务,建设面向学者和科研过程的信息支撑系统等。

  关注国外大学图书馆在开放获取背景下的一系列实践活动,就好像看到了开放获取未来产生的全球性影响的预演,中国不可能置身事外。随着我国学者学术研究和出版的国际化程度逐渐加深,开放获取也将会给我国的社会、经济、科研带来巨大的影响,大学图书馆也会裹挟其中。在今天的互联网数字化时代,图书馆之间应该更加紧密联系,融入全球化发展,积极创新服务,加强与学者和院系的交流与合作,成为大学学术研究环境的重要组成部分,在新型的学术交流体系中做出更大的贡献。

## 参考文献:

[1] Poynder R. (Interview) Suber: Leader of a leaderless revolution, information today [EB/OL]. [2012 - 09 - 24]. http://www.infotoday.com/it/jul11/Suber - Leader - of - a - Leaderless - Revolution. shtml.

[2] Department for Business Innovation & Skills. Letter to Dame Janet Finch on the government response to the Finch Group Report:"Accessibility, sustainability, excellence: How to expand access to research publications" [EB/OL]. [2012 - 09 - 24]. http://www.bis.gov.uk/assets/biscore/science/docs/l/12 - 975 - letter - government - response - to - finch - report - research - publications. pdf.

[3] Research Councils UK policy on access to research outputs [EB/OL]. [2012 - 09 - 24]. http://www.rcuk.ac.uk/documents/documents/RCUK%20_Policy_on_Access_to_Research _Outputs. pdf.

[4] Towards better access to scientific information: Boosting the benefits of public investments in research [EB/OL]. [2012 - 09 - 24]. http://ec.europa.eu/research/science - society/document_library/pdf_06/era - communication - towards - better - access - to - scientific - information_en. pdf.

[5] John H. Increasing public access to the results of scientific research [EB/OL]. [2013 - 03 - 10]. https://petitions.whitehouse.gov/response/increasing - public - access - results - scientific - research.

[6] A bridfing letter from UC Faculty Senate Chair Lawrence Pitts and the University Librarians is sent to UC faculty regarding unsustainable license costs for some journals [EB/OL]. [2013 - 03 - 06]. http://senate.unviersityofcalifornia.edu/committees/ucolasc/aclibrarians1003. pdf.

[7] Commentary on SCSC white papers: Reviewers from outside academic council channels [EB/

OL]. [2012-09-24]. http://www. universityofcalifornia. edu/senate/committees/scsc/SCSC. ExternalReviews. 0206. pdf.

[8] Open access policy cover letter[EB/OL]. [2012-09-24]. http://osc. Universityofcalifornia. edu/openaccesspolicy/Cover-Letter-OAPolicy-July25. pdf.

[9] 李咏梅,袁学良,袁冰. 利用开放存取重塑学术型图书馆——以美国加州大学图书馆为例[J]. 四川图书馆学报,2010(3):35-37.

[10] Scholarly Communications @ Duke[EB/OL]. [2012-09-24]. http://blogs. library. duke. edu/scholcomm/.

[11] Job/Residency/Internship listings[EB/OL]. [2013-03-06]. http://www. arl. org/leadership-recruitment/job-listings/.

[12] Dartmouth College Library:Research guides[EB/OL]. [2012-09-24]. http://researchguides. dartmouth . edu/search. php? iid=126&c=0&pid=&search_field=&search=open+access.

[13] Scholarly Communications @ Duke, What we do[EB/OL]. [2012-09-24]. http://blogs. library. duke. edu /scholcomm/what-we-do/.

[14] Scholarly communications working group [EB/OL]. [2012-09-24]. http://guides. uflib. ufl. edu/content. php? pid=183535&sid=1542903).

[15] Preliminary result from the ACRL scholarly communication 101 road show CoLAB planning [EB/OL]. [2012-09-24]. http://lgdata. s3-website-us-east-1. amazonaws. com/docs/124/190263/OA_CoLab_Final%20Report%202010. pdf.

[16] Hahn K L. Research library publishing services:New options for university publishing [EB/OL]. http://www. arl. org/storage/documents/publications/research-library-publishing-services-maro8. pdf.

[17] Synergies:Canada's SSH research infrastructure[EB/OL]. [2012-09-24]. http://www. synergiescanada. org/.

[18] Public knowledge project[EB/OL]. [2012-09-24]. http://pkp. sfu. ca/about.

[19] Project Euclid[EB/OL]. [2012-09-24]. http://projecteuclid. org/.

[20] Dallmeier-Tiessen S, Darby R, Goerner B, et al. Highlights from the SOAP project survey:What scientists think about open access publishing[EB/OL]. [2012-09-24]. http://arxiv. org/ftp/arxiv/papers/1101/1101. 5260. pdf.

[21] Compact for open-access publishing equity[EB/OL]. [2012-09-24]. http://www. Oacompact. org.

[22] Open access funds in action[EB/OL]. [2012-09-24]. http://www. arl. org/sparc/bm~doc/oa-funds-in-action-attachment. pdf.

[23] Stephen P, Christine M. Open access central funds in UK universities[J]. Learned Publishing,2012,25(2):107-116.

[24] The Committee on Institutional Cooperation (CIC). Statement on publishing agreements

[EB/OL]. [2013-04-29]. http://www.cic.net/docs/default-source/library/authorsrights.pdf.

[25] ACRL legislative agenda 2012[EB/OL]. [2012-09-24]. http://www.ala.org/acrl/issues/washingtonwatch/12agenda.

[26] Kotarski R, Reilly S, Schrimpf S, et al. Report on best practices for citability of data and on evolving roles in scholarly communication[EB/OL]. [2012-09-24]. http://www.alliancepermanentacc.ess.org/wp-content/uploads/downloads/2012/08/ODE-ReportBestPracticesCitabilityDataEvolvingRolesScholarlyCommunication.pdf.

[27] Why the New Directions Initiative?[EB/OL]. [2012-09-24]. http://blogs.lib.berkeley.edu/newdirections.php/why_the_new_development_initiative_and_w.

[28] New service model programs[EB/OL]. [2012-09-24]. http://www.library.illinois.edu/nsm/.

[29] Scholarly communications working group[EB/OL]. [2012-09-24]. http://ucblibraries.Colorado.edu/adminservices/WorkingGroups/ScholarlyCommunications.pdf.

## 作者简介

孙博阳,北京师范大学图书馆副研究馆员,硕士. E-mail:sunby@bnu.edu.cn;

李书宁,北京师范大学图书馆馆员,博士。

# 开放存取对期刊论文学术交流系统的影响因素分析[*]

孙永河[1]　宋晓莹[1]　段万春[1]　马晶梅[2]

(1. 昆明理工大学管理与经济学院　昆明　650093;2. 昆明理工大学档案馆　昆明　650093)

**摘　要**　开放存取作为一种崭新的学术交流模式近年来已得到科技工作者的高度认可。在构建开放存取对期刊论文学术交流系统影响因素指标体系的基础上,提出基于 DEMATEL(决策试验与评价实验室)的开放存取对期刊论文学术交流系统影响因素分析模型。通过该分析模型,对识别出的影响因素予以综合影响度、被影响度、原因度与中心度分析,指出学术水平提升是诸多影响因素中最为重要的核心因素。

**关键词**　开放存取　期刊论文　学术交流　DEMATEL
**分类号**　G251

开放存取(Open Access,OA)是 20 世纪 90 年代末出现的一种新的学术传播与交流模式,近年来引起了国际社会越来越广泛的关注,其特征是可以实现学术领域内科技信息与研究成果的无障碍传播与交流、促进学术机构之间的知识共享,从而更方便地获得各种学术信息资源[1-2]。事实上,开放存取近些年已逐步引起我国科技界从业者的高度重视。比如,2011 年 4 月,中国高校人文社科信息网提出了"关于学术论文 OA 出版"的倡议,号召广大学者支持在线期刊和论文在线,以便使学术研究比之前更富有影响力。与此同时,国内外诸多学者也对 OA 问题予以了深入研究[3-6]。然而从已有文献看,国内外专家学者关于 OA 对学术交流系统影响的研究尚有待进一步深入,绝大多数文献仍停留在定性分析的层面,融合定性知识情境开展相关定量研究的文献却极为少见。为此,下文在对期刊论文学术交流系统深入分析的基础上,通过构建 OA 模式对

---

[*] 本文系教育部人文社会科学青年基金项目"基于非线性复杂系统观的群组 ANP – BOCR 决策方法研究"(项目编号:10YJC630218)研究成果之一。

期刊论文学术交流系统的影响因素指标体系,基于DEMATEL(Decision Making Trial and Evaluation Laboratory)方法,提出相应的影响因素分析模型。

## 1 期刊论文学术交流系统

科研工作者、图书馆、出版集团、科研管理(资助)机构和网络学术服务平台之间相互影响、相互制约,共同组成了目前的期刊论文学术交流系统。科研工作者是学术交流的主体,在学术交流系统中发挥着科学知识吸收、转化、创新、传承的关键作用。图书馆作为学术交流系统的服务支撑力量,综合采用传统图书馆和数字图书馆两种方式协同为广大科研工作者服务。出版集团是真正期刊论文成果的发行者,有正式纸质出版和网络出版两种不同的出版方式。一般说来,纸质期刊论文成果才是科研机构成果认定的核心,网络出版方式发表的成果大部分科研单位尚不认可。如在中国科技论文在线上发表的相关学术论文,全国仅有大连理工大学、东南大学等34所高校予以认可。科研管理(资助)机构是科研工作者直接(或间接)的管理者,其政策导向对科研工作者发表学术论文有着直接的影响关系。网络学术服务平台也是科研工作者进行学术交流的理想园地,近年来随着网络技术、信息技术的快速发展,这一服务平台在学术交流系统中发挥了其良好的中介作用,尤其深受广大青年学者的喜爱。例如,教育部科技中心主办的"中国科技论文在线"目前已发挥了其促进学术交流的积极作用。事实上,在开放存取背景下,OA出版已对期刊论文学术交流系统有着较为深远的影响[5-7],具体如下:①对于科研人员而言,通过OA模式,一方面可以方便地获取相关研究资料,从而排除了价格障碍和许可障碍;另一方面,可以尽可能大范围地传播自己的研究成果,获得同行的认可和提高自己的学术地位。②对出版集团而言,OA出版给他们带来了可称作最为直接的威胁。一方面,传统出版机构的期刊发行量日益下降;另一方面,在某种程度上抑制了多年以来学术期刊定价大幅度增长的趋势。此外,客观上也促使传统出版机构试验OA期刊出版和修正相应的版权政策。③对图书馆而言,目前来看,OA期刊的发展促使一些商业出版机构降低其期刊定价,为图书馆节约了一些订阅费用;长远来看,用于资助科研和教育的资金会大量减少对图书馆的投入;受OA的影响,馆际互借业务将逐步消亡;图书馆作为信息中介的作用会更为突出。④对科研资助机构而言,OA出版模式可能促使其调整相应的管理政策,如直接为在OA期刊上发表论文的作者提供出版费用。

综上所述,虽然专家学者对OA模式对期刊论文学术交流系统的影响予以了初步探索研究,但他们在探析期刊论文学术交流系统时不仅没有考虑网络学术服务平台这一重要子系统,而且也没有界定各影响因素之间的内在关系,并且尚未分析各影响因素在该系统中的重要性。为克服上述缺陷,下文通过系统构建 OA 对该系统的影响指标体系,提出具体的影响因素分析模型。

## 2 开放存取模式对期刊论文学术交流系统的影响因素指标体系构建

### 2.1 构建依据

在全面梳理和系统分析相关文献及借鉴其学术思想的基础上,通过对此文研究内容极为熟悉的有关专家重点访谈,作者初步归纳出 OA 模式对期刊论文学术交流系统影响的指标体系,如表 1 所示:

表 1 OA 模式对期刊论文学术交流系统的指标体系(初步)

| 二级指标 \ 一级指标 | 主体因素 | 管理因素 | 服务因素 | 出版集团因素 |
|---|---|---|---|---|
| 1 | 学术水平提升 | 科技管理思维转化 | 服务意识增强 | 传统期刊发行量下降 |
| 2 | 沟通渠道拓宽 | 科研管理政策导向调整 | 服务水平升级 | 抑制了学术期刊定价增长趋势 |
| 3 | 成果吸收、转化、创新加速 | 科研资助机构管理政策调整 | 图书馆馆际互借服务逐步消失 | 试验 OA 期刊出版 |
| 4 | 更快得到同行认可 | 图书馆管理业务大幅度调整 | 图书馆信息服务中介作用更为突出 | 修订相关版权政策 |
| 5 | 成果传播范围扩大 | — | — | — |

从表 1 可知,初步识别出的指标体系有 4 个一级指标以及 17 个二级指标。在此基础上,再通过调查问卷的方式对初步识别出的各级指标进一步甄别,以便得出关键的指标予以深入分析。需补充说明的是,作者共发出了 120 份调查问卷,最终回收有效问卷 113 份。调研的对象为"985"或"211"高校对开放存取模式熟悉的、具有副教授以上职称的相关人员。统计分析结果显示,专家认为,一级指标有主体因素、管理因素和服务因素三个关键指标。其中,主体因素包括学术水平提升($I_1$)、沟通渠道拓宽($I_2$)和成果吸收、转化、创新加速($I_3$)三个关键二级指标。管理因素由科研管理思维转化($I_4$)和科研管理政策导向调整

($I_5$)两个主要指标组成。服务因素包括服务意识增强($I_6$)和服务水平升级($I_7$)两个主要指标。

### 2.2 最终指标体系构建

通过上述分析,可以得出最终的开放存取对期刊论文学术交流系统的影响指标体系,如图1所示:

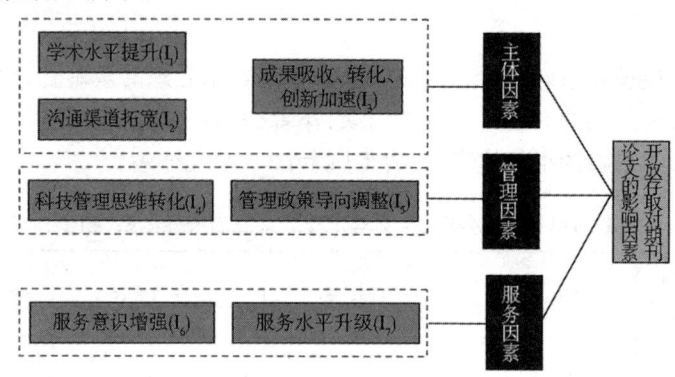

图1 最终的开放存取对期刊论文学术交流系统影响的指标体系

#### 2.2.1 主体因素

● 学术水平提升。开放存取有助于科研工作者获得最新的科技论文,掌握最新的研究前沿,探讨最新的学术思潮,从而逐步提升其学术水平。然而应该看到,在我国开放存取科技平台上发表论文的质量还难以达到其在该学科领域权威期刊的水平,这也是制约其扩大影响力、受广大科研工作者关注程度不够的一个关键因素。

● 沟通渠道拓宽。通过开放存取网络平台,科研人员注册后即可对同行发表的论文进行学术评议,从而拓宽了学者之间的沟通渠道,使学术交流变得更为方便。国外著名的网站DOAJ(开放存取期刊目录 – *Directory of Open Access Journal*)共收录OA期刊4 953种,其中2 014种提供文章层次的浏览,共收录文章384 945篇[8]。目前,我国提供开放存取信息资源的主要途径有[9]:奇迹文库、中国科技论文在线、中国预印本服务系统、香港科技大学图书馆知识库、中国开放教育资源协会网等。另外,近年来,很多专业期刊通过其网站可以实现该期刊论文的开放存取,使读者能够了解其最新发表的论文,这也进一步拓宽了学术交流的渠道。

● 成果吸收、转化、创新加速。开放存取模式可以使科研工作者了解最新的学术动态,掌握知名学者的学术思想,通过与自己的学术思想相融合,可以启迪思维、缩短论文写作周期,加速学术成果的吸引、转化和创新。目前,全世界大约出版2.5万种科技与学术期刊,开放存取期刊在其中所占份额已经超过15%[10]。然而,应当看到,我国期刊论文开放存取进程与世界水平相比仍有着明显的差距。以管理学科为例,通过深入调查分析可知,在国家自然基金委管理学部认定的30种重要期刊中,仅有《管理科学学报》、《系统工程理论与实践》以及《中国人口、资源与环境》这三种刊物能够为用户提供开放存取功能,仅占刊物总量的10%。由于期刊开放存取的比率较低,因此我国科技论文成果的吸引转化与创新速度在一定程度上受到制约。

2.2.2 管理因素

● 科技管理思维转变。科技管理部门人员承担着单位科技水平提升的关键职责,但目前很多科研机构管理人员为科研工作者服务的理念尚有待进一步加强。作为科技管理部门,要切实做到与时俱进,如接受开放存取等新型思维理念来为广大科研工作者服务,真正做到"知科研人员所需,急科研人员所急",履行好优秀管理者的职责。

● 科研管理政策导向调整。管理政策导向也是困扰广大科研工作者发表成果的一个重要因素。有些科研单位的管理部门,对期刊论文级别认可的相关政策不仅没有连续性,而且也存在部分质量高的刊物不认可,一些全国同行公认的高级别刊物却认可度低的怪现象,这样不仅不能鼓励科研人员发表高水平期刊论文,而且经常变动的政策也会使科研人员无所适从,产生消极、焦虑、担忧等不良情绪,从而影响其科研热情、创新动力等。因此,在开放存取情境下,相关管理部门既要按照科技发展的新形势对刊物进行动态调整,也要避免调整的幅度过大。

2.2.3 服务因素

● 服务意识增强。与传统图书馆功能相比,期刊OA服务平台有着快速存取、方便使用的优点,而传统出版集团出版的纸质刊物则相对滞后,这也对传统出版集团在新时期下如何提高市场竞争力、保证服务质量提出了新的挑战和要求。作者认为,要缩小差距,只有增强服务意识,才能真正赢得读者的信赖和认可。目前,我国高校图书馆虽然绝大多数开设了数字图书馆服务功能,但其仅面向校内用户开放,而且其数据库收录的刊物还要滞后于纸质版出版较长一段时间,使得科研人员难以获得较新的学术信息,从而制约了学术交流系统的进一步发展。

● 服务水平升级。开放存取网络服务平台及期刊网站在线开放存取功能均能够提供最新文献的下载、过刊的查询等项服务,但这些服务系统与读者的互动交流仍存在明显不足,如留言功能的反馈速度慢,同行交流、评议等互动性较差,这都有待于整个学术交流系统的服务水平的升级和完善。

## 3 开放存取模式对期刊论文学术交流系统的影响因素分析模型

### 3.1 DEMATEL方法简介

决策试行与评价实验室(DEMATEL)是基于图论的一种分析复杂社会问题的评价方法,尤其对那些要素关系不确定的系统更为有效[11],近年来在日本、中国台湾地区得到了广泛关注[12]。

### 3.2 DEMATEL视角下的影响因素分析模型

图1中各影响因素之间是相互依存的,然而传统的因素分析方法却难以清晰界定各因素之间的复杂关系,因此下文给出一种基于DEMATEL技术的影响因素分析模型。

STEP1:构建如图1所示的需要解决复杂问题的评价指标体系。其中,$I_1,\cdots,I_7$分别表示相应的影响因素。

STEP2:请专家分析$I_1,\cdots,I_7$之间的直接影响关系,绘出影响关系图,从而得到相应的直接影响矩阵。影响图中,$a \to b$表示因素$a$对$b$有直接影响关系,其强弱程度可用0、1、2、3、4来表征(0表示无直接影响关系,1、2、3、4分别表示低影响、影响程度一般、高影响和极高的影响)。通过深入分析,可得出如下的直接影响矩阵($M$)。其中,$m_{kl}(k,l=1,\cdots,7)$为因素$I_k$对$I_l$的直接影响关系。

$$M = \begin{bmatrix} 0 & m_{12} & \cdots & m_{17} \\ m_{21} & 0 & \cdots & m_{27} \\ \cdots & \cdots & \cdots & \cdots \\ m_{71} & m_{72} & \cdots & 0 \end{bmatrix} \quad (1)$$

STEP3:通过下式(2)将矩阵($M$)正规化,得到正规化影响矩阵($M'$)。

$$M' = M / \max_{1 \leqslant k \leqslant 7} \sum_{l=1}^{7} m_{kl} \quad (2)$$

STEP4:基于($M'$)计算综合影响矩阵($T$),其计算表达式如下。即:

$$T = M'(1 - M')^{-1} \quad (3)$$

STEP5:分析系统因素的影响度及被影响度。将($T$)中各行相加,得出相应因素的影响度$r_k$;将($T$)中各列相加,计算出对应因素的被影响度$c_l$。具体计算式为:

$$r_k = \sum_{l=1}^{7} t_{kl}, k = 1,\cdots,7, \quad c_k = \sum_{l=1}^{7} t_{lk}, k = 1,\cdots,7 \quad (4)$$

STEP6:确定系统各因素的中心度 $z_k$ 和原因度 $y_k$,从而分析出各因素之间的深层次内在关系。因素中心度是表征该因素在系统中的作用地位,原因度是表征系统因素的影响度和被影响度的综合影响程度原因度为正值,说明该因素是原因因素(即该因素对其他因素影响大),反之为结果因素(该因素受其他因素影响大)。$z_k$ 和 $y_k$ 的计算公式如下:

$$z_k = r_k + c_k, k = 1, \cdots, 7, \quad y_k = r_k - c_k, k = 1, \cdots, 7 \tag{5}$$

## 4 具体的影响因素分析

针对开放存取对期刊论文学术交流系统的影响因素分析问题,作者通过对大量专家学者的访谈和问卷调查,得出了如下的直接影响矩阵(矩阵元素是由各评价专家判断结果的几何平均值四舍五入而得出的)。

基于表2数据,通过式(3)得出表3所示的综合影响矩阵,并基于式(4-5)求出各因素对应的影响度、被影响度、原因度及中心度,详见表4。

表2 实际评价问题的直接影响矩阵

| 因素 | $I_1$ | $I_2$ | $I_3$ | $I_4$ | $I_5$ | $I_6$ | $I_7$ |
| --- | --- | --- | --- | --- | --- | --- | --- |
| $I_1$ | 0 | 1 | 0 | 0 | 0 | 0 | 0 |
| $I_2$ | 3 | 0 | 4 | 0 | 0 | 0 | 0 |
| $I_3$ | 3 | 2 | 0 | 1 | 1 | 2 | 2 |
| $I_4$ | 1 | 0 | 2 | 0 | 3 | 3 | 2 |
| $I_5$ | 4 | 0 | 2 | 2 | 0 | 3 | 2 |
| $I_6$ | 1 | 4 | 3 | 3 | 2 | 0 | 3 |
| $I_7$ | 2 | 4 | 4 | 3 | 1 | 2 | 0 |

表3 综合影响矩阵

| 因素 | $I_1$ | $I_2$ | $I_3$ | $I_4$ | $I_5$ | $I_6$ | $I_7$ |
| --- | --- | --- | --- | --- | --- | --- | --- |
| $I_1$ | 0.154 | 0 | 0 | 0 | 0 | 0 | 0 |
| $I_2$ | 0 | 0.194 | 1.621 | -0.092 | -0.838 | -0.316 | 0.354 |
| $I_3$ | 3.041 | -2.822 | 1.472 | 0.618 | -0.433 | -2.758 | 0.234 |
| $I_4$ | 0.047 | -0.083 | 1.290 | 0.153 | -0.734 | -0.282 | 0.410 |
| $I_5$ | 5.923 | -5.748 | 1.139 | 1.199 | 0.275 | -5.328 | 0.095 |
| $I_6$ | 0.145 | -8.269 | 1.430 | 1.806 | -1.062 | -7.014 | 0.142 |
| $I_7$ | 1.058 | -8.497 | 1.119 | 1.809 | -0.447 | -7.631 | 0.395 |

表4 系统各因素的影响度、被影响度、原因度、中心度

| 因素 | 影响度 | 被影响度 | 原因度 | 中心度 |
| --- | --- | --- | --- | --- |
| $I_1$ | 0.154 | 10.368 | -10.214 | 10.522 |
| $I_2$ | 0.923 | -25.225 | 26.148 | -24.302 |
| $I_3$ | -0.648 | 8.071 | -8.719 | 7.423 |
| $I_4$ | 0.801 | 5.493 | -4.692 | 6.294 |
| $I_5$ | -2.445 | -3.239 | 0.794 | -5.684 |
| $I_6$ | -12.822 | -23.329 | 10.507 | -36.151 |
| $I_7$ | -12.194 | 1.630 | -13.824 | -10.564 |

分析表4第4列数据可知,开放存取对期刊论文学术交流系统影响的原因因素按其重要性程度由大到小的排序次序为:$I_2$、$I_6$和$I_5$。由此可知,这三个因素对其他因素的影响大,要扩大开放存取对期刊论文学术交流系统的影响,沟通渠道拓宽是最为关键的原因因素,应引起相关科技管理部门的高度重视,创造良好的学术交流平台,给广大科研工作者提供一个全方位多主体交互的学术环境,从而从整体上逐步提高我国的科研论文水平,切实由科研大国转变为科研强国。结果因素(表4第4列)的大小次序为:$I_4$、$I_3$、$I_1$和$I_7$。这充分说明这些因素受其他因素影响大,尤其是科技管理思维转化首当其冲。

由表4第5列数据可知,影响期刊论文学术交流系统的7个主要因素中,最为重要的因素(即中心度最大)是$I_1$,说明在OA模式下,要提高期刊论文的学术交流层次,必须重视科研人员自身学术水平的提升。也就是说,开放存取期刊要吸引科研工作者关注和推崇,其论文质量是最为重要的。只有严把论文评审关,提高论文质量,才能真正被广大学者所认可。

## 5 结 语

开放存取以其快捷、方便、免费等特点对传统出版集团构成威胁的同时,也给广大科研工作者带来了诸多福音——它不仅迎合了科研工作者收集学术信息的多样化需求,而且也加快了期刊论文学术交流的速度,有利于科研工作者提高其学术水平。此文首先在初步识别出开放存取对学术交流系统影响因素的基础上,通过问卷调查对各主要因素予以进一步筛选,得出最终的影响指标体系,然后运用DEMATEL方法提出了OA对期刊论文学术交流系统影响因素分析模型,最后基于该模型对7个影响因素予以了深入分析。研究结果表明,$I_2$、$I_6$、$I_5$为原因因素,$I_4$、$I_3$、$I_1$、$I_7$为结果因素。最后,通过因素中心度分析指出,

$I_1$ 为系统中最重要的因素,这也得到了决策咨询专家的一致认可。因此,只有不断提高科研工作者的学术水平,鼓励他们发表高水平学术论文,开放存取期刊及其网络平台才能充分展现其魅力,更好地为广大科研工作者服务,从而整体上提升我国的科研水平。

## 参考文献:

[1] 何琳. 我国开放存取发展现状和建设策略研究. 图书情报工作, 2009, 53(1): 52 - 55, 92.

[2] 李武, 董伟. 国内开放存取的研究热点: 基于共词分析的文献计量研究. 中国图书馆学报, 2010, 55(6): 105 - 115.

[3] Craig I D, Plume A M, McVeigh M E. Do open access articles have greater citation impact? A critical review of the literature. Journal of Informetrics, 2007, 1(3): 239 - 248.

[4] Frandsen F T. The integration of open access journals in the scholarly communication system: Three science fields. Information Processing and Management, 2009, 45(1): 131 - 141.

[5] 李建辉, 徐宏, 孙梦婕, 等. 学术期刊的 OA 模式及其对学术交流系统的影响. 中华医学图书情报杂志, 2009, 18(4): 30 - 33.

[6] 孙希波. 开放存取对学术交流系统的影响. 现代情报, 2009, 29(10): 29 - 32.

[7] 李武, 杨屹东. 开放存取期刊出版的发展现状及其影响分析. 图书情报工作, 2006, 50(2): 25 - 29.

[8] 张萌, 耿骞. 开放存取打破资源壁垒. [2010 - 07 - 13]. http://www.edu.cn.

[9] 方东权, 吴天吉, 王琼. 国内开放存取研究进展及主要问题探析. 图书馆论坛, 2011, 31(2): 48 - 50, 87.

[10] Cryer E, Collins M. Incoporating open access into libraries. Serials Review, 2011, 37(2): 103 - 107.

[11] 杨印生. 经济系统定量分析方法. 长春: 吉林科学技术出版社, 2001: 176 - 178.

[12] Yang J L, Tzeng G H. An integrated MCDM technique combined with DEMATEL for a novel cluster - weighted with AN Pmethod. Expert Systems with Applications, 2011, 38(2): 1417 - 1424.

## 作者简介

孙永河, 男, 1978 年生, 讲师, 系副主任, 博士后, 发表论文 30 余篇;
宋晓莹, 女, 1987 年生, 硕士研究生, 发表论文 2 篇;
段万春, 男, 1956 年生, 教授, 博士生导师, 院长, 发表论文 100 余篇;
马晶梅, 女, 1978 年生, 助理馆员, 发表论文 6 篇。

# NIH 强制性开放获取政策实施中的利益博弈*
## ——基于多元行动者交互作用的分析视角

丁大尉　钟灿涛

**摘　要**　在梳理美国国立卫生研究院强制性开放获取政策实施历程的基础上,分析该政策实施过程中多元行动者间的利益博弈关系,通过对知识资源的再分配过程进行科学社会学分析,指出多元行动者在 NIH 强制性开放获取政策的推行过程中表现出不同的利益诉求和价值判断,新政策的实施本质上是建立多元行动者间利益关系新的平衡。这一分析对于我国科研资助部门制定相关政策、我国大学和研究机构开展科研管理工作及至科研人员发表科技成果的等均具有参考价值。

**关键词**　开放获取　多元行动者　利益博弈
**分类号**　G203

　　数字学术资源因其高昂的垄断价格已经成为当代科研机构和科学家个人的沉重负担,知识早已背离默顿的"公有性"规范[1],社会公众甚至科研人员正遭遇着既要付费发表又要付费使用科学论文的困境,学术界的"数字鸿沟"(digital divide),即"网络学术资源分布的不均衡造成的科学共同体中信息富有者和信息贫乏者之间的不平等"现象直接导致了学术交流危机的产生[2]。科学信息的"开放获取"运动就是在该背景下发生的。这场始于 1998 年的"自由科学运动"明确提出科学文献"开放获取"的倡议,反对科学家将论文的版权和复制权转让给出版商。阿兹伯格、戴维斯、弗兰德森、赖特等多位学者都曾证明过科学信息的开放获取带来的社会和经济方面的好处[3-6],劳斯特甚至认为开放

---

\* 本文系山东省高等学校人文社会科学研究项目"'开放获取'知识共享机制及其相关问题研究"(项目编号:J12WF09)和教育部科技发展中心网络时代的科技论文快速共享专项项目"中国科技论文在线学术论文质量控制及标记体系研究"(项目编号:201020)研究成果之一。

获取已经逐步"成为传统商业和大学出版的一种可行的替代方案"[7]。

在近些年涌现出的诸多实施开放获取政策的案例中,NIH(美国国立卫生研究院)的强制性开放获取政策是政府推动实施的典型案例,已经产生了重大的社会影响。国内外已有学者对该问题进行了一定研究,比如舒尔茨研究了开放获取实施过程中由版权政策导致的利益分配问题[8];萨伯分析了 FRPAA 提案提出的历史背景和实施环境[9];国内学者付晚花、肖冬梅等分析了 NIH 公共获取政策的发展历程、具体内容和执行情况[10];张宏胜研究了美国开放获取政策的参与者、博弈的具体内容和策略问题[11]。但已有文献中鲜有科技政策和知识社会学视角的分析,本文即希望通过分析梳理 NIH 开放获取政策制定过程中多元行动者间的利益博弈关系,认识和把握该政策实施中不同行动者的角色定位和功能发挥,以期为我国开放获取政策的制定提供有益的参照。

## 1 NIH 强制性开放获取政策的实现历程

从全球范围看,美国的科学信息是最为开放的,"美国学术事业的成功相当大程度归因于科学信息的开放"[12],其中 NIH 强制性开放获取政策是世界开放获取发展史中的重要事件,它的实施大体经历了准备、请求和强制执行三个阶段。

早在 2003 年美国第 108 届国会第一次会议上,民主党议员萨博(M. Sabo)就提交了一份《公共获取科学法案》,首次提出由联邦政府资助的科研成果向公众免费开放的提案,但该提案在著作权保护方面采取了极端的立场,最终未获通过。经过近一年的酝酿,2004 年 7 月,美国众议院拨款委员会做出了 NIH 资助的科研成果开放获取的政策建议,并且指导 NIH 制定了相应的开放获取草案,建议接受 NIH 实质资助的科研论文提供给国家医学图书馆联机档案库(PubMed Central,PMC),并且规定了 6 个月的时滞期。在社会各界的积极响应下,2004 年 9 月 NIH 在联邦公报上正式公布了第一份开放获取草案[13],并且为该草案设置了 60 天的公众评议期。时至当年 12 月 16 日,NIH 总共收到了 6 000 多份评议书。在充分考虑各方建议的基础上,NIH 最终确定了其开放获取的请求性政策。2005 年 2 月,NIH 公布了开放获取政策的最终版本,美国政府也正式发布了科研信息公共获取政策草案,不过时滞期由 6 个月延长为 12 个月。但遗憾的是,在该政策实施的前 8 个月中,与应该提交给 PMC 的文章数量相比,NIH 手稿递交系统实际接受的手稿递交率不足 4%[14]。同年 5 月,国家医学图书馆董事会成立了 NIH 公共获取工作组(Public Access Working Group,PAWG),负责就此问题展开进一步的协商,值得注意的是,该工作组中的 17 位成员囊括了从科研人员、出版商、科研机构、图书馆员、科学组织到普通公众的不同利益方。经过充分的论证,2005年11月,PAWG正式提出开放获取政策的强制性实施建议,同时提请将公开论文的时滞期由一年缩短为半年。

不过强制性政策的实施就此搁浅了一年左右的时间。经过一年多的充分考证和认真准备,2007年3月,NIH院长泽鲁尼(E. Zerhouni)正式向国会提出了政府实施强制性开放获取政策的请求。之后经过不同利益相关方的激烈争论,美国国会终于在2007年的财政拨款案中首次将"请求(request)",改为"要求(require)"。2007年7月19日,众议院批准了该提案,同时将时滞期调整为12个月。当年10月和12月,参议院和国会分别通过了该提案。2008年4月7日,该提案正式生效。一年多后,奥巴马总统签署的2009年度《全面拨款法案》中终于将NIH的强制性开放获取政策作为一项永久制度确立下来。强制性开放获取政策实施之后,PMC每月有近3 000份新文章入库,PMC数据库的访问量每天也超过了200万人次,截至2011年6月,PMC收录的文章已逾200万份[15]。

## 2 利益博弈视角下的多元行动者

NIH强制性开放获取政策实施的近4年中,除了政府、NIH、出版商之外,科学家、学会等科学组织,甚至社会公众都在其中发挥了重要作用,多元行动者的集体博弈是该政策实施过程中的重要特征。多元行动者交互作用的分析方法是科学技术与社会(science technology and society,STS)研究中非常重要的方法,该方法主张在实现同一目标的过程中,不同行动者会表现出不同的价值判断与利益趋向,这也决定了它们之间复杂的利益博弈、斗争和协调关系,该理论已在科学技术的政策学、社会学和管理学等领域的研究中获得了广泛应用。

### 2.1 多元行动者间的利益旨趣关系

• 科学共同体由于其独特的精神气质和科研活动需求,总体来说支持开放获取政策,同时也是不断探索开放获取具体实现路径的重要力量。实际上,科学家非盈利的知识传播动机和使用需求是开放获取得以实现的基本前提。"科学交流的模式必须适应科学本身发展的要求,源于学术界内部的动力促使科学家和学术机构最先对这一形式做出响应"[16]。继2004年8月25名诺贝尔奖获得者联合署名致信美国国会,表达了支持学术论文开放获取的强烈愿望之后,2009年11月,41位诺贝尔奖获得者再次致信美国国会,公开支持研究成果的公共获取法案。但需注意,美国科学界内部对于学术资源分布不均衡问题的关注程度存在很大差别,同时鉴于前沿科学信息对于科研活动的重要意义,科学家大都严重依赖专业领域中具有较高显示度的少数期刊,这也决定了他们在该运动中很容易向出版商妥协。

• 随着社会公众对于知识需求的增长和公众参与科学意识的提高,公众已成为开放获取政策的重要参与者。实际上,"20世纪70年代以来,至少在西方世界,不仅精英们而且大众都成为知识接受者。随着知识的民主化和高等教育向所有阶级开放,掌握知识不再是精英的特权"[17]。美国参众两院在就NIH提请的开放获取政策进行激烈争论之前就不断地通过媒体、邮件等方式向社会公众广泛宣传开放获取政策。美国纳税人联盟发言人约瑟夫(H. Joseph)曾经指出:"病人、图书馆、研究人员、出版商、学生和纳税人的通力合作,使得相关研究成果可以免费访问、使用——而这在以前是不可想象的。这一政策的成功实行将会使研究成果惠及全体公众"[18]。NIH于2006年向美国国会提交的公共获取政策执行报告也指出:随着PMC存储文章数量的增长,公众对该数据库的利用也在稳步增长。

• 科研机构迫于数字资源订购费用所带来的巨大经济压力,成为开放获取政策重要的推动者。虽然高校与科研院所很难形成与出版商直接对抗的统一力量,但它们往往从学理上不断为开放获取政策进行着合理性论证。法国金融分析家卡萨博(S. Kassab)曾估计,采用开放获取模式将为全球的科学家节省40%以上的经费。另外,科研机构的集体呼吁也成为推动新政策实施的重要力量,ACRL(美国大学与研究图书馆)在NIH政策公布之初就曾明确响应NIH的开放获取政策;2010年5月,哈佛大学等27所研究型大学的教务长也曾集体呼吁国会支持开放获取法案。

• 科研资助机构作为国家和社会利益的代理方,是开放获取政策的直接实施者。作为美国政府重要的科研部门,NIH具有强烈的实现政府和社会利益的责任需求。开放获取政策的实质是实现科学知识产权从出版商向科学共同体的回归,但长期以来形成的版权格局导致这一目标很难在短时间内实现,所以只能寻求一种新的版权政策以谋求学术交流体系中各利益方关系的暂时平衡。但需注意的是,"开放获取"的科学信息必须是科学家"自愿"共享的,它并不反对版权、专利等知识产权行为对于科研成果的合法保护。

• 商业出版集团作为经济利益的直接受损方,是开放获取政策最为激烈的反对者。"出版商对开放获取运动有着直接利益冲突,构成了美国开放获取政策博弈中的主要矛盾"[11],美国人类学协会执行主任威廉·戴维斯曾指出,在社会科学领域中,强制性开放政策"将导致期刊的死亡……"[19]。出版商主要就版权保护问题与政府展开谈判,认为开放获取政策与现行的版权政策冲突,并指出知识的开放共享可能危及同行评议机制。比如出版商曾多次游说参议院通过立法否定开放获取政策,指出政府的干预违反了市场竞争原则,这也曾一度导致参议院反对此提案,并于2006年延迟了拨款法案。此外,出版商还积极参与开放获取标准和协议的制定,试图通过限制开放获取政策的实施范围和力度保护出版商利益。比如ACS(美国化学学会)就曾说服NIH关闭开放获取知识库PubChem,但是这一要求遭到了国会的否决,并且决定继续资助PubChem,这也导致了ACS与NIH各自建设的数据库长期共存的局面。

另外,协会、学会、社团等跨边界组织也成为NIH强制性开放获取政策实施中的重要行动者。作为活跃在科学与政府交界面上的行动者,它们往往实现了多重身份的建构,在政策执行过程中表现出了复杂的利益诉求。总体来看,边界组织与美国政府以及NIH的利益有着很强的关联性,但是它们往往也综合考虑科学交流成本、市场规律等问题,甚至指出应该保障出版商合理的利益要求,并在此基础上试图协调各方利益关系。美国民间自由联盟、纳税者获取联盟、学术出版与学术自由联盟等组织等都曾参与过新政策的制定,比如纳税人获取联盟就曾负责执行和监督NIH的开放获取政策,并在其中发挥了重要作用。

2.2 利益博弈中的关键问题

总之,多元行动者间的博弈主要是围绕着以下三个关键问题展开的:

● 是否应该废止出版商垄断科学知识的特权地位。从知识传播的角度看,正是商业力量介入科学交流活动,并且建构了知识的"商品化"形象,才导致了数字学术资源的日益垄断。从科学知识生产的角度看,出版商在该过程中没有任何的智力与物质投入,更没有担当科学研究的不确定性和风险性,所以没有理由攫取巨额利润;但是商业出版集团则强调,著名期刊的高知名度和显示度的背后往往伴随着艰难的成长过程,所以该问题本质上是对出版商合理利益的重新考量。是否应该废止出版商对于知识的垄断地位,就成为这场博弈中最为重要的问题。2006年6月,在众议院拨款委员会通过NIH开放获取授权的时候,即曾遭到过参议院的激烈反对。从2007年7月众议院第二次通过NIH强制性开放获取政策,到当年12月26日布什总统签署该预算案,期间经历了参议院乃至国会对于出版商态度的不断转变。不过NIH的最终政策文件还是充分肯定了出版商的重要作用。新政策赋予接受NIH资助的科研论文提交给PMC之前长达一年的时滞期,并且允许论文可以多种形式存入PMC,这实际上为出版商调整经营策略留出了缓冲时间。新政策还规定,科学知识的免费获取不能与现行的版权法冲突;向PMC提交的论文须经过同行评议。

● 是否应该实施强制性的开放获取政策,并赋之以法律保障和制度支持。NIH强制性开放获取政策实施的过程中,其措辞经历了从"要求"到"请求并强制鼓励"再到"强制性要求"的变化。2005年2月,NIH就曾非强制性地(强烈鼓励)规定论文发表后12个月内提交给PMC,但在随后的一段时间中,只有很少一部分作者(约10%左右)遵守了该规定[20],强制性力量的缺失是政策遭遇阻滞的根本原因。2007年12月的强制性政策与2005年2月的建议性政策相比,政策要求和执行力度都发生了质的变化(从非强制到强制)。事实表明,在经济利益面前,请求、鼓励、劝告等建议性要求都是苍白的。另外,政策博弈过程中出版商的态度也经历了从对抗到合作的转变。实际上,适度地为出版商保留一定的利益空间,可以减少来自出版集团的压力。而NIH也一直试图处理好与出版商的关系,比如积极向美国医学出版商协会等出版集团介绍这一政策,甚至建立了定期与出版商就政策执行过程中的具体问题(比如文章递交程序)进行协商和沟通的机制——"NIH实际上已经与出版商开展了多种关于公共获取的合作"[21]。

• 是否应该延长科学论文开放获取的时滞期。与其他公共物品不同,科学知识有着非排他性和时效性特征。知识经济时代,前沿科学数据和信息的价值是与获取时间紧密关联在一起的。政策博弈过程中关于提交论文的时滞期问题出现了两个重要变化:一是时间界限从模糊变为明确,二是时滞期长度有所调整。在强制性政策的实施几成定局的情况下,出版商不得不退而转向延长时滞期的策略,论文从公开发表到实施开放获取的时间越长,出版商的利益损失就越小。2004年7月,美国众议院通过的开放获取草案中规定的时滞期为6个月,而2005年2月NIH公布的开放获取政策中则将其延长为12个月。实际上,对于文献半衰期较长的专业期刊来讲,12个月的半衰期是远远满足不了科研人员需要的。尽管时滞期的延长会损害社会公众的利益,但同时也会部分缓和出版商对于开放获取的态度,可以视之为一种平衡策略。另外,强制性开放获取政策的实施不可避免地会面对资金支持、技术标准、版权政策等新问题,这些问题必须在新政策实施的实践中予以解决。总之,科学交流活动的复杂性决定了新政策的实施必须注意不断调整不同行动者间的利益分配关系,时滞期是其中一个非常重要的问题。

## 2.3 悬而未决的问题

尽管NIH强制性开放获取已经以政策规定的形式得以确认,但迄今为止仍留有很多悬而未决的问题,建立多元行动者间的利益平衡关系任重而道远。

• 强制性开放获取政策与现行版权法间的冲突问题。向PMC提交论文主要通过两种方式进行:一是作者支付一定的开放获取费用,也就是所谓的选择性开放获取方案;还有一种是期刊与PMC签订相关协议,这部分期刊的论文发表后会自动上传。尽管新政策规定不能与现行版权法冲突,但实际运作中,很多科研论文在发表之初便被迫转让了版权;同时科学知识开放获取后,如何合理保护科研成果的知识产权,有效阻止知识的商业应用等侵权行为,保证科学家和科研机构的正当权益获得,已成为新的版权政策构建中的关键问题。另外,现行的科研评价机制往往要求科学家在显示度较高的期刊上发表文章,短期内也很难改变科学共同体所谓的"期刊依赖"现象,所以版权问题仍是强制性开放获取政策遭遇阻滞的重要原因。坚持利益平衡的理念,构建新的版权政策,调整传统版权模式中的利益对比关系,是实现科研成果自由交流的必然路径。

● 如何分担强制性开放获取产生的费用问题。新政策的实施必然会打破原有科学交流体系的平衡,知识由付费到免费这一获取方式的变化必然会带来新的费用承担问题。科研成果的免费开放必然会影响到出版商的正常功能发挥,那么如何解决新政策产生的费用问题,政府是否应该为该部分费用买单?毫无疑问,政府的介入是推动强制性开放获取政策最为直接的途径,也取得了立竿见影的效果。但是建立强有力的制度保障的前提是平衡好不同利益方甚至不同国家之间的经济利益关系。科学知识"公共物品"的属性决定了判断科学交流活动中经费投入问题的复杂性。2010年7月29日,美国国会曾举行过一次专门听证会,重点讨论是否将 NIH 强制性开放获取的经验推广到其他联邦科研资助机构,会上产生了5037号和801号两份直接冲突的议案。某出版商代表明确指出,如果美国的科研成果实施开放获取,并且由政府承担所产生的相关费用,而其他国家(比如中国)不实行开放获取政策的话,那么美国的利益显然就会受损。

## 3 知识资源再分配的科学社会学分析

美国是一个多元研究体制并存的国家,NSF(美国国家科学基金会)、NIH等资助机构往往实行不同的科技政策,政府干预科研活动的案例早有发生,二战期间政府对于科学研究便采取了战时军事命令式的集中管理。当代科学知识产品的高度垄断已经严重影响了公众的公共知识获取能力,必须重新构建科学、政府与社会之间的边界关系。作为非消耗性的产品,科学知识的价值实现内在地要求它在全社会范围中的合理配置,而知识经济时代的科技创新活动更是要求公共知识在全社会范围内的快速扩散。同时,公众也早已表达出希望政府为国民提供更多的科学知识产品的态度——"联邦政府是唯一有远见和有能力为基础研究和公共品的供应提供保护和保障的实体"[22]。从委托代理关系的角度看,研究人员的委托人身份和联邦政府的代理人身份共同暗示了这种双边垄断可能导致的知识获取障碍状况。委托代理理论强调科学家受政府的雇佣来生产社会所需要的新知识,同时国家利益的实现已经嵌入科学知识生产的内在目标,而医疗、公共卫生等研究领域是公众最为关注的内容,所以NIH成为强制性开放获取政策首当其冲的实施机构也就不难理解了。

知识经济时代,随着科学与社会之间的关系日益紧密和复杂,公众对于科学知识的需求亦呈现出多元化的趋势,科学的社会契约理论也被赋以新的内涵,其中公众利益的获得已成为衡量科学知识产品价值实现的重要维度。担任NIH主任的詹姆斯·温加登曾指出:"人们对科学的支持有着坚定的信念——科学迟早会对社会有用"[22]。这一判断是在经历了从万尼瓦尔·布什的线性模式到罗森伯格、斯托克斯等人提出的非线性模式之后,人们已经逐步认识到当代科学知识的"多元化"特征,满足公众需求已经成为科学知识生产的重要功能实现。实际上,从委托代理理论来看,科学共同体与社会公众在科学知识的生产和获得过程中长期存在着信息不对称的情况,美国经济学家肯尼斯·阿罗认为,克服外行委托人和专家代理人之间信息不对称问题的成本是很高的,他还指出,知识传递过程中合理的利益分配情况是:"已获得的信息除去传递信息的成本,应该免费地为公众所获得"[23]。

科学的社会契约实际上已经包含了科学共同体的学术自主性以及科学家从政府和社会获取资助的双重关系,而科研成果向全社会的义务性回馈也已成为科学家从政府获取资助的重要功能表达。NIH所承担的知识共享义务实际上也是科学共同体和自由联邦政府(包括国会)所代表的美国人民之间的一种社会契约,其实质是在向全社会回馈知识内容的同时,保持受联邦财政资助的科学家所拥有的学术自主性和内部自我管理。从该视角看,社会公众应该是科学知识产品的最终受益者,政府有权利也有责任作为一种强制性力量保证该责权利链条的合理的利益分配关系。所以,科学社会契约的实现并不是一种隐喻式的表达,而是一种显性的义务承担。NIH的强制性开放获取政策意味着知识权力从出版商向科学共同体的转移,不但为我们提供了政府介入解决公共知识资源分配问题的新方式,也为知识共享提供了新的组织保证和制度设计。

如今,科学知识的公开共享实际上已经成为全社会对于知识的共同监管和利用的重要途径。作为公共物品,科学知识的产权界定是一个长期存在争议的问题,反映了公众需求与知识获取机制之间的张力变迁。知识经济时代,知识的市场化运作、学术资本主义等提法似乎为知识的垄断经营提供了合法性解释。"学术资本主义最引人注目的一个方面是技术科学(technoscience)现象。这种后工业科学完全是由市场驱动的,并且在后工业科学中知识和商业的区分消失了"[18]。但是作为社会公众的委托人,政府有权寻求生产科学知识产品的代理人,同时也有权利参与科学知识的相关收益的分配。科学政治学家查尔斯·林德布洛姆认为,科学的委托代理关系实际上是通过市场调节和某些集团的"商业特权地位"而产生的一种特殊的将知识产品建构为商品的代理关系。

NIH强制性开放获取政策包含两个重要的理解维度:一是解构了出版商垄断科学知识产品的特权地位,二是调整了多元行动者间的利益分配关系。以上两个变化带来了科学交流活动中社会共同体新的责任考量和利益实现以及政府所设定的新的权力分配关系。所以,建立政治与科学之间互惠关系的过程,也可以被看做是如何保证科学知识产品成为全社会的共同福利的过程。库奇马认为:"强制性的开放政策的实现有利于提高科研效率、加速创新、刺激经济发展"[24],他同时指出,这种关系的推进依赖于各利益方建立新的联盟关系。通过立法保障科学信息的免费获取不仅是平衡科学界、出版商、科研资助机构以及社会公众责权利关系的有效途径,也是政府作为科学交流领域中一个主要行动者的重要功能体现。

## 4 结 论

NIH强制性开放获取是政府介入科学交流领域、构建免费共享的在线科学信息数据库的典型案例。该政策的实施过程包含了科研机构、图书馆、科学家、科研资助机构、出版商、公众等不同行动者间的复杂斗争,每一次政策的推进和调整都是寻求多元行动者利益关系新的平衡的过程。该政策的实施对于我国构建在线共享的知识平台、提高知识创新能力具有以下几点启示:①应建立完善的制度保障和法律支撑体系。强有力的政策支持是提高全社会公共知识获取能力的重要保证,也是提高我国科技创新能力的必经之路。同时应该注意新政策的实施一定要与《著作权法》、《保密法》等其他相关法律协调好关系。②应分析区分不同行动者的责权关系。建立我国国家层面的开放获取数据库同样离不开相关行动者的集体努力,故应该注意对不同行动者采取不同的激励措施,比如调整我国科研机构的现有考评机制、为科研人员提供相应的出版费用等。③应平衡好各方的利益关系。提高我国公共知识的共享能力,是推动我国信息化发展、建设国家创新系统的重要内容,在这个过程中一定要注意把握平衡好不同利益相关者间的利益分配关系。

## 参考文献:

[1] 丁大尉,李正风.科学信息的开放存取与知识的"公有性"信念[J].科学学研究,2011(10):1473-1479.

[2] 安德鲁·查德威克.互联网政治学:国家、公民与新传播技术[M].任孟山,译.北京:华夏出版社,2010:65.

[3] Arzberger P,Schroeder P,Beaulieu A,et al. Promoting access to public research data for scientific,economic,and social development[J]. Data Science Journal,2004(3):135-152.

[4] Davis P M. Author-choice open access publishing in the biological and medical literature:A citation analysis[J]. Journal of the American Society for Information Science and Technology,2009,60(1):3-8.

[5] Frandsen T F. Scholarly communication changing:The implications of open access[D]. Copenhagen:Royal School of Library and Information Science,2009.

[6] Wright K,Light K, Stirk L. What's on the Web? Open access research[J]. Journal of Health Services Research & Policy,2011,16(1):62-64.

[7] Royster P. Publishing original content in an institutional repository[J]. Serial Reviews,2008,34(1):27-30.

[8] Scholze F. Internationalisation of information services for publishers' open access policies [EB/OL]. [2012-12-16]. http://www.peh-med.com/content/3/1/19

[9] Suber P. SPARC open access newsletter,5/2/2006[EB/OL]. [2012-11-18]. http://www.earlham.edu/~peters/fos/newsletter/05-02-06.htm#frpaa

[10] 付晚花,肖冬梅. 美国NIH公共获取政策及对我们的启示[J]. 图书馆杂志,2008(10):59-62.

[11] 张宏胜. 美国开放存取运动中的政策博弈[J]. 图书情报工作,2011,55(21):54-57.

[12] Reichman J H,Uhlir P F. A contractually resconstructed research commons for scientific data in a highly protectionist intellectual property environment[J]. Law and Contemporary Problems,2003,66(1/2):315-462.

[13] NIH. Enhanced public access to NIH research information[EB/OL]. [2012-01-16]. http://grants.nih.gov/grants/guide/notice-files/not-od-04-064.html

[14] Department of Health and Human Services. National Institutes of Health report on the NIH public access policy[EB/OL]. [2012-04-05]. http://publicaccess.nih.gov/Final_Report_20060201.pdf.

[15] PubMed Central. PMC hits two million mark[EB/OL]. [2011-06-16]. http://www.ncbi.nlm.nih.gov/pmc/about/new_in_pmc.html#day12.

[16] 钟灿涛. 科学交流体系重组的动力因素分析[J]. 科学学研究,2011(9):1304-1310.

[17] 德兰迪. 知识社会中的大学[M]. 黄建如,译. 北京:北京大学出版社,2010:127,148

[18] 公共获取政策首次成为永久制度[J]. 现代图书情报技术,2009(6):84.

[19] Misleading open accers myths[EB/OL]. [2012-03-30]. http://www.biomedcentral.com/about/advocacy12.

[20] Policy on enhancing public access to archived publications resulting from NIH-funded research[EB/OL]. [2012-04-04]. http://grants.nih.gov/grants/guide/notice-files/not

- od - 05 - 022. html.
[21]　沈东婧,王斌,江晓波. 美国国立卫生研究院(NIH)公共获取案例解析及启示[J]. 情报工作理论与实践,2009(S1):123 - 125.
[22]　古斯顿. 在政治与科学之间——确保科学研究的诚信与产出率[M]. 龚旭,译. 北京:科学出版社,2011:71,54.
[23]　Arrow K. Wealth and Welfare[M]. Cambridge:Harvard University Press,1962:36.
[24]　Kuchma I. Open access,equity,and strong economy in developing and transition countries: Policy perspective[J]. Seiral Reviews,2008,34(1):13 - 20.

## 作者简介

　　丁大尉,烟台大学人文学院讲师,博士,E - mail:hawkerding@ 126. com;
　　钟灿涛,北京大学先进技术研究院副研究员,副院长。

# 美国开放存取运动中的政策博弈

张宏胜

(上海社会科学院信息研究所　上海　200235)

**摘　要**　对2003年以来美国开放存取法案进行深入而全面的政策博弈研究,具体内容包括:美国开放存取运动政策博弈的各方参与者、博弈的具体内容、各方参与者的博弈策略、政策利益,并对美国的Sabo法案、NIH法案、CURES法案和FRPAA法案等展开对比分析;并在对美国开放存取政策深入分析的基础上,给出我国推动开放存取运动的政策建议。

**关键词**　开放存取　开放存取政策　政策博弈
**分类号**　G203

## 1　引　言

近年来,随着开放存取运动的发展,世界各国纷纷出台了开放存取政策。合理的开放存取政策能提高公众对开放存取运动的认识,鼓励公众参与开放存取运动,减少开放存取运动所面对的阻力,推动学术信息资源的开放存取。美国是开放存取运动的发源地,有着丰富的政策实践,对推动我国的开放存取运动具有重要的借鉴意义。

## 2　美国开放存取运动政策博弈的参与者

开放存取运动不是由科研机构或者少数部门来推动的,它受到社会各方的广泛影响,每一个参与者都有自己的利益和政策内容上的要求,并在法律、习惯与传统等框架或规则范围内进行激烈的竞争,反映在政策上就表现为复杂多变的政策博弈。

### 2.1　美国联邦政府及其科研资助部门

美国联邦政府每年用于基础和应用研究的资金高达数百亿美元,这些资金主要集中在美国的十一个科研部门(NIH美国国家卫生研究院、NSF美国国家自然科学基金会等），然后由这些部门来进行管理。因此，美国的科研资助机构绝大多数具有官方背景，它们是开放存取政策最重要的实施者，代表着美国政府的利益。其中 NIH 是全世界最大的综合类科研资助机构，今年财政预算为 312 亿美元，其资助的各类研究所产生的论文每年达 80 000 余篇[1]。

### 2.2 研究机构和研究人员

对于研究机构和研究人员来说，开放存取意味着他们可以得到以前接触不到的文献，所发表的文献可以有更多的引用和更多的认可，所以他们往往支持开放存取运动。但这并不意味着研究机构和研究人员对开放存取政策没有自身的利益诉求，著作权、开放存取政策的时滞期等仍然是影响他们对开放存取政策的态度的重要因素。

### 2.3 出版商

开放存取运动的起源是因为出版商日益垄断期刊市场，大幅度地提高期刊价格，从而导致了所谓的"学术交流危机"。出版商是传统出版模式最大的受益者，开放存取运动无疑触动了他们赢利模式的根基，可以认为出版商对开放存取运动有着直接利益冲突，构成了美国开放存取政策博弈中的主要矛盾。

### 2.4 支持团体、专业组织和社会公众

支持团体和专业组织是推动开放存取运动的重要力量，如美国民间自由联盟、纳税者获取联盟（ATA）、美国学术团体理事会、学术出版与学术资源联盟、美国图书馆协会等，他们的意见在国会对开放存取政策的讨论上起到了重要作用。此外，这些专业组织还建立了许多开放存取期刊或机构库（例如 SPARC），成为政府开放存取体系的有力补充。

## 3 美国开放存取运动政策博弈的具体内容

### 3.1 政策必要性

在开放存取运动萌芽的时期，开放存取本身就遭遇了出版商甚至社会公众许多的质疑。有人认为研究人员对所需学术资源的访问不成问题，无需开放存取；有人则认为社会公众可以通过馆际互借从图书馆获取所需要的文献，开放存取没有意义；还有观点认为对社会公众免费开放经同行评议的专业文献会因理解问题使他们更困惑。这些观点并不能说没有一点道理，但以偏概全、管豹窥斑的思维模式无疑是存在的。

## 3.2 实施范围

公共资金资助的研究成果应实现开放存取在国际社会已成为一种共识,早在2004年就有30多个国家签署了OECD公共资助研究数据开放存取宣言。从美国的政策实践来看,其开放存取政策集中在受公共资金资助的研究机构上,重点是规范NIH、NSF等大型科研资助机构的开放存取行为。从政策的发展来看,涉及的机构范围是逐渐扩大的,从不涉及具体机构到NIH,从NIH到美国卫生部所有机构,而目前最新的FRPAA法案更是把政策适用对象扩大到所有由政府资助并每年为非本机构科研投资1亿美元以上的机构。

## 3.3 执行形式

开放存取政策的执行形式包括以下几个方面的内容:①开放存取政策的执行是强制性的还是自愿性的。②研究成果是提交给受资助机构,还是自行在出版商的网站上开放;是存储到机构知识库中,还是在开放存取期刊发表。③对论文的质量要求。美国大多数法案是把经过同行评议的期刊论文和会议论文实施开放存取。

## 3.4 时间要求

开放存取政策的时间要求,也称开放存取政策的时滞期,是指从论文在正式刊物公开发表到实施开放存取的时间限制。开放存取政策的时间要求对学术期刊发行影响巨大,是开放存取政策的焦点之一,目前主要受两个方面的影响。一个是文献的半衰期。对于文献半衰期较长的专业的学者来说,即使是12个月的时滞期仍然是远远不够的。美国人类学协会执行主任威廉·戴维斯指出,在社会科学领域中,强制性公布"将导致期刊的死亡……"[2]。此外,对于社会公众而言,较长的延滞期会对他们的利益造成损害,尤其是医学等与社会公众利益紧密相关的学科领域。

# 4 美国开放存取运动的政策博弈

纵观美国近几年来的开放存取运动的政策博弈,是在反复和妥协中前进的,而其博弈结果最直接的表现就是美国开放存取的各种法案。

## 4.1 美国的开放存取法案

2003年以来美国支持开改存取的法案如表1所示:

在以上法案中,目前唯有NIH法案成为现实法律,打破了出版商和相关利益方的封锁,使美国的开放存取运动取得了法律依据。但NIH法案也做出了许多让步:在版权方面,NIH强调与美国版权法的一致性和对版权的合理使用,而不是去修改它;时滞期从6个月调整到12个月;强制性由最初的"要求"变成"请求并强烈鼓励"再变成"强制要求"。

表1 2003年以来美国支持开放存取的法案

| 名称 | 提交日期 | 范围 | 强制性 | 成果开放存取形式 | 论文质量要求 | 时滞期 | 法律依据 |
|---|---|---|---|---|---|---|---|
| Sabo法案 | 2003.06.26 | 无规定 | 无规定 | 无 | 无 | 无 | 修改《版权法》,以免除政府资助科研作品的版权保护。 |
| NIH法案 | 2004,2005,2007等 | 全部或部分受NIH资助的研究 | 有 | 建立NIH机构库PMC | 经过同行评议并做出所有修改的稿件 | 6个月 | 与版权法保持一致 |
| CURES法案 | 2005.12.14 | 卫生部下设所有机构,包括NIH, | 有 | 建立美国治疗中心 | 同上 | 最初为4个月,后调整到6个月 | 依据政府许可(45 CFR 74.36)作为法律基础,取代出版商的同意 |
| FRPAA法案 | 2006,2009,2010 | 政府资助并每年为非本机构科研投资1亿美元以上的机构 | 有 | 提交到自建的开放存取知识库,或任何达到规定条件的知识库 | 同上 | 6个月 | 与版权法保持一致 |

### 4.2 博弈参与者在政策博弈中的策略与行为

#### 4.2.1 美国联邦政府及其科研资助部门

美国联邦政府及其科研资助部门博弈策略的核心是不断提高相关科研成果开放存取的水平,使其科研资助基金产生的科研成果能够得到更有效的利用。在Sabo法案、NIH法案等法案的制定过程中,可以清晰地看出,随着时间的推移,各个法案的内容所涉及的范围不断扩大,在执行方式上也日益严格,整个开放存取政策的体系也在博弈中逐步完善,并带来更好的政策实施效果。具体来说,美国联邦政府及其科研资助部门的政策利益可以用下面这个公式进行表述,这也是他们所努力的方向。美国联邦政府及其科研资助部门的政策利益 $V_1$ = 政策实施效果 $R$ = 开放存取文献利用情况 $U*$(实施范围 $S*$ 参与人数 $N*$ 论文质量 $Q$)/时滞期 $T$。

### 4.2.2 出版商

作为开放存取运动的直接利益受损方,出版商对美国的开放存取政策一直持强烈抵制的态度,认为这将削弱版权,并对同行评议系统造成不良影响,使出版商的投资得不到应有的回报。因此,出版商的博弈策略主旨是阻碍开放存取运动的发展,大体来说,又分为以下两种:①以美国版权法等现行法律为手段,对获取版权资料加以限制,否定开放存取政策的合理性,并企图以立法的形式全面否定开放存取政策,例如 Conyers 法案(研究中的公平版权法案[4])。该法案将修订美国的版权法,颠覆 NIH 公共获取政策,并规定其他美国机构制定采取类似政策是违法的。美国出版商协会和美国版权联盟对此表示支持。②积极投身开放存取运动,参与开放存取标准和协议的制定,限制开放存取政策的范围和力度,以此来最大程度的维护自身利益。在 NIH 法案的讨论中,美国出版商协会宣称:①出版商和 NIH 之间应建立正式和持续的协商机制;②NIH 必须制定出具体的措施以保证 NIH 公共获取政策的日常执行能尊重版权的基本原则,并保证出版商的投入能获得相应的回报;③NIH 必须采取一些措施,以确保政策能够符合并坚持其既定目标。

如果设出版商的政策利益 $V_2$,那么 $V_2 \propto \dfrac{1}{R}$。即是说,不管出版商采取哪种策略,总体而言,开放存取政策的实施效果越好,那么出版商所得的政策利益就必然越小。但是通过政策博弈,从美国联邦政府获得一定形式的补偿,在某种程度上达成共识。

### 4.2.3 研究机构和研究人员

研究机构和研究人员在自身利益得到保障的前提下,对美国的开放存取政策,总体上是持支持态度的。但出于保护自身利益的需要,研究机构和研究人员的博弈策略有两类:①在满足自身利益的前提下,支持开放存取政策;②自身利益没有得到保障,反对开放存取政策。例如 Sabo 法案对作者的精神权利没有保护,所以遭到了研究机构和研究人员的反对。而对于 NIH 法案、CURES 法案和 FRPAA 法案,研究机构和研究人员都表示了强烈的支持。对于目前尚在讨论中的 FRPAA 法案,41 位诺贝尔奖获得者联名表示强烈支持[5],美国 27 家主要的私人和公共研究机构也在公开信中宣布支持[6],截止 2010 年 5 月 21

日,已经有116个机构宣布支持FRPAA法案[7]。

研究机构和研究人员的政策利益可以表述为:研究机构和研究人员的政策利益 $V_3$ = 因开放存取政策带来的得益 $V_{31}$ - 实施开放存取所需成本 $C$ + 因开放存取政策而带来的权利变化 $E$。

在历次的开放存取法案的讨论中,在面对出版商对开放存取政策的非难时,都对开放存取政策给予了大力支持。例如Conyers法案提出后,著名学者Peter Suber称该议案的前提和两家出版集团的理由是"虚假和多疑的",此外,33位美国诺贝尔科学奖获得者则在公开信中反对Conyers法案[8]。但是从NIH法案的实施效果来看,研究机构和研究人员主动实施开放存取的积极性并不高,自NIH法案正式实施至当年12月31日,收到的文章数量仅占应提交文章总数的3.8%[9]。因此,2007年的NIH法案明确地强制要求作者提交文章。自此NIH法案的实施效果才得以大幅度改善。截止今年6月23日,收录文章已经达到200万份[10]。

### 4.2.4 支持团体、专业组织和社会公众

开放存取政策增强了公众获取已存档论文的能力,从而提高人们的生活水平和福利水平,所以支持团体、专业组织和社会公众的利益与美国联邦政府及其科研资助部门的政策利益在很大程度上具有一致性,不过他们更重视对开放存取的参与和成效。

其利益具体来说可以表述如下:支持团体、专业组织和社会公众的政策利益 $V_4$ = (实施范围 $S$ * 参与人数 $N$ * 论文质量 $Q$) * 对开放存取的参与度 $E$。

在美国开放存取政策的制定过程中,受社会舆论的影响很大。在相关法案进入国会投票之前,往往会大肆宣传,以争取公众的支持。因此,支持团体、专业组织和社会公众在美国开放存取政策的制定中,是一个活跃的因素。值得一提的是纳税人获取联盟(ATA),ATA不仅负责执行和监督NIH的公共获取政策,而且在NIH法案和FRPAA法案的推行中,不遗余力地加以支持,是美国开放存取政策发展的重要保障之一。但不可否认的是,即使在美国,开放存取运动的影响仍然是不够的,社会公众对开放存取的认识不足,对开放存取运动的参与还不够深入。

## 5 结论与建议

通过以上研究,可以得出以下结论:①美国的开放存取运动仍然处于发展阶段,政策博弈仍未达到均衡状态,可以预见,在不久的将来,美国开放存取运动的政策博弈将会更加激烈;②只要对研究机构和研究人员的合法权利做出相

应的保护,他们一般会支持开放存取政策;社会公众和专业团体组织对开放存取运动大体上也是持支持态度;③积极宣传,争取社会公众、专业团体和研究机构、研究人员的支持是一项法案能否成功的重要因素;④出版商与开放存取政策有着最为激烈的利益冲突,可以说是不遗余力的阻碍开放存取运动的发展,甚至彻底否定开放存取政策的合理性,但对于出版商,也不能采取简单对抗的方式来制定政策。具体到我国来看,我国出版商与美国的同行们大不相同,行业垄断并不明显,与开放存取运动之间的矛盾也不像美国那么尖锐。我国在开放存取政策的制定中,应当对出版商的利益给予充分考虑,引导出版商向开放存取运动靠拢,使开放存取运动能够和谐发展。

从美国的经验来看,我国开放存取的发展应当注重以下几点:

### 5.1 政策制定循序渐进

美国的开放存取政策经历了多年的斗争,在曲折中艰难前进,涵盖面越来越广,政策设定越来越合情合理。我国的开放存取政策的制定也应该分阶段进行,在实践的基础上逐步完善,而不是强制性的一步到位。

### 5.2 加强宣传,培养开放存取文化

即便是在美国,开放存取运动的影响也是有限的。我国大多数人并不了解开放存取运动,更谈不上支持,而开放存取运动的发展,其社会环境是至关重要的。只有社会公众认可了开放存取,消除抵抗情绪,才能从根本上推动开放存取运动的发展。

### 5.3 制定完善的开放存取政策

从美国的政策实践来看,一项完善的开放存取政策至少应包括:①保护研究人员的合法权利不受侵害,例如帮助作者支付某些期刊收取的"开放获取"的额外费用、作者在开放存取期刊上发表文章计入科研成果等;②开放存取政策的适用范围;③合理地划分公开与保密的界限,使信息开放存取政策与保密制度和法律协调一致;④开放存取的文献质量要求、时间要求和执行形式。时间要求上要注意学科差异,不能一刀切,而应根据学科特点设置相应的存取期限;⑤处理好与现行知识产权法、专利法等法律的关系;⑥开放存取政策各方利益的平衡。

### 5.4 建立开放存取体系

一个完善的开放存取体系应当包括:国家和地方两级的开放存取机构知识库、开放存取期刊体系。按照我国的科研体系,首先进行自然科学基金和社会科学基金机构知识库的建设,此外还应要求大学、科研机构、研究所、公共图书

馆独自或合作建立机构知识库,存储本机构或本地区的科研成果。对于开放存取期刊,我国应当鼓励传统的期刊出版商实行开放存取,并做出相应的补偿。

**参考文献:**

[1] OER Nexus Archives. NIH Increases Public Access Policy Compliance Efforts. [2010 – 05 – 10]. URL:http://nexus.od.nih.gov/nexus/nexus.aspx? ID = 161&Month = 10&Year = 2008.

[2] Open access now. (Mis)Leading Open Access Myths. [2010 – 04 – 11]. URL:http://www.biomedcentral.com/openaccess/inquiry/myths/.

[3] 王丹红.《科学》:美国政府考虑扩大论文的开放获取度. [2010 – 04 – 15]. URL:http://www.edu.cn/rediantuijian1279/20100125/t20100125_444177.shtml.

[4] The Library of Congress. Bill Text 110th Congress (2007 – 2008) H. R. 6845. IH. [2010 – 04 – 20]. URL:http://thomas.loc.gov/cgi – bin/query/z? c110:H. R. 6845.

[5] ATA. An Open Letter to the U. S. Congress Signed by 41 Nobel Prize Winners. [2010 – 04 – 21]. URL:http://www.taxpayeraccess.org/issues/frpaa/frpaa_supporters/nobelists_2009.shtml.

[6] Harvard University Library. Open Letter Regarding FRPAA. [2010 – 04 – 28]. URL:http://osc.hul.harvard.edu/docs/FRPAA – open – letter – 2010.php.

[7] SPARC. Higher Ed Leaders Support Public Access, 2009 – 2010. [2010 – 05 – 21]. URL:http://www.arl.org/sparc/advocacy/frpaa/institutions.shtml.

[8] Suber P. The Conyers bill is back. Open Access News. [2010 – 04 – 20]. URL:http://www.earlham.edu/~peters/fos/2009/02/conyers – bill – is – back.html.

[9] Suber P. NIH report to Congress. Open Access News. [2010 – 04 – 18]. URL:http://www.earlham.edu/~peters/fos/2006/02/nih – report – to – congress.html.

[10] PubMed Central. PMC Hits Two Million Mark. [2010 – 07 – 02]. URL:http://www.ncbi.nlm.nih.gov/pmc/about/new_in_pmc.html#day12.

**作者简介**

张宏胜,男,1982年生,研究实习员,发表论文2篇。

# 基于知识供应链视角的开放存取深入发展研究[*]

杨 琴

（西南大学图书馆 重庆 400715）

**摘 要** 开放存取资源的形成依赖于相关主体理性缔约成知识供应链并实现开放存取资源价值总额的合理分配，而理性缔约的本质是开放存取知识供应链各链节相关主体为最大化自己的利益角逐相关权利的缔约。嵌套在特定社会背景中的开放存取需要从微观个体、管理体制、立法与司法三个层面，通过建立相关主体的权责关系，实现开放存取资源价值并合理分配价值来推动其自身的深入发展。

**关键词** 开放存取 知识供应链 理性缔约
**分类号** G255

## 1 引 言

开放存取（open access，OA）运动自 2004 年被引入我国[1]，经过几年的发展，已取得了一定的成果，但就整体而言，仍然存在相关主体对 OA 的认知度和认可度比较低、OA 作品数量有限且质量不高的现实情况[2]。造成这些现象的根本原因是主体参与不够，如何让更多的相关主体积极参与到 OA 运动中来是我国目前 OA 发展遇到的现实问题。

在 OA 资源的形成过程中，多个相关主体在不同的环节发挥着独特的作用，共同构成了 OA 知识供应链，OA 资源的形成过程实际上就是相关主体相互之间通过缔结合约形成 OA 知识供应链的过程。为此，本文通过分析 OA 资源与 OA 知识供应链的关系、OA 知识供应链形成过程中各链节相关主体行为方式和动因，揭示 OA 知识供应链合理生成的机理，探究各相关主体在 OA 知识供应链上合理追逐个体利益的缔约行为，即本文所谓的理性缔约，从微观个体、管理体

---

[*] 本文系西南大学 2011 年中央高校基本科研业务费专项资金项目"开放存取缔约机制研究"（项目编号：SWU1109020）研究成果之一。

制、立法与司法三个层面探索让更多的相关主体能够"理性缔约"到 OA 知识供应链中来的行为举措和改革趋势。这将有助于解决我国目前 OA 发展"主体参与不够"的现实问题,从而推动 OA 的深入发展。

## 2 OA 资源的形成与 OA 知识供应链

目前,OA 资源主要可以分为两类:OA 期刊和 OA 仓储。这两种不同形式的 OA 资源其形成路径也是不同的。对于 OA 期刊而言,和传统期刊出版一样,作者将作品投递给期刊编辑部,编辑部经过一定的审核程序后在网络上发表。一般而言,作者选择何种刊物发表作品除了考虑刊物栏目设置情况,更多的是参照作者所属机构对刊物的学术认可程度,或科研资助机构、上级主管部门对学术刊物的政策规定。对 OA 仓储而言,一般是科研机构、大学、图书馆等建立仓储平台,作者自行上传作品,经审核合格后予以发表。OA 仓储有学术团体、科研人员为加快学术交流自发建立的,如奇迹文库;而更多的、有一定影响力的仓储是带有官方色彩的科研资助机构建立的,通过强制的政策规定保障 OA 作品的来源,如美国 NIH(美国国家卫生研究院)法案强制要求全部或部分受 NIH 资助的研究成果经过同行评议并修改后上传于美国国立医学图书馆(PMC)的在线数字化图书馆供公众免费使用[3-4];我国教育部规定高校博士基金项目必须在"中国科技论文在线"OA 仓储发表两篇论文,并将此作为结题条件之一。

由此可知,不管是 OA 期刊还是 OA 仓储,OA 资源的形成不仅仅只依赖于作者和出版者,其他相关主体的行为都将影响到 OA 资源的形成和发展,如政府相关部门、科研资助机构、科研机构、大学、图书馆、传媒、软件研发者、用户等。政府相关部门、科研资助机构是 OA 政策的制定者和主要推动者,通过制定政策激励或强制作者将作品以 OA 的方式发表,保证 OA 作品的来源,推动 OA 发展;研究机构、大学、图书馆是 OA 的积极倡导者和践行者,他们通过建立 OA 仓储、创立 OA 期刊、搭建 OA 出版平台,部分地担当起了 OA 出版者的责任;传媒、软件研发者可称为 OA 的服务者,为 OA 提供传播渠道和技术支持;用户是 OA 资源的最终检验者和反馈者,用户规模大小和使用效率表征了 OA 资源发展水平的高低。这些机构、个人和作者、出版者一起构成了 OA 资源的产生、形成、提供、传播和使用等各个环节的能动性主体。

与其他资源供应链(如旅游、矿产等资源供应链)的形成类似[5],上述多个相关主体围绕 OA 作品,通过对各个环节的参与,共同开发 OA 作品价值,形成了 OA 资源供应链。与其他资源供应链所不同的是,OA 资源供应链上提供的是一种特殊的资源:OA 作品从本质上讲是知识,OA 作品从创作、传播到使用的供应链实际上是上述相关主体围绕"知识"的生产、递送形成的供应链。而所谓知识供应链(knowledge-supply-chain)是指围绕某一核心事物,以满足用户需求为导向,通过知识流的活动将知识的创作者—供应者—使用者连接起来,以实现知识的经济化与整体优化目标的功能链节结构模式[6]。OA 相关主体围绕 OA 作品这一核心事物,通过 OA 作品的传播即知识的传播将作者、出版者、政府相关部门、科研资助机构、研究机构、大学、图书馆、传媒、软件研发者、用户等连接起来,共同形成了 OA 知识供应链,实现 OA 资源的价值。因此,OA 资源的形成过程就是 OA 知识供应链的形成过程。

## 3 OA 知识供应链的生成与 OA 相关主体的理性缔约

OA 知识供应链承载着各链节上相关主体的利益诉求,而各主体间的利益关系则是通过缔约而建立的。因此,OA 知识供应链的生成过程也是相关主体理性缔约的过程。这样,我们将进一步分析 OA 知识供应链相关主体的行为方式和动因,以期从知识供应链稳定生成的角度揭示 OA 相关主体的理性缔约本质。

### 3.1 OA 知识供应链相关主体行为方式和动因分析

作者、出版者(包括商业出版机构和充当出版角色的部分科研机构、大学、图书馆等)、政府相关部门、科研资助机构、传媒及软件研发者、用户等在 OA 知识供应链的各个环节充当了能动性的主体,其行为方式和动因决定着供应链能否稳定生成。因此,对相关主体行为方式和动因的考察是探究 OA 知识供应链合理生成机理的前提。

#### 3.1.1 作者

作者是 OA 知识供应链上 OA 作品的创作者,大多在一定的政策指引、激励乃至强制要求下,将作品通过 OA 的方式发表。如在科研资助机构的强制要求下,为获得经费支持,将作品以 OA 方式发表;或 OA 期刊或 OA 仓储被学术评价机构认可,作者出于评职称、申报奖项等方面的考虑,也会将作品以 OA 方式发表;或为了让作品获得更广泛的传播将作品以 OA 方式发表。在这里,我们用 $V_a$ 表示作者利益,$F_a$ 表示作品所获得的资助经费,$R$ 表示作品所获得的奖酬回报,$E_w$ 表示作品的影响力,$C_a$ 表示支付的出版费,作者发表作品的利益函数 $V_a$ 可表示如下:

$$V_a = F_a + R + E_W - C_a \tag{1}$$

与传统出版方式相比,OA 发表方式可以让作品获得更大范围的传播和更广泛的影响力 $E_w$;对某些科研项目而言,OA 发表是获得资助 $F_a$ 的必要条件;但 OA 发表往往要支付更高的出版费用 $C_a$(对 OA 期刊而言)。为此,作者是否选

267

择 OA 出版方式取决于 OA 出版利益 $V_a$ 与传统出版利益 $V_a'$ 的大小比较。

### 3.1.2 出版者

对于科研机构、大学、图书馆这样的 OA 出版者而言,搭建 OA 出版平台的起因主要是为了加快学术交流、推动学科发展,当然,某些 OA 出版平台可以获得财政资助;对于商业出版者而言,追逐利润是其行为的出发点。在这里,我们将科研机构、大学、图书馆、商业出版者统称出版者,用 $V_p$ 表示出版者利益,$C_a$ 仍然表示作者支付的出版费,$C_u$ 表示用户支付的使用费,$F_s$ 表示财政资助,$S_g$ 表示学科发展,$I_p$ 表示广告收入,$E_j$ 表示刊物影响力,$C_p$ 表示出版成本,那么出版者的利益函数 $V_p$ 可以表述为:

$$V_p = C_a + C_u + F_s + S_g + I_p + E_j - C_p \tag{2}$$

与传统出版方式相比,商业的 OA 出版者不拥有作品版权,用户免费使用,失去了用户支付的使用费 $C_u$,不过,出版者往往会收取作者更高的出版费 $C_a$。另外,通过 OA 的方式出版,刊物可以获得更大范围的传播,有助于提高刊物的影响力 $E_j$,促进权威学术评价系统的收录和认可,进而有助于收取作者更高的出版费 $C_a$、广告费 $I_p$;科研机构、大学、图书馆等 OA 出版者通过对 OA 出版的积极参与,加速学科的发展 $S_g$,同时有望获得财政支持 $F_s$。

OA 运动刚一出现,就受到传统商业出版者的强烈抵制,认为这将削弱版权,使出版商的投资得不到回报。爱思唯尔的总裁 Davis 先生曾严厉批评 OA 出版"纯属扯淡"(absolute rubbish),作为商业模式则更是无稽之谈,毫无可行性[7]。但随着开放取运动的进一步发展,开放存取的优势逐渐显现,在某些学科 OA 期刊的影响因子位居前列,OA 论文的被引频次明显高于非 OA 论文[8],传统出版者不得不理性地面对 OA 的发展趋势,开始接纳 OA 并参与到 OA 运动中来,爱思唯尔、施普林格等知名传统出版商都推出了"Open Choice"供作者自主选择。

上述对 OA 出版者行为动因的分析以及传统出版者选择 OA 的历史过程表明,商业出版者是否选择 OA 出版方式的动因是基于 OA 出版利益 $V_p$ 与传统出版利益 $V_p'$ 的大小比较,而科研机构、大学、图书馆等新兴的 OA 出版者参与 OA 出版的动因是基于出版收入 $C_a + F_s + S_g + I_p + E_j$① 与出版成本 $C_p$ 的大小比较。

### 3.1.3 政府相关部门和科研资助机构等

我国政府相关部门(如教育部、新闻出版总署等)和科研资助机构(如全国

---

① 为了便于表达和比较,本文将学科发展 $S_g$、刊物影响力 $E_j$ 均笼统地看作可以量化的出版者收入的一部分,在本文其他几个公式中也作了类似的处理。

哲学社会科学规划办公室、国家自然科学基金委员会等)作为公共利益的代表者,一方面为了促进科学文化的快速交流,方便科研人员获取信息资源,另一方面为了让其资助的科研成果得到更广泛的且及时有效的运用,提高科研经费的经济效益,往往是 OA 运动的主要推动者,同时利用自身的行政权利和经费管理权利,还是 OA 政策的制定者。这些部门和机构通过制定包含了 OA 出版方式的学术质量认可标准指引作者作品的 OA 去向,通过对科研项目成果(主要是学术论文)强制 OA 方式发表的政策规定保障了 OA 作品的来源,通过制定相关的优惠政策或给予专项经费支持 OA 出版平台的搭建。在这里,我们用 $V_g$ 表示政府相关部门和科研机构上述行为的政策利益,U 表示 OA 作品数量,S 表示实施范围,N 表示参与人数(作者、出版者、用户数),Q 表示 OA 作品质量,T 表示时滞期,$C_g$ 表示制定并实施 OA 支持政策所付出的成本,那么政府相关部门和科研机构上述行为的政策利益函数 $V_g$ 可表述为:

$$V_g = (U \times S \times N \times Q)/T - C_g \qquad (3)$$

政府相关部门和科研机构是否制定并实施支持 OA 政策的行为动因是基于 OA 政策收入 $U \times S \times N \times Q/T$ 与 OA 政策成本 $C_g$ 的大小比较。

### 3.1.4 传媒及软件研发者等

这里的传媒主要是指网络传播服务商,软件研发者主要指为 OA 期刊和 OA 仓储提供编辑、上传、检索、下载、存储等操作系统的计算机软件服务商,他们虽然不直接提供作品,但却为 OA 资源的形成和传播提供渠道和技术保障,是 OA 知识供应链上不可缺失的主体之一。作为 OA 的服务者,传媒及软件研发者为 OA 出版方提供物质支撑、技术支持以及服务,收取费用。在这里,我们用 $V_s$ 表示服务者利益,$F_p$ 表示由出版者支付的服务费用,$C_s$ 表示服务成本,那么服务者的利益函数 $V_s$ 可以表述为:

$$V_s = F_p - C_s \qquad (4)$$

只要 $V_s$ 大于零,传媒及软件研发者等 OA 服务提供者都有参与 OA 的行为动因。

### 3.1.5 用户

用户无疑是 OA 的最大受益者,相比传统出版方式下的用户,他们不需要支付费用即可轻松获得信息资源。当然,学术科研信息资源用户往往也是学术科研信息资源的提供者,他们对 OA 资源建设的参与程度决定了 OA 的发展进程。在这里,我们用 $V_u$ 表示用户的利益,$E_u$ 表示用户对 OA 的参与度,仍然用 U 表示 OA 作品数量,Q 表示 OA 作品质量,T 表示时滞期,那么用户的利益函数 $V_u$ 可以表述为:

$$V_u = (U \times Q)/T \times E_u \tag{5}$$

只要 OA 作品具有一定质量,时滞期不超过作品的生命周期,用户都有参与的行为动因。

### 3.2 OA 知识供应链合理生成机理

从上述 OA 知识供应链上主要相关主体的行为方式和动因的分析可以看出,不同主体在各自不同的动因驱使下,根据自身所拥有的权利和资源采取不同的行为方式,但都具有追求自身利益最大化的共同特征。正是对自身利益最大化的追逐促使相关主体围绕 OA 资源建立了 OA 知识供应链,共同实现了 OA 资源的价值增值,并在增值的过程中让自身利益获得最大化。由此可知,OA 资源总价值 V 只有包容各相关主体的合理利益诉求,供应链才能稳定生成,这就是 OA 知识供应链合理生成的机理。即:

$$V = V_a + V_p + V_g + V_s + V_u \tag{6}$$

### 3.3 理性缔约的本质

在公式(1)-(6)中,作者支付的出版费 $C_a$ 是出版者的收入;出版者支付的服务费 $F_p$ 来自其成本 $C_p$,是传媒及软件研发者的收入;作者、出版者和用户对 OA 的参与人数 N 影响着政策利益 $V_g$ 的大小;政府相关部门、科研机构的政策行为决定着作者所获资助经费 $F_a$、出版者所获财政资助 $F_s$、作品奖酬 R 的大小,如此相互影响的诸多利益关系客观存在于 OA 知识供应链各主体之间。由此可知,在 OA 资源总价值 V 既定的情况下,各主体在追求自身利益最大化的过程中,相互促进相互制约,形成了针对价值 V 的利益博弈关系。这种利益博弈关系集中体现在 OA 知识供应链各个环节的缔约行为中,比如:作者和出版者之间、作者与科研资助机构之间、出版者与传媒及软件研发者之间都会缔结协议。虽然协议的具体内容不同,但都是围绕 OA 资源总价值进行利益博弈。因而,理性的"缔约"应建立在追逐自身利益最大化的同时客观考察其他相关主体利益关系,从有利于 OA 知识供应链生成的角度,即从整体利益实现的角度,为 OA 资源价值总额 V 合理分配给各链节上的相关利益主体制定行为准则。

理性的缔约需要实现 OA 资源总价值 V 在相关主体间的合理分配,而价值合理分配是相关主体利益博弈的均衡结果,这必然取决于相关主体是否有权以及有多大的权利去角逐其合理的利益。因而,开放存取相关主体理性缔约本质上就是 OA 知识供应链各链节上的主体为最大化自己的利益围绕相关权利的缔约。

## 4 基于理性缔约本质的 OA 深入发展启示

根据 OA 理性缔约的本质,相关主体能否缔约成 OA 知识供应链的关键,在于各主体之间是否建立了合理的权责关系、实现了 OA 资源总价值的合理分配。因此,OA 深入发展,须以权责关系的建立和 OA 资源价值的实现并合理分配为基础。同时,嵌套于特定社会背景中的 OA 知识供应链,其形成和发展不仅仅与其中的微观个体息息相关,还受相应的管理体制、立法司法的制约和影响。因此,应从微观个体、管理体制、立法与司法三个层面共同调整相关主体的权责关系,推动 OA 资源价值的实现并合理分配。

### 4.1 微观层面:理性订立相互权责关系

在微观层面上,OA 知识供应链上相关主体的缔约调整的是缔约双方的利益关系,而利益分配依据权责关系,所以 OA 相关主体相互间理性的缔约行为应立足于 OA 知识供应链关系的合理生成、立足于整体利益的实现去订立各类行为主体合理的权责关系。

### 4.2 管理层面:推动 OA 资源价值的实现并最大化

OA 知识供应链上相关主体为追逐自身利益最大化围绕 OA 资源结成利益博弈关系,由(6)式可知,只有 OA 资源的总价值 V 顺利实现并最大化,相关主体才可以实现自己的利益目标,OA 知识供应链才可以稳定地生成。因此,一切有利于 OA 资源总价值实现并最大化的措施均将有利于 OA 的整体发展。作为 OA 知识供应链主体之一的政府相关部门和科研资助机构等同时还是 OA 资源的管理者,应首当其冲地担当 OA 价值开发的发起者,根据所拥有的权利和职责所在,通过制定政策吸引和激励其他相关主体参与到 OA 行动中来,形成 OA 资源稳定、有效的供给,同时通过政策合理调整 OA 资源合理的价值分配。比如科研资助机构强制规定 OA 出版作为结题条件之一;新闻出版总署推出 OA 出版的优惠政策,扶持创办 OA 期刊;教育部、科技部乃至大学科研管理部门制定包含 OA 出版的学术评价标准等一系列政策的出台,为 OA 资源总价值的形成创造条件,在实现管理层面相关主体自身利益的同时也给链条上的其他主体留下了利益空间,使 OA 资源价值有了实现并最大化的可能。

### 4.3 立法与司法层面:创新界定 OA 主体权责关系

开放存取资源价值在 OA 知识供应链各链节的分配,实则依据各主体的权责关系,合理的权责关系是利益合理分配的基础。传统出版中,出版巨头利用垄断地位强制获得作者的著作权(主要是其中的物质权利),收取用户(甚至作者)高昂的使用费,获取超额利润。这些出版作品中很大部分是由纳税人的钱资助完成的科研成果,出版巨头们将此作为牟利的工具。正如英国惠康基金会的一份报告所言:"科研成果的出版并不符合科学家和公众的利益,反而被意欲增强市场地位的商业市场所主宰"[9],这是典型的权利决定利益分配的例子。在 OA 出版中,至少应该实现纳税人的钱资助完成的科研成果属于纳税人及作者。这必然依赖于对纳税人、作者、出版者权责的合理界定。在现行的著作权法中,缺少对此类情况的规定,而仅有对职务作品著作权的规定。因而,在立法与司法层面上,开放存取的进一步发展还需要就相关主体利益的合理分配进行权责关系的合理界定,比如著作权法的立法创新等。

## 参考文献:

[1] 张发亮. 国内开放存取研究现状分析[J]. 情报科学,2007,25(9):1436 – 1440.
[2] 方东权,吴天吉,王琼. 国内开放存取研究进展及主要问题探析[J]. 图书馆论坛,2011, 31(2):48 – 50,87.
[3] 秦珂. 开放存取背景下国际期刊版权政策的调整[J]. 情报科学,2007,25(10):1466 – 1471.
[4] 张宏胜. 美国开放存取运动中的政策博弈[J]. 图书情报工作,2010,54(21):54 – 57.
[5] 贺红权,张婉君,刘伟. 旅游产业价值链解读[J]. 华东经济管理,2011,25(8):46 – 48.
[6] 蔡翔,易海强. 知识供应链:概念·特征·主体[J]. 科学管理研究,2000,18(6):12 – 14.
[7] 李武. 基于开放存取的学术期刊出版模式研究(上)[J]. 数字图书馆论坛,2005(11): 35 – 40.
[8] 邵晶,周琴,苏黎,等. 开放存取期刊的出版模式及其"获取"途径[J]. 大学图书馆学报,2009(4):39 – 44.
[9] 初景利. 开放获取的发展与推动因素[J]. 图书馆论坛,2006,26(6):238 – 242.

## 作者简介

杨 琴,女,1979 年生,馆员,硕士,发表论文 6 篇。

# 国外开放获取期刊研究综述

李贺 周金娉

**摘 要** 全面分析近10年来国外学者对开放获取期刊的相关研究,总结其现有研究成果。通过系统梳理国外开放获取期刊的研究现状与热点,发现其主要存在以下问题:①实证研究样本数据范围受限,全面系统的学术影响力评价体系匮乏;②评价方法单一,无法全面反映开放获取期刊的特质;③缺乏具有可操作性的开放获取期刊质量评价模型。最后,就开放获取期刊相关后续研究提出相关建议,即应针对每个学科领域的情况,对比不同发展阶段,采用大样本量进行体系构建与模型分析。

**关键词** 开放获取期刊 引文分析 质量评价 认知研究
**分类号** G250.73

开放获取运动的发起,使无障碍的国际化学术交流与学术分享成为可能,促进了全球知识的创新发展与广泛传播。开放获取期刊作为科学知识传播的一种新兴模式,以其容量大、易获取、传播高效、交互便捷等优势,开始被学者们接受并认同。开放获取科技期刊作为国家研究成果的载体,直接反映了一个国家在某一方向、某一时期的发展状况和学术水平,然而我国对开放获取期刊的发展仍处于实践探索阶段。对国外开放获取期刊相关研究进行梳理与分析,在微观上可帮助我国学者正确认识开放获取期刊的价值和生存能力,宏观上则能促进我国期刊开放获取实践更好更快的发展。本文选择Elsevier Science数据库进行国外相关文献的检索,以"open access journal"为检索词,搜索相关文献72篇。相关研究表明国外学者的研究焦点已从争论OA期刊(open access journal,开放获取期刊)模式的利与弊,逐渐转移到用具体的实证研究来提升OA期刊优势的层面。目前国外关于开放获取期刊的研究主要分布以下几个方面:

## 1 开放获取期刊的引文研究

学术成果被引用是衡量学术研究的学术影响力和学术价值的重要依据。

引文作为评价学术成果的定量指标,得到学术研究领域中学者们的广泛认可。国外学者采用实证研究方法对开放获取期刊的引文优势进行了大量研究,主要贡献者为 S. Harnad,其发表了 30 余篇相关论文,H. F. Moed、P. M. Davis、P. Gaulé 等学者也都致力于此方面的研究。

## 1.1 各学科领域中开放获取期刊的引文优势研究

S. Lawrence 在 2001 年第一次报道了免费获取模式的科技会议论文所获得的平均引文数量要比印刷版科技会议论文高 3 倍,但他的研究仅限于计算机科学领域,没有推广到其他学科[1]。2004 年,S. Harnad 与 T. Brody 在物理学领域提供了对这种优势的证实,他们发现在一定时间段内,同种期刊的开放获取论文要比非开放获取论文的引文率高 2-4 倍[2]。这种增加的学术影响力可以使研究者得到研究机构的基金支持,提高学者在学术领域中的知名度,并促进学术交流与学术研究的发展。随后,学者们针对哲学、政治学、电子工程学、天体物理学、数学等不同学科领域进行了开放获取期刊的引文优势研究。结果显示,在某一学科领域中,随机选取的开放获取期刊论文相比非开放获取期刊论文的被引频次确实要高出 3 倍左右,但每个学科领域 OA 期刊的引文优势可能存在差异[3]。

## 1.2 学科领域间开放获取期刊引文优势的差异对比分析

国外学者对学科领域间开放获取期刊的引文优势进行了差异对比研究。2007 年,Y. Tonta 等人[4]研究了硬科学(hard science)与软科学(soft science)之间 OA 论文的引文优势,选取物理、数学、化学工程、经济、生物学、环境科学、社会学、心理学和人类学 9 个代表性学科中的 46 种开放获取期刊,对比不同学科之间开放获取期刊的引文数量。结果显示硬科学(物理、数学、化学)领域中的开放获取论文要比软科学(社会学、心理学、人类学)领域中的开放获取论文获得更多的引文,由此 Y. Tonta 提出 OA 期刊的学术影响力在不同学科中存在差异。2008 年,S. M. Shafi[5]对 2000-2004 年物理、化学工程、社会学、心理学、经济和环境科学 6 个学科中的 24 种 OA 期刊进行被引频次的分析,结果显示自然科学领域的 OA 论文的学术影响力高于社会科学领域,结论与 Y. Tonta 等人的研究基本一致。

## 1.3 开放获取期刊引文优势的动因研究

针对开放获取期刊相比传统订阅型期刊学术影响力更大的观点,目前在相关研究中还存在争议性。J. Bollen 与 H. Van de Sompel 的研究认为引文数量和下载数量之间并没有必要的因果关系[6],也就是说免费获取所带来的读者的增加,并不能直接导致更多被引次数的增加。有学者通过论文下载数量与引文数

表1 国外开放获取期刊的引文相关研究

| 研究者 | 时间（年） | 研究方法 | 研究样本 | 研究描述 | 研究结果 |
| --- | --- | --- | --- | --- | --- |
| S. Harter, C. Ford[11] | 2000 | 回顾法、观察法 | 39份图情学领域OA期刊 | 对比OA期刊的影响因子与网站链接数量 | 结果并没有发现二者之间存在着显著相关性 |
| W. Koehler, P. Aguilar, S. Finarelli, et al[12] | 2000 | 回顾法、观察法 | 图情学领域的3份电子期刊与1份顶尖的印刷型期刊JASIS | 比较分析电子期刊与《美国信息科学会志》被引情况 | JASIS中论文篇幅更长，且被引频次更高 |
| S. Lawrence[1] | 2001 | 回顾法、观察法 | 计算科学领域1989-2000年发表的111 924篇会议论文 | 对比网络免费论文与印刷型论文引文数量 | 网络免费论文整体引文增加 |
| D. T. Hawkins[13] | 2001 | 回顾法、观察法 | 28份图情学领域的OA期刊，被ISA、LISA、LibLit、INSPEC、ERIC、PAIS、SSCI收录情况 | 分析OA期刊在SSCI中的被引频次 | 评价OA期刊学术影响力高 |
| Thomson ISI[14] | 2004 | 回顾法、观察法 | SCI中190种OA期刊与其他8 600余种期刊 | 对比分析期刊的被引用情况 | OA期刊的学术影响力已经达到了相应学科期刊的中等水平 |
| G. J. Schwarz, R. C. J. Kennicutt[3] | 2004 | 回顾法、观察法 | 1999年和2002年天体物理学期刊发表的1 679篇论文，两年的OA论文分别为484篇（占61%）和608篇（占72%） | 探索arXiv上在线论文引文数量 | 发表在天体物理学版块的论文引文是平常的2倍 |
| K. Antelman[15] | 2004 | 回顾法、观察法 | 1999-2002年出版在哲学、政治科学、工程学和数学领域的影响力排名前10的期刊中，2 017篇论文，其中802篇为OA论文，占40% | 学科之间的引文比较，引文数量来源于ISI | 根据学科差异不同，OA平均引文差异在45%-91% |

续表

| 研究者 | 时间(年) | 研究方法 | 研究样本 | 研究描述 | 研究结果 |
|---|---|---|---|---|---|
| S. Harnad, T. Brody[2] | 2004 | 回顾法、观察法 | 1991—2001年发表的14 000 000篇物理学论文。OA定义为网络上免费获取的任何论文 | 对比方法没有进行定义 | 结果显示OA引文数在2.5与5.8之间 |
| T. S. Metcalfe[16] | 2005 | 回顾法、观察法 | 发在13种天体物理学期刊上的7 089篇论文,其中4 156篇为OA论文,占59%。OA定义为在arXiv上astro-ph部分的任意论文 | 引文计数来源于ISI。基本对比,没有进行样本控制 | OA引文增长率在1.6与3.5之间。高达5篇论文出版在Science与Nature上 |
| A. G. Smith[17] | 2005 | 回顾法、观察法 | 图情学领域的10份OA期刊,样本较少 | 比较基于引文评价方法和基于网络链接评价的方法 | 认为链接与引文之间存在着一定的联系 |
| K. Kousha, M. Thelwall[7] | 2006 | 观察法 | 图情学领域的OA期刊 | 分析OA期刊数据库引文数量与网络链接数量的关系 | 平均网络引用数和平均ISI引文数之间存在着一定的相关性 |
| G. Eysenbach[18] | 2006 | 预期法、观察法 | 2004年发表在PNAS上的1 492篇论文,其中212篇为OA论文,占14%。在期刊网站上,由作者支付,6个月后都可免费获取的OA论文 | 引文来源于ISI。以逻辑回归模型控制论文和作者特征 | 在出版后0-6个月、4-10个月和10-16个月,OA论文相比订阅论文更容易被引,优势率分别为1.7、2.1、2.9倍 |
| M. J. Kurtz, E. A. Henneken[19] | 2007 | 回顾法、观察法 | 发表在7种天体物理学核心期刊的论文。OA定义为自arXiv上的任意论文 | 引文数据来源于ADS系统。运用了多种分析技术 | 没有迹象表明OA途径与引文影响相关。引文影响受自选择和早期观点的强烈影响 |

续表

| 研究者 | 时间（年） | 研究方法 | 研究样本 | 研究描述 | 研究结果 |
| --- | --- | --- | --- | --- | --- |
| P. M. Davis, M. J. Fromerth[20] | 2007 | 回顾法、观察法 | 1997-2005年，发表在4种数学期刊上的2 765篇论文，其中511篇为OA论文，占18.5% | 引文计数来源于MathSci-Net。运用了多种分析技术 | OA论文获得比平均引文高35%的引文量，而主要原因是自选择偏见导致的，与OA无关 |
| Y. Tonta, Y. Ünal, U. Ai[4] | 2007 | 回顾法、观察法 | 科学、社会科学、艺术人类学学科期刊论文 | 对比不同学科之间OA期刊论文的学术影响力 | OA期刊论文的学术影响力在不同的学科中是不同的 |
| H. F. Moed[10] | 2007 | 回顾法、观察法 | 1992-2005年间发表在6种物理期刊上的18 757篇论文。其中1 913篇为OA论文，占10.2%。OA定义为arXiv上高分子物理（condensed matter）部分的任意论文 | 引文计数来源于ISI。运用了多种分析技术 | 引文优势与OA途径无关。arXiv存档论文与非存档论文的质量差异与引文影响相关，证明OA影响的引文同期 |
| P. Gaulé, N. Maystre[8] | 2008 | 回顾法、观察法 | 2004-2006年间发表在PNAS上的4,388篇论文，OA占17%。在期刊网站上，由作者支付，出版6个月后为免费获取的OA论文 | 线性回归模式包括Eysenbach（2006）研究中的附加混杂变量 | 附加的混杂变量（如通讯作者定位、投稿时间）被加入模型中，引文影响变得不太重要 |
| P. M. Davis, B. V. Lewenstein, et al[21] | 2008 | 随机控制实验 | 11种生理学期刊中的1 619篇论文，其中247篇为OA论文，占15%。论文为期刊网站免费获取 | 逻辑与负二项式回归分析。引文数据来源于ISI | 显示在发表的头一年，OA论文获得多下载量，而不是高被引量 |

续表

| 研究者 | 时间(年) | 研究方法 | 研究样本 | 研究描述 | 研究结果 |
|---|---|---|---|---|---|
| M. Norris, C. Oppenheim, F. Rowland[9] | 2008 | 回顾法、观察法 | 发表在生物学、应用数学、社会学和经济学中的4 633篇论文,其中2 280篇为OA论文,占49% | 简单的对比,没有样本控制。引文数据来源于ISI | 平均的引文优势在44%－88%之间,不同领域之间有差异 |
| L. Vaughan, D. Shaw[22] | 2008 | 回顾法、观察法 | 随机选择了图情学领域的30位作者 | 分别统计这些作者Web of Science、Google和Google Scholar中的被引情况 | Google与Google Scholar中的被引频次明显高于Web of Science,前者有潜力作为引文分析工具 |
| J. A. Evans, J. Reimer[23] | 2009 | 回顾法、观察法 | 1998－2005年出版的8 000种期刊上的26 000 000篇论文 | 以Poisson回归模型,测度出版商中介免费取得了引文比例文,比平均高8%(增加了贫困国家),相比商业在线可用性,控制期刊强度效应 | 出版商中介免费取得了引文比例文,比平均高8%(增加了贫困国家),相比商业在线路径增加了40% |
| P. M. Davis[24] | 2009 | 回顾法、观察法 | 2003－2007年发表在11种生物医学期刊上的11 013篇论文 | 以论文特征作为混杂因素的线性回归模型。引文数据来源于ISI | 调整后的作者支付引文优势为17%。证明引文影响时间速减效应 |
| N. Araquduqe, C. A. Kevin[25] | 2009 | 观察法 | 药学领域的27份OA期刊 | 利用多种数据库计算OAJ的影响因子 | 从引文角度评价期刊影响力确实可行 |
| T. F. Frandsen[26] | 2009 | 回顾法、观察法 | 生物学中的150种期刊,其中OA期刊为34种。测度发表的论文在发展中国家的分享及OA期刊的引文 | 线性回归。引文来源于ISI | 发展中国家作者不常用OA期刊上发表论文,也不常引用OA期刊上的论文。OA论文更倾向于引用OA期刊 |

续表

| 研究者 | 时间（年） | 研究方法 | 研究样本 | 研究描述 | 研究结果 |
|---|---|---|---|---|---|
| P. Gaulé[27] | 2009 | 回顾法、观察法 | 2007年作者单位于瑞士与印度的科学与工程领域中的43 150篇论文 | 以期刊为固定效应的线性回归 | 瑞士作者比印度作者引用OA期刊的频率高50% |
| V. C. Lansingh, M. J. Carter[28] | 2009 | 回顾法、个案对照 | 2003年发表在眼科学领域的6种期刊上的895篇论文，其中3种期刊为OA期刊，3种为订阅性期刊，对比其影响因子 | 多元线性回归控制论文特征。引文来源于Scopus和Google Scholar | 当论文特征加入到回归模型中，获取状态就不是引文的明显预测因素 |
| B. Mukherjee[29] | 2009 | 回顾法、观察法 | 图情学领域的17份OA期刊 | 用Google Scholar统计OA期刊2000－2004年刊载论文的被引情况 | 发现First Monday总被引频次最高，篇均被引频次最高的是D-Lib Magazine |
| M. C. Calver, J. S. Bradley[30] | 2010 | 回顾法、观察法 | 2000年发表在其8种保护生物学期刊上1 151篇论文和专书论文 | 线性回归控制论文和作者特征。引文计数来源于Scopus | 尽管OA论文获得2倍引文，但控制论文与作者特征时，OA论文引文优势消失 |

量来客观评测科技期刊免费获取的影响,提出开放获取期刊引文数量的增加可能是由其他因素所致,并非完全是由网络可见性与免费获取性所引起[7],比如在线出版的 OA 期刊论文时间通常要早于印刷版出版时间,读者可以进行早期浏览(early view)[8],或者是由于作者为提升早期学术成果的评论效果,进行自选择偏见(self-selection bias)[9],抑或由于读者的质量偏爱(quality bias)[10]优势所导致。

国外学者对开放获取期刊的引文研究内容详见表1:

## 2 开放获取期刊的质量研究

通常学者对期刊质量的判断会影响其学术选择行为,过滤高质量的文章对于科学研究至关重要,因此对开放获取期刊这种新型学术交流模式的质量研究也尤为突出。国外对 OA 期刊质量的研究主要从 OA 期刊基本质量评价、网络传播质量探索以及质量综合评价模型构建三个方面进行。

### 2.1 开放获取期刊基本质量研究

早期对开放获取期刊质量进行评价研究的论文,大部分采用了传统期刊质量评价的方法,主要是对开放获取期刊基于 ISI 数据库的引文分析,延用传统期刊质量计量指标,如影响因子、被引频次、即年指数等。M. E. McVeigh 采用百分位数排序法,分析了 OA 期刊在所有类目及医学、生命科学、物理数学与工程、化学 4 个学科类目的百分位数排序。结果发现,OA 期刊整体质量偏低,但相对于订阅期刊而言,OA 期刊更容易引起科研人员的关注和利用[31]。J. Matthew 通过对比各学科领域中开放获取期刊所采用的严格的同行评议制度,认为传统的同行评议制度可能会影响论文评审的公正性,从而提出签署同行评审协议或者进行网上公开评审等方法[32],来保证评审的透明度和公正性。

### 2.2 开放获取期刊网络传播质量研究

网络的开放性使其信息质量难以得到严格控制,由于开放获取期刊采取在线免费获取及作者付费的特殊模式,致使用户对其学术质量持怀疑态度。国外学者指出对于具有多属性的开放获取研究成果,采取将网络指标和传统指标相结合的方法进行评价是必要的。L. Chan 根据 OA 期刊在因特网上的电子文本的出版形式,提出了网络计量指标的构想,如点击量、下载量、链接量和引文指标,但并没有进行样本量的统计分析[33]。随后,L. Vaughan 等人利用 Web of Science 数据库、Google Scholar 和 Google 搜索引擎为数据统计来源,利用网络链接指标评价了社会科学类 OA 期刊的学术质量[22]。

## 2.3 开放获取期刊质量综合评价模型构建

质量是一个抽象概念,具有多重属性,国外学者在研究影响 OA 期刊质量判断客观因素的基础上,从社会属性、网络传播属性与开放获取期刊自身属性等角度,整体构建 OA 期刊质量评价模型,归纳其相关影响因素,包括作者属性因素、读者属性因素、期刊属性因素、论文属性因素、机构属性因素、媒介因素及研究方法等[34-37]。

作者的一些属性可能会影响开放获取期刊的质量与影响力,其中包括作者的年龄、性别[38]、合著数量[39]、作者级别和名望[32],以往成果[40]、社会关系[41]、地理位置及个别国籍[42]等因素;从读者属性的角度,读者的阅读行为与习惯也会影响期刊的威望,如读者浏览数量[43]、早期阅读习惯[44]与正确引用行为等;开放获取期刊自身的因素主要包括期刊的声誉[45]、影响因子、使用语种、期刊发行量[46]、被权威数据库收录的数量[47],以及是否经过严格的同行评议[48]等。论文的结构与组织也可以影响其自身质量[49-51],包括论文主题的信息量[52]、论文篇幅长度[53]、文章类型、论文图表数量[54]、及参考文献数量[55]等因素;研究机构的权威性[49]和基金来源[51]可能促成高质量学术论文的产出;媒介可能会影响开放获取期刊的等级地位,因为被新闻媒体所覆盖及产业资助的研究论文被引用的频次更多[56];不同的研究方法可能会与论文的质量相关,因为在特定的时间与空间内,特别的研究设计可能具有相对的影响优势[51]。

国外学者关于开放获取期刊质量的具体研究详见表 2:

## 3 开放获取期刊的认知研究

近年来,开放获取期刊被 ISI(美国科学信息研究所)的引文数据库收录的数量呈现渐增趋势,开放获取期刊模式被越来越多的机构和学科所接受,但对于大多数的潜在作者来说,还不能完全明晰他们对 OA 期刊的认知态度。2005年,S. Schroter 等人发现尽管发表 OA 期刊论文的作者相对较少,但从全局来看,科研人员已经开始逐渐意识到开放获取期刊不断发展的趋势[61]。由此,国外学者通过科研人员开放获取发表经验,从 OA 期刊认知与 OA 期刊发表动机层面进行了深入的探讨。

### 3.1 作者对开放获取期刊发表意愿的研究

作者对开放获取期刊的感知与作者是否曾发表过开放获取期刊论文紧密相关。在开放获取期刊建立的初始阶段,只有少数作者尝试过 OA 期刊发表模式[62],曾发表过 OA 论文的作者支持 OA 期刊的理由包括赞成 OA 原则,认同 OA 期刊快速发表优势以及出于对商业出版、期刊危机和版权保留的异议,没有

表 2 国外开放获取期刊的质量相关研究

| 研究者 | 时间（年） | 样本描述 | 质量研究影响因素 | 研究方法 | 研究结果 |
|---|---|---|---|---|---|
| S. Baldi[34] | 1998 | 研究了 1965—1980 年出版的 100 篇天体物理学论文反之间的引文链接 | 论文影响：作者数量，论文长度，内容类型，新近，论文质量，引文与被引消逝时间；期刊影响：期刊可见度与期刊质量；作者影响：作者性别，大学，机构威望，社会关系 | 逻辑回归测度网络中两篇文章间的引用几率 | 作者喜欢引用其他的基于相关、主题、新近、理论导向的论文，对作者自身特征的考虑较少 |
| H. P. van Dalen, K. Henkens[37] | 2001 | 研究了 1990—1992 年间 1 371 篇人口统计学论文。收集了出版后 5 年的引文率 | 论文影响：作者数量，美国从属，地理位置，语言，论文类型；期刊影响：期刊影响因子、期刊团队声望、期刊发行量 | 累积引文的负二项式回归 | 期刊特征最有说服力，是论文特征，作者特征作用最小 |
| M. Callaham, R. L. Wears, et al[35] | 2002 | 研究了 20 世纪 90 年代初 219 篇急诊医学论文。引文收集时间为出版后的 3 年半 | 期刊影响：影响因子；论文影响：研究规模，质量分数，报道价值，研究设计 | 回归树，测算证明力的相关贡献 | 期刊影响因子为最强指标，然后是报道特征，样本大小和管理团队的参与 |
| V. Kiernan[56] | 2003 | 研究了 1997 年 6 月到 1988 年 5 月出版在 JAMA、NEJM、Science 和 Nature 上的 2 655 篇论文 | 媒介影响：被《纽约时报》和 24 种主要新闻报纸及网络电视的新闻报道覆盖。引文收集于 2002 年 | 用分级线性回归法探索新闻覆盖与引文间关系 | 被报纸报道的一般都有较高的引文率，但被网络电视新闻覆盖的则不是 |
| T. V. Perneger[44] | 2004 | 研究了 1999 年发表在 BMJ 上的 154 篇论文。引文收集于出版 5 年后 | 读者影响：全文阅览（HTML 下载），几周内的阅读量与 5 年后的引文对比 | 皮尔森相关，线性回归 | 早期阅览数量能够预测 5 年后的引文。页数长短、研究设计也是相关指标 |

282

续表

| 研究者 | 时间（年） | 样本描述 | 质量研究影响因素 | 研究方法 | 研究结果 |
|---|---|---|---|---|---|
| M. J. McCabe, M. S. Christopher[57] | 2004 | 无 | 期刊质量涉及读者、投稿作者、期刊三方面的期刊评价模型，指标包括作者获益度，论文质量，编辑审稿的能力等 | 模型构建 | OA质量和出版模式无必然联系，作者支付并不会降低OA期刊编辑标准 |
| N. A. Patsopoulos, A. A. Analatos, et al[51] | 2005 | 研究了1991-2001年间的2 646篇医学论文。引文收集于出版2年后 | 论文影响：研究类型（无分析、系列、控制实验、评论、流行趋势研究、决策与成本研究、案例报道） | 非参数对比，高引文论文的逻辑回归 | 医学类开放获取论文的引文数量与论文的研究类型正相关 |
| J. Matthew[32] | 2005 | 研究了科学、医学、生物医学等方面的开放获取期刊 | 开放获取期刊所采用的严格的同行评议制度，传统同行评议可能会影响论文评审的公正性 | 对比分析 | 通过签署同行评审协议或者在网上公开评审等方法，来保证评审的透明度和公正性 |
| T. Brody, S. Harnad, et al[43] | 2006 | 研究了arXiv上14 917篇论文。论文下载于UK mirror网站 | 读者影响：论文存放在Citebase的前2年下载量 | 皮尔森相关 | 论文下载量与引文关系适中 r=0.46 |
| M. Richardson[58] | 2006 | 研究了Oxford的生命科学期刊 | 开放获取下载，引用和用户态度的影响 | 在大量抽样调查的基础上，进行深入的大量日志分析 | OA期刊与非OA期刊在下载量上无明显差异。但在被引频次上OA论文低于订阅型期刊论文 |
| M. E. Falagas, P. Kavvadia[59] | 2006 | 研究了2005年6种主要生物医药学期刊的340篇论文 | 论文影响：作者数量；作者影响；自引率 | 均值比较 | 论文作者数量与论文自引率相关 |

续表

| 研究者 | 时间（年） | 样本描述 | 质量研究影响因素 | 研究方法 | 研究结果 |
|---|---|---|---|---|---|
| R. N. Kostoff[41] | 2007 | 研究了 1997－1999 年在 Lancet 的 102 篇论文收到的最高及最低 5% 的引文 | 论文影响：作者数量、文献、摘要字数；论文长度、研究设计；作者影响：机构类型和地理位置 | 对比论文特征 | 发现作者、论文、研究和位置的差异 |
| A. V. Kulkarni, J. W. Busse, et al[50] | 2007 | 研究了 1999－2000 年发表在 The Lancet、JAMA 和 NEJM 的 328 篇论文。引文收集于论文发表 5 年后 | 外在影响；产业基金；产业支持结果；研究位置；论文影响；主题，作者团队，样本大小，研究设计及期刊；媒介影响；被新闻媒体所覆盖 | 前向逐步回归分析 | 确定自变量后，有产业资助的研究收到的引文多 |
| H. A. Piwowar, R. S. Day, et al[46] | 2007 | 研究了基于基因微阵列数据的 85 篇临床癌症实验论文 | 论文影响；公众获取资料集、期刊影响高低；作者影响：美国作者 | 线性和逻辑回归 | 论文如果能够开放获取会增加 69% 的引用率 |
| H. Sotudeh, A. Horri[60] | 2007 | 2001－2003 年 SCI 收录的生命科学、自然科学、工程材料科学和多学科科学 4 个领域期刊中的 27 948 篇 OA 论文 | 对比 OA 论文与订阅型论文的被引频次，以通过开放获取增加论文的阅读次数与被引证次数 | 回归分析 | OA 论文被引频次低于订阅论文。认为 OA 期刊的影响力仍处于比较低的水平 |
| M. E. McVeigh[31] | 2008 | 研究了医学、生命科学、物理数学与工程、化学 4 个学科类目的论文 | 分析了所有类目与 4 个学科类目的 OA 期刊百分位数排序 | 采用百分位数排序法 | OA 期刊整体质量偏低，但更易引起科研人员的关注和使用 |

续表

| 研究者 | 时间（年） | 样本描述 | 质量研究影响因素 | 研究方法 | 研究结果 |
|---|---|---|---|---|---|
| D. Conen, J. Torres, et al[49] | 2008 | 研究了2000-2005年，出版在JAMA、The Lancet和NEJM上的303篇心血管论文 | 外在影响：基金来源（商业与非商业），实验结果（利弊结果）；论文影响：样本容量，目的，单一或多中心研究，干预类型 | 非参数对比 | 论文研究基金来自商业实体的引文优势，贯穿于每个层级对比中 |
| C. Lokker, et al[47] | 2008 | 研究了2005年出版的1274篇医学论文。引文收集于出版2年后 | 论文影响：数据库中期刊的标引和摘要及论文质量级别 | 线性回归 | 论文发表三周内的变量能够预测两年的引文趋势 |
| O. Akre, F. Barone-Adesi[40] | 2009 | 研究了1998至2002年间，发表在BMJ、The Lancet、JAMA和NEJM上的4724论文 | 作者影响：通信作者的地理位置；论文影响：研究类型 | 逻辑回归预测高低被引可能性 | 不发达国家的作者较少存在高被引者，低被引者居多 |

285

在开放获取领域发表过论文的作者纷纷表示其中的原因是他们不熟悉各自领域中开放获取的期刊,而且没有办法确定哪种开放获取期刊适合他们投稿。其中 OA 原则是影响作者是否愿意将其成果发表在开放获取期刊上最显著的因素[63],而阻碍作者向 OA 期刊投稿的主要因素为 OA 期刊缺乏国际声望与资助基金[64]。如果由于 OA 期刊的虚拟认知、作者支付及声望不高等原因,作者不愿将论文发表在开放获取期刊上,那么开放获取运动的成功也就无从谈起。

感知质量在 OA 期刊的发展中是一个关键性问题。从总体来看,在开放获取期刊的发展渐进佳境时,作者对 OA 原则呈现出正向态度[65],认为 OA 期刊为学术交流与共享的最佳途径,但同时由于职业晋升问题与评奖评优问题,作者也不甘心将他们的成果发表在 OA 期刊上[66]。但有科研人员就开放获取期刊发表意愿的问题对国际高级学者进行逐一访问,多数学者认为感知期刊的质量要比其他潜在的因素更有意义[61]。随后从学科角度对 OA 发表意愿的调查也显示了开放获取因素并不是作者是否选择发表论文的决定性因素,影响因子、期刊知名度及声誉以及期刊质量和专家评议过程的速度,才是决定论文是否发表的重要因素[67]。

### 3.2 作者对开放获取期刊支付意愿的研究

目前最流行的开放获取模式就是以作者付费发表来代替读者的订阅费。起初在对国际高级作者进行支付意愿调查时,他们在一定程度上不太赞成作者支付的理念,表示希望连接作者和读者的两个终端都能够是免费的。随后的研究也表明大多数科研人员不愿选择作者付费的 OA 期刊来发表学术成果,少数科研人员表示,如果在有基金资助或机构支持的情况下,他们则愿意发表 OA 期刊论文[68],也有相关调查显示部分作者愿意在没有基金资助的情况下,自己支付一定的附加费用,使论文可以被读者免费获取[69],如果附加费用不超过 500 美元,就会有 80% 的作者愿意支付[70]。随着 OA 期刊的不断发展,后续探索关于作者 OA 发表意愿的研究,发现科研人员不是特别在意作者支付的模式,而是比较关心他们的成果是否发表在高知名度的期刊上。与前期研究结果略有不同,多数调查者意识到了开放获取期刊的优势,开始支持 OA 期刊模式,大部分学者把声望与 OA 期刊联系起来,认为只要期刊质量高,尽管收费也会继续投稿[71]。

国外学者对开放获取期刊的认知研究的具体内容详见表3:

表3 国外开放获取期刊认知的相关研究

| 研究者 | 时间(年) | 调查样本 | 调查结果 |
| --- | --- | --- | --- |
| E. Pelizzari[66] | 2003 | 调查了一所大学两个学院的教员 | 由于样本量太受限以至于不能得出任何有力的结论 |
| N. R. Cozzarelli, K. R. Fulton, et al[69] | 2004 | 对2003年双月刊的PNAS期刊作者是否能够接受开放获取的意愿进行调查 | 分析显示几乎一半的作者都愿意支付一定的附加费,使他们的PNAS论文可以让读者免费获取。如果附加费在500美元左右就会有80%的作者原意支付 |
| M. Richardson[58] | 2004 | 调查了Nucleic Acids Research期刊作者每篇论文支付500美元的意愿 | 同意率达到了90% |
| I. Rowlands, D. Nicholas, et al[62] | 2004 | 以国际高级作者为对象 | 指出很少的作者(11%)经历过OA发表 |
| S. Schroter, L. Tite, et al[64] | 2005 | 对28个作者进行了逐一访问 | 科研人员已经开始逐渐地意识到开放获取强有力的发展趋势,作者在选择期刊时认为感知期刊的质量要比其他潜在的因素更有意义 |
| A. Swan, S. Brown[63] | 2005 | 基于跨学科的1 296位作者对开放获取的意识 | 发现免费获取原则成为影响作者是否原意将其成果发表在开放获取期刊上主要的因素 |
| D. Nicholas, P. Huntington, et al[67] | 2005 | 以电邮的方式发送4 000份左右的问卷 | 揭示了作者支付意愿在学科中的差异 |
| S. Schroter, L. Tite[64] | 2006 | 调查了468个对象 | 结果显示66%的作者倾向于将论文发表在非OA期刊上 |
| T. Hess, R. T. Wigand, et al[65] | 2007 | 基于688份在线调查的回答研究了OA发表的感知 | 发现作者对OA原则呈现出正向态度,但同时作者也不甘心将他们的成果发表在OA期刊上 |
| W. Stefanie, K. T. L. Vaughan[71] | 2007 | 两所美国高校的生物医药教师 | 明晰了作者在OA全文期刊上发表论文的动机与影响因素 |

287

续表

| 研究者 | 时间(年) | 调查样本 | 调查结果 |
| --- | --- | --- | --- |
| M. Patterson[70] | 2009 | 针对 PLoS 作者进行一项调查,调查样本也包括那些曾被拒过稿的作者 | 研究评价了作者对 PLoS 期刊质量及论文编辑处理的满意度。作者愿意投稿给 PLoS 的原因包括 PLoS 期刊质量、影响因子、开放获取,PLoS 品牌质量以及专家评议的速度与标准,而作者支付似乎并不是问题 |
| B. Coonin, M. Y. Leigh[68] | 2010 | 以教育类期刊的作者为调查对象,测定他们对 OA 出版的支付意愿 | 与前期研究结果有些不同,很多作者把声望与 OA 期刊联系起来 |
| S. Dallmeier-Tiessen, R. Darby, et al[72] | 2011 | SOAP 项目对全球范围的跨学科作者进行 OA 认知调查 | 结果显示基金问题和质量保障是 OA 发表的主要障碍 |

## 4 开放获取期刊对发展中国家的影响研究

实施开放获取的最大好处之一就是使世界经济欠发达地区的科研人员能够更广泛地获取学术研究成果。目前多数国家仍然以订阅方式作为获取文献的主要途径。发展中国家的学者由于负担不起昂贵的订阅费用,对很多研究出版物的访问受限,而开放获取期刊的本质正是要打破这种束缚。

B. Kirsop 与 L. Chan[73]提出了几个 OA 对发展中国家的优势:例如可以免费获取到发达国家的研究信息;发展中国家的研究者可以将自己的论文进行自存档,这样能够更好地展现区域研究进展与成果;同时发达国家的科研人员也可以看到发展中国家学者的相关研究,促进国际间学者之间的相互交流。他们在 2005 年发表的文章中表示,尽管发展中国家可能在 OA 期刊上发表或引用的文章较少,但是还要保证更多数量的 OA 期刊继续发展。此外,D. Nicholas 等人对 *Nucleic Acids Research* 期刊转型为 OA 模式进行预测,如果学术交流途径能进一步扩展,那么主流用户将为第二和第三世界学者[74]。

发展中国家是 OA 优势研究常提到的受益对象,因为只有发展中国家的作者比发达国家的作者更倾向于正向感知开放获取,才能使他们打破发展中国家学者学术限制的束缚。那么相应推断,发达国家作者对 OA 期刊的感知程度要比发展中国家作者小,因为发达国家作者在自己的领域里能够获得足够的研究成果,但相关研究显示,结果恰恰相反。A. Swan 与 S. Brown[63]以作者所在地区为基础,分析了 OA 期刊发表的区域分布关系,然而他们对地域的分析非常有限,来自发展中国家的调查对象数量较少,结果导致地域分布的分析没有展现出一个清晰的结果。J. Papin – Ramcharan 与 R. A. Dawe[75]认为出现这种情况的原因可能是发展中国家不能从开放获取优势中全部受益。"尽管发展中国家科研人员对学术文献的免费获取有着显而易见的福利,但对这些科研人员来说还有很多阻碍,使他们不能从这些赠与物中全部受益"。如发展中国家的研究人员在技术层面和基础设施受到局限的情况下,其传播与分享研究成果的意愿也会受到限制。由此,开放获取模式显著影响了发展中国家的学术运动,但发展中国家要达到完全开放获取的局面还面临着许多难题,一些影响发展中国家的细节问题经常被忽略[76]。

## 5 结 论

综上所述,国外学者在近 10 年中主要对 OA 期刊引文、OA 期刊质量、OA 期刊认知与 OA 期刊对发展中国家的影响等方面进行研究。这些研究促进了 OA 期刊学术影响力与质量的不断提高,并提升了 OA 期刊在国际学术交流中的可见度与影响力。

## 5.1 国外OA期刊研究主要成果

国外学者对于OA期刊的研究时间较早,研究成果显著。其中研究方法多样,不乏大量的实证研究,样本量规模大、范围广,涉及的学科领域较为广泛。

• 在OA期刊引文研究层面,国外学者关于OA期刊引文优势与OA期刊引文动机的研究比较丰富,涉及的学科范围较广。OA期刊引文研究主要集中在2004—2010年,内容大致为三类:OA期刊与非OA期刊影响因子的对比;某学科范围内OA论文与非OA论文的被引频次比较;某种混合期刊中OA论文与非OA论文的计量指标的对比分析。

• 在OA期刊质量研究层面,国外学者使用多项计量指标、运用多种技术方法、利用多种网络工具对OA期刊质量进行探索,实证性研究成果较多。相关文献一直贯穿于OA期刊研究的全过程,内容主要从OA期刊传统计量研究、网络计量研究以及质量评价模型研究三方面展开。国外学者开创了利用引文分析方法来评价OA期刊质量的先例,围绕影响因子、被引频次等指标对OA期刊的质量展开研究;同时根据OA自身网络属性,国外学者从网络连接、网络搜索引擎等角度,利用Web of Science、Google和Google Scholar等引文工具对OA期刊质量进行研究;部分学者还结合期刊、论文、作者、媒介、研究机构、期刊网站及研究方法等各维度对OA质量进行综合评价模型的构建。

• 在OA期刊认知研究层面,国外学者通过问卷调查,探索科研人员对OA模式的意愿,调查样本规模较大,结果合理可信。相关文献主要集中在2004年以后,学者从作者对OA期刊发表态度及OA期刊付费意愿两个角度,对不同国家及不同学科领域的科研人员进行深入研究。

与此同时,国外学者在OA期刊对发展中国家的影响以及OA期刊对图书馆的影响也进行了一系列的研究,为后续开放获取期刊相关研究工作奠定了坚实的基础。

## 5.2 国外开放获取期刊研究存在的问题

纵观国外近10年来关于OA期刊的研究,很多问题还处于探索阶段,尚且存在着以下几方面的问题:

• 在OA期刊引文研究中,数据来源单一。国外学者统计的大部分引文数据都来源于SCI,但数据库的覆盖范围有限,那些没有被SCI收录的期刊,尤其是发展中国家创办的OA期刊与非英文版的OA期刊就很难被纳入此类影响力评价。

• 在OA期刊质量研究中,缺乏对网络评价指标体系的验证。国外学者在沿袭传统期刊评价方法的同时,也有部分学者开始考虑 OA 期刊的电子属性,探索将网络影响指标纳入质量评价,但部分研究只提出了将网络链接指标用于 OA 期刊评价的想法,并没有进一步对建立的网络评价指标体系进行实证研究。

● 在 OA 期刊评价模型的构建研究中,缺乏对关键影响因素的全面分析。研究者从不同的角度分析了影响 OA 期刊质量的因素,但缺乏对影响因素间作用机理的深入探讨,没能针对 OA 期刊的多重属性,系统地建立质量评价的综合模型。

### 5.3 关于开放获取期刊研究的建议

通过对国外开放获取期刊相关主题研究的系统分析,在总结国外开放获取期刊研究成果与存在问题的基础上,提出以下三点建议,为后续 OA 期刊相关研究提供参考。

● 国外 OA 期刊理论研究与实践都发生了变化,尝试对比不同发展阶段 OA 期刊的质量、引文及认知研究,提出开放获取期刊初始、发展与成熟阶段所对应的提升途径。

● 采用大样本量对开放获取期刊学术质量与影响力的评价体系与构建模型进行实证及应用研究,深入分析相关体系与模型的通用性,并随着时间与空间的变化,不断进行必要的修正。

● 针对各学科领域进行开放获取期刊相关主题的研究,系统地分析学科间所存在的差异,无论是开放获取期刊的认知研究、质量的评价,还是影响力的模型构建,未来针对某一学科领域都会更具有可操作性。

总之,开放获取期刊有可能成为未来学术发展的趋势,相关主题的研究具有一定的前瞻性与复杂性,需要通过深入的理论研究与系统的实践工作,才能不断丰富以开放获取期刊为学术交流模式所带来的学术价值。

### 参考文献:

[1] Lawrence S. Free online availability substantially increase paper's impact[J]. Nature, 2001, 31(5):521 – 522.

[2] Harnad S, Brody T. Comparing the impact of open access (OA) vs non – OA articles in the same journals [J/OL]. D – Lib Mag, 2004, 10(6). [2011 – 06 – 18]. http://www.dlib.org/dlib/june04/harnad/06harnad.html.

[3] Schwarz G J, Kennicutt R C J. Demographic and citation trends in astrophysical journal papers and preprints[J]. Bulletin of the American Astronomical Society, 2004, 36(11): 1654 – 1663.

[4] Tonta Y, ünal Y, Ai U. The research impact of open access journal articles[EB/OL].

[2012 – 10 – 05] http://eprints.rclis.org/9424/1/tonta – unal – al – elpub2007.pdf..

[5] Shafi S M. Research impact of open access research contributions across disciplines[C]. Proceedings ELPUB 2008 Conference on Electronic Publishing. Vienna, Austria: ELPUB, 2008(6):343 – 350.

[6] Bollen J, Van de Sompel H, Hagberg A, et al. A principal component analysis of 39 scientific impact measures[J]. PLoS ONE, 2009,4(6): e6022.

[7] Kousha K, Thelwall M. Motivations for URL citations to open access library and information science articles[J]. Scientometrics, 2006, 68(3):501 – 507.

[8] Gaulé P, Maystre N. Getting cited: Does open access help[J/OL]. CEMI Working Paper, 2008. [2012 – 06 – 09]. http://ilemt.epfl.ch/repec/pdf/cemi – workingpaper – 2008 – 007.pdf.

[9] Norris M, Oppenheim C, Rowland F. The citation advantage of open – access articles[J]. Journal of the American Society for Information Science and Technology, 2008,59(10): 1963 – 1972.

[10] Moed H F. The effect of "Open Access" upon citation impact: An analysis of arXiv's condensed matter section[J]. Journal of the American Society for Information Science and Technology, 2007,58(10): 2047 – 2054.

[11] Harter S, Ford C. Web – based analysis of E – journal impact: Approaches, problems, and issues[J]. Journal of the American Society for Information Science, 2000, 51 (13): 1159 – 1176.

[12] Koehler W, Aguilar P, Finarelli S, et al. A bibliometric analysis of select information science print and electronic journals in the 1990s[J/OL]. Information Research, 2000, 6 (1). [2011 – 12 – 08]. http://InformationR.net/ir/6 – 1/paper88.html.

[13] Hawkins D T. Bibliometrics of electronic journals in information science[J/OL]. Information Research, 2001, 7 (1). [2011 – 09 – 18]. http://informationr.net/ir/7 – 1/paper120.html.

[14] The impact of open access journals: A citation study from thomson ISI[R]. Canada: Thomson Corporation, 2004.

[15] Antelman K. Do open – access articles have a greater research impact college and research libraries[J]. College & Research Libraries,2004, 65 (5):372 – 382.

[16] Metcalfe T S. The citation impact of digital preprint archives for solar physics papers[J]. Solar Physics, 2006, 239: 549 – 553.

[17] Smith A G. Citations and links as a measure of effectiveness of online LIS journals[J]. IFLA Journal, 2005, 31(1):76 – 84.

[18] Eysenbach G. Citation advantage of open access articles[J/OL]. PLoS Biology, 2006, 4 (5):e157. [2011 – 05 – 08]. http://dx.doi.org/10.1371/journal.pbio.0040157.

[19] Kurtz M J, Henneken E A. Open access does not increase citations for research articles[J/

OL]. The Astrophysical Journal, 2007, 58(11):2047 – 2054. [2012 – 05 – 10]. http://arxiv.org/abs/0709.0896.

[20] Davis P M, Fromerth M J. Does the arXiv lead to higher citations and reduced publisher downloads for mathematics articles[J]. Scientometrics, 2007,71(6): 203 – 215.

[21] Davis P M, Lewenstein B V, Simon D H, et al. Open access publishing, article downloads and citations:Randomised trial[J]. BMJ, 2008, 337(7): a568.

[22] Vaughan L, Shaw D. Comparison of citations from ISI, Google, and Google Scholar:Seeking Web indicators of impact[J]. Scientometrics, 2008, 74 (2): 317 – 330.

[23] Evans J A, Reimer J. Open access and global participation in science[J]. Science, 2009, 323(2): 1025.

[24] Davis P M. Author – choice open access publishing in the biological and medical literature: A citation analysis[J]. Journal of the American Society for Information Science and Technology, 2009, 60(1): 3 – 8.

[25] Araqudiqe N, Kevin C A. Database coverage and impact factor of open access journals in pharmacy[J]. Journal of Electronic Resources in Medical Libraries, 2009, 6(2):138 – 145.

[26] Frandsen T F. Attracted to open access journals:A bibliometric author analysis in the field of biology[J]. Journal of Documentation, 2009, 65(1): 58 – 82.

[27] Gaulé P. Access to scientific literature in India[J]. Journal of the American Society for Information Science and Technology, 2009, 12(10): 2548 – 2553.

[28] Lansingh V C, Carter M J. Does open access in Ophthalmology affect how articles are subsequently cited in research? [J]. Ophthalmology, 2009, 116(8): 1425 – 1431.

[29] Mukherjee B. Do open – access journals in library and information science have any scholarly impact? A bibliometric study of selected open – access journals using Google Scholar[J]. Journal of the American Society for Information Science and Technology, 2009, 60(3):581 – 594.

[30] Calver M C, Bradley J S. Patterns of citations of open access and non – open access conservation biology journal papers and book chapters[J]. Conservation Biology, 2010, 24 (6): 872 – 880.

[31] McVeigh M E. Open access journals in the ISI citation databases:Analysis of impact factors and citaton patterns [EB/OL]. [2012 – 01 – 30]. http://www.isinet.com/iaihome/media/presentrep/essayapd f/openaccesscitations2. pdf.

[32] Matthew J. New indicators for gender studies in Web networks [J]. Information Processing and Management, 2005, 41 (6):1481 – 149.

[33] Chan L. Study of the feasibility of open – access publishing for journals funded by SLQHRC [C]. Proceedings ELPUB 2007 Conference on Electronic Publishing. Vienna: ELPUB, 2007:307 – 319.

[34] Baldi S. Normative versus social constructivist processes in the allocation of citations: A network – analytic model[J]. American Sociological Review, 1998, 63(12): 829 – 846.

[35] Callaham M, Wears R L. , Weber E. Journal prestige, publication bias, and other characteristics associated with citation of published studies in peer – reviewed journals[J]. JAMA, 2002, 287(6): 2847 – 2850.

[36] Larivière V, Gingras Y. The impact factor's Matthew effect: A natural experiment in bibliometrics[J]. Journal of the American Society for Information Science and Technology, 2010, 61(2): 424 – 427.

[37] van Dalen H P, Henkens K. What makes a scientific article influential? The case of demographers[J]. Scientometrics, 2001, 50(3): 455 – 482.

[38] Helmreich R L, Spence J T, Beane W E, et al. Making it in academic psychology: Demographic and personality correlates of attainment[J]. Journal of Personality and Social Psychology, 1980, 39(5) : 896 – 908.

[39] Smart J C, Bayer A E. Author collaboration and impact: A note on citation rates of single and multiple authored articles[J]. Scientometrics, 1986, 10(2) : 297 – 305.

[40] Akre O, Barone – Adesi F, Pettersson A, et al. Differences in citation rates by country of origin for papers published in top – ranked medical journals: Do they reflect inequalities in access to publication? [J]. Journal of Epidemiology and Community Health, 2011, 65: 119 – 23.

[41] Kostoff R N. The difference between highly and poorly cited medical articles in the journal Lancet[J]. Scientometrics, 2007, 72(3): 513 – 520.

[42] Greenwald A S, Shuh E S. An ethnic bias in scientific citations[J]. European Journal of Social Psychology, 1994, 24(6): 623 – 639.

[43] Brody T, Harnad S, Carr L. Earlier Web usage statistics as predictors of later citation impact[J]. Journal of the American Society for Information Science and Technology, 2006, 57(8): 1060 – 1072.

[44] Perneger T V. Relation between online "hit counts" and subsequent citations: prospective study of research papers in the BMJ[J]. BMJ, 2004, 329(9): 546 – 547.

[45] Quinones – vidal E, Lopez – garcia J J, Penaranda – ortega M, et al. The nature of social and personality psychology as reflected in JPSP, 1965 – 2000[J]. Journal of Personality and Social Psychology, 2004, 86(3) : 435 – 452.

[46] Piwowar H A, Day R S, Fridsma D B. Sharing detailed research data is associated with increased citation rate[J]. PLoS One, 2007, 2: e308.

[47] Lokker C, McKibbon K A, McKinlay R J, et al. Prediction of citation counts for clinical articles at two years using data available within three weeks of publication: retrospective cohort study[J]. BMJ, 2008,336(3) :655.

[48] Petty R E, Fleming M A, Fabrigar L R. The review process at PSPB: Correlates of interre-

viewer agreement and manuscript acceptance[J]. Personality and Social Psychology Bulletin, 1999, 25(2): 188 – 203.

[49] Conen D, Torres J, Ridker P M. Differential citation rates of major cardiovascular clinical trials according to source of funding: A survey from 2000 to 2005[J]. Circulation, 2008, 118(9): 1321 – 1327.

[50] Kulkarni A V, Busse J W, Shams I. Characteristics associated with citation rate of the medical literature[J/OL]. PLoS ONE, 2007, 2 (5): e403. [2012 – 10 – 02]. http://dx.doi.org/10.1371/journal.pone.0000403.

[51] Patsopoulos N A, Analatos A A, Ioannidis J P A. Relative citation impact of various study designs in the health sciences[J]. JAMA, 2005, 293(19): 2362 – 2366.

[52] Lewison G, Hartley J. What's in a title? Numbers of words and the presence of colons [J]. Scientometrics, 2005, 63(2): 341 – 356.

[53] Hudson J. Be known by the company you keep: Citations – quality or chance? [J]. Scientometrics, 2007, 71(2): 231 – 238.

[54] Adair J G, Vohra N. The explosion of knowledge, references, and citations: Psychology's unique response to a crisis[J]. American Psychologist, 2003, 58(1): 15 – 23.

[55] Douglas R J. How to write a highly cited article without even trying[J]. Psychological Bulletin, 1992, 112(3): 405 – 408.

[56] Kiernan V. Diffusion of news about research[J]. Science Communication, 2003, 25(1): 3 – 13.

[57] McCabe M J, Christopher M S. A model of academic journal quality with applications to open – access journal[EB/OL]. [2012 – 03 – 11]. http://archive.nyu.edu/fda/bitstream/2451/28413/2/McCabe_Snyder_04 – 18.pdf.

[58] Richardson M. Assessing the impact of open access: Preliminary findings from Oxford University Press[EB/OL]. [2011 – 12 – 21]. http://www.oxfordjonmals.org/news/oa_report.pdf.

[59] Falagas M E, Kavvadia P. "Eigenlob": Self – citation in biomedical journals[J]. FASEB J, 2006, 20: 1039 – 1042.

[60] Sotudeh H, Horri A. The citation performance of open access journals: A disciplinary investigation of citation distribution models[J]. Jonmal of the Amedcan Society for Information Science and Technology, 2007, 58(13): 2145 – 2156.

[61] Schroter S, Tite L. Smith R. Perceptions of open access publishing: Interviews with journal authors[J]. BMJ, 2005, 330(4): 756.

[62] Rowlands I, Nicholas D, Huntington P. Journal publishing: What do authors want? [J]. Learned Publishing, 2004a, 17(4): 261 – 273.

[63] Swan A, Brown S. Open access self – archiving: An author study[R]. Technical Report, External Collaborators, Key Perspectives Inc., Truro, 2005.

［64］ Schroter S, Tite L. Open access publishing and author - pays business models: A survey of authors' knowledge and perceptions［J］. Journal of the Royal Society of Medicine, 2006, 99(3): 141 - 148.

［65］ Hess T, Wigand R T, Mann F, et al. Management Report 1/2007［R］. Open Access & Science Publishing, University of Arkansas at Little Rock, 2007.

［66］ Pelizzari E. Academic staff use, perception and expectations about open - access archives ［EB/OL］. ［2012 - 11 - 02］. http://eprints.rclis.org/archive/000737/01/Academic_staff_perception_about_Open_archives.htm.

［67］ Nicholas D, Huntington P, Rowlands I. Open access publishing: The views of some of the world's senior authors［J］. Journal of Documentation, 2005, 61(4): 497 - 519.

［68］ Coonin B, Leigh M Y. Publishing in open access education journals: The authors' perspectives［J］. Behavioral and Social Sciences Librarian, 2010, 29(2): 118 - 32.

［69］ Cozzarelli N R, Fulton K R. Sullenberger D M. Results of a PNAS author survey on an open access option for publication［C］//Proceedings of the National Academy of Sciences. Washington DC: NAS, 2004, 101(5): 1111.

［70］ Richardson M, Saxby C. Experimenting with open access publishing［J］. Nature, 2004, 328(7): 1 - 3.

［71］ Stefanie W, Vaughan K T L. Factors influencing publication choice: Why faculty choose open access［J］. Biomedical Digital Libraries, 2007, 4(3): 1 - 12.

［72］ Dallmeier - Tiessen S, Darby R, Goerner B, et al. Highlights from the SOAP project survey. What scientists think about open access publishing［EB/OL］. ［2011 - 12 - 28］. http://arxiv.org/abs/1101.5260.

［73］ Kirsop B, Chan L. Transforming access to research literature for developing countries［J］. Serials Review, 2005, 31(4): 246 - 255.

［74］ Nicholas D, Huntington P, Jamali H R. Open access in context: A user study［J］. Journal of Documentation, 2007, 63(6): 853 - 78.

［75］ Papin - Ramcharan J, Dawe R A. The other side of the coin for open access publishing - A developing country view［J］. Libriray, 2006, 56(1): 16 - 27.

［76］ Björk B C. Open access to scientific publications - An analysis of the barriers to change ［J］. Information Research, 2004, 9(2): 170 - 191.

## 作者简介

李贺,吉林大学管理学院信息管理系系主任,教授、博士生导师;

周金婷,吉林大学管理学院信息管理系博士研究生,通讯作者,E - mail: jpzhou08@mails.jlu.edu.cn。

# 基于共词分析的国内开放存取研究主题探析[*]

完颜邓邓　盛小平

**摘　要**　检索CNKI数据库中的开放存取相关论文，提取并确定高频关键词，用Bicomb建立关键词共词矩阵，用SPSS进行因子分析和聚类分析，并绘制战略坐标图。发现国内开放存取研究主题集中在OA对学术交流的影响、OA期刊评价与质量控制、OA资源长期保存、OA版权与政策、OA仓储、OA出版、OA发展现状与对策、OA对图书馆的影响8个方面，并逐一对其进行论述，以探究国内OA研究的现状与进展。

**关键词**　开放存取　共词分析　因子分析　聚类分析
**分类号**　G250

开放存取（Open Access，OA）已成为图书情报界、出版界、学术界、政府与国际组织共同关注的热点问题。尽管李武和董伟对2003—2009年间国内学者发表的OA论文作过基于共词分析的文献计量研究（以下简称"李文"）[1]，不过，最近几年OA论文不断涌出，为了解国内OA研究的最新进展及其变化，本文拟作最新分析。

## 1　OA研究主题的数据收集与处理

笔者以"开放存取"、"开放获取"、"Open Access"、"OA"为篇名，在CNKI"中国学术期刊网络出版总库"中的"图书情报与数字图书馆"和"出版"子库中进行检索，检索时间范围为2003年至2012年9月2日，共得到文献915篇，经过不相关处理后，最终得到文献867篇，下载这些论文的题录，然后把题录数据载入Bicomb中，提取出关键词，生成高频关键词共词矩阵。统计关键词时，合并含义相同的词，比如把"开放存取"、"开放获取"、"Open Access"、"OA"合并

---

[*] 本文系国家社会科学基金一般项目"基于社会网络的数字信息资源开放获取与共享机制研究"（项目编号：12BTQ014）的研究成果之一。

为"OA",去掉范围过大、不相关和无实际意义的词,比如"网络环境"、"互联网"等。最终确定了48个频次不小于5的关键词(见表1)。与"李文"中的高频关键词比较可以发现:一方面,OA期刊、高校图书馆、OA资源、对策、出版、发展现状、同行评议等词的词频明显上升,这意味着这些关键主题研究是持续发展的;另一方面,出现了新的频次较高的关键词,如影响因子、影响力、许可协议等,这意味着它们是新兴的研究主题与研究热点。

表1 国内OA研究论文高频关键词(频次≥5)

| 关键词 | 词频 | 关键词 | 词频 | 关键词 | 词频 |
| --- | --- | --- | --- | --- | --- |
| OA | 745 | 发展现状 | 25 | OA模式 | 8 |
| OA期刊 | 239 | 信息服务 | 21 | 科学信息 | 8 |
| 图书馆 | 134 | 信息交流 | 18 | 定量分析 | 8 |
| 高校图书馆 | 108 | 信息共享 | 17 | 数字资源 | 8 |
| OA资源 | 74 | 文献计量 | 17 | 知识服务 | 7 |
| 馆藏建设 | 62 | 质量控制 | 15 | 引文分析 | 7 |
| 学术交流 | 58 | 影响因子 | 14 | 信息服务机构 | 7 |
| 对策 | 48 | 学术成果 | 14 | 长期保存 | 6 |
| OA知识库 | 47 | 政策 | 13 | 问题 | 6 |
| 信息资源 | 45 | 影响力 | 12 | 学术传播 | 6 |
| 出版 | 45 | DOAJ | 11 | 信息共享空间 | 5 |
| 版权 | 44 | 许可协议 | 10 | 网络出版 | 5 |
| 学术信息 | 39 | 数字图书馆 | 10 | OA期刊论文 | 5 |
| OA仓储 | 35 | 同行评议 | 10 | OA期刊评价 | 5 |
| 出版模式 | 30 | 图书情报学 | 9 | 学术质量 | 5 |
| 学术出版 | 29 | OA运动 | 9 | 预印本 | 5 |

将48个关键词两两组合,统计其共同在867篇文献中出现的次数,形成48*48的共词矩阵,如表2所示:

表2 国内OA研究论文高频关键词共词矩阵(前10)

| 矩阵 | OA | OA期刊 | 图书馆 | 高校图书馆 | OA资源 | 馆藏建设 | 学术交流 | 对策 | OA知识库 | 出版 |
| --- | --- | --- | --- | --- | --- | --- | --- | --- | --- | --- |
| OA | 745 | 134 | 123 | 86 | 41 | 47 | 53 | 42 | 38 | 26 |
| OA期刊 | 134 | 239 | 20 | 12 | 9 | 12 | 13 | 9 | 11 | 15 |
| 图书馆 | 123 | 20 | 134 | 0 | 8 | 14 | 7 | 11 | 5 | 6 |
| 高校图书馆 | 86 | 12 | 0 | 108 | 19 | 19 | 5 | 7 | 3 | 1 |
| OA资源 | 41 | 9 | 8 | 19 | 74 | 6 | 1 | 3 | 2 | 2 |
| 馆藏建设 | 47 | 12 | 14 | 19 | 6 | 62 | 0 | 0 | 0 | 0 |

续表

| 矩阵 | OA | OA期刊 | 图书馆 | 高校图书馆 | OA资源 | 馆藏建设 | 学术交流 | 对策 | OA知识库 | 出版 |
|---|---|---|---|---|---|---|---|---|---|---|
| 学术交流 | 53 | 13 | 7 | 5 | 1 | 0 | 58 | 1 | 3 | 5 |
| 对策 | 42 | 9 | 11 | 7 | 3 | 0 | 1 | 48 | 0 | 1 |
| OA知识库 | 38 | 11 | 5 | 3 | 2 | 0 | 3 | 0 | 47 | 1 |
| 出版 | 26 | 15 | 6 | 1 | 2 | 0 | 5 | 1 | 1 | 45 |

为了消除共词频次差异造成的影响,利用斯皮尔曼系数将共词矩阵转换成相关矩阵。由于相关矩阵容易造成分析结果的误差过大,为了进一步减少误差,更好地进行因子分析、聚类分析和战略坐标图分析,用1减去相关矩阵中的所有数值,得到相异矩阵(见表3),后面的因子分析、聚类分析和战略坐标图分析都以此相异矩阵为基础。

**表3 国内OA研究论文高频关键词相异矩阵(前10)**

| 矩阵 | OA | OA期刊 | 图书馆 | 高校图书馆 | OA资源 | 馆藏建设 | 学术交流 | 对策 | OA知识库 | 出版 |
|---|---|---|---|---|---|---|---|---|---|---|
| OA | .000 | .447 | .299 | .343 | .376 | .469 | .324 | .494 | .389 | .509 |
| OA期刊 | .447 | .000 | .522 | .679 | .598 | .632 | .472 | .511 | .542 | .444 |
| 图书馆 | .229 | .522 | .000 | .396 | .442 | .596 | .366 | .525 | .542 | .679 |
| 高校图书馆 | .343 | .679 | .396 | .000 | .301 | .390 | .537 | .457 | .650 | .885 |
| OA资源 | .376 | .598 | .442 | .301 | .000 | .392 | .445 | .441 | .584 | .804 |
| 馆藏建设 | .469 | .632 | .596 | .390 | .392 | .000 | .702 | .543 | .759 | .893 |
| 学术交流 | .389 | .472 | .366 | .537 | .445 | .702 | .000 | .453 | .411 | .422 |
| 对策 | .509 | .511 | .525 | .457 | .441 | .543 | .453 | .000 | .644 | .677 |
| OA知识库 | .359 | .542 | .542 | .650 | .584 | .759 | .411 | .644 | .000 | .649 |
| 出版 | .543 | .444 | .679 | .885 | .804 | .893 | .422 | .677 | .649 | .000 |

## 2 OA研究主题的因子分析、聚类分析和战略坐标图分析

由于因子分析、聚类分析和战略坐标图分析可用来进行研究主题(关键词)的分类与聚类,为此,可以利用这三种方法来揭示OA研究主题的整体状况。

### 2.1 因子分析

本文利用SPSS19.0,以高频关键词相异矩阵为基础,选择主成分方法、协方差矩阵、最大方差法进行因子分析。结果显示,有8个公共因子被提取出来,累计方差贡献率为88.111%。根据"因子载荷值大于0.5才被接受,大于0.7对

因子命名有帮助"的原则,本文以 0.5 作为临界值,把最前面的 8 个因子分别命名为:OA 对学术交流的影响、OA 对图书馆的影响、OA 发展现状与对策、OA 期刊评价与质量控制、OA 资源长期保存、OA 仓储、OA 出版、OA 版权与政策,各因子包含的关键词及其载荷值如表 4 所示:

**表 4 因子分析确定的 OA 研究主题**

| 因子名称 | 关键词 | 载荷值 | 因子名称 | 关键词 | 载荷值 |
|---|---|---|---|---|---|
| OA 对学术交流的影响(1) | OA 出版 | .925 | OA 发展现状与对策(3) | OA 资源 | .557 |
| | 出版模式 | .918 | | 高校图书馆 | .556 |
| | 学术成果 | .907 | | 图书馆 | .505 |
| | 学术传播 | .901 | OA 期刊评价与质量控制(4) | 同行评议 | .754 |
| | OA 期刊论文 | .850 | | OA 期刊评价 | .748 |
| | 信息共享 | .772 | | 质量控制 | .745 |
| | 信息交流 | .689 | | 学术质量 | .731 |
| | 学术交流 | .632 | | 影响因子 | .591 |
| | 科学信息 | .596 | | OA 期刊 | .575 |
| OA 对图书馆的影响(2) | 信息资源 | .830 | | 影响力 | .570 |
| | OA | .715 | OA 资源长期保存(5) | 数字资源 | .830 |
| | 图书馆 | .625 | | 长期保存 | .618 |
| | 馆藏建设 | .624 | | 知识服务 | .531 |
| | OA 资源 | .619 | OA 仓储(6) | 图书情报学 | .852 |
| | 高校图书馆 | .566 | | OA 知识库 | .793 |
| | 学术交流 | .523 | | OA 仓储 | .633 |
| | 信息服务 | .721 | OA 出版(7) | OA 模式 | .873 |
| | 知识服务 | .587 | | 学术出版 | .563 |
| OA 发展现状与对策(3) | 对策 | .923 | OA 版权与政策(8) | 数字图书馆 | .814 |
| | 问题 | .905 | | 许可协议 | .786 |
| | OA 运动 | .886 | | 版权 | .695 |
| | 学术信息 | .844 | | 政策 | .670 |
| | 发展现状 | .807 | | | |

关键词"图书馆"、"高校图书馆"、"OA 资源"同时出现在因子 2 和 3 中,"学术交流"同时出现在因子 1 和 2 中,"知识服务"同时出现在因子 2 和 5 中,

说明因子 2 和 3、因子 1 和 2、因子 2 和 5 有密切相关性,因子 2 和因子 3、1、5 都有紧密联系。

### 2.2 聚类分析

本文采用系统聚类法对共词的相异矩阵进行聚类分析,即在聚类方法中选择 Ward 法、在计数中选择 Phi 方度量、在标准化中选择 Z 得分。聚类分析的结果见图 1。图 1 将国内 OA 研究领域分为 8 个类团,并定义各个类团的名称分别为:OA 对学术交流的影响、OA 期刊评价与质量控制、OA 资源长期保存、OA 版权与政策、OA 仓储、OA 出版、OA 发展现状与对策、OA 对图书馆的影响。

比较因子分析和聚类分析的结果,可以看出因子分析中的第 1、2、3、4、5、6、7、8 类与聚类分析中的第 1、8、7、2、3、5、6、4 类基本吻合,大多数关键词在两种分析结果的分布中很稳定,这表明国内 OA 研究主题已形成独立的结构体系。

总之,通过因子分析和聚类分析,可以把国内 OA 研究主题界定为 OA 对学术交流的影响、OA 期刊评价与质量控制、OA 资源长期保存、OA 版权与政策、OA 仓储、OA 出版、OA 发展现状与对策、OA 对图书馆的影响 8 个方面。将这 8 个研究主题与"李文"确定的 7 个研究热点(即 OA 期刊出版、自存储和 OA 知识库、OA 期刊的质量评价、OA 资源的长期保存、OA 的发展对策、OA 对图书馆的影响、OA 与学术传播的关系)比较后发现:最近三年来,原来的 7 个研究热点仍然是重要的研究主题,但是出现了"OA 版权与政策"这个新的研究主题。

### 2.3 战略坐标图分析

战略坐标图可以展现出不同研究主题的内部联系和相互影响情况,更好地反映各研究主题的发展动态。根据聚类分析的结果,将聚为一类的关键词作为一个类团,共得到 8 个类团,如表 5 所示:

表 5 国内 OA 研究类团划分

| 序号 | 类团名称 | 向心度 | 密度 | 关键词 |
|---|---|---|---|---|
| 1 | OA 对学术交流的影响 | 29.78 | 9.33 | 出版、出版模式、学术成果、学术传播、OA 期刊论文、科学信息、信息服务机构、学术交流、信息交流、信息共享 |
| 2 | OA 期刊评价与质量控制 | 15.90 | 3.80 | OA 期刊评价、学术质量、质量控制、影响因子、同行评议、影响力、引文分析、文献计量、定量分析、DOAJ |
| 3 | OA 资源长期保存 | 11.50 | 4.00 | 数字资源、长期保存 |
| 4 | OA 版权与政策 | 25.80 | 6.00 | 政策、许可协议、版权、数字图书馆、信息共享空间 |
| 5 | OA 仓储 | 49.50 | 6.00 | OA 知识库、OA 仓储、图书情报学、预印本 |
| 6 | OA 出版 | 36.00 | 1.00 | 学术出版、OA 模式、OA 期刊、网络出版 |
| 7 | OA 发展现状与对策 | 41.00 | 9.50 | OA 运动、问题、对策、发展现状、学术信息 |
| 8 | OA 对图书馆的影响 | 113.63 | 121.00 | OA、图书馆、信息资源、信息服务、知识服务、高校图书馆、OA 资源、馆藏建设 |

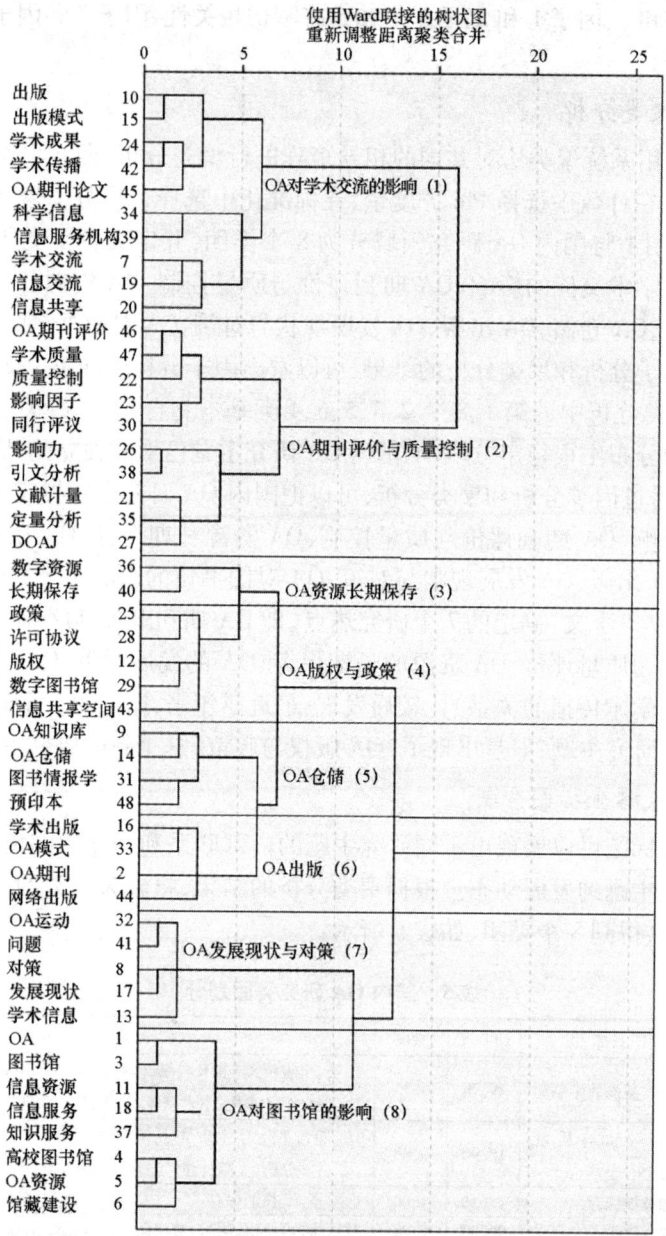

图1 聚类结果树状

通过共词矩阵计算得出每个类团的向心度和密度的值,绘制战略坐标图,如图2所示:

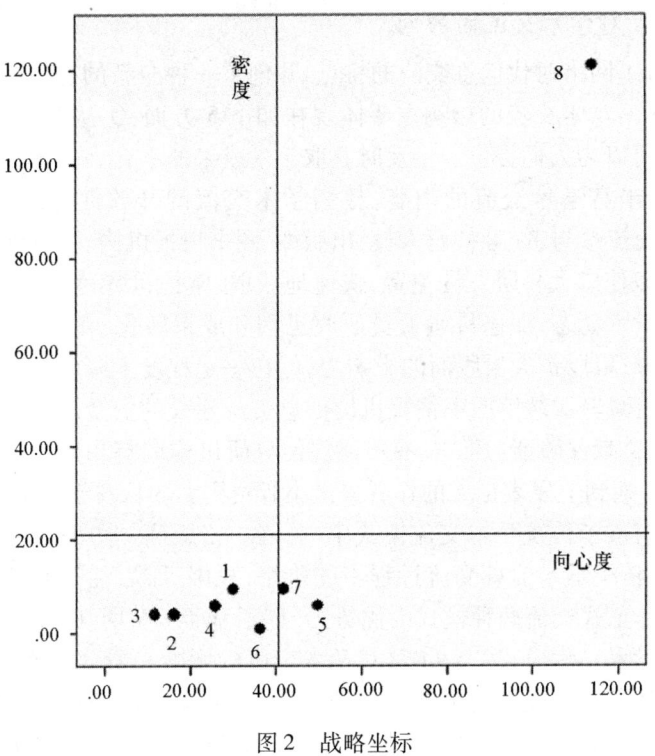

图2　战略坐标

本文密度的计算方法是先计算类团内每个关键词和其他关键词的和,取平均值;向心度计算的方法是计算出每个类团所包含关键词的所有外部链接,取其平均值。

战略坐标图展示了各类团的位置,可以看出,第8个类团位于第一象限,向心度与密度均居首位,远大于其他类团,说明第8个类团内部研究联系紧密,研究趋向成熟,外部与其他词团有着广泛的联系,处于研究网络的中心,属于主要研究内容;类团1、2、3、4、6均位于第三象限,向心度与密度都较低,说明它们的内部研究结构松散,研究尚不成熟,处于整个研究网络的边缘;类团5和类团7位于第四象限,有一定的向心度,与其他类团有一定的联系,但密度较低,说明研究尚不成熟,是未来的研究热点。

## 3 OA 研究主题的解析

### 3.1 OA 对学术交流的影响

OA 迎合了网络时代信息交流的特点,开创了一种全新的、高效的学术交流模式[2]。OA 对学术交流的影响主要体现在如下 5 方面:①从对学术交流的作用来看,OA 可以为人们提供一个及时获取学术成果的平台,降低人们获取学术信息的成本,丰富学术交流的内容,提高学术交流的开放性、交互性与效率。②从对学术交流参与者(如科研人员、出版商、图书情报机构、科研机构)的影响来看,OA 可以使广大科研人员免费、快速地获取、掌握世界范围内的最新相关研究成果及学术动态,加速科研人员研究进程和成果转化,在更大范围内传播最新研究成果;可以扩大出版商的影响力,但在一定程度上降低其利润;可以在一定程度上可减轻或缓解图书情报机构信息资源建设的资金压力,丰富其馆藏资源,增强其文献保障能力[3-4];有可能促使科研机构调整相应的管理政策,如直接为在 OA 期刊上发表论文的作者提供出版费用。③从对学术交流方式的影响来看,OA 打破了传统学术交流模式中"作者—出版商—图书馆—用户"的流通链,解决了传统学术信息交流过程中的价格、权限、滞后性等问题,具备传统正式交流与非正式交流两种模式的优势,开创了基于 OA 期刊[5]和基于机构知识库的新的学术交流模式[6]。④从对学术出版的影响来看,OA 在一定程度上颠覆了传统学术科研成果的出版或发表方式;促使学术出版市场主体多元化,打破了传统出版商的垄断地位,遏制了学术出版物价格的上涨势头,改变了学术成果的版权制度,可以使作者成为版权所有者[7]。与传统出版模式相比,OA 信息发布过程简便、时效性强,利于编辑、作者和审稿人之间的互动,迎合了科研人员对于信息即时性、复合性和多元性的需求[8]。⑤从对学术成果影响力的影响来看,虽然总体上目前 OA 期刊的学术影响力还普遍低于传统学术期刊的整体水平,但是,部分 OA 论文与非 OA 论文相比却有更高的浏览量、下载量及被引频率,从而昭示 OA 可以提升科研人员及其成果的学术影响力[9]。这种影响力可用主体因素、管理因素和服务因素三类一级指标来评估,其中主体因素包括三个关键二级指标,即学术水平提升、沟通渠道拓宽和成果吸收、转化、创新加速;管理因素包括科研管理思维转化和科研管理政策导向调整两个指标;服务因素包括服务意识增强和服务水平升级两个指标[10]。

### 3.2 OA 期刊评价与质量控制

此研究主题集中于 OA 期刊评价与质量控制两方面。OA 期刊评价研究主要涉及以下两方面内容:①评价方法。目前 OA 期刊的评价方法主要包括传统评价方法和创新评价方法。传统评价方法主要是引文分析法、层次分析法、主成分分析法等;创新评价方法包括数据库评价、纳入信息系统检索界面进行评价、纳入网络影响指标评价以及从经济学角度建立评价模型等[11-12]。②评价指标与模型。目前 OA 期刊评价指标可分为三类:一是生产能力指标,如载文量/年、发稿时滞、篇均引文数、著录规范;二是学术影响力指标,如总被引频次、影响因子、即年指数、影响广度、被引半衰期、期刊 h 指数;三是网络传播能力指标,如出版周期、检索入口数目、访问量/年、开放的程度、被重要数据库收录、网络影响因子。利用这些指标可构建 OA 期刊评价模型[13]。

期刊质量控制直接关系到 OA 期刊的发展前景。可以从稿件提交、出版前期审稿、出版中期格式规范和出版后期的质量评价 4 个环节建立 OA 期刊质量控制机制[14]。特别是针对组稿、审稿和编辑加工三个主要环节,可以通过加强主动约稿与提高稿源质量,创新审稿方式与严把质量关,强化编辑加工和提升形式与技术规范等措施来增强 OA 期刊学术质量控制[15]。此外,还可以从加强 OA 期刊全面质量控制(包括期刊获取的稳定性、期刊定位的专业性、期刊格式的规范性及期刊价值的学术性)和完善同行评议法(如采用积分回馈法、专刊自荐法和同行评议法同时使用)两个方面来提高 OA 期刊质量控制[16]。

### 3.3 OA 资源长期保存

OA 资源长期保存研究主要集中在以下 6 个方面:①保存政策。目前,OA 资源的长期保存政策还很不完善,可以借鉴数字资源长期保存的原则、规范和标准、具体行动计划中有利的部分,并结合自身特点加以调整完善[17]。②保存模式。开放数字资源长期保存通常可分为独立保存模式、分布式合作保存模式、集中合作保存模式、分散合作保存模式。这 4 种保存模式根据各权益方协作关系的不同,又可以分为两大类:集中式保存模式、分布式保存模式,而采取合作保存的方式几乎已经成为国内外的共识[18]。③保存责任。OA 资源长期保存应该是一个责任共担的合作机制,OA 期刊、OA 文库、国家图书馆、期刊出版社和第三方的数据存档机构等都应负有一定的资源保存责任,很有必要建立一个国家级的保存和保护中心[19]。④技术规范。OA 资源长期保存在技术上要遵循国际标准,解决元数据的标准化、长期保存元数据、永久标识符等问题,建立 OA 资源长期保存系统。⑤资金支持。OA 资源长期保存需要足够的资金支持。做好经费预算并努力争取政府机构、社会团体等的资助是解决资金问题的途径。⑥法律保障。OA 资源长期保存涉及版权法、合同法、缴送制度等法律问题,需要通过国家立法、建立缴送制度、建立积极和可靠的合作机制,本着区别对待原则、利益平衡原则、版权激励原则、开放共享原则等解决知识产权问题[20]。

### 3.4 OA版权与政策

OA版权分为OA期刊版权和OA仓储版权。OA期刊版权模式主要有4种[21]：①出版社拥有版权，作者除授权协议明确规定之外，不能自由使用其作品。②作者保留版权，可以自由使用其作品。③转让商业利用权（如应用"创作共用"协议保留部分权利），作者只要不涉及商业目的就可以自由使用其作品，不需经过出版商的许可。④保留部分权利，作者可以最大范围地传播其作品，读者也可自由使用。为解决OA期刊版权问题，应该加强OA国家政策的制定与引导；倡导版权开放观念；编制版权政策指引工具；构建合理的OA期刊版权模式；实施灵活的版权许可协议，并赋予其相应的法律地位；建立国家许可证制度；完善授权制度等。OA仓储版权包括内容资源版权和软件版权。在内容资源版权保护方面，可以应用"创作共用"许可协议；与资源的提供者和使用者分别签署协议；提高授权协议的规范性；根据资源版权归属情况（作者拥有版权、机构拥有版权、其他权利人拥有版权），采取不同的版权保护措施。在所用软件版权的保护方面，利用开源软件时，只要在网站的显著位置添加软件所有权标识，不需承担任何费用，一般不会引起知识产权纠纷[22]。

OA的发展需要政策的支持和引导，我国构建OA政策体系的时机已日趋成熟。从结构层次上看，科学合理的国家宏观OA政策体系应该是由国家、科研资助机构、科研机构、高校、出版机构分别制定的OA政策共同组成；从内容上看，OA政策体系的内容至少应涵盖资金支持政策、版权保护政策、技术支持政策[23]。在制定OA政策的过程中，需要协调好科研机构、科研资助机构、作者、出版机构的利益等。

### 3.5 OA仓储

OA仓储是OA出版的实现方式之一，包括基于学科的OA仓储和基于机构的OA仓储，前者即为学科知识库，后者即为机构知识库。有关机构知识库的内容建设、版权（如前述）、资金、管理维护等方面内容已引起了学者们的高度关注，其中，机构知识库的内容建设涉及资源类型、资源数量、全文获取率、资源收集策略、资源质量控制等问题。在资源的类型上，不同国家和地区的机构知识库收录的类型有所区别，大致包括论文、报告、教学资料等；在资源数量和全文获取率方面，要尽可能收集更多资源，提高全文获取率，以丰富机构知识库和保证服务；在资源收集策略上，既要加强宣传和推广，倡导科研人员积极参与，对其学术成果进行自存储，也要制定强制性存储政策和建立协助提交机制，还可以采用作者自行提交、学科馆员或辅助研究人员提交、批量提交等多种提交形式[24-25];在资源质量控制方面,目前机构知识库还是实行"文责自负"的原则,很难确保质量,需要根据不同类型的资源采取与之相应的质量控制与评价方法,对质量控制方法进行创新。目前机构知识库所需的经费来源单一,大部分来自国家和机构的投资,经常存在资金不足的问题[26]。为做好机构知识库的管理维护,需要加强新增内容管理、原有内容更新和内容有效期管理等质量控制工作,同时也需要注意知识库中数据的备份[27]。此外,机构知识库的其他问题,如联盟构建、技术、政策、服务模式等方面也正在引起学者们的关注。

### 3.6 OA 出版

OA 出版是基于 OA 理念,借助互联网技术发展而兴起的一种新型网络出版模式。目前,OA 出版的主要实现方式是 OA 期刊和 OA 仓储。OA 出版对传统出版机构的影响主要表现在以下三个方面[7]:①OA 出版打破了传统商业出版机构垄断学术出版市场的局面,削弱了出版机构对于学术出版的主导地位。②导致各大传统出版机构的期刊发行量下降,在一定程度上抑制了多年以来学术期刊定价大幅度增长的势头,使传统出版机构的利润下降。③促使传统出版机构参与 OA 出版并修正相应的版权政策。广大商业出版机构,应该顺应 OA 运动的大趋势,积极探索新的 OA 出版方式,重新定位其在新的学术交流体系的功能与角色。目前,大多数出版商均已察觉到 OA 期刊的威胁,并积极采取新的出版策略,有些出版商开始采取传统期刊出版与 OA 出版的融合模式,例如,使印刷版期刊向纯电子版期刊过渡以减少出版成本,期刊出版后半年或一年即免费开放,允许作者将其论文开放存档供同行使用,允许作者持有版权,等等;还有部分出版商开始尝试 OA 出版模式,并取得了一定的成功经验。

### 3.7 OA 发展现状与对策

目前,OA 在国内外都得到了迅速发展。OA 期刊开始得到传统的文摘索引服务商(如 CA、SCI)的认可,成为它们收录的对象,并且收录量迅速增加[28],OA 期刊的被引用率和影响因子也在不断提高[29],已经覆盖包括自然科学、人文社会科学的众多学科领域。全球的 OA 仓储数量已有一定规模,进入一个发展的相对平缓阶段。超过一半的 OA 仓储收录多学科的内容,OA 仓储类型以机构仓储居多,软件系统大多采用开源软件,其中使用最多的是 Dspace、Eprints。OA 仓储收录的文献类型多样,既有常见的论文、图书等正式出版物,也有其他类型的新文献资源,且以英文文献居多,还有一些小语种文献[30]。OA 仓储在朝着标准化和合作化的趋势发展。为促进 OA 的进一步发展,可以采取如下对策:①加强宣传,增强公众对 OA 的了解和认同。②根据我国国情,逐步发展 OA 期刊,大力发展自存档[31]。③加强 OA 论文的质量控制,加强 OA 相关技术的研究,建立良好的经济运行机制[32],解决知识产权问题。④改革科研管理制度,建立科学的科研评价体系。⑤加大政策扶持力度,努力营造有利于OA发展的良好社会环境[33]。

### 3.8 OA对图书馆的影响

OA给图书馆的资源建设、经费使用、读者服务、角色定位、馆员素质等多方面都带来了影响:①OA期刊及OA仓库是图书馆的另一部分宝贵资源,既弥补了图书馆外文期刊资源长期短缺的不足,又使图书馆资源更加多样化,但图书馆需要对OA资源进行加工与处理,如对OA资源进行选择、收集、分类、整合、保存等,这就加大了图书馆资源建设的工作量与工作难度。②OA由于能够提供免费的信息资源,在一定程度上减轻了图书馆文献采购经费的压力,但同时图书馆因需要承担一部分OA资源的长期保存责任而相应地需要增加资金投入。③OA扩大了图书馆信息获取的数量与范围,保障了图书馆为读者提供信息服务的能力,且使服务方式更加多样化、服务内容更为丰富、服务范围更加广泛,但由于各种出版商、学术机构、企事业单位或政府部门都可提供OA资源,读者也可不依靠图书馆,直接通过互联网使用OA资源,因此,图书馆与其他机构形成了一种激烈的竞争关系,图书馆的中介作用逐渐被弱化,图书馆必须重新定位自己的功能与角色,巩固信息中心的地位。④OA给图书馆员的知识结构、素质与能力提出了新的要求,需要图书馆员创新观念、提高素质,掌握OA环境下图书馆服务技能[34],既要兼具图书情报学专业知识与学科专业知识,又要具备较强的计算机能力,能够将大量的OA资源加以整合、组织与揭示,为用户提供指导与方便。面对OA运动的挑战,图书馆可以通过宣传与引导读者认识OA,并积极利用OA资源,加强对OA资源的组织与揭示,创建OA知识库或OA资源保存系统,实现OA资源与原有馆藏的整合等措施来促进OA的发展。

## 4 结 语

本文通过对国内OA研究论文的高频关键词进行因子分析、聚类分析和战略坐标图分析,发现国内学者对OA的研究主要集中在OA对学术交流的影响、OA期刊评价与质量控制、OA资源长期保存、OA版权与政策、OA仓储、OA出版、OA发展现状与对策、OA对图书馆的影响8个主题上。尽管学者们针对8个研究主题已经取得了许多研究成果,但从因子分析与聚类分析结果来看,一些新兴主题研究不够,难以形成一类,例如对信息共享空间的研究;有的虽能独成一类,但论文数量偏少,研究力度不够,例如对OA资源长期保存的研究。另外,国内OA研究较多地探讨OA的理论,实践研究较少,整体研究水平有待提高。因此,今后国内学者应该加强 OA 理论研究的深度,借鉴国外的发展经验,更加重视实践研究,以推动 OA 的进一步发展。

**参考文献:**

[1] 李武,董伟. 国内开放存取的研究热点:基于共词分析的文献计量研究[J]. 中国图书馆学报,2010,36(6):105-115.

[2] 李春旺. 网络环境下学术信息的开放存取[J]. 中国图书馆学报,2005,31(1):33-37.

[3] 黄如花,冯晴. 论开放存取出版对科学信息交流和利用的影响[J]. 出版科学,2008,16(3):75-78.

[4] 张晓蒙,方卿. 论开放存取对学术交流的影响(二)——基于图书情报机构视角的分析[J]. 信息资源管理学报,2011(3):57-61.

[5] 魏林,万猛,金学慧. 开放存取式科学交流系统模型研究[J]. 出版科学,2011(5):79-85.

[6] 蔡迎春. 机构知识库:基于开放存取的学术交流机制[J]. 情报理论与实践,2008,31(5):680-683.

[7] 夏莉霞,方卿. 论开放存取对学术交流的影响(三)——基于学术出版机构视角的分析[J]. 信息资源管理学报,2011(3):62-66.

[8] 查丽华. 开放存取——开启学术信息交流的快捷之门[J]. 国家图书馆学刊,2007(1):78-80.

[9] 曾元祥,方卿. 论开放存取对学术交流的影响(一)——基于科研人员视角的分析[J]. 信息资源管理学报,2011(3):53-56.

[10] 孙永河,宋晓莹,段万春,等. 开放存取对期刊论文学术交流系统的影响因素分析[J]. 图书情报工作,2011,55(24):132-136.

[11] 邱均平,陶雯. 国内外开放存取期刊质量研究现状探析[J]. 情报杂志,2009(2):155-159.

[12] 岣雯,胡德华,曲艳吉,等. 开放存取期刊质量评价方法研究[J]. 图书情报工作,2006,50(10):72-75.

[13] 陈铭. 开放存取期刊评价模型构建[J]. 图书情报工作,2010,54(14):11-15.

[14] 韩欢,胡德华. 开放存取期刊的质量控制机制研究[J]. 情报杂志,2009,28(7):44-48.

[15] 徐丽芳,方卿. 基于出版流程的开放存取期刊学术质量控制[J]. 出版科学,2011,19(6):78-81.

[16] 夏立新,宋敏霞,金晶,等. 开放存取期刊的质量控制方法探析[J]. 情报科学,2010,28(7):965-969,1032.

[17] 黄如花,胡文琴. 开放存取资源长期保存政策的调查与分析[J]. 图书与情报,2009(5):70-74.

[18] 陈月婷,李春明. 开放存取资源长期保存模式探析[J]. 图书情报工作,2008,52(5):33-36,120.

[19] 王志庚,汪东波. 开放存取资源的管理与服务[J]. 国家图书馆学刊,2007(2):27-32.

[20] 孙红娣. 论开放存取中的数字资源长期保存问题[J]. 图书馆学研究,2005(11):15-18.

[21] 马海群,王英. 开放存取期刊中的版权问题分析及解决策略[J]. 国家图书馆学刊,2010(2):49-54.

[22] 翟建雄. 开放存取知识库版权政策概述[J]. 国家图书馆学刊,2007(2):33-38.

[23] 牛晓宏,马海群. 开放存取的国家宏观政策体系建设研究[J]. 出版发行研究,2008(4):54-57.

[24] 施雁冰. 高校机构知识库的资源建设与管理维护[J]. 图书馆理论与实践,2011(6):51-53.

[25] 宛玲,苏娜,厉志红. 大学机构知识库组织管理问题研究[J]. 图书情报工作,2008,52(4):97-99.

[26] 肖可以. 高校图书馆机构知识库建设存在的问题及其对策[J]. 情报资料工作,2010(6):90-93.

[27] 穆颖丽. 高校机构知识库建设探析[J]. 图书馆,2009(2):82-84.

[28] 刘海霞,孙振球,胡德华,等. DOAJ目录系统及开放存取期刊介绍[J]. 图书馆理论与实践,2007(1):115-117.

[29] 李枫林,赵雪芹,胡吉明. 机构知识库:开放获取的有效实现形式[J]. 情报杂志,2007(6):115-117.

[30] 黄凯文,曾展鹏,刘芳. "开放仓储"发展现状分析[J]. 图书馆学刊,2008(4):18-21.

[31] 陈振英,何小军,陈益君. 开放存取在中国的困境及对策分析[J]. 大学图书馆学报,2008(2):35-40,67.

[32] 邱燕燕. 学术资源开放存取的障碍和对策探析[J]. 情报杂志,2006(7):128-130.

[33] 黄凯文. 科学信息开放获取的可持续发展探究[J]. 情报理论与实践,2007(6):760-763.

[34] 喻文. 开放存取对高校图书馆的影响及对策思考[J]. 图书馆,2008(6):50-52.

**作者简介**

完颜邓邓,华南师范大学经济与管理学院硕士研究生,E-mail:wanyan198811@sohu.com;

盛小平,华南师范大学经济与管理学院教授,博士。

# 实 践 篇

# 2012年国际开放获取实践进展综述

李麟　朱曼曼　左丽华

**摘　要**　通过跟踪2012年世界重要科研资助机构、科研机构、政府部门、出版机构的开放获取政策、研究报告和动态消息，从利益相关方的开放获取意识、科研资助机构和科研教育机构的开放获取政策、出版社的开放出版实践三个方面总结2012年国际开放获取实践方面的进展。

**关键词**　开放获取　开放出版　开放获取政策

**分类号**　G259.3

2012年是开放获取实践发展的分水岭，开放获取以更快的速度向更加积极的方向发展。总体趋势上，各国政府、国际组织和公众对开放获取的支持力度进一步增强，科研资助机构和科研教育机构推出更加强有力的开放获取政策，开放出版繁荣发展，尤其是传统出版商成为开放出版中的重要角色。在开放的网络环境下，在数字密集型科研、开放科研的需求驱动下，开放获取将成为不可避免的发展趋势。跟踪开放获取进展，有助于了解和掌握开放获取发展中的趋势与关键问题，为图书馆参与开放获取、应对以开放获取为主要特征的学术信息交流模式的变化给图书馆带来的机遇与挑战提供参考。

笔者通过对世界各重要科研资助机构、科研教育机构、政府部门、出版商、开放获取宣传网站以及开放获取邮件讨论组的跟踪，获取2012年发布的政策文件、研究报告和动态消息，综合考虑机构类型、国别、影响力及实践和研究内容本身的参考价值等因素，以能够反映开放获取发展趋势与热点的内容为侧重点，选取了2012年发表的研究论文83篇，科研资助机构和科研教育机构的开放获取政策23个，以及权威机构和项目的若干相关研究报告和出版商的发展动态，在对研究论文和研究报告进行分析的基础上，系统梳理和总结开放获取发展趋势，为国内同行提供借鉴参考。所涉及的科研资助机构和科研教育机构包括：欧盟理事会、英国研究理事会、澳大利亚医学研究理事会、美国国立健康研究院（NIH）、惠康基金会、哈佛大学、加州大学旧金山分校、普渡大学等；发布相关研究报告的机构涉及：学术出版与学术资源联盟（SPARC）、开放获取学术出版商协会（OASPA）、惠康基金会、英国联合信息系统委员会（JISC）等；相关商业和开放获取出版商包括：Springer、Elsevier、牛津大学出版社（OUP）、英国物理学会出版社（IOPP）、剑桥大学出版社、PLOS、BioMed Central、Hindawi 等。

## 1 科研资助机构和科研机构实施强有力的开放获取资助政策

### 1.1 科研资助机构制定并实施强有力的开放获取政策

欧盟拟在"Horizon 2020"计划中全面实施开放获取[1]，要求所有受资助项目产生的研究论文必须存储到开放知识库中，在论文发表后的 6 个月内（人文社会科学论文为发表后的 12 个月内）开放获取，允许使用项目经费支付开放出版费用，并建议欧盟各成员国制定本国的公共资助科研论文开放获取政策；2012 – 2013 年，欧盟委员会将投入 4 500 万欧元建设支持开放共享和科学信息长期保存的基础设施。英国研究理事会发布最新修订的"增强版"开放获取政策[2]，开放存储政策内容与欧盟政策基本相同，支持开放出版方面将拨付专项资金用于支付受资助项目产出的研究论文的开放出版费用，要求受资助的开放出版论文以开放程度最高的 CC – BY 协议发布，这一规定为研究论文的复用提供了更为开放的保障。此外，2012 年丹麦 5 家科研资助机构联合发布研究成果开放获取政策[3]，澳大利亚国立卫生与医学研究理事会[4]、澳大利亚研究理事会[5]均颁布了新开放获取政策，强制要求受资助研究产出的研究论文开放存储。2012 年美国国家科学基金会、德国科学基金会发起，全世界 70 多个国家级科研资助机构参与，成立了全球研究理事会，确定了下届年会的讨论主题之一为开放获取的推进与实施，并起草了开放获取行动计划[6]。

### 1.2 科研教育机构积极推动开放获取

2012 年哈佛大学公共卫生学院成为哈佛第 8 个实施开放获取政策的学院[7]，加州大学旧金山分校[8]、卢森堡大学[9]以及肯尼亚、斯洛文尼亚、乌克兰的大学[10]均在 2012 年实施开放获取政策。为进一步推进开放获取政策的制定和实施，哈佛大学联合其他机构发布开放获取政策实施实践案例[11]，成为制定实施开放获取政策的指南。哈佛大学教师委员会发布公告[12]，宣布难以继续支付学术期刊订阅费用，建议员工考虑将论文提交到开放获取期刊或是投给有合理、可持续订阅费用的期刊，关注开放获取。普渡大学也通过了类似要求的建议书，建议书要求改造普渡大学现有知识库 ePubs 为开放获取知识库[13]。

科研资助机构和科研教育机构的开放获取政策有力地推动了开放出版和开放存储的发展，促使科研人员开放存储。研究显示[14]，惠康基金会的开放存储服从率达55%，NIH的服从率达75%。政策中对于科研人员开放出版费用的支持，保证了开放出版期刊相对稳定的资金流，对开放出版期刊数量的增加产生了积极影响。

## 2 开放获取政策的支撑机制日益完善

支撑机制的建立是开放获取政策能够有效实施、可持续进行的保障。

### 2.1 建立开放出版资金资助机制

尽管研究成果的开放获取对读者来说是免费的，但实现开放获取本身并不是"零成本"[15]。Finch报告[16]研究表明，向研究成果开放获取出版模式过渡的成本约在5 000 – 6 000万英镑（6 200 – 7 800万欧元）/年，主要涉及资助开放出版的费用和过渡期内仍需订购的期刊订购费用。英国研究理事会于2012年11月公布了支持大学开放获取研究成果的专项资金资助机制[17]的细节，专项资金将用于资助论文处理费（article processing charges，APC），APC资助资金随APC涨幅而增加，保持总体预算持平。英国政府也于9月正式宣布出资1 000万英镑帮助大学推进开放获取[18]。

### 2.2 建立APC支付机制

在建立开放出版资金资助机制的基础上，需要在战略和操作层面建立完备的APC管理与支付机制[19]，从而减轻资助机构、科研机构和科研人员的APC管理、支付的操作负担。许多复合期刊出版商、研究机构和资助机构还没有开发出可以高效管理开放获取出版费的后台管理系统，这对广泛的开放出版造成了阻碍。JISC和惠康基金会共同资助项目研究大学如何有效管理文章出版费[20]，英国研究信息网络（CIC）调查了英国的大学、基金会和出版商在支付论文处理费中面临的操作难题以及利用各种中间商提供的服务整合大学和出版商之间付款方式的可行性[19]。如何选择、资助、要求、监督中间商以及中间商服务的国际合作的可转移性等都是需要考虑的问题。

### 2.3 重视开放期刊质量评价

开放期刊的迅速增长对开放期刊的遴选提出了挑战，科研人员投稿需要遴选合适的期刊，科研机构和资助机构资助开放出版也需要遴选高质量的期刊。PLOS、SPARC、OASPA联合发布期刊开放获取频谱——How Open Is It[21]，从期刊的阅读权、再使用权、版权、作者在线发布权、自动发布和机读性6个角度提供了评价期刊的视角。荷兰SURF正在研究和构建新的开放获取期刊质量评价指标体系[22],质量测评由两项指标组成:编辑委员会质量和同行评议过程质量。中国科学院国家科学图书馆提出从源生数字、源生开放所带来的新可能新需求看待开放获取期刊,重新界定了对开放获取期刊应该要求的新能力新服务,重新定义了包括期刊质量与影响水平、期刊开放程度和期刊服务能力方面的评价指标集[23]。

### 2.4 建立开放获取推进组,共享实践经验

各国相继组建开放获取推进小组推动开放获取政策与实践。2012年澳大利亚6家机构组建了澳大利亚开放获取支持小组(Australia Open Access Support Group,AOASG);中国成立了中国机构知识库推进工作组。美国和英国的开放获取推进小组建立得更早,美国的COAPI(Coalition of Open Access Policy Implementation)和COPE(Compact of Open Publishing Equity)分别致力于推动本机构的开放获取政策实施和建立本机构的开放出版支持资金;英国成立了开放获取实施小组(Open Access Implementation Group,OAIG),在开放出版和开放获取政策的研究制订实施中发挥了积极的推动作用。

## 3 开放获取得到政府、国际组织、科研人员和公众的支持

### 3.1 政府关注并拟制定开放获取政策

英国政府将开放获取作为其工作目标之一,责成维基百科的共同创办者J. Wales帮助实现公共资助研究成果的免费获取。英国科技大臣D. Willetts 2012年5月1日在 *Guardian* 的一篇文章[24]和随后在出版商协会上的讲话中宣布英国将积极推动开放获取[14]。英国政府还责成J. Finch(英国曼彻斯特大学社会学家)为首的独立的专家组研究英国如何实施扩大研究成果的获取。2012年6月发布的《可访问性、持久性、优异性:如何扩大对研究出版物的获取》[16]研究报告(Finch报告),重点建议发展开放获取出版,将开放出版或复合开放出版作为公众资助的研究成果出版的主要方式。英国政府采纳了报告的建议内容;但由于较少地提及开放存储对开放获取的重要作用,报告也遭受到一些批评,被指责过度保护出版商的利益。爱尔兰政府根据欧盟委员会的建议发布《爱尔兰开放获取政策声明的国家原则》[25],波兰关于开放资源的立法法案也提交到国会讨论[26]。2012年2月,《2012联邦资助科研成果开放共享议案》(Federal Research Public Access Act,FRPAA)再次被提交到美国国会参众两院[27],要求美国每年对外科研资助经费超过1亿美元的11家联邦机构实施与美国国立健康研究院一样的公共资助金资助科研论文开放共享政策,议案得到参众两院26位议员的联署支持[28]。

## 3.2 国际组织颁布开放获取政策指南

国际组织也在积极制定和发布开放获取指南，指导开放获取实践。世界银行 2012 年 7 月推出开放获取政策[29]，规定科研数据和出版物将在创作共用许可协议下获得许可并免费向公众开放；联合国教科文组织发布《开放获取科学信息政策指南》[30]，欧洲科学院联盟发布《21 世纪开放科学宣言》[31]均呼吁公共资助的研究成果应开放获取；欧洲所有医学研究会成员组织——欧洲科学基金会（European Science Foundation）和欧洲医学研究委员会（European Medical Research Councils，EMRC）发布《生物医学研究中的开放获取》科学政策简报，强调加快欧洲生物医学研究论文的开放获取，提出生物医学研究的开放获取是科研道德的规范[32]。开放获取倡导者在布达佩斯开放获取宣言发布 10 周年之际，提出了一系列新的建议，倡导将研究成果的开放状态设为研究成果获取的缺省状态[33]。

## 3.3 科研人员和公众对开放获取的支持力度增强

2012 年 1 月，Elsevier 反对 OA 的提案遭到全世界科研人员的强烈抵制，科研人员发起拒绝向 Elsevier 投稿、拒绝为其评审期刊论文、拒绝参加其编辑工作的抵制活动，建立抵制网站 Cost of Knowledge[34]征集科学家签名，一个半月中收到 7 000 多位科学家的签名，迫使 Elsevier 不得不撤消对反对开放获取的议案 Research Work Act（RWA）的支持。RWA 的两位提案人也明确宣布不再对该议案采取立法行动，并声称支持开放获取。美国举行白宫请愿活动要求政府就采纳公共资助研究成果开放获取政策给予正式回应。这一请愿得到了全国和全世界的广泛响应，不到两周，"请愿书"就获得 25 000 份签名支持。2013 年 2 月，美国白宫科技政策办公室发布备忘录[35]作为对请愿的回应，要求美国年科研资助经费超过 1 亿美元的联邦机构在 6 个月内制定出研究成果开放获取政策，联邦机构直接资助的研究产出的研究论文在发表后 12 个月内存储到开放知识库中提供开放获取。

# 4 开放出版蓬勃发展

开放获取期刊出版颠覆了固有的期刊出版订购模式，占据了稳定的期刊论文出版份额。根据对 2000 – 2011 年发表的开放获取论文的统计[36]，开放出版论文年出版量所占的市场份额每年增加 1%。2011 年出版的 166 万篇论文约 17% 是开放获取的，并被收录到 Scopus，其中的 12% 是以开放出版的方式发表的。

### 4.1 开放获取期刊和开放论文数量迅速增加

2012 年 *BMC Medicine* 发表的最新研究[36]表明,2000－2011 年,开放出版的研究论文的增长速度比预期更快。开放出版领域覆盖各主要学科,生物医学领域发展尤为迅速,论文数量相比 2000 年增长 16 倍,由 2000 年的 7 400 篇增加到 2011 年的 12.09 万篇。预计到 2017－2021 年开放出版的论文将占全部学术期刊论文的 50%[37]。被 SCI 收录的开放出版期刊的论文数量以年 20% 的速度增加,而整个出版产业学术论文的年增速为 3.5%[37],开放获取期刊的增长速度远远超过订购期刊。

### 4.2 开放获取期刊质量不断提高

2009 年 619 种开放获取期刊被 SCI 收录,其中 PLOS Medicine 影响因子为 16.2,居同主题领域 153 种期刊中的第 5 位,*PLOS Biology* 影响因子为 11.4,居同主题领域 84 种期刊中的第 1 位。开放出版期刊集团 BioMed Central 旗下 241 种期刊已有 122 种被 JCR 收录。

### 4.3 传统出版商成为开放出版的重要角色

2011 年发表的开放获取论文中 166 700 篇收取论文处理费(占全部开放获取论文的 49%)[38],开放获取期刊收取论文处理费越来越普遍。这一数字的增长与商业出版商参与开放出版的数量的增加有关,一定程度上,论文处理费是促使传统出版商参与开放出版的重要原因之一。以商业出版商和学协会出版社为代表的传统出版商已成为开放获取出版中重要角色。2011 年商业出版商出版了 120 000 篇开放获取论文[36]。Springer[38]、Wiley[39]、自然出版集团[40]、Elsevier[41]、IOPP[42]、OUP[43]、IEEE[44]、*Lancet*[45] 系列期刊等出版商和期刊均提供开放出版模式。SpringerOpen 包含 90 多种开放获取期刊,复合开放出版计划 Open Choice 几乎涵盖了 Springer 出版的所有订购期刊;Elsevier 有 39 种完全开放获取期刊,1 200 多种订购期刊提供复合开放出版模式[41];自然出版集团的完全开放获取期刊 *Scientific Reports* 创办一年共发表 457 篇论文,成为自然出版集团发展最快的期刊[46]。

同时,传统出版商在出版的开放获取期刊和论文的内容使用许可方面,开始转向更为开放的使用许可,越来越多的出版商采纳 CC－BY 内容使用许可。CC－BY[47]是目前针对研究论文的开放程度最高的使用许可,允许使用者以浏览、下载、复制、打印、传播、复用、创作衍生作品等各种方式使用研究论文,包括出于商业目的的使用,只要使用时给出作品的署名信息。Springer、IOPP、Wiley、自然出版集团均在 2012 年将许可协议修改为 CC－BY

或在许可协议选项中增加 CC‐BY 许可。值得一提的是，自然出版集团在作者选择 CC‐BY 协议出版时，比选择另外两种许可协议（CC‐BY‐NC‐ND，CC‐BY‐NC‐SA）向作者征收额外的 APC，因为其认为出版社放弃非商业性使用的权利会对出版社带来经济损失，而其他出版社选择 CC‐BY 协议并不增加 APC。

### 4.4 新的开放期刊出版模式被不断探索实践

2012 年 10 月，高能物理领域期刊开放出版计划——SCOAP3 正式启动[48]，从 2014 年起实现高能物理领域高水平学术论文的开放出版，7 家出版社的 12 种期刊经过公开招标参加了 SCOAP3 计划，占高能物理出版内容的 90% 以上。SCOAP3 探索了某一学科领域研究成果整体转为开放出版的学术信息交流新模式。英国皇家化学会提出 Gold for Gold 开放出版模式[49]，对订购其 Gold 系列期刊的机构的论文作者，在发表开放获取论文时提供论文处理费优惠；采取类似做法的还有美国科学院院刊（PNAS）[50]。2012 年 6 月，*PeerJ* 创办[51]，旨在提供专业的、高质量的、创新的学术出版阵地，与"传统的"开放出版期刊的 APC 商业模式不同，*PeerJ* 探索了新开放出版商业模式，给予作者终生会员资格，作者可选择不同的会员等级（99 美元、199 美元、299 美元）支付一次费用，将来出版论文不需要再付费。这些尝试探索了传统出版向开放出版的过渡模式和全新的开放出版期刊的经济模式，为发展初期的开放出版积累了有益的经验。

### 4.5 开放获取期刊得到科学界的关注和支持

2012 年 6 月，德国马普学会、美国霍华德休斯医学研究所、英国惠康基金会宣布联合资助出版开放获取期刊 eLife[52]，旨在打造生物医学与生命科学的顶级学术期刊，以与 *Science* 和 *Nature* 竞争为目标，已于 2012 年底正式出版第一批论文。开放获取期刊得到科学家的关注，2012 年获得诺贝尔医学奖的两位科学家都曾在 PLOS 期刊上发表过与获奖的研究成果有关的研究论文[53]。开放获取的研究成果在相关学科得到了充分应用，例如利用古地理与古生物数据进行古地理重构[54]，利用开放数据进行疟疾的研究和控制[55]，将气候研究数据用于葡萄收获与葡萄酒酿造[56]，利用开放获取数据监测 HIV，等等。

## 5 结 语

从 2012 年开放获取的研究与实践可以看出开放获取发展的以下趋势：

● 制订并实施开放获取政策已成为世界重要科研资助机构和科研教育机构推动公共资助研究成果开放获取的重要措施。科研资助机构的开放获取政策覆盖了越来越多的科研项目，科研教育机构的开放获取政策覆盖了越来越多的科研人员。随着开放获取政策的制定和实施，越来越多的公共资金资助的科学研究成果将被覆盖。

- 开放获取期刊蓬勃发展。越来越多的传统商业出版商进入开放出版领域，从一个侧面反映出开放获取期刊出版模式是可持续的和有利可图的。同时，新的商业模式也在被积极地尝试，比如 PeerJ 的会员模式，有利于建立一个更加健康的期刊市场。同时，也应该注意到，有一些期刊打着开放获取期刊的旗号，以谋取论文出版费为目的，没有任何期刊学术质量控制机制，这些掠夺性开放获取期刊破坏了开放获取期刊的发展，需要引起足够的重视。目前已有开放获取学术出版商协会 OASPA[57]、DOAJ[58]、J. Beall[59] 等机构和学者提出了开放获取期刊和出版商的行为准则、开放获取期刊遴选标准和鉴别掠夺性开放获取期刊的参考标准。

- 科研人员和社会公众的开放获取意识增强。主要体现在 2012 年初科学界对反对开放获取的 Research Work Act 提案的抵制和美国发起的有关开放获取的 FRPAA 提案的白宫网站签名活动。尽管如此，在提高开放获取意识方面仍有很多工作要做。例如：向科研人员和科研资助机构、科研教育机构宣传采用能够允许复用研究成果的使用许可的重要性；积极制定奖励制度，鼓励和认可科研人员的开放获取实践。2013 年 PLOS 发起并组织的 Accelerating Science Award Program（ASAP 计划）[60]，旨在认可和宣传科研人员通过开放获取期刊发表的研究成果；此外，开放获取环境给基于文章层面的研究成果影响力分析与评价提供了条件，article level metrics 也将在推动科研人员参与开放获取方面发挥重要作用。

综上所述，2012 年开放获取的发展是科研资助机构和科研教育机构、出版机构和社会公众三方利益相关者相互作用的结果。资助机构和科研教育机构的开放获取政策提高了科研人员、公众和政府部门的开放获取意识，而政策要求研究成果的开放获取，进一步使科研人员、公众和政府部门体会到研究成果开放获取的益处，从而得到他们对开放获取的支持；资助机构和科研教育机构在开放获取政策中特别提出了对开放出版论文的支持措施，比如：拨付专项经费支付论文处理费，或允许使用科研经费支付论文处理费等，这一举措相比科研人员自己支付论文处理费来说，为开放出版期刊提供了稳定、可靠的经济来源，进一步刺激了开放获取期刊的发展；开放获取期刊的增多、可开放获得的研究成果的增加进一步提高了科研人员和公众的开放获取意识，进而促进更多的机构制定和实施开放获取政策。

开放获取是科学研究的本质需求。Science 发表社论[61]称，开放获取有助于科学研究的重复验证。知识和资料的出版和开放交流支撑着整个科学研究的过程和科学的重复验证，也是公共资助的研究的义务和责任。《新英格兰医学杂志》[46]发表评论称，为了科学质询和知识传播，学术信息交流系统中的许多利益相关方已开始探索更广泛地获取信息，探索更开放的、基于互联网的传统出版的可替代模式。尽管向开放获取的过渡不容易，并且成本不低，但开放获取的潮流是不可避免的。

## 参考文献:

[1] Towards better access to scientific information[OL]. [2013 - 01 - 25]. http://ec. europa. eu/research/science - society/document_library/pdf_06/era - communication - towards - better - access - to - scientific - information_en. pdf.

[2] Research Councils UK policy on access to research outputs[OL]. [2013 - 01 - 25]. http:// www. rcuk. ac. uk/research/Pages/outputs. aspx/.

[3] Open access policy for public - sector research councils and foundations[OL]. [2013 - 01 - 25]. http://en. fi. dk/councils - commissions/the - danish - council - for - independent - research/Final%20 Open%20Access%20policy. pdf/.

[4] Revised policy on dissemination of research findings[OL]. [2013 - 01 - 25]. http:// www. nhmrc. gov. au/media/notices/2012/revised - policy - dissemination - research - findings.

[5] Research intelligence - Measured weights and measures[OL]. [2013 - 01 - 25]. http:// www. timeshighereducation. co. uk/story. asp? sectioncode = 26&storycode = 421579&c = 1.

[6] GRC. Open access action plan[OL]. [2013 - 09 - 05]. http://www. dfg. de/download/pdf/dfg_magazin/internationales/130528_grc_annual_meeting/grc_action_plan_open_access. pdf.

[7] Harvard School of Public Health open access policy[OL]. [2012 - 12 - 05]. http:// osc. hul. harvard. edu/hsphpolicy; http://osc. hul. harvard. edu/2012/11/hsph - approves - oa - policy.

[8] UCSF implements policy to make research papers freely accessible to public[OL]. [2013 - 01 - 25]. http://www. ucsf. edu/news/2012/05/12056/ucsf - implements - policy - make - research - papers - freely - accessible - public.

[9] University of Luxembourg participates in the open access initiative[OL]. [2013 - 01 - 25]. http://wwwfr. uni. lu/universite/actualites/a_la_une/university_of_luxembourg_participates_in_the_open_access_initiative.

[10] Universities in Kenya, Slovenia and Ukraine adopt OA policies[OL]. [2013 - 01 - 25]. http://www. eifl. net/news/universities - kenya - slovenia - and - ukraine - adopt.

[11] Good practices for university open-access policies[OL].[2013-01-25].http://cyber.law.harvard.edu/hoap/Good_practices_for_university_open-access_policies.

[12] Faculty Advisory Council memorandum on journal pricing[OL].[2013-01-25].http://isites.harvard.edu/icb/icb.do?keyword=k77982&tabgroupid=icb.tabgroup143448.

[13] Advocacy at Purdue:Open access[OL].[2013-09-05].http://www.lib.purdue.edu/scholarlyComm/advocacy.

[14] Van Noorden R. Britain aims for broad open access[OL]. Nature,2012,486(7403):302-303.

[15] Hawkes N. Open access to research findings will deliver benefits but "will not be cost free"[OL]. British Medical Journal,2012,344(7862):1.

[16] RCUK announces block grants for universities to aid drives to open access to research outputs[OL].[2013-01-25].http://www.rcuk.ac.uk/media/news/2012news/Pages/121108.aspx.

[17] Government invests?10 million to help universities move to open access[OL].[2013-01-25].http://news.bis.gov.uk/Press-Releases/Government-invests-10-million-to-help-universities-move-to-open-access-67fac.aspx.

[18] Managing the transition to open access:A role for intermediaries?[OL].[2013-01-25].http://repository.jisc.ac.uk/4949/1/Gold_OA_intermediary_final_report_%282%29.pdf.

[19] JISC and Wellcome Trust to support universities with new open access demands[OL].[2013-01-25].http://www.jisc.ac.uk/news/jisc-and-wellcome-trust-to-support-universities-with-new-open-access-demands-19-jul-2012.

[20] 开放度有多高?开放获取频谱[OL].[2012-11-15].http://www.plos.org/wp-content/uploads/2012/10/OAS_Chinese_web.pdf.

[21] Developing quality test for new open access journals[OL].[2012-05-06].http://www.openaccess.nl/index.php/news/312-developing-quality-test-for-new-open-access-journals.

[22] 顾立平,张晓林,初景利,等.开放获取期刊的评价与遴选:质量水平、开放程度和服务能力[J].图书情报工作,2013,57(1):49-54.

[23] Willetts D. Open, free access to academic research? This will be a seismic shift[OL].[2012-05-01].http://www.theguardian.com/commentisfree/2012/may/01/open-free-access-academic-research.

[24] Accessibility, sustainability, excellence:How to expand access to research publications[OL].[2013-01-25].http://www.researchinfonet.org/wp-content/uploads/2012/06/Finch-Group-report-FINAL-VERSION.pdf.

[25] Ireland has announced a national open access policy[OL].[2013-01-25].http://www.tcd.ie/Library/assets/pdf/National%20Principles%20on%20Open%20Acc%

20ess%20Policy%20Statement%20%28FINAL%2023%20Oct%202012%20v1%203%29.pdf.
[26] Polish Bill on Open Resources to be introduced [OL]. [2013-01-25]. http://www.eifl.net/news/polish-bill-open-resources-be-introduced.
[27] H. R. 4004——Federal Research Public Access Act of 2012[OL]. [2013-01-25]. http://thomas.loc.gov/cgi-bin/query/z?c112:H.R.4004.
[28] Representatives urge White House to support public access to federally funded research [OL]. [2013-01-25]. http://doyle.house.gov/press-release/representatives-urge-white-house-support-public-access-federally-funded-research.
[29] World Bank announces open access policy for research and knowledge, launches open knowledge repository[OL]. [2012-05-05]. http://web.worldbank.org/WBSITE/EXTERNAL/NEWS/0,,contentMDK:23164491~pagePK:64257043~piPK:437376~theSitePK:4607,00.html.
[30] Open access to scientific information: Policy guidelines released[OL]. [2012-04-09]. http://www.unesco.org/new/en/media-services/single-view/news/open_access_to_scientific_information_policy_guidelines_for_open_access_released/; http://unesdoc.unesco.org/images/0021/002158/215863e.pdf.
[31] Open science for the 21st century - A declaration of ALL European Academies [OL]. [2012-12-05]. http://cordis.europa.eu/fp7/ict/e-infrastructure/docs/allea-declaration-1.pdf.
[32] The European Science Foundation's EMRC calls for the adoption of open access in biomedical sciences[OL]. [2012-11-14]. http://www.esf.org/media-centre/ext-single-news/article/the-european-science-foundations-emrc-calls-for-the-adoption-of-open-access-in-biomedical-science.html.
[33] Ten years on from the Budapest Open Access Initiative: Setting the default to open[OL]. [2013-01-25]. http://www.soros.org/openaccess/boai-10-recommendations.
[34] Cost of knowledge[OL]. [2013-09-05]. http://thecostofknowledge.com/.
[35] Memorandum for the heads of executive departments and agencies - Increasing access to the results of federally funded scientific research [OL]. [2013-01-25]. http://www.whitehouse.gov/sites/default/files/microsites/ostp/ostp_public_access_memo_2013.pdf.
[36] Laakso M, Björk Bo-Christer. Anatomy of open access publishing: A study of longitudinal development and internal structure [OL]. [2013-01-25]. http://www.biomedcentral.com/1741-7015/10/124.
[37] Lewis D W. The inevitability of open access[J]. College & Research Libraries, 2012, 73 (5): 493-506.
[38] SpringerOpen[OL]. [2013-09-05]. http://www.springeropen.com/.

[39] Wiley Open Access[OL]. [2013-09-05]. http://www.wileyopenaccess.com/?.

[40] Nature Publishing Group buys into open-access publisher[OL]. [2013-09-05]. http://blogs.nature.com/news/2013/02/nature-publishing-group-buys-into-open-access-publisher.html.

[41] Open access publishing[OL]. [2013-07-04]. http://www.elsevier.com/wps/find/intro.cws_home/open_access.

[42] IOP Publishing open access policy[OL]. [2013-09-05]. http://iopscience.iop.org/info/page/openaccess.

[43] Oxford Open[OL]. [2013-09-05]. http://www.oxfordjournals.org/oxfordopen/.

[44] Orin D E. RAS journal publications provide an open access option[J]. IEEE Robotics & Automation, 2013, 20(1): 6-8.

[45] The Lancet Editors. The Lancet journals welcome a new open access policy[J]. The Lancet, 2013, 381(9873): 1166-1167.

[46] W A J. For the sake of inquiry and knowledge - The inevitability of open access[J]. The New England Journal of Medicine, 2013, 368(9): 785-787.

[47] Creative Commons. 署名3.0中国大陆[OL]. [2013-09-05]. http://www.creativecommons.org/licenses/by/3.0/cn/deed.zh.

[48] SCOAP3[OL]. [2013-01-25]. www.scoap3.org.

[49] Open access at RSC[OL]. [2013-07-04]. http://www.rsc.org/Publishing/Journals/OpenScience/Open_Access_RSC.asp.

[50] PNAS Open Access Option[OL]. [2013-06-16]. http://www.pnas.org/site/subscriptions/open-access.xhtml.

[51] Binfield P. PeerJ: An open-access experiment[J]. EDUCAUSE Review, 2012, 47(6): 104.

[52] eLife[OL]. [2013-09-05]. http://www.elifesciences.org/.

[53] Two PLoS authors awarded 2012 Nobel Prize in medicine[OL]. [2013-01-25]. http://blogs.plos.org/blog/2012/10/08/two-plos-authors-awarded-nobel-prize-in-medicine/.

[54] Wright N, Zahirovic S, Mueller R D, et al. Towards community-driven paleogeographic reconstructions: Integrating open-access paleogeographic and paleobiology data with plate tectonics[J]. Biogeosciences, 2013, 10(3): 1529-1541.

[55] Moyes C L, Temperley W H, Henry A J, et al. Providing open access data online to advance malaria research and control[J]. Malaria Journal, 2013, 12(1): 161.

[56] Daux V, de Cortazar-Atauri I G, Yiou P, et al. An open-access database of grape harvest dates for climate research: Data description and quality assessment[J]. Climate of the Past, 2012, 8(5): 1403-1418.

[57] OASPA. Code of Conduct[OL]. [2013-08-28]. http://oaspa.org/membership/code-

[58] DOAJ. Selection criteria[OL]. [2013 - 08 - 28]. http://www.doaj.org/doaj? func = loadTemplate&template = about&uiLanguage = en#criteria.

[59] Beall J. Criteria for determining predatory open - access publishers (2nd edition)[OL]. [2013 - 08 - 27]. http://scholarlyoa.com/2012/11/30/criteria - for - determining - predatory - open - access - publishers - 2nd - edition/.

[60] PLOS announces accelerating science award program[OL]. [2013 - 10 - 16]. http://www.plos.org/plos - announces - accelerating - science - award - program/.

[61] Morin A, Urban J, Adams P D, et al. Shining light into black boxes[J]. Science, 2012, 336(6078):159 - 160.

**作者简介**

李麟,中国科学院国家科学图书馆馆员,中国科学院大学博士研究生,E-mail:lilin@ mail.las.ac.cn;

朱曼曼,中国科学院国家科学图书馆、中国科学院大学硕士研究生;

左丽华,中国科学院国家科学图书馆、中国科学院大学硕士研究生。

# 开放获取的发展态势及大学图书馆的作用*

孙博阳 王琼

**摘 要** 分析指出当今开放获取已获得广泛的民意支持,大学、科研机构等学术和管理部门纷纷出台开放获取政策,甚至将其作为国家发展战略;开放获取出版规模也迅速壮大,网络环境下传统商业学术出版面临挑战;开放获取顺应学术交流体系变革的需求,是不可逆转的发展方向。认为学术交流体系的巨变将会给大学图书馆带来革命性影响,大学图书馆应顺应历史潮流,将开放获取提升为事关未来发展的关键议题,在未来开拓全新的服务领域,深度参与校园学术活动,实现图书馆的战略性转变。

**关键词** 开放获取 学术交流 图书馆发展战略

**分类号** G203

过去10年里,开放获取运动在世界范围获得了快速发展。我国大学图书馆也逐渐开始进入服务实践阶段,相继开展了一些开放获取服务项目。如厦门大学的机构知识库,经过多年建设,产生了较好的社会影响;CALIS三期机构知识库项目虽然建设时间尚短,也已产生了很好的带动效应。尽管如此,笔者认为,目前大学图书馆对开放获取的重视依然不足。开放获取是网络环境下科研生态演变的必然要求,伴随着学术交流体系的变革,其对大学和图书馆的影响是革命性的。开放获取与大学社区内的每个教师、管理者、图书馆员、学生都息息相关,图书馆应于其中发挥重要的作用。认清当前形势和发展趋势,分析其产生的各方面影响,调整大学图书馆发展战略,是我们今天需要认真对待的重要议题。

---

\* 本文系图书情报工作杂志社2012年出版基金项目"大学开放获取实践策略研究"(项目编号:2012CB003)研究成果之一。

## 1 传统学术出版模式已不可持续

近年来的开放获取出版究竟达到了怎样的规模,这个问题一直都很引人关注,有多项研究得出了不同的结论。芬兰最新的一项研究表明[1],2000－2011年期间,开放获取学术论文出版以平均每年1%的速度增加,2011年通过开放获取出版的期刊论文约占全部论文(近170万篇)的17%。尤其是生物医学领域,开放获取出版论文规模在2000－2011年间增长了16倍,占全部开放获取论文的36%。在开放获取出版早期(2000－2005年),学术团体、专业学会、大学以及研究者个人是主要的开放获取出版力量。而2005年之后,商业出版社成为了开放获取出版的主要来源,例如,Wiley、Springer、Nature集团等学术出版巨头,纷纷推出开放获取出版项目。在2003年布达佩斯先导计划设立之前,除了那些开放获取的早期推动者,没有人会相信开放获取的理念可以撼动每年93亿美元的科技医学学术期刊出版产业[2]。而现在,业界普遍认为开放获取学术资源正在成为学术资源的主流[3-4],取代传统出版只是时间的问题。自2013年4月1日起,英国将开始在全国实行公共资金项目成果的开放获取强制政策,这些项目预计每年产生2.6万篇论文(以2011年数据为基准)。依据2010年联合国教科文组织科学报告[5]的数据,在全世界高质量学术论文来源中,英国约占6%,美国约占27.7%,欧盟约占37%。如果美国也按照预期计划,相继推行开放获取政策,仅就学术期刊而言,开放获取学术出版在未来几年内超过传统出版已经不成问题。

学术著作的开放获取也已启动。例如,OAPEN是欧盟资助的促进欧洲社科学术著作传播的开放获取出版项目,由多家大学、大学出版社、大学图书馆、荷兰国家图书馆等机构合作承担。OAPEN项目2012年仿效DOAJ推出了Directory of Open Access Books(DOAB)平台,提供开放获取出版和服务,目前已有35家出版社的1 272种图书上线。世界银行、国际卫生组织、OECD等国际组织,由于推行了开放获取强制政策,其机构内部产生的相当数量的学术著作和科研报告也都是开放获取的。美国国家卫生研究院的NCBI Bookshelf项目,目前包括了1 000多种图书和科学报告。美国国家学术出版社(National Academies Press)是美国科学技术研究院、医学研究所和国家研究委员会的专门学术出版机构,它在2011年6月宣布,在先期开放部分图书的基础上,进一步将其所出版的全部图书和科研报告(共4 000余册)电子版提供给公众免费下载阅读。大学出版社和大学图书馆也积极参与图书的开放获取出版,如Project Euclid Open Access Monograph和UC Press E-Books Collection(1982－2004年),都属于这一类情况。北京师范大学图书馆于2012年3月曾对开放获取出版的电子图书、学术报告、会议录等文献进行了整理,统计出可供免费获取的图书、报告、会议录等文献总数为 12 321 种。除了上述几个项目来源外,还包括了 Gutenberg-e 哥登堡项目、美国政府报告等其他来源。开放图书的这种现状很容易让我们联想起开放获取电子期刊的早期发展阶段,显然可供读者免费阅读的资源数量还会持续地增加。

## 2 开放获取对经济的促进作用引起重视

开放获取不仅可以促进学术繁荣,更符合公平道义,使高等教育直接受益。而且,开放获取带来的巨大经济效益,也引起社会各界的关注。已有多项研究的成果证明开放获取可以获得巨大的经济回报。当今科学的产出量是惊人的,根据科技医学出版商国际学会 2012 年的科学出版报告[2]的数据,目前全世界约有28 100种同行评议期刊,每年出版 180 多万篇论文。期刊数量和发表文章数分别以每年 3% 和 3.5% 的速度增长,人们越来越难以跟踪和充分利用这些信息。而数据文本挖掘技术则赋予人类"超级阅读"方式,新的科学发现会从中产生。JISC 的一项研究报告称[6],在学术成果开放获取的背景下,数据挖掘技术在科研成果上的应用假设仅提高 2%,就可以节约大约价值 1.23-1.57 亿英镑的工作时间。麦肯锡全球研究院在 2011 年的一份报告[7]则得出结论,针对美国医疗系统产生的大数据挖掘可以产生每年 3 亿美元的收益,大部分出自于国家医疗花费 8% 的缩减。研究还估算出欧洲公共政府每年开支也可以节约 1 千亿欧元。开放获取对英国公共部门(不包括高等教育、私有企业)产生经济效益的评估报告[8],也是英国开放获取实施工作组(Finch 工作组)的专门研究报告之一,声称开放获取已经为英国节约约 2.86 千万英镑的开支,并且开放的文章每增加 5%,还会给英国带来 170 万英镑的额外利益。对科研成果和数据开放,从而使之得到更广泛的利用,已经被欧洲等发达国家看做是潜在的经济增长点。

开放获取的定义中,不仅有对学术成果内容免费获取的要求,还有对科研成果的再利用的开放要求。P. Suber 以免费(gratis)和自由(libre)两个词区分仅开放内容阅读和同时开放再利用版权两种情况下的开放获取[9]。出于利益的需求,科研数据有严格的版权控制或者限制。在日益高涨的开放获取呼声中,版权保护法律改革近些年也开始启动,英、美和欧洲法律界人士积极探讨如何在知识产权保护和促进知识的传播和利用之间寻找新的平衡。人们认识到过于严苛与毫无意义的知识产权保护已经开始妨害现代科技的应用,进而影响到经济发展。在 BOAI 先导计划 10 周年倡议中[10],就倡议使用 CC-BY 或其他类似协议作为科研成果的版权授权协议。目前要求采用 CC-BY 版权要求的政策也越来越多,如英国研究委员会(RCUK)的开放获取政策,Springer 的 Open Choice 出版计划等。

在 2012 年英国 RCUK 新开放政策出台前,英国科学与大学事务大臣 D. Willett 在英国出版商协会年会、国会、卫报等多个场合发言或者撰文,说明尽管英国的学术出版业对国家经济和提供就业做出了很大贡献,而且出版业 80% 的收入来自于海外市场,但是政府仍旧要在英国推行开放获取政策[11],因为这会给英国社会带来社会效益和长期的经济效益,有助于保持英国的科研竞争力。美国白宫科技政策办公室就扩大美国公共访问政策的声明[12]则称科研成果和数据的开放获取会增进美国在新的数据聚集、保存、分析和可视化等领域的服务实力,开放获取政策将会加速科学发展和创新,促进创业,提振经济和创造就业机会。欧盟欧洲委员会副主席 N. Kroes 也在各种场合解释和宣传开放获取将会给欧洲经济注入新的活力,不遗余力地推动欧洲开放获取进程。

## 3 开放获取成为一些国家的战略发展选择

到目前为止,在 ROARMAP 中已经登记了 400 多个开放获取政策,这些开放获取强制执行政策的推行者主要是科研基金组织、大学、国际组织和机构,这些政策极大地促进了开放获取的发展。而 2012 年 7 月,英国 RCUK 新开放获取政策的出台,则标志着开放获取已成为一些国家的国家发展战略选择,开放获取发展进入一个新的阶段。

2012 年 7 月,英国政府正式对 Finch 报告[13]做出答复,基本上全面采纳了 Finch 报告的建议,7 月 16 日正式颁发 RCUK 的新开放获取政策[14]。RCUK 新政策有两个特点:一是全面倾向于支付文章发表费(APC)的金色开放获取,二是对支付了文章发表费的成果明确要求采纳 CC – BY 版权协议。为了配合 RCUK 新政,英国政府在当年 9 月份宣布投入 1 千万英镑,作为 30 个大学的开放获取出版配套启动资金。RCUK 对开放获取出版的完整支持方案,基于每年约产生 26 000 篇文献的水平,在新政策执行的第一年(2013 – 2014),对大约 45% 的文章提供开放出版基金,此后逐年增加,大约在 2017 – 2018 年度增加到 75% 的程度[15]。以 Finch 报告给出的 APC 支付水平为准进行估算,RCUK 在未来 5 年对开放获取出版的支持将超过 1 亿英镑。英国高等教育基金会(HEFCE)等 4 个科研基金会发表了声明,认为科研成果的广泛传播是高质量科研活动不可分割的一部分。在现行的英国科研评估框架(REF)于 2014 年结束后,新一轮 REF post – 2014 评估框架[16]将与 RCUK 的开放获取政策保持高度一致。所有提交 REF 审核的作品必须首先满足 RCUK 开放获取出版要求。HEFCE/REF 详细解释了新政策的原则、思路,并在 2013 年 3 月 25 日前征求了公众意见。科研绩效评估方案的修改,为开放获取政策在英国的顺利实施增加了一枚极重的砝码。从英国这一系列决定,足可见其选择开放获取道路的决心。

学术交流环境的国际化特性,决定了开放获取政策的执行不可能总是单方的。欧洲委员会副主席 N. Kroes 于 2010 年 2 月在欧洲开放获取基础设施研究(OpenAIRE)计划启动会议上说:"开放获取已经在法律上和技术上成为事实,问题不再是我们是否应该采纳开放获取,而是我们应该怎样发展、深化和推动它。"欧洲的 Horizon 2020 计划,要求对未来 7 年内受到 800 亿欧元资助的科研项目成果和数据,分步骤在 2020 年前实现全部开放获取。此外,欧盟还稳步推进开放获取基础实施平台建设,许多开放获取项目都卓有成效。

美国 NIH 公共获取政策的影响是有目共睹的。2012 年 5 月发起的白宫"我们人民"扩大公共访问政策的网络请愿活动声势浩大,最终获得了 6.5 万人签名支持。美国总统办公厅科技政策办公室(OSTP)主任 J. Holdren 于 2013 年 2 月 22 日正式对请愿作出回应[17],再次表明美国奥巴马政府承诺将扩大政府所投资科研项目成果和科学数据的开放获取。同一天,向美国政府各相关部门签发了促进公共资助科研项目成果开放获取的备忘录[18],即白宫行政指令,要求那些接受联邦政府科研投入超过 1 亿美元的部门在接下来的 6 个月之内,按照备忘录提出的政策制定原则,拿出具体的开放获取政策的实施方案;科研成果要在出版 12 个月内,向公众提供科研成果和科研数据的公共访问。受该指令影响的包括农业部、商业部、国防部、教育部、能源部等政府部门以及环境保护署、NASA、国家科学基金会(NSF)等专门机构,共 10 余个部门,受影响的科研经费则是一个天文数字。指令发出后,各利益相关团体纷纷表态支持。就连一贯反对开放获取立法、成员包括 400 多个学术出版社的美国出版商协会(AAP),也公开声明支持该指令,认为扩大公共获取是"合情合理"的。可以说,美国的国家开放获取政策正式出台已经有了时间表。此外,美国推动开放获取立法的活动也没有停止,就在备忘录签发的前两周,要求科学研究成果开放获取的新法案(FASTR)[19],已被两党议员在两会递交,它是原 FRPAA 法案的新版本。法案要求政府资助科研成果和数据在出版 6 个月内开放,同时允许数据挖掘、文本挖掘等技术手段对内容的再应用。美国政府的加入,使世界开放获取发展格局发生了根本性转变。

## 4 开放获取更适应当今学术生态环境的演化

开放获取的成功不是偶然的,其原动力来自于信息科技的进步。发生在网络空间的学术交流活动打破了以往围绕印刷型文献的出版社、学者和图书馆组成的原有学术交流圈。与传统同行评议学术出版不同,今天大量的科研信息是在科研过程中,通过社交网、博客、网络讨论组等途径传播的。在网络社区里,发表学术成果不再是科研过程的结束,而是才刚刚开始。每一个读者既是生产者,也是消费者和过程参与者。例如,以 Research Gate 为代表的学术型社交平台大受欢迎,在 4 年不到的时间里,它吸引了 200 万科学家加入。在这里可以浏览任何人的研究兴趣、科研成果,向他们索要原文。该平台目前汇聚了 1 000 万篇科学文献,4 500 万篇文摘,仅清华大学就有 100 多个院系所的 900 多名注册者,围绕他们聚集了 2 万多篇文献信息。虚拟科学社区的效率和潜力非传统学术交流模式可比。抛弃传统学术出版,在技术上已经完全可以实现,开放获取顺应了这种发展趋势,摆脱了以科研活动牟取暴利的商业枷锁,使科学研究的价值得以回归,使科学成果以新的形式发布、获取、索引、评述、注释,满足了这些信息被更广泛传播和再利用的内在需求。受学术交流方式变化的影响,科研评估体系也需要在未来做出重大调整。总之,人类的科学研究在开放获取的知识网络中,可以达到新的高度。

学者、大学及科研机构的管理者、政策制定者、投资人等各利益方都意识到,在一个开放的、没有制约的知识网络环境中,获取、关联、挖掘和再利用相关的研究数据与成果,任何一方都可以获益,获益的程度取决于创造一个全球化、开放透明、无障碍的科学世界。开放获取的实践也证明了这一点。开放获取可以带来更高的引用率,这一点在多项研究中早已得到证实。据 2011 年 Arxiv 统计[20],仅来自于清华大学域名下的下载文章请求数就多达 64 580 篇。截至 2012 年 10 月,MIT 的机构知识库 Dspace@ MIT 推出仅三年,以区区 7 000 篇存档论文,就积累了 63 万篇下载量,其中 11% 来自中国[20-21]。在今天网络化和日渐开放的学术环境中,越来越难以统计有多少资源不是通过图书馆渠道获得的。可以说,开放获取将要改变的不仅仅是学术出版,而且还加速了科研生态环境的进化,这种进程是不可逆转的。开放获取的早期倡导者们在布达佩斯先导计划 10 周年纪念之日再聚首[6],总结认为开放获取在各个领域都得到很好发展,开放获取不是乌托邦,在 10 年里积累了丰富的经验、智慧,技术手段、经济可持续性和法律可行性都得到了验证。布达佩斯先导计划的下一个 10 年目标,就是在所有国家和所有学科,让开放获取成为同行评议学术文献的缺省的传播方式,在一个开放获取的世界,人类科学研究的所有成果都可以被免费地传播和再利用。这绝非妄言。

## 5 开放获取与图书馆未来命运休戚相关

图书馆一直是推动开放获取的一支重要力量。学术期刊的价格危机是迫使图书馆加入这场运动的最初理由,这种选择既发自不得已,又出于自觉意识。

图书馆员们清醒地认识到,价格危机只是问题的表面现象,真正的症结是学术交流体系需要改革,开放获取代表着更有希望的未来。支持开放获取运动的同时,图书馆也在转变着自己的角色。那就是当学术环境最终发生根本改变时,图书馆也必须要实现自身变革。这是因为,当越来越多的学术资源成为开放资源的时候,当学术交流越来越依赖网络进行的时候,当图书馆终于有可能从经费紧张中获得喘息机会的时候,图书馆的那些传统服务职能却变得失去意义,图书馆对读者的吸引力必然会急剧下降。图书馆的价值会被怀疑,甚至会被完全取代。2011年初发表的《2050大学图书馆验尸报告》一文,就反映了对网络学术交流环境中图书馆未来命运的隐忧。在新型的学术交流体系中,图书馆要改革自身,以充分体现核心价值,为自己争取到应有的位置。

有人预测到2025年,图书馆通过机构知识库自我存档等各种聚合手段提供服务的学术资源数量将超过购买的资源[22]。在开放获取的环境中,图书馆继续失去了作为信息看门人的资格。谷歌会持续对图书馆造成威胁。然而,因为新的信息需求也会不断涌现,图书馆也存在着继续保持竞争力的机会。例如,承担机构知识库的建设与维护任务;为老师们提供自我存档帮助和版权知识咨询;积极推动大学开放获取政策出台,完成政策执行细节;作为教师代表从出版商那里争取必要的版权;开辟学术出版、科学数据服务新领域;管理开放获取出版基金;基于教师科研成果的数字资产系统,可以进一步为大学管理者提供学术评价依据等。这些工作使图书馆参与到了学术出版和传播中,在学术信息生产阶段提供服务,拉近了图书馆员和学者的关系,进而可以提高图书馆在大学社区内的影响力。随着这些新服务项目的开展,图书馆可以提供更深入的数据服务、科研评估服务等。这些工作在国外大学中已经被广泛地开展,意味着大学图书馆的发展战略正在悄然发生转变,正在慢慢与建立在几百年印刷文化上的传统图书馆做最后的告别。

这就是为什么进入本世纪以来,大学图书馆未来发展战略的研究一直非常引人关注的原因。近年来对这一问题的研究更加迫切。美国研究图书馆协会(ARL)确立的2010－2012年三大战略方向中,促进学术交流和学术图书馆转型列居其二。三大战略方向之下列出的10个关键议题,有一多半都是对图书馆适应新环境的考验,包括版权和知识产权、E－Science、学术出版新模式、促进学术交流、研究型图书馆的转变等。和美国类似,欧洲学术图书馆协会(LIBER)也把促进学术交流、建设包括科学数据和其他新兴科研资源的资源保障框架、重塑大学图书馆服务职能作为2013－2015年发展战略的重点。许多大学图书馆对发展目标、根本任务、核心价值等问题开展了讨论和专项研究,纷纷重新制定图书馆发展规划,无一不是把图书馆放到了新型学术交流体系的背景中去考虑的[23-25]。

在日趋国际化的学术研究环境下,我国大学图书馆面临的问题和国外没有本质的区别。因此,我们也不能单纯地仅看到开放获取使图书馆可以获得更多的免费资源。大学图书馆对开放获取的参与,不能仅停留于建设一个功能齐备的机构知识库,而是一定要与学术交流改革的背景和图书馆战略转型联系起来。开放获取相关实践关系到对未来图书馆发展蓝图的设计,关系到图书馆的未来命运。

## 6 对大学图书馆开放获取实践的建议

### 6.1 扩大图书馆资源覆盖范围,充分享用开放获取的成果

图书馆的资源发现系统、全文链接系统、参考咨询、读者培训以及学术资源评价,都应该尽可能涵盖开放获取资源部分。图书馆应该追踪不断涌现的开放获取资源,经过鉴别并整合入现有的资源服务系统中。目前已经有不少图书馆开始践行。由于开放获取资源不是哪一个图书馆的独有资源,大学图书馆之间的合作变得更加重要,这有别于传统的各馆购买资源、分别建设馆藏的做法。图书馆面临的一个难题是对于那些混合型开放获取期刊(hybrid OAJ)中的部分开放论文如何识别处理。目前 NISO 正在酝酿相关的新标准,多个资源发现系统厂商也都对这个问题有所回应。另外,对开放获取资源的服务和使用,本身就是一种宣传。在利用开放获取资源和以开放获取方式发表的成果方面,部分高校教师已经走在了图书馆的前面[26]。

### 6.2 积极开展校园内的开放获取宣传教育活动

总结国外发展历程,开放获取10年发展最坚强的后盾其实是科学界的支持。每一个大学开放获取政策的出台,都是因为获得了大多数教师的理解和支持。机构知识库存缴更是需要学者们的行动。因此,宣教活动永远都十分重要。尤其是中文的翻译问题和汉字的丰富含义,常常会造成一些概念的混乱。开放获取在大学的推行决不是图书馆一个部门的议题,也不是图书馆独立推行的事务,关起门来是无法实现的,它切实关系到校园中的每一个人。

当然图书馆所起的作用也是其他部门所不能替代的。且不说价格危机是图书馆的切身之痛,其独具的校园公共关系,也使其更适合承担校园宣教活动的职责——向老师们提供版权知识等方面的咨询服务。目前世界上大多数的大学机构知识库都是由图书馆承担建设、维护的,图书馆员也乐意帮助老师们完成存缴的过程。图书馆也是最适合代表大学与出版商协商版权问题的部门。因此图书馆应该抓住机会,积极开展校园宣教活动,推动校园内开放获取的

发展。

### 6.3 机构知识库建设应高举开放获取的旗帜

国外出台的大学开放获取政策,本质就是通过校园政策的形式,强调大学对大学知识成果的优先权利主张,并声明利用机构知识库的平台,以开放获取的方式,对这些成果进行保存和传播,从而提升大学影响力。开放获取的理念符合大学尊崇的价值观,因此大多数校园开放政策都由大学教师委员会投票通过,甚至是全票通过。这种政策是一种授权形式,通过这种授权,大学可以毫无争议地收集、保存和传播这些作品,无须再与作者逐个签署协议。集体的力量胜于个人,如果出版商与大学政策相抵触,出版商将处于道义的劣势。同时,这种政策也是对过去出版社掠夺作者全部版权的错误的纠正,提醒作者慎重转让自己的权利。中国科学院国家科学图书馆的研究报告《公共教育科研单位机构知识库内容存缴与传播的权益管理政策指南》[26],梳理了我国已有的相关法律、政策和规定,明确了机构知识库的建设和服务的合法性。

建设大学机构知识库的目的,就是要实现大学科研成果的开放获取,因此它和保存本校教师科研成果的特藏库有本质的区别。不能把机构知识库的建设和整个开放获取运动相隔离,也不能(永远)仅对本校开放。机构知识库应该坚定不移地坚持和倡导开放获取。我们应该充分利用机构知识库的"关于"、"FAQ"、"帮助"等栏目,宣传开放获取。

### 6.4 机构知识库建设应尊重版权规定

大学的优先版权主张,在现实中会与出版社的出版政策产生矛盾,因此目前的强制性大学开放获取政策都允许作者申请提交豁免,而且也允许作者提交成果的不同版本。即便这样,机构知识库仍旧有很大的发展空间。SHERPA/RoMEO 对全球 1 200 多家出版社的作者自我存档政策作了登记,只有 32% 的出版社没有明确地支持作者自存档行为。SHERPA/RoMEO 提供 API 接口,可以查询特定出版社和期刊的具体版权规定。国外的一项研究[27]对加州大学伯克利分校、麻省理工学院等 5 所美国重要大学 2011 年发表的 29 322 篇论文,通过 SHERPA/RoMEO API 查询其自我存档规定,统计得出 28.83% 的论文可以存档最终出版的 PDF 版本,87.95% 可以存档经过评议并修改的 post – print 版本手稿。因此,在尊重版权规定的前提下,我们也有条件去充实机构知识库内容,尤其是中国作者发表在国外期刊的文章。反倒是目前大部分的中文期刊,我们因为没有办法获知出版社的政策规定和作者已签署的版权转让合同的详情,也没有大学开放获取出版政策,因此在现阶段应该谨慎处理。

## 6.5 关注机构知识库版权政策

OpenDOAR 曾经在 2006 年做过一个调查[28],发现三分之二的机构知识库都没有明确关于其内容使用权限的版权政策。缺少明确的版权声明,是阻碍资源利用的另一个原因。目前国内已有的机构知识库在这方面做得还不够,包括规模最大的科技论文在线都有类似的问题,往往在网站上查找不到明确的相关信息,如提交政策、资源的版权规定、长期保存问题等。中国科学院机构知识库是目前笔者见到的最规范的一个。OpenDOAR 还专门开发了一个机构知识库版权政策的生成工具,围绕政策应该予以规定的各个方面,依据机构知识库内容的开放程度不同,给出了从最宽松到最严格的各种政策选项,选择的结果就生成了适合本机构的模板化的机构知识库政策草案。该工具提供的可选项涵盖了元数据、数据、知识库内容、提交规定、长期保存等多个方面。我们至少可以以其为借鉴。

## 7 结 语

传统图书馆通过购买的手段建设独立的馆藏,为自己的特定用户服务,体现自身的价值,所谓资源共享,也只是作为一种服务的补充手段。而对开放获取而言,版权的意义则仅仅是使作者有权控制其作品的完整性及作品被准确地传播和引用。当开放获取成为学术出版的主流渠道时,图书馆将不得不认真考虑其产生的影响,并从发展战略、应用系统设计、馆员再教育、校园发展影响力战略等多个方面采取行动。否则,在未来的环境中,谷歌会继续夺走我们的读者。失去教师的信赖,也就失去了图书馆在校园中存在的意义。开放获取必须成为图书馆未来发展的关键议题。

## 参考文献:

[1] Laakso M, Björk B. Anatomy of open access publishing: A study of longitudinal development and internal structure[J]. BMC Medicine, 2012(10): 124 – 137.

[2] Ware M, Mabe M. The STM report: An overview of scientific and scholarly journal publishing (Third edition, November 2012)[EB/OL]. [2013 – 03 – 10]. http://www.stm – assoc.org/2012_12_11_STM_Report_2012.pdf.

[3] 张晓林,李麟,刘细文,等. 开放获取学术信息资源:逼近"主流化"转折点[J]. 图书情报工作, 2012, 56(9): 42 – 47.

[4] Lewis D W. The inevitability of open access[J]. College & Research Libraries, 2013, 73(5): 493 – 506.

[5] UNESCO science report 2010[EB/OL]. [2013 – 03 – 10]. http://www.unesco.org/new/

en/natural‑sciences/science‑technology/prospective‑studies/unesco‑science‑report/unesco‑science‑report‑2010/.

[6] Value and benefits of text mining[EB/OL]. [2013‑03‑10]. http://www.jisc.ac.uk/publications/reports/2012/value‑and‑benefits‑of‑text‑mining.aspx.

[7] McKinsey Global Institute. Big data: The next frontier for innovation, competition, and productivity, 2011[EB/OL]. [2013‑03‑10]. http://www.mckinsey.com/insights/mgi/research/technology_and_innovation/big_data_the_next_frontier_for_innovation.

[8] Rightscom/Matrix evidence, benefits of open access to scholarly research outputs to the public sector [EB/OL]. [2013‑03‑10]. http://www.matrixknowledge.co.uk/Documents/publicsector_oa_report_final_20120312.pdf.

[9] Gratis and libre open access[EB/OL]. [2013‑03‑10]. http://legacy.earlham.edu/~peters/fos/newsletter/08‑02‑08.htm#gratis‑libre.

[10] Ten years on from the Budapest Open access initiative: Setting the default to open[EB/OL]. [2013‑03‑10]. http://www.opensocietyfoundations.org/openaccess/boai‑10‑recommendations.

[11] Willetts D. Public access to publicly‑funded research[EB/OL]. [2013‑03‑10]. http://www.gov.uk/government/speeches/public‑access‑to‑publicly‑funded‑research.

[12] John H. Increasing public access to the results of scientific research[EB/OL]. [2013‑03‑10]. https://petitions.whitehouse.gov/response/increasing‑public‑access‑results‑scientific‑research.

[13] Finch Working Group. Accessibility, sustainability, excellence: How to expand access to research publication[EB/OL]. [2013‑03‑10]. http://www.researchinfonet.org/wp‑content/uploads/2012/06/Finch‑Group‑report‑FINAL‑VERSION.pdf.

[14] RCUK policy on open access and supporting guidance[EB/OL]. [2013‑03‑10]. http://www.rcuk.ac.uk/documents/documents/RCUKOpenAccessPolicyandRevisedguidance.pdf.

[15] RCUK announces block grants for universities to aid drives to open access to research outputs[EB/OL]. [2013‑03‑10]. http://www.rcuk.ac.uk/media/news/2012news/Pages/121108.aspx.

[16] Open access and submissions to the REFpost‑2014[EB/OL]. [2013‑03‑10]. http://www.hefce.ac.uk/media/hefce/content/news/news/2013/open_access_letter.pdf.

[17] White House's "We the People" petition on requiring online public access to scientific journal articles that arise from tax‑payer fund[EB/OL]. [2013‑03‑10]. https://petitions.whitehouse.gov/response/increasing‑public‑access‑results‑scientific‑research.

[18] Memorandum for the heads of executive departments and agencies[EB/OL]. [2013‑03‑

10]. http://www.whitehouse.gov/sites/default/files/microsites/ostp/ostp_public_access_memo_2013.pdf.

[19] Fair Access to Science and Technology Research Act (FASTR)[EB/OL].[2013-03-10]. http://lofgren.house.gov/images/stories/pdf/2013%2002%2014%20doyle%20lofgren%20yoder%20fastr%20final.pdf.

[20] arXiv.org help-arXiv sustainabilify initiative[EB/OL].[2013-03-07]. http://arxiv.org/help/support.

[21] Global downloads of papers under MIT Faculty Open Access Policy[EB/OL].[2013-03-07]. http://libraries.mit.edu/sites/news/worldwide-impact/9615/.

[22] Lewis D W. A strategy for academic libraries in the first quarter of the 21st century[J]. College & Research Libraries, 2007, 68(5): 418-434.

[23] 牛津大学图书馆发展规划 2010-2013[EB/OL].[2013-03-10]. http://www.lib.cam.ac.uk/strategic_framework.pdf.

[24] 杜克大学图书馆发展计划[EB/OL].[2013-03-07]. http://library.duke.edu/about/planning/.

[25] 西华盛顿大学图书馆战略规划[EB/OL].[2013-03-07]. http://www.wwu.edu/provost/planning/documents/Appendices/Appendix3.1.pdf.

[26] 中国科学院国家科学图书馆科技信息政策研究中心. 机构知识库内容存缴与传播的政策指南[EB/OL].[2013-03-10]. http://ir.las.ac.cn/handle/12502/5043.

[27] Hansen D. Understanding and making use of academic authors' open access rights[EB/OL].[2013-03-10]. http://dx.doi.org/10.7710/2162-3309.1050.

[28] OpenDOAR policies tool[EB/OL].[2013-03-10]. http://www.opendoar.org/tools/en/policies.php.

## 作者简介

孙博阳,北京师范大学图书馆副研究馆员,E-mail:sunby@bnu.edu.cn;
王琼,北京师范大学图书馆研究馆员,副馆长,博士。

# 麻省理工学院图书馆的开放存取出版服务

鄂丽君

**摘 要** 美国国会及基金资助机构、一些大学都制定政策支持开放存取出版。麻省理工学院图书馆开展的开放存取出版服务主要有：建立机构知识库、管理开放存取文章出版补助基金、支持多渠道开放存取出版、指导开放存取出版等；其服务人员配置合理，并将Libguides应用到开放存取出版服务。借鉴于此，我国高校图书馆应提高对开放存取出版服务的重视程度，为开放存取出版创造条件，积极倡导开放存取出版学术成果，开展学术研究相关的版权服务以完善服务体系。

**关键词** 麻省理工学院图书馆 高校图书馆 开放存取出版

**分类号** G255

2001年12月，布达佩斯开放存取先导计划对开放存取做了如下定义[1]："对某文献的开放存取即意味着它在互联网公共域里可以被免费获取，并允许任何用户阅读、下载、复制、传递、打印、搜索、超链接该文献，也允许用户为之建立索引，用作软件的输入数据或其他任何合法用途。"近年来，开放存取出版模式日益得到学者的认可，并受到图书馆界的广泛关注。图书馆的开放存取出版服务是指图书馆向用户宣传开放存取理念及相关的开放存取政策，为用户提供开放存取期刊出版、开放存取仓储出版等出版途径，并建立开放存取服务平台，实现无障碍学术交流的一种服务。美国麻省理工学院图书馆建立了专门的开放存取出版服务网站[2]，为科研人员的开放存取出版活动提供全面系统的服务。本文对该馆的开放存取服务进行分析，以期为我国高校图书馆的开放存取出版服务提供借鉴。

## 1 开展开放存取出版服务的背景

### 1.1 美国国会及基金资助机构对开放存取的支持

美国国会、美国国立卫生研究院（National Institutes of Health，简称NIH）、

美国国家自然科学基金会、美国国家大气研究中心等机构都制定了相应的政策以推进开放存取在本国的发展。美国国会通过了"公共获取科学法案"（FRPAA）的立法提案,支持对公共资金资助的科学研究成果的开放存取[3],主要包括:①主要的联邦资助机构应在法案颁布后的一年内制定各自的开放获取政策;②联邦资助机构可以建立自己的开放获取知识库,也可以要求受资助者向满足开放获取条件的任何知识库提交研究成果;③各资助机构应确保其资助产出的文章发表于同行评议期刊后不迟于6个月的时间内实现在线访问。

美国国立卫生研究院于2008年1月11日通过了修订的开放存取政策,按照该政策要求,所有受该研究院资助的研究人员都应在文章被商业出版社录用后,将最终版的同行评议的文章提交到该研究院的医学中心数据库;该研究院将按照版权法的规定,在文章正式发表后的12个月内将研究人员提交文章向公众开放。这一政策适用于2008年4月7日以后录用的同行评审的期刊文章,同时适用于2008年4月7日以后受该研究院资助的项目研究产生的相关文章;按照这一政策要求,由项目的首席研究员及研究员所在机构负责提交录用文章的电子版,即使在首席研究员不是录用文章的作者或合作者的情况下,也应该承担提交文章的工作[4]。

### 1.2 美国其他大学对开放存取的支持

近年来,美国数十所大学或大学内的学院如杜克大学[5]、埃默里大学[6]、哈佛大学艺术与科学学院[7]、斯坦福教育研究生院[8]等都制定了开放存取政策。哈佛大学艺术与科学学院是哈佛大学第一个制定开放存取政策的学院,该学院于2008年通过了开放存取政策,通过建立在线数据库的方式,存储学院教师发表的研究成果的电子版免费向公众开放。同时,美国一些大学对开放存取出版提供资金支持。2009年9月15日,麻省理工学院、哈佛大学、康奈尔大学等5所大学签署了"开放存取出版公平协定"（Compact for Open-Access Publishing Equity）,签署协定的大学纷纷承诺为作者以开放存取出版方式出版研究成果提供必要的资金支持。签订该协议的大学呼吁其他大学或研究资助机构加入到资助开放存取出版的行列中来,以便为开放存取出版文章提供足够的、持续的资金支持;截至2013年3月,已经有18家机构签订了"开放存取出版公平协定"[9]。

### 1.3 麻省理工学院对开放存取的支持

为了使教师的研究成果尽可能广泛地传播,麻省理工学院教师于2009年3月18日全票表决通过了该校的开放存取政策。该政策规定:麻省理工学院的每一位教师承诺将其学术文章供其他人获取,并以公开传播为目的使用文章的版权;所有教师需要在文章发表时,将文章的最终版本的电子版复印件以特定的格式(比如 PDF)免费提交给教务长办公室的指定人员,教务长办公室将通过开放存取机构知识库将教师提交的学术文章提供给公众;对于作者因特殊原因不能按该政策执行时,需要作者以填写在线表格、发送电子邮件或其他书面形式进行豁免申请,提交申请时需要填写作者姓名、文章题目、发表的刊物名称、申请豁免的原因等信息,需要教务长的审批后才可以有豁免权。除了下述两种情况外,所有麻省理工学院成员撰写的任何学术文章都应按该政策提交学术文章;一是在该政策实施之前发表的文章,二是教师在该政策实施前已经签订了跟该政策不相符的出版协议的文章。

在美国社会各界大力支持开放存取的环境下,高校内科研人员有必要对各机构的开放存取政策以及开放存取出版的渠道有所了解,以利于其学术活动的顺利开展;同时,麻省理工学院制定了开放存取政策,校内科研人员需要按要求将学术文章存储在校内的指定数据库中;而高校图书馆作为文献服务机构,具有便利的获取开放存取出版相关信息的条件,具有存储数据的必要设备,具有相关服务背景的服务人员。上述外界环境的影响以及麻省理工学院图书馆自身的优势,促使麻省理工学院图书馆将开放存取出版服务作为一项重要工作。

## 2 开放存取出版服务的内容

### 2.1 建立机构知识库

麻省理工学院图书馆建立了 Dspace 机构知识库,该机构知识库用于存储该校教师发表的符合该校开放存取出版政策的学术研究成果,同时,任何麻省理工学院的教师或研究者也都可以通过 Dspace 机构知识库存储、共享、检索其他数字型研究成果。该机构知识库可以实现有组织的、安全的、可检索的存储,可以存储文章、数据集、图像、课程材料等;用户在注册后即可添加内容到该机构知识库,麻省理工学院图书馆负责 Dspace 服务器的运行和维护工作,用户不需要管理自己的网络服务器;通过该机构库存储,可以快速在全世界范围内传播研究成果,方便他人使用自己的研究成果,也可以检索他人的研究成果。目前,Dspace 机构知识库存储的主要特色馆藏包括:麻省理工学院开放存取文章、麻省理工学院学位论文、麻省理工学院公开的课程软件等。

### 2.2 管理开放存取文章出版补助基金

2010 年 5 月,麻省理工学院在图书馆系统的教师委员会的指导下,设立并开始实施"开放存取文章出版补助基金"(Open Access Article Publication Subvention Fund，简称OAAPSF)计划,由麻省理工学院图书馆负责基金的管理工作。该基金用于支持学院科研人员出版学术文章,当科研人员没有其他方式的出版资助时可以申请该基金;该补助基金适用于开放存取出版、同行评审期刊出版等方式出版的学术文章;在收取年度订阅费的期刊发表文章、在采用延迟的开放存取模式的期刊发表文章、在仅开放存取特定文章的期刊发表文章等情况下均不能申请该基金。在2010年6月1日以后发表的开放存取期刊文章有资格获得基金;每篇文章的出版补贴金额为1 000美元。作者需要提交开放存取文章出版补助基金申请表,经过资格审查及通过审批后,作者凭有效的发表费用票据到图书馆的学术出版与许可办公室报销出版费用。

### 2.3 支持多渠道开放存取出版

麻省理工学院图书馆得到7个不同学科领域的开放存取出版机构的许可,成为这些机构的会员,开放存取出版机构的会员资格使得该校科研人员不但可以开放存取出版学术研究成果,并可以享受出版费用的打折。麻省理工学院图书馆加入的开放存取出版机构包括arXiv开放存取仓储、生物医学中心(BioMed Central)、公共科学图书馆(Public Library of Science)等。目前,arXiv涉及学科领域为物理学、数学、定量生物学、计算机科学、定量金融学及统计学等学科。arXiv是面向全世界科研人员的开放存取仓储,任何用户均可以免费下载,个体用户可以免费将研究成果存储到arXiv。自2010年起,负责维护arXiv的康奈尔大学提出了会员制方案,由会员出资支持arXiv的运行;按照2013年的最新规定,每个会员机构在2013-2017年的5年间为arXiv提供资金,按照会员机构的使用排名情况,每个会员机构每年资助的费用分为1 500-3 000美元的4个标准。麻省理工学院图书馆和该校物理系共同出资,成为了arXiv的机构会员,机构会员可以通过会员咨询委员会参与有关arXiv发展的管理工作,比如决定项目优先次序、新的服务项目、财政预算、资金用途等,还获得机构使用arXiv的统计数据[10]。

### 2.4 指导开放存取出版

麻省理工学院制定了开放存取政策,该校内科研人员发表文章,原则上都应存储在Dspace机构知识库;同时,麻省理工学院科研人员受一些机构资助开展的研究,也应按资助机构的开放存取政策将学术文章开放存取出版,然而一些商业出版社在出版学术成果时对该校的开放存取政策持不同的态度,为了帮助校内科研人员在顺利通过商业出版社出版学术成果的同时,能够开放存取出版研究成果,麻省理工学院图书馆开展了指导开放存取出版的服务,主要包括两个方面的内容:介绍开放存取出版相关的版权问题、介绍商业出版社对于该校开放存取政策的态度。

### 2.4.1 介绍开放存取出版相关的版权问题

科研人员发表文章涉及版权问题,尤其是在开放存取出版环境下,创作者应对版权有所了解。麻省理工学院图书馆介绍了版权的基本概念、教师在开放存取出版活动中保留版权的原因、保留版权的方式、应该保留哪些方面的版权等方面的内容。特别是在科研人员通过商业出版社出版与通过开放存取出版发生冲突的时候,麻省理工学院图书馆告知科研人员可以通过填写"麻省理工学院版权修订协议"的方式,与商业出版社签订修订协议,从而可以使作者继续在学术工作中使用自己已出版的研究成果,或将已经出版的研究成果存储在 Dspace 机构知识库以及其他以任何学科为基础的机构知识库中。该馆专门制作了分别面向教师和学生的介绍版权的视频课件,教师版的课件为"管理版权——提高教学和研究",学生版的课件为"理智出版——期刊质量及出版社的版权政策",教师和学生可以通过开放存取出版服务网站在线学习视频课件的内容。

### 2.4.2 介绍商业出版社对于该校开放存取政策的态度

麻省理工学院图书馆网站提供了数十家商业出版社对于该校开放存取出版政策的态度,以便作者选择出版社。面对麻省理工学院的开放存取政策,各出版社所持态度主要有 6 种:①同意该校的开放存取政策,作者可以将发表的研究成果存储在 Dspace 机构知识库中;②同意该校的开放存取政策,但作者只能在 Dspace 机构知识库发布在出版社出版的文章的最终版本;③不允许作者将发表的研究成果发布在 Dspace 机构知识库,但可以发布在作者的个人网页;④不允许作者将发表的研究成果发布在 Dspace 机构知识库;⑤不支持该校的开放存取政策,但允许作者在出版研究成果后的 6 个月或 12 个月将发表的研究成果发布在 Dspace 机构知识库;⑥作者将发表的最终版本发布在 Dspace 机构知识库,但需要与出版社签订补充协议。

## 3 开放存取出版服务的特点

### 3.1 服务人员配置合理

麻省理工学院图书馆的开放存取出版服务由专门的服务人员和各学科的学科馆员共同负责,其中,具体的服务工作由学术出版与许可办公室(Office of Scholarly Publishing & Licensing)的三位馆员负责,同时,麻省理工学院图书馆安排了各学科的学科馆员,负责为教师及学生就自己学科的出版事宜进行咨询。学术出版与许可办公室的三位馆员分别是:办公室的项目管理者、学术出版项目助理和办公室工作人员。办公室的项目管理者为教师及研究者提供出版协议方面的帮助;学术出版项目助理主要负责麻省理工学院教师研究数据的出版及管理工作;办公室工作人员承担宣传版权知识及开放存取政策、存储开放存取文章等工作。这种专人负责制使得麻省理工学院图书馆把开放存取出版服务作为一项常态服务,工作人员分工明确,便于为教师及学生提供专业、周到的服务,学科馆员的参与便于各学科的教师及学生进行学科出版事宜的咨询。

### 3.2 将 Libguides 应用于开放存取出版服务

Libguides 是由 SpringShare 公司开发的开源软件系统,具有三大特性:①是一个以社区共享理念驱动的系统,世界各地的 Libguides 用户利用该平台创建的指南模块和内容都可以通过检索、复制的方式很便捷地获取文章,馆员在社区里可以共享其他馆员的指南资源;②可以便捷地容纳整合各类检索系统,真正实现一站式的信息获取;③支持链接、播客、视频、RSS feeds 等各种动态的内容[11]。麻省理工学院图书馆利用 Libguides 的特性,将其应用于开放存取出版服务,创建了专门的开放存取出版服务 Libguides 平台。该平台由三个模块构成,分别是:特殊话题(special topics)、出版准备研究(preparing your research for publication)、咨询专家(ask the experts)。

#### 3.2.1 特殊话题

该模块包括三个指南:了解版权、管理/出版数据、撰写文章。"了解版权"指南包括版权常识介绍、开放存取介绍、麻省理工学院的开放存取政策、资助机构的开放存取政策等内容,点击每部分标题进入开放存取服务网站中相应内容的页面;"管理/出版数据"指南包括分享数据、资助机构对分享数据的要求、管理及出版数据等内容,点击每部分标题进入数据管理与出版服务网站中相应内容的页面;"撰写文章"指南包括麻省理工学院对文章准备的规范要求、将文章添加到 Dspace 机构知识库、在文章中使用先前发表的文献、在文章中重复使用图像或数字等内容。

#### 3.2.2 出版准备研究

该模块包括 4 个指南:获取资助、查找相关研究内容、信息管理/写作、选择一个杂志。"获取资助"指南包括资助和基金指南、资助方的政策和要求等内容;"查找相关研究内容"指南包括咨询学科馆员、学科指南、出版文献相关查找工具的使用、数据查找等内容;"信息管理/写作"指南包括组织和引用来源、数据管理、文章写作等内容;"选择一个杂志"指南包括期刊的影响因子、按题名或类型排列的期刊目录、开放存取期刊出版费用及质量控制、按照文章摘要选择投稿期刊等方面的内容。

#### 3.2.3 咨询专家

该模块根据用户的不同需求，提供了不同的咨询专家，具体包括：各学科出版相关的学科馆员、提供版权及出版协议帮助的馆员、提供数据管理及出版帮助的馆员，后两者分别为学术出版与许可办公室的项目管理者和学术出版项目助理。"各学科出版相关的学科馆员"指南按学科列出了学科馆员，点击学科名称即可进入学科服务平台，点击学科馆员即可了解学科馆员的个人简历、服务内容及联系方式等内容，方便用户根据需要进行咨询。

麻省理工学院图书馆利用 Libguides 实现了开放存取出版相关资源和服务的一体化设计，将图书馆的开放存取出版相关资源和服务组织成一个个"指南"，读者可以很方便地通过电脑、平板阅读器或者手机进行浏览。

### 4 对我国高校图书馆的启示

#### 4.1 提高对开放存取出版服务的重视

开放存取出版服务是麻省理工学院图书馆在美国社会各界大力支持开放存取出版的环境下，发挥自身服务能力优势开展的一项重要服务，能够促进学术研究成果的传播与共享，我国高校图书馆也应提高对开放存取出版服务工作的重视程度。首先，我国高校图书馆宜成立专门的开放存取出版服务的组织机构，配备相应的工作人员，以便对开放存取出版服务工作进行统筹规划，围绕科研人员的出版活动全面系统地开展服务。其次，通过制作开放存取出版指南、开展开放存取出版咨询服务等方式，为科研人员的开放存取出版活动的每个环节提供帮助，使科研人员掌握科研基金获取、科研活动开展、文章撰写、文章发表等各个环节相关的常识，使其顺利地发表研究成果。再次，我国高校图书馆正如火如荼地开展学科服务，并建立了不同类型的学科服务平台，建议高校图书馆通过学科服务平台发布开放存取出版服务相关的资源及服务内容，在方便用户了解开放存取出版服务的同时，也可以使学科服务内容有所创新。

#### 4.2 倡导开放存取出版学术成果

开放存取出版是一种学术信息自由共享的理念和出版机制，能够有效促进科研人员间进行学术交流，提高研究成果的利用率。因此，高校图书馆应积极倡导科研人员开放存取出版学术成果。首先，高校图书馆应开展开放存取出版的宣传活动，为本校的科研人员介绍开放存取出版的优点、开放存取出版的渠道、国外科研人员学术成果开放存取出版的发展现状等，使科研人员能够认可这一出版方式。其次，应在借鉴国外高校图书馆现行的开放存取政策的基础上，结合我国国情及本校情况，积极联合本校的科研处、教务处等部门制定开放存取政策,使科研人员在学校政策的指导与约束下开放存取出版学术成果。

## 4.3 为开放存取出版创造条件

开放存取出版可以通过开放存取仓储出版,也可以通过开放存取期刊出版,无论通过哪种渠道出版,高校图书馆都应积极为科研人员的开放存取出版创造条件。首先,高校图书馆应建立机构知识库。机构知识库是随着开放存取的发展而兴起的一种新型学术传播方式,可以促使科研人员在校内快速广泛地传播研究成果。其次,应与国内外的开放存取出版机构协商,使校内科研人员能够在更多的开放存取期刊或开放存取仓储出版研究成果。比如,美国多家开放存取出版机构都推出了会员制,我国高校图书馆应搜集这方面的信息,并争取能够成为会员,从而更好地支持科研人员的开放存取出版活动。再次,高校图书馆应与相关校领导沟通,为科研人员争取校内开放存取出版基金,使学校能够从资金方面支持开放存取出版。

## 4.4 开展学术研究相关的版权服务

版权是作者对其作品享有的人格权益和财产权益的总称,是道德权利和使用权利的结合[12]。作者创作的文章、图书、图表等学术研究成果都受版权法的保护,科研人员在科研活动及学术研究成果传播过程中都不可避免地会遇到版权问题,因此,高校图书馆应开展学术研究相关的版权服务。首先,通过图书馆网站为师生介绍我国著作权法中关于版权的基本知识,使师生从宏观层面了解我国版权相关的规定。其次,应向师生介绍传统模式出版文章与开放存取出版文章这两种方式下,文章版权的归属问题;介绍开放存取出版模式下作者应如何保留版权。再次,应向师生介绍如何在学习、研究活动中使用受版权保护的作品以及如何获取不受版权保护的作品。

## 参考文献:

[1] 夏翠军. 学术期刊的开放存取出版研究[D]. 武汉:武汉大学,2005.

[2] MIT Libraries. Scholarly Publishing @ MIT Libraries [EB/OL]. [2013 - 05 - 03]. http://libraries.mit.edu/sites/scholarly/.

[3] 陈敬全,袁红梅. 科研资助机构的开放获取政策——基于国外实践的分析[J]. 中国基础科学,2007(3):41 - 45.

[4] National Institutes of Health. NIH public access policy details[EB/OL]. [2013 - 05 - 03]. http://publicaccess.nih.gov/policy.htm.

[5] Duke Libraries. Open access at Dvke University[EB/OL]. [2013 - 05 - 02]. http://library.cluke.edu/openaccess/cluke - epenacess - policy.html.

[6] Emory Libraries. Emory open access policy [EB/OL]. [2013 - 05 - 29]. http://

guides. main. library. emory. edu/content. php? pid = 43389&sid = 2144393.

[7] Harvard Magazine. Open access [EB/OL]. [2013 - 05 - 12]. http://harvardmagazine. com/2008/05/open - access. html.

[8] Stanford Graduate School of Education. GSE Open Archive Policies[EB/OL]. [2013 - 05 - 12]. https://ed. stanford. edu/faculty - research/open - archive/oapolicies.

[9] Compact for Open - Access Publishing Equity. Signatories [EB/OL]. [2013 - 05 - 12]. http://www. oacompact. org/.

[10] Cornell University Library. arXiv membership program FAQ[EB/OL]. [2013 - 05 - 12]. http://arxiv. org/help/support/faq.

[11] 袁晔,郭晶,余晓蔚. Libguides 学科服务平台的应用实践和优化策略[J]. 图书情报工作,2013,57(2):19 - 23.

[12] 王云才. 论以 CCL 模式解决开放存取版权问题[J]. 情报资料工作,2007(6):80 - 82.

## 作者简介

鄂丽君,燕山大学图书馆副研究馆员,E - mail:elijun@ ysu. edu. cn。

# 中印开放获取比较研究

刘万萍　孙波

**摘　要**　认为中国和印度是两个最大的发展中国家,两国的科技发展在全球的科技发展中起着至关重要的作用。自20世纪90年代末开放获取兴起至今,两国的开放获取都取得一定的进展,尤其是印度发展更为迅速,可以说是发展中国家开放获取的领头羊之一。通过对中国和印度的开放获取政策进行比较,并通过对开放获取期刊目录DOAJ和开放获取仓储名录DOAR的统计分析,比较两国的开放获取现状。最后,提出促进我国开放获取进一步发展的途径。

**关键词**　开放获取　开放获取期刊　开放获取仓储　DOAJ　DOAR　中国　印度

**分类号**　G32

自20世纪90年代末开放获取(Open Access, OA)运动在学术界、出版界与图书情报界兴起以来,其一直受到世界各国的关注。开放获取作为一种公平高效的学术交流机制,使任何人、在任何地方、在任何时间、以任何方式,都可以通过Internet免费、平等地获取科研成果。发展中国家由于经济水平较低,加之教育水平、地域差异等,面临着数字时代的巨大挑战,在认识到开放获取所带来的科技发展机遇后,发展中国家在消除学术交流危机和缩小数字鸿沟方面对其寄予了厚望。

中国和印度是两个最大的发展中国家,两国的人口总和占世界总人口的三分之一,其科技发展在发展中国家乃至全球的科技发展中都起着至关重要的作用。开放获取发展至今,在中国和印度都取得了一定的进展,尤其在印度发展更为迅速,印度可以说是发展中国家开放获取的领头羊之一。本文主要从开放获取政策、开放获取期刊(open access journal, OAJ)和开放获取仓储(open access repository, OAR)三个方面对中国和印度的开放获取发展现状进行比较,并提出促进我国开放获取进一步发展的途径。

# 1 中印开放获取政策比较

## 1.1 印度开放获取政策

印度是开展开放获取运动较早的发展中国家。作为《柏林宣言》的签署国之一，印度积极遵循和倡导《柏林宣言》的各项政策内容。2006年1月6日在海得拉巴举行了第93届印度科学大会，这次会议作为开放获取的专门会议，提出了"国家开放获取最优政策"。印度政府包括科技部（DST）、科学与工业研究委员会（CSIR）、印度科学院（IISC）等机构，期望来自公共基金资助的研究论文的作者，能够尽最大可能地将其研究成果提供给社会自由获取[1]。其目的是加强高等教育和研究发展机构的研究成果在全球范围的广泛传播并提高其免费获取的程度。

"国家开放获取最优政策"的主要内容有：①要求全部或者部分由政府资助发表的学术论文电子版，存储到提供OA服务的机构知识库中；②鼓励政府资助的研究者在现有的OA期刊上发表研究成果，如果需要政府资助，政府将提供出版经费；③鼓励政府资助的研究者尽可能保留发表论文的版权[2]。

2006年11月，在印度的班加罗尔召开了"电子出版和开放获取"研讨会，与会代表起草了《发展中国家开放获取的国家政策》（National OA Policy for Developing Countries）[3]。

## 1.2 中国开放获取政策

中国开放获取可以追溯到2004年5月。当时中国科学院院长路甬祥院士、中国国家自然科学基金委员会主任陈宜瑜院士代表中国科学院和中国国家自然科学基金委员会签署了《柏林宣言》，表明中国科学界和科研资助机构支持开放获取的原则立场[4]。

2005年6月22-24日，由中国科学院和国际科学院组织（IAP）共同主办、中国科学院国家科学图书馆承办的"科学信息开放获取战略与政策国际研讨会"在北京召开[5]。

2010年10月25-27日，由中国科学院和德国马普学会共同举办的"第8届开放获取柏林国际会议"在中国科学院国家科学图书馆举行。柏林国际会议是开放获取领域规模最大、影响面最广、参加人数最多的会议之一，自2003年首次举行以来第一次在欧洲以外的国家召开[6]。

2012年10月22-24日，"中国开放获取推介周研讨会"（China Open Access Week）在中国科学院国家科学图书馆召开。会议期间，国内主要科研机构和大学的图书馆共同发起成立了"中国机构知识库推进专家组"，旨在共同推进机构知识库在我国科研机构中的推广[7]。

### 1.3 中印开放获取政策比较

印度在制定"国家开放获取最优政策"之前已经有了一系列的信息获取政策基础。例如 2000 年通过的《信息权利法案》、2002 年通过的《印度信息自由法》、2005 年修订的《信息权利法案》。《信息权利法案》的颁布在印度历史上可以算是比较有影响的事件之一。由此可见,印度在发展信息产业、确保公众获取公共信息方面的法律是比较健全的[8]。

而我国开放获取政策的制定和执行明显滞后。开放获取不应是某一机构的战略,而应是国家的战略。国家的政策支持对开放获取不仅有导向作用,而且还起着决定性的推进作用[9]。迄今为止,我国还没有从国家层面制定出具体的开放获取政策[10],也没有出台由全国人大及其常委会制定或通过的、具有统一法律形式的信息权利法[11]。

## 2 中印开放获取期刊(OAJ)比较

2003 年 5 月,瑞典的隆德大学图书馆(Lund University Libraries)创办了开放获取期刊目录(Directory of Open Access Journal,DOAJ),成为国际权威的开放获取期刊收录代表之一,该目录最初只有 350 种期刊,截至 2012 年 12 月 11 日,目前 121 个国家和地区共拥有 OAJ 8 463 种,其中 4 197 种为全文开放获取的 OAJ,DOAJ 存取文章达 944 392 篇[12]。

### 2.1 中印 OAJ 数量比较

在 DOAJ 国家排名中,印度总排名第四位,在发展中国家居第二位(第一位是巴西),共有 OAJ 462 种,占 DOAJ 总数的 5.5%,占发展中国家 OAJ 总数的 11.7%。中国总排名第 42 位,在发展中国家居第 21 位,共有 OAJ 36 种,占 DOAJ 总数的 0.4%,占发展中国家 OAJ 总数的 0.9%,未达到发展中国家 OAJ 的平均水平,印度 OAJ 种数是中国的 12.8 倍。

### 2.2 中印 OAJ 发展趋势比较

中印两国 OAJ 的增长幅度对比如图 1 所示:

印度 2003 年起开始有 OAJ,而且第一年就有 14 种。2004 年较 2003 年增长 121%,达到增长最高峰,2005 年至 2009 年属于稳步增长阶段(年涨幅在 28% –49% 之间),2010 年较 2009 年增长 86%,达到第二个增长高峰,2010 年至 2012 年处于稳步增长阶段。

中国 2004 年起开始有 OAJ,第一年种数为 1 种。2005 年较 2004 年相比增长 100%,2007 年较 2006 年增幅为零,2008 年较 2007 年增长 166%,达到增长

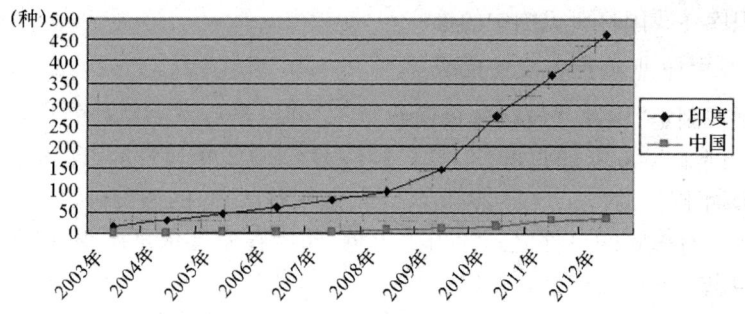

图1 中印OAJ数量对比

最高峰。2008年至2010年稳步增长(年涨幅在27%-37%之间)。2011年较2010年增长129%,迎来涨幅第二个高峰,2012年较2011年增长12%。可见,中国增长的两次高峰均超过印度,但高峰期比印度滞后4年之久。

### 2.3 中印OAJ收录期刊比较

统计中国36种OAJ被中国科学引文数据库(CSCD-2008)、中文核心期刊(2008)、中国知网(CNKI-2012)、科学引文索引(SCI-2011)、工程索引(EI-2011)、化学文摘(CA-2011)收录情况,查到6种被SCI收录,占总数的16.7%,期刊的平均IF为0.884;12种被CNKI收录的期刊平均复合IF为1.424(见表1)。对印度462种OAJ进行统计,其中40种被SCI收录,占总数的8.7%,平均IF为1.344。可见,中国OAJ中被SCI收录的比例高于印度,但平均IF低于印度。

表1 中国OAJ期刊被收录情况

| 被收录数据库 | CSCD | 中文核心 | CNKI | SCI | EI | CA |
|---|---|---|---|---|---|---|
| 种数 | 8 | 8 | 24 | 6 | 2 | 5 |
| 所占比例(%) | 22.2 | 22.2 | 66.7 | 16.7 | 0.56 | 13.9 |

注:有9种OAJ没有查到被任何数据库收录;6种被SCI收录的OAJ里 Current Zoology 没有查到2011年IF,仅查到2005年的IF为1.028,以此计算。

### 2.4 中印OAJ学科主题比较

对DOAJ的学科主题进行统计比较,如表2所示:

表2 中印OAJ学科主题比较

| 学科/主题 | DOAJ数量(篇) | COAJ数量(篇) | 占本国OAJ总数比例(%) | IOAJ数量(篇) | 占本国OAJ总数比例(%) |
| --- | --- | --- | --- | --- | --- |
| Health Sciences | 869 | 18 | 50.0 | 218 | 47.2 |
| Social Sciences | 1 669 | 1 | 2.8 | 24 | 5.2 |
| Technology and Engineering | 961 | 4 | 11.1 | 83 | 18.0 |
| Biology and Life Sciences | 387 | 6 | 16.7 | 47 | 10.2 |
| Earth and Environmental Sciences | 592 | 1 | 2.8 | 8 | 1.7 |
| Languages and Literatures | 538 | 1 | 2.8 | 7 | 1.5 |
| Business and Economics | 478 | 1 | 2.8 | 11 | 2.4 |
| Agriculture and Food Sciences | 453 | 1 | 2.8 | 13 | 2.8 |
| Law and Political Science | 342 | 0 | 0 | 3 | 0.6 |
| Philosophy and Religion | 281 | 0 | 0 | 0 | 0 |
| Mathematics and Statistics | 274 | 0 | 0 | 7 | 1.5 |
| History and Archaeology | 277 | 0 | 0 | 0 | 0 |
| Arts and Architecture | 227 | 0 | 0 | 1 | 0.2 |
| General Works | 205 | 1 | 2.8 | 7 | 1.5 |
| Chemistry | 168 | 1 | 2.8 | 18 | 3.9 |
| Physics and Astronomy | 105 | 0 | 0 | 5 | 1.1 |
| Science General | 144 | 1 | 2.8 | 10 | 2.2 |

注：COAJ表示中国OAJ，IOAJ表示印度OAJ。

在DOAJ的17个学科主题中，中国的OAJ覆盖了其中的11个，物理学和天文学、哲学和宗教、数学和统计、法学和政治学、历史和考古、生命科学、艺术和建筑7个主题没有涉及。排名前三位的学科分别为健康科学、生物学和生命科学、技术与工程，分别占本国OAJ总数的50.0%、16.7%、11.1%。

印度只有哲学和宗教、历史和考古两个主题数量为0。排名前三位的学科为健康科学、技术与工程、生物学和生命科学，分别占本国OAJ总数的47.2%、18.0%、10.2%。

DOAJ排名前三位的学科是社会科学、技术与工程、健康科学，分别占DOAJ总数的20.9%、12.1%、10.9%。中国和印度在OAJ学科领域发展方面基本一致，在健康科学、技术与工程领域开放获取认知度较高，开展较好，而在人文和社会科学领域亟需加强。

## 3 中印开放获取仓储(OAR)比较

开放获取仓储名录(The Directory of Open Access Repositories,DOAR)是由瑞典的 Lund 大学和英国的 Nottingham 大学于 2005 年 2 月共同创建的,提供有关机构开放获取仓储、学科开放获取仓储等资源的目录列表。截止到 2012 年 10 月 30 日,OpenDOAR 包含 2 217 个开放仓储。其中学科仓储 235 个,机构仓储 1 834 个,政府仓储和跨学科综合性仓储 148 个[13]。

### 3.1 中印 OAR 数量比较

在 DOAR 发展中国家排名中,巴西居第一位,共有 OAR 64 个,占发展中国家 OAR 总数的 11.1%;印度居第三位,共有 OAR 54 个,占发展中国家 OAR 总数的 9.4%;中国排名第五位,共有 OAR 28 个(不包括香港 5 个 OAR),占发展中国家 OAR 总数的 4.9%。印度 OAR 数量是中国的近 2 倍。

印度 52 个 OAR 的记录共 259 903 条(其中有两个 OAR 没有统计出记录数),平均单个 OAR 记录为 4 998 条。中国 28 个 OAR 的记录共 207 373 条,平均单个 OAR 记录为 7 406 条,是印度的 1.5 倍。可见,中国单个 OAR 内容与印度相比较为丰富。中国 OAR 全部为 DSpace 平台。印度 OAR 中有 13 个 EPrints 平台,1 个 Greenstone 平台,1 个 Nitya 平台,37 个 DSpace 平台,2 个未知平台。

### 3.2 中印 OAR 学科主题比较

DOAR 学科主题的统计对比见表 3。在 DOAR 29 个学科主题中,中国的 OAR 覆盖其中的 16 个,对历史和考古学、法律与政治、商业与经济学、社会科学、教育、艺术与人文、哲学和宗教、语言和文学、美术和表演艺术、数学与统计、地球科学、农业和土木工程共 13 个主题没有涉及。排名前三位的学科分别为生态与环境、生物学与生物化学、物理学和天文学,分别占本国 OAR 总数的 32.1% 和 28.6%。

印度有 8 个主题没有涉及,分别是历史和考古学、法律与政治、地理与区域研究、教育、哲学和宗教、语言和文学、美术和表演艺术、农业。印度的 8 个主题除地理与区域研究外,其余主题与中国没有涉及的主题一致。而在地理与区域研究上,中国共有 5 个 OAR,占本国总数的 17.9%。中国没有涉及的数学与统计主题,印度却有 6 个 OAR,占本国总数的 11.1%。印度排名前三位的学科分别为综合性学科、技术总论、化学与化工技术,分别占本国 OAR 总数的 42.6%、18.5% 和 14.8%。

DOAR 排名前三位的学科为综合性学科、健康与医学、历史和考古学。可见,中印 OAR 的优势学科与 DOAR 的学科发展不相一致。中国在生态与环境、生物学与生物化学方面具有明显优势,印度的综合性 OAR 优势明显;而中印在历史和考古学、法律和政治方面的 OAR 建设需要加强。

表3 中印 OAR 学科主题比较

| 学科/主题 | DOAR 数量(篇) | COAR 数量(篇) | 占本国 OAR 总数比例(%) | IOAR 数量(篇) | 占本国 OAR 总数比例(%) |
|---|---|---|---|---|---|
| Multidisciplinary | 1 372 | 23 | 42.6 | 4 | 14.3 |
| Health and Medicine | 204 | 5 | 9.3 | 1 | 3.6 |
| History and Archaeology | 175 | 0 | 0 | 0 | 0 |
| Law and Politics | 143 | 0 | 0 | 0 | 0 |
| Business and Economics | 143 | 3 | 5.6 | 0 | 0 |
| Science General | 142 | 6 | 11.1 | 3 | 10.7 |
| Technology General | 142 | 10 | 18.5 | 7 | 25 |
| Geography and Regional Studies | 118 | 0 | 0 | 5 | 17.9 |
| Social Sciences General | 117 | 1 | 1.9 | 0 | 0 |
| Computers and IT | 116 | 4 | 7.4 | 4 | 14.3 |
| Education | 116 | 0 | 0 | 0 | 0 |
| Ecology and Environment | 103 | 2 | 3.7 | 9 | 32.1 |
| Biology and Biochemistry | 103 | 2 | 3.7 | 9 | 32.1 |
| Arts and Humanities General | 92 | 1 | 1.9 | 0 | 0 |
| Library and Information Science | 91 | 4 | 7.4 | 1 | 3.6 |
| Agriculture, Food and Veterinary | 83 | 4 | 7.4 | 7 | 25 |
| Philosophy and Religion | 82 | 0 | 0 | 0 | 0 |
| Languages and Literature | 80 | 0 | 0 | 0 | 0 |
| Fine and Performing Arts | 74 | 0 | 0 | 0 | 0 |
| Mathematics and Statistics | 70 | 6 | 11.1 | 0 | 0 |
| Management and Planning | 70 | 2 | 3.7 | 2 | 7.1 |
| Chemistry and Chemical Technology | 65 | 8 | 14.8 | 7 | 25 |
| Physics and Astronomy | 64 | 6 | 11.1 | 8 | 28.6 |
| Psychology | 53 | 1 | 1.9 | 1 | 3.6 |
| Earth and Planetary Sciences | 42 | 1 | 1.9 | 0 | 0 |
| Mechanical Engineering and Materials | 41 | 5 | 9.3 | 4 | 14.3 |
| Agriculture | 34 | 0 | 0 | 0 | 0 |

续表

| 学科/主题 | DOAR 数量(篇) | COAR 数量(篇) | 占本国 OAR 总数比例(%) | IOAR 数量(篇) | 占本国 OAR 总数比例(%) |
|---|---|---|---|---|---|
| Electrical and Electronic Engineering | 30 | 3 | 5.6 | 1 | 3.6 |
| Civil Engineering | 24 | 3 | 5.6 | 0 | 0 |

注：COAR 表示中国 OAR，IOAR 表示印度 OAR。

## 4 结 论

开放获取发展至今，发达国家尤其是美、英、德、西、意等少数发达国家一直遥遥领先。根据笔者统计，发达国家 DOAJ 数量占总数的 53.4%，平均 OAJ 是发展中国家的 2.4 倍；发达国家 DOAR 数量占总数的 74%，平均 OAR 是发展中国家的 6.3 倍。在发展中国家中，巴西、印度处于领头羊的位置。笔者认为，我国应从以下两个方面推动开放获取的进一步发展。

• 通过政策、项目和典型机构引领，开发 OAR 潜力。通过对 DOAR 的比较可以看出，我国 OAR 数量虽不及印度，但单个 OAR 内容与印度相比较为丰富。事实上，我国许多高校和科研单位已经建设了本校的学位论文库或教师文库，但由于种种原因未能在 DOAR 中注册。可见，我国在 OAR 方面有很大的潜力，有待开发。我们应该借鉴国外成功经验，通过国家层面的政策引领和项目资助推动 OAR 建设，并确立典型 OAR 引领机制，如推广中国科学院 CASIR 平台模式。截止到 2013 年 1 月，中国科学院已有 79 个 OAR（在 DOAR 中登记的只有 30 个），数据总量为 37 万篇，可以说是我国 OAR 的排头兵[14]。可将其自上而下的 OAR 建设模式在全国范围内进行推广，建立一个完善、灵活的系统原型，各个机构再根据自己本身的情况进行适当的修改[15]。

• 提升对开放获取的认知度和认同度，实现学科"破冰"。通过对 DOAJ 和 DOAR 的对比可见，我国在哲学和宗教、政治、历史和考古、数学和统计、艺术等学科领域，OAJ 和 OAR 几乎都毫无建树（在我国没有涉猎的数学和统计学中，印度有 7 种 OAJ）。但我们也应该看到自己的优势，比如在地理与区域研究上，印度 OAR 数量为零，而我国却有 5 个 OAR。相对于开放获取高度发展的国家，我国对于开放获取的认知度和认同度也都处于较低水平。有文章对我国 10 所高校和科研机构的教师、科研人员以及研究生开放获取的认知度进行了调查，选择开放获取期刊发表学术成果的只占 12%[16]。所以，我们应参考理工科、医学等学科的发展思路,通过多种方式,加大对人文、艺术、社科和数学等领域的科研人员的开放获取宣传,提升其对开放获取的认知度和认同度。同时,扩大潜在学科的发展优势,如在地理与区域研究方面;实现空白学科开放获取的"破冰",促进开放获取发展的学科间平衡,增强其发展后劲[17]。

总之,我们必须从社会各个层面积极推进开放获取,将开放获取的成熟案例进行总结研究,探索适合本国国情的、经得起实践考验的、合理的开放获取发展模式,使我国和巴西、印度等发展中国家一样,通过开放获取运动,增强自身的学术研究影响力,缩短与发达国家和其他发展中国家的学术差距,促进全球的学术资源交流和共享。

## 参考文献:

[1] 魏来,孟连生.印度的信息资源开放获取活动及启示[J].图书馆杂志,2006(9):61-63.

[2] 赵炜霞,苑晓燕,禹艾芹.印度开放存取政策及对我们的启示[J].图书馆研究与工作,2010(1):15-17.

[3] Indian Institute of Science. Workshop on electronic publishing and open access [EB/OL].[2012-05-20].http://www.ncsi.iisc.ernet.in/OAwork-shop2006/pdfs/NationalOAPolicyDCs.pdf.

[4] 国家自然科学基金委员会宣传处.中国科学院、国家自然科学基金委员会在京签署《柏林宣言》[J].中国科学基金,2004(4):204.

[5] 科学信息开放获取战略与政策国际研讨会举行[EB/OL].[2012-06-02].http://www.cas.cn/hy/xshd/200506/t20050627_1691689.shtml.

[6] 中国科学院举办第八届开放获取柏林会议[EB/OL].[2012-05-20].http://www.cas.cn/xw/zyxw/yw/201010/t20101029_2998975.shtml.

[7] 2012年中国开放获取推介周国际研讨会会议综述[EB/OL].[2013-03-07].http://www.sassinfo.org/message/c/7885.html.

[8] 东方.印度的信息获取经验及对我国图书馆的启示[J].图书馆杂志,2010(1):60-62.

[9] 刘巧英.我国开放获取运动的追溯与展望[J].情报资料工作,2011(6):31-34.

[10] 杜海州.国际有关开放获取政策及其对我国的启示[J].现代情报,2010(8):116.

[11] 马宏伟.印度信息获取活动的思索[J].图书馆建设,2009(11):99-101.

[12] DOAJ[EB/OL].[2012-12-11].http://www.doaj.org/.

[13] OpenDOAR[EB/OL].[2012-10-30].http://www.opendoar.org/index.html.

[14] 中国科学院机构知识库服务网格[EB/OL].[2013-01-28].http://www.irgrid.ac.cn/.

[15] 赵迎光,曾苏,建霞.国内机构知识库发展现状与对策研究[J].情报杂志,2011,30(1):42-46.
[16] 周阳.开放获取的国内用户认同与需求度调查分析——以安徽省高校为例[J].情报资料工作,2009(6):96-100.
[17] 刘建华,黄水清.国内用户对开放获取的认同度研究——以高校调查分析为例[J].中国图书馆学报,2007,33(2):103-107.

**作者简介**

刘万萍,长春建筑学院图书馆馆员,E-mail:LWP0318@163.com;
孙波,东北师范大学图书馆副研究馆员,硕士。

# 开放资源建设的措施及工作策略

黄金霞　张建勇　黄永文　陈雪飞　王昉

**摘　要**　指出开放获取资源的快速增长,需要图书馆具备新的资源建设服务能力。基于开放资源环境的虚拟馆藏建设策略,重新设计开放资源建设框架和工作流程,提出当前需要重点建设的三个方面:开放资源利用评价标准设计——遴选出高质量的开放资源;开放资源的合作和"获取"策略设计——保障开放资源的可持续使用;开放集成服务内容设计——提供开放服务。最后,介绍中国科学院国家科学图书馆开放资源建设实践。

**关键词**　开放资源建设服务　工作流程　评价标准　获取模式

**分类号**　G255

开放资源发展迅猛,有数据表明,开放获取期刊的数量已超过2万种,openDOAR中登记的机构知识库数量已超过2 000个[1],arXiv、PMC、DOAJ、BMC、PLoS系列期刊等知名开放资源也得到科研人员更多的认可和使用。有越来越多的机构参与开放资源的建设,包括科研机构和组织、图书馆、传统数据库商等。不同开放资源系统在资源类型、质量控制、开放政策、开放接口等方面存在差异,致使图书馆开放资源建设存在困难。中国科学院国家科学图书馆(以下简称"国科图")张晓林等提出了开放资源环境建设的对应策略,包括开放出版、虚拟馆藏建设、开放复用、合作保存等关键内容[2]。笔者将基于张晓林提出的虚拟馆藏建设策略,分析和梳理图书馆开放资源建设的主要内容,重点提出工作措施和策略,并介绍国科图的一些开放资源建设项目。

## 1　开放资源的内涵和外延

开放资源的定义可分为狭义和广义。狭义的开放资源,从释放方式可以分为gold OA(通过期刊形式)资源和green OA(通过仓储形式)资源[3],例如BMC期刊、PLoS期刊、CAS IR[4-5],这些资源常声明遵循CC协议[6]。广义的开放资源,从访问方式可以分为gratis OA(去掉费用障碍,支持免费阅读)资源和libre

OA(支持免费阅读并去掉一些复用障碍)资源[3],除了包括申明为 Open Access (简称"OA")或遵循 CC 协议的网络资源,还包括网络上可全文访问的资源如 World Bank Documents & Reports[7]、科学信息网络如 VIVO[8]等。

开放资源的类型丰富,包括传统文献如期刊、图书、学位论文等,也涵盖资源集、文档、多媒体、数据、软件、博客等灰色文献或新类型信息,涉及学科广泛。

## 2 开放资源建设的工作内容

开放资源建设的整体框架设计和具体工作流程,是开放资源建设工作首要思考的问题。一些开放资源集成系统如 DOAJ、DOAR、BASE 的服务内容,为开放资源建设提供了一些思路,但开放资源与生俱来的信息获取时效性、作者对版权的保护、开放共享中的技术约束等特点[9],对图书馆获取和利用开放资源造成困难,所以,除了建设开放资源内容以外,开放资源建设工作中还需要分析资源的开放许可政策、开放接口、开放存储格式和标准等瓶颈问题。同时,开放资源源自开放的数字环境,其质量良莠不齐,因而会影响到用户的使用积极性,笔者认为,与电子资源建设重在采购模式设计(包括费用)[10]不同,开放资源建设将重在开放资源评价和利用(包括复用)。所以,在开放资源建设整体框架和工作流程的设计中,评价、获取、利用是其中的关键环节。

### 2.1 开放资源建设的框架

笔者设计了开放资源建设总体框架,主要包括 4 项内容(见图 1):

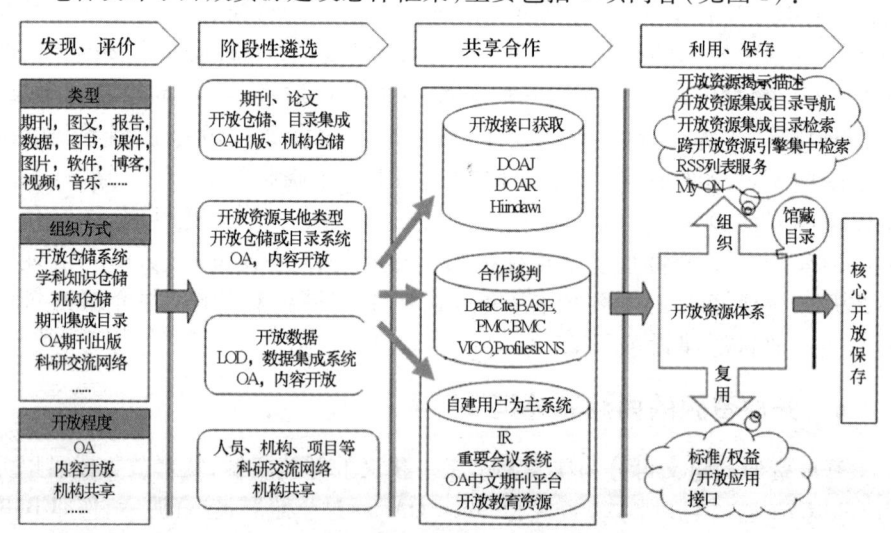

图 1 开放资源建设总体框架示意

● 开放资源的发现和评价。采取多种方式发现不同类型、不同组织方式、不同开放程度的开放资源,设计开放资源评价指标。

● 核心开放资源的选择。按照资源类型、组织方式、开放程序以及科研人员的需求程度,遴选传统文献、机构仓储、开放数据、科研信息网络分阶段开展建设。

● 开放资源的共享、合作。根据各开放资源的特点及未来的服务、存储需求,确定合适的资源"获取"方式,包括通过开放接口获取方式、合作谈判建立镜像或达成长期保存协议方式、自建用户为主的开放资源系统方式等;

2.1.4 开放资源的利用服务及开放保存

结合图书馆已有馆藏,建设开放资源集成和服务体系,提供有效的资源揭示、知识化组织方法,遴选核心开放资源进行开放保存,并为开放资源的进一步开放复用建设相关标准和开放应用接口。

2.2 开放资源建设的工作流程

按照总体框架,开放资源建设的工作流程设计见图2,其中的工作环节包括:①发现资源。利用用户推荐、图书馆员发现、一些目标网站(如出版社网站、数据库商网站、信息登记系统等)的信息推送等方式,获取开放资源相关信息,按照资源描述项登记开放资源档案。②开放利用评价。按照开放资源评价指标,评估入档的资源,遴选出核心开放资源进入资源"获取"阶段,非核心开放资源在资源档案中做好评价备注。③共享合作的获取方式。分析核心开放资源的相关使用政策和技术规则,设计不同的资源共享合作方案。④开放利用。实现"获取"的开放资源的有效组织、揭示甚至复用。⑤开放存储。遴选核心开放资源提供长期保存,设计新的数据存储格式、存储利用模式等。⑥质量控制。在建设流程的不同环节设置关键定量指标(例如评价环节,获取环节),定期进行核查,建立退出机制。

## 3 开放资源的利用评价策略

面向利用的开放资源评价,是开放资源建设工作的关键内容之一,不仅用于对资源的遴选工作,也用于资源的合作谈判、共享利用、开放存储等工作内容的评价和操作。

对于开放资源的评价,目前还没有全面、权威的指标或标准。DOAJ对平台上OA期刊的遴选标准,包括范围(学科、类型、性质、内容、语言等)、访问(所有内容免费提供、免费用户登记后访问、开放获取)、质量(通过编辑、编委和/或同行评议系统)、连续出版(具有ISSN号[11])。顾立平等提出从质量水平、开放程

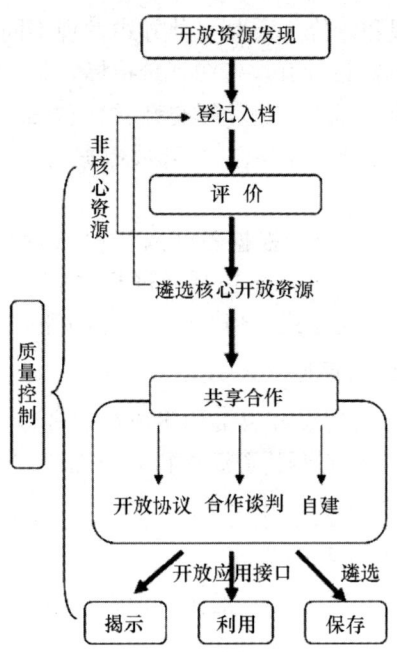

图 2　开放资源建设工作流程示意

度和服务能力来评价开放获取期刊[12]。对仓储系统的评价,西班牙赛博计量学实验室按照网络影响力(外链和内链数量)、网页数量、文档数量、论文数量这 4 个指标,分别给予权重计算后,对登记的机构仓储进行排名,从 2008 年开始推出"网络仓储的世界排名"[13]。这些评价体系,主要侧重在于评估开放资源的内容和影响力,还没有针对资源利用提供评价指标。

### 3.1　开放资源的评价指标设计

一般网络资源评价,主要是利用定性、定量或综合分析方式,提出网络影响力、内容质量、系统易用等评价标准[14]。借鉴网络资源评价的这些方法,侧重于资源内容利用的能力,笔者提出开放资源的评价指标,这些指标将为图书馆遴选和利用开放资源提供依据,更为长期稳定地使用资源提供保障。

开放资源的评价指标设计为 6 类,包括内容、技术、管理、利用许可、个性化指标和外界反馈,具体为:①开放资源内容分析,包括资源所涵盖内容的权威性、时效性、准确性。分析指标包括收录情况、学科覆盖、数据来源、数据更新、被其他系统的应用情况(内链、外链、网络影响力分析)等。②技术分析指标,包括系统平台的数据收录标准、信息组织方式、开放接口。分析指标包括全文可获得程度、检索结果的准确性和可扩展性、数据接口的开放程度等。③管理指标,包括资源本身对内容的遴选标准、开放资源平台的长期持续管理成效、资源管理者的相关活动、与其他资源的重复度。④利用许可,包括开放协议、存档规定、使用责任、知识产权、授权方式以及资源的合作共享方式。⑤个性化评价指标,对于不同类型的开放资源,建立个性化的评价指标,如对于开放数据,数据的完整性、可重复性将作为开放数据的评价指标;对于学术博客,作者本身为最主要的评价依据。⑥外界反馈指标,包括用户评论、图书馆员反馈(在同级图书馆中被应用情况、图书馆员反馈)、是否出现在出版者和期刊黑名单中[15]。

## 3.2 质量控制和核心开放资源遴选

为了对开放资源建设工作进行质量控制,可以在评价指标中选择核心指标,通过定量分析的方式来建立开放资源建设的质量控制体系,例如当开放内容更新比例、内链和外链等网络影响因子小于一定数量时,则需要重新评价该资源。

为了持续有效地推进开放资源建设工作,可以依据以上的资源评价指标,分阶段遴选、建设需重点保障的核心开放资源,例如开放资源建设第一阶段主要定位于 OA 出版以及机构仓储、学科仓储中的期刊和论文,第二阶段定位于 OA 形式和仓储中的其他资源类型,第三阶段定位于开放数据、软件、博客等新型网络资源,第四阶段开展与国内外大学信息联盟或大型科研交流网络的共享合作,如美国哈佛大学 Harvard Catalyst[16]、康奈尔大学 VIVO 等(见图1)。

# 4 开放资源"获取"的共享合作策略

开放资源获取面临的主要问题,在于资源存在的平台不同、使用许可不同、技术约束不同,因此,需要了解开放资源的开放政策、开放协议、合作共享政策,以最开放、最可持续的方式来建设开放资源,图书馆也要根据自己对开放资源的利用模式和服务方式的考虑,来设计"保险"的资源获取方案。

笔者设计了三种共享合作方式来"获取"资源(见图3):①系统开放获取方式。对于支持 OAI 等开放协议的开放资源,采用主动获取的方式,经评价后通过开放接口,将之纳入到图书馆的开放资源体系。为保证开放接口的稳定使用,建议与资源拥有者进行接触,达成一定的访问协定。②合作谈判方式。对于国内外有规模的、成功的开放资源系统,争取通过谈判,建立本地镜像,或对于不提供开放接口的资源,争取其对图书馆的资源开放共享。③自建资源开放集成方式。采取自我采集、用户登记的方式,通过建设服务系统,将开放资源虚拟集成入开放资源服务体系,例如国科图的机构知识库(IR)、综合科技资源登记与服务系统、开放科技教育资源网、开放会议采集与服务系统等工作。

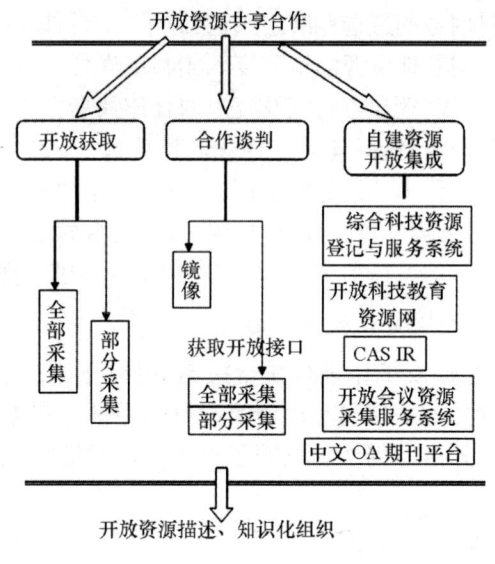

图 3  开放资源获取方式示意

## 5  开放资源集成和服务策略

对于"获取"到的开放资源,需要建设有效的开放服务。笔者设计了开放资源集成和服务平台框架(见图4),以实现资源的有效集成和服务,实现学科领域的开放资源环境定制服务,实现核心开放资源的开放存储,实现开放接口对第三方系统的调用。

平台框架中的开放资源集成和服务内容,将包括:①开放资源集成目录导航(按照字母、主题、资源类型、语种等顺序);②开放资源集成目录检索,提供开放资源名称、ISSN 号、出版商等检索;③跨开放资源引擎的集成检索,提供开放资源的元数据及全文检索服务;④RSS 列表服务,按主题提供各开放资源 RSS 服务;⑤学科领域开放资源的定制,用户可以定制自己常用的 OA 资源,有新资源时自动通知用户;⑥用户推荐 OA 资源。可以利用一些免费工具进行开放资源的收割、集成,例如 PKP( Public Knowledge Project )[17] 的 OJS( Open Journal Systems )、OCS( Open Conference Systems )、OHS( Open Harvester Systems )。

最近也有专家提出了开放资源知识服务模式,认为利用数据挖掘技术可以重新利用开放资源,这就需要图书馆具备创新工作策略,对开放信息资源的使用规则和政策进行分析和完善,以实现开放信息的结构化、开放再使用[18]。

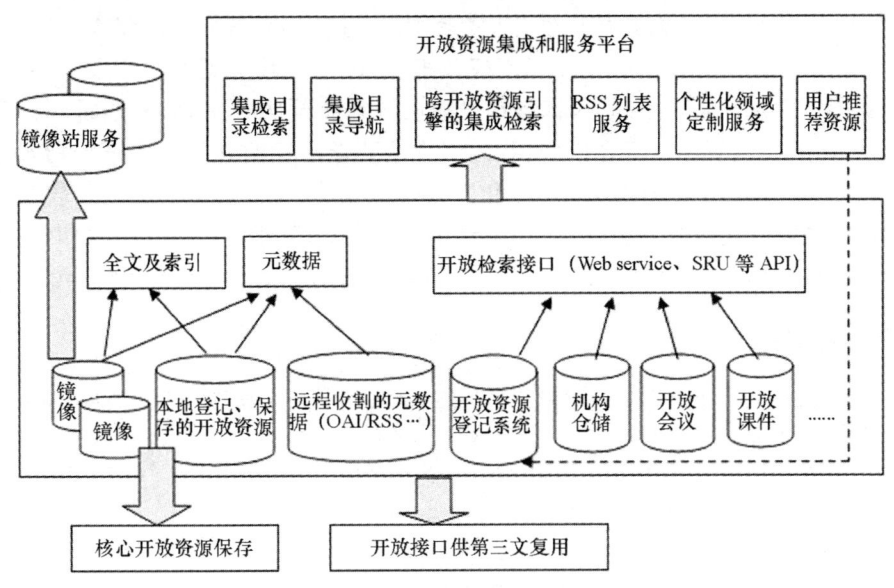

图4 开放资源集成和服务系统框架

## 6 开放资源建设技术实践——以国科图为例

我国图书馆目前已经在开展一些实践工作,有些还在尝试之中,这些工作为图书馆更好地了解开放资源、逐步推动开放资源建设工作提供了一些思路。

自2009年开始,国科图主要开展了三个方面的开放资源建设工作:①启动了开放会议采集和服务系统[19]、开放课件网、开放资源登记系统[20]等项目,构建不同类型开放资源的集成和服务平台。截至2012年底,开放资源登记系统已累计发布27 484篇开放会议文献,开放会议系统遴选登记各学科领域的各类综合科技资源1.8万余条,其中各类综合资源集合9 400多条、科研机构5 500多条、最新学术会议3 200多条,月均更新2 000余条,2012年全年访问量82万次。②与国际上大型开放资源系统合作,建设本地化镜像,提供开放服务和资源保存。在2012年China OA Week上,国科图宣布中国arXiv站点的建立及其服务推广[21]。③争取国际知名开放资源的长期保存合作,目前实现了开放获取期刊BMC系列期刊在国科图的长期开放存储。

## 7 结 语

开放获取世界已经"逼近"图书馆,我国图书馆界开始着手研究并实践,其中,有一些问题需要从更大范围内去考虑解决,才能做好开放资源建设工作,这是因为:一方面,开放资源在知识产权政策、开放存取政策等方面的限定,在不同的国家或机构会有不同,这将制约开放资源在我国的共享;另一方面,在"互惠互利"的开放资源共享合作中,我国似乎还缺乏足量的开放资源来与别人共享,缺乏有效的资源利用模式设计和开放技术保障。所以,图书馆的开放资源建设工作需要在开放资源评价、使用许可和相关政策研究、开放技术约束规则设计、开放存储等方面加强研究和实践,以保障更高层次上的建设效果。

## 参考文献:

[1] OpenDOAR. 知识库登记集成系统[OL]. [2012 – 10 – 18]. http://opendoar.org/index.html.

[2] 张晓林,李麟,刘细文,等. 开放获取学术信息资源:逼近"主流化"转折点[J]. 图书情报工作,2012,56(9):42 – 47.

[3] Suber P. Open access[M]. Cambridge:The MIT Press,2012:1 – 6.

[4] 中国科学院机构知识库服务网格[OL]. [2013 – 01 – 15]. http://www.irgrid.ac.cn/.

[5] 张冬荣,祝忠明,李麟,等. 中国科学院机构知识库建设推广与服务[J]. 图书情报工作,2013,57(1):20 – 25.

[6] Creative Commons. License your work[EB/OL]. [2012 – 10 – 18]. http://creativecommons.org/about/license/.

[7] The World Bank documents & reports[EB/OL]. [2012 – 10 – 18]. http://documents.worldbank.org/curated/en/home.

[8] VIVO:Research & expertise across Cornell[OL]. [2012 – 10 – 15]. http://vivo.cornell.edu/.

[9] 陈晋. 开放获取十年(2001 – 2011)[M]. 北京:国家图书馆出版社,2012:8 – 10.

[10] 罗祺姗,郑建程,赵艳. 中科院集团电子资源新型费用分担模式研究[J]. 图书馆论坛,2009(5):93 – 96.

[11] DOAJ:Selection criteria[EB/OL]. [2012 – 10 – 18]. http://www.doaj.org/doaj?func=loadTempl&templ=about#criteria.

[12] 顾立平,张晓林,初景利,等. 开放获取期刊的评价与遴选:质量水平、开放程度和服务能力[J]. 图书情报工作,2013,57(1):49 – 54.

[13] Ranking Web of repositories:Methodology[EB/OL]. [2012 – 10 – 18]. http://repositories.webometrics.info/en.

[14] 邱均平. 网络计量学[M]. 北京:科学出版社,2010:364 – 369.

[15] Beall's List:Potential, possible, or probable predatory scholary open – access publishers[EB/OL]. [2012 – 10 – 20]. http://scholarlyoa.com/publishers/.

[16] Harvard Catalyst[OL]. [2012 – 10 – 28]. http://catalyst.harvard.edu/.

[17] Public Knowledge Project. Software[EB/OL].[2012-10-18]. http://pkp.sfu.ca/software.

[18] 张晓林. 开放获取、开放知识、开放创新推动开放知识服务——3O 会聚与研究图书馆范式再转变[J]. 现代图书情报技术,2013(2):2-10.

[19] 朱江,尚玮姣,姜恩波,等. 会议文献开放资源采集与服务系统的建设[J]. 情报理论与实践,2010,33(7):117-119.

[20] 综合科技资源集成登记系统[OL].[2013-02-28]. http://irsr.llas.ac.cn/.

[21] China Open Access Week, Conference program:The establishment of arXiv.org china service group[EB/OL].[2012-10-20]. http://chinaoaweek.las.ac.cn/dct/page/70003.

**作者简介**

黄金霞,中国科学院国家科学图书馆副研究馆员,博士,E-mail:huangjx@mail.las.ac.cn;

张建勇,中国科学院国家科学图书馆研究馆员;

黄永文,中国科学院国家科学图书馆副研究馆员,博士;

陈雪飞,中国科学院国家科学图书馆助理馆员;

王昉,中国科学院国家科学图书馆馆员。

# 强关系视角下的开放获取合作行为分析[*]

潘以锋　盛小平

**摘　要**　指出开放获取（OA）活动比如 OA 出版、OA 资源组织与保存、OA 平台共用，在 OA 社会网络中存在多种强关系。采用定性分析与模型分析方法，解析如何利用 OA 社会网络中的强关系来推进 OA 出版、OA 资源组织与保存、OA 平台共用中的合作行为，得到 4 个主要研究命题及其相关子命题。

**关键词**　开放获取　合作行为　强关系　社会网络
**分类号**　G250.73

开放获取（open access，OA，又名开放存取）开创了信息资源共享的新模式。近几年来，国内开放获取研究主题集中在 OA 对学术交流的影响、OA 期刊评价与质量控制、OA 资源长期保存、OA 版权与政策、OA 仓储、OA 出版、OA 发展现状与对策、OA 对图书馆的影响 8 个方面。事实上，社会网络理论与 OA 具有紧密联系。几种代表性的社会网络理论，如弱关系理论、强关系理论、网络结构理论、社会资本理论、网络交换理论都可用来指导与解释 OA 活动[1]。OA 并非个体独立行为，而是一种合作行动。OA 合作正在逐步从局部、个别走向全面和普遍[2]。本文拟从强关系理论角度解析 OA 合作行为。

## 1　强关系理论的主要观点

强关系理论也就是"强关系力量假设"理论，其主要代表人物是边燕杰、罗斯玛丽·伦纳德（R. Leonard）、巴里·韦尔曼（B. Wellman）等。该理论挑战了马克·格兰诺维特（M. S. Grannovetter）提出的"弱关系力量假设"理论，其主要观点是：

● 强关系是两个行动者通过长期合作建立起来的社会关系，比如关系亲密

---

[*] 本文系国家社会科学基金一般项目"基于社会网络的数字信息资源开放获取与共享机制研究"（项目编号：12BTQ014）研究成果之一。

的同事关系、朋友关系和家庭关系。它能在多种社会背景下长期合作,了解与支持伙伴的需求,提供某种意义的情感支持、归属感和个人特性,并在相互关系上自愿投资[3-4]。

● 强关系可以充当没有联系的个人之间的网络桥梁[5]。强关系在高社会经济地位群体中效力更大[6]。

● 求职渠道更多地是通过强关系而非弱关系建立的,特别是当有关工作机会的信息被高度重视和不易得到时,强关系常常比弱关系更重要[7]。

● 强关系是一种重要的可直接利用的信息来源,可作为社会融合的一种重要动力,那些拥有市场准入优势的人们可以通过强关系获益[8]。

● 强关系具有高水平的相互作用、交流、情感投入和信任的特征,可以减少机会风险和促进复杂知识的转移[9]。

## 2 开放获取中的强关系现象

在 OA 活动中,OA 资源、OA 行动者与"关系"共同构成 OA 社会网络。其中,OA 资源是指所有公开、免费可获得的数字信息资源,主要包括来自于数字图书馆、出版商、个人或学术团体(机构)、非营利机构提供的期刊论文、会议论文、学位论文、图书、软件、科学数据、技术报告、科研报告、标准、教学课件、百科全书、预印本、OA 项目资料以及具有学术意义的博客、站点、学术论坛等。OA 行动者是指 OA 活动的发起者、组织者或参与者,主要包括科研机构、教育机构、行业组织(如基金会、协会或学会)、出版商、内容开发商、图书馆、学术团体、个人等。OA 资源和 OA 行动者都是 OA 社会网络中的节点。"关系"是指 OA 行动者因参与 OA 活动而建立的各种联系,它发生在 OA 资源之间、OA 行动者之间、OA 行动者与 OA 资源之间,既可以是强关系,也可以是弱关系,其中强关系主要包含在 OA 出版、OA 资源组织、OA 资源保存、OA 平台共用等活动之中。

### 2.1 OA 出版中的强关系

OA 出版可以在 OA 文献、OA 媒介、OA 出版商、作者之间建立多种强关系。一个作者对其发表的论文、报告或著作拥有著作权,这种著作权即代表作者与其发表的文献之间存在强关系。当作者与 OA 出版商就发表研究成果签订某种出版协议,包括书面出版合同或电子出版合同,或同意采纳著作权许可使用协议时,作者就与 OA 出版商、OA 媒介建立了受知识产权法、合同法及出版管理条例多重保护的强关系,如作者对 OA 出版物的署名权、发表权、修改权、保护作品完整权、使用权和报酬权[10]以及许可权等。这些强关系成为 OA 出版的基础。

## 2.2 OA 资源组织中的强关系

OA 资源与其组织者(或提供者)存在法律上的权责关系,这种权责关系是一种强关系,它既是界定与维护 OA 资源产权与责任的基础,也是 OA 行动者必须遵循的基本原则。如今,OA 资源分布十分广泛,除了一些独立存在的 OA 资源外(如某个 OA 期刊),越来越多的 OA 资源被组织起来,形成一个集成的 OA 资源库。OA 资源组织是 OA 行动者利用 OA 协议、开放文档元数据采集协议(OAI—PMH)等进行 OA 资源及其内容和元数据的提供、描述、规范化控制和深度标引的一系列行为,涉及 OA 行动者在 OA 资源编目、链接与管理方面的合作行为,体现出多种多样的强关系,如资源提供关系、资源链接关系、联合编目关系、互操作关系等。

## 2.3 OA 资源保存中的强关系

OA 资源的价值性、独特性和唯一性决定了其必须得到妥善且长久的保存和保护。但由于 OA 资源类型繁多、来源广阔,特别是对于某些 OA 资源库,可能涉及跨地域、跨学科的 OA 资源和 OA 行动者,又由于 OA 资源目前并没有纳入文献呈缴的法制体系,所以需要制定 OA 资源的保存政策,明确不同 OA 行动者的保存责任。OA 期刊、OA 知识库、国家图书馆、期刊出版社和第三方的数据存储机构等都应负有一定的资源保存责任,组成一种责任共担的 OA 资源保存合作机制[11],即在 OA 资源与 OA 行动者之间建立长期稳固的强关系,如 OA 资源保存的法律保护、政策与资金支持、技术与设备保障以及合作保存主体的权利与义务关系等。

## 2.4 OA 平台共用中的强关系

目前涌现出了许多资源丰富的 OA 平台,如,开放获取知识库目录(OpenDOAR)、开放获取知识库注册系统(ROAR)、生物医学中心(BioMed Central)、公共医学中心(PubMed Central)、开放获取期刊目录(DOAJ)、开放获取期刊门户(Open J – Gate)、日本科学技术信息集成系统(J – STAGE)、中国科技论文在线等。这些 OA 平台不仅收录了许多 OA 资源,而且本身可作为 OA 社会网络中的某些中心节点,与其他 OA 资源(即分支节点)建立广泛的强关系,如基于同一 OA 平台的 OA 资源共享关系、基于同一 OA 平台的 OA 资源集成检索关系、基于同一 OA 平台的 OA 资源分类统计与排序关系等。

## 3 强关系视角下的开放获取合作概念模型与行为解析

不容置疑,OA 活动中除存在上述多种类型的强关系外,也存在由 OA 文献超链接、OA 文献引用或 OA 媒介互连等引发的多种弱关系。这些弱关系可以促进或扩展OA行动者之间的资源共享。然而,由于弱关系是两个行动者之间短暂的社会接触,比如其他公司的业务伙伴或者那些不太熟知的人,是较少结构化的、不稳定的联系[12],因此,它很少可以为人们进行OA合作提供强大的支持。相反,上述OA活动中的强关系可直接影响OA出版、OA资源组织与保存、OA平台共用中OA行动者之间的合作行为。为便于解析这些合作行为,可以利用强关系视角下的OA合作概念模型作初步分析。

### 3.1 强关系视角下的开放获取合作概念模型

利用OA社会网络,并结合上述多种强关系,可以构建基于强关系的OA合作概念模型,见图1。图1简要描述了3位OA行动者($A_1$、$A_2$、$A_3$)、3类OA资源或媒介($R_i$、$R_j$、$R_n$)在4个规模不等的OA社会网络(即4个椭圆覆盖的区域)之间的合作关系。这些OA社会网络可以通过节点之间的各种强关系有效关联起来,从而为OA合作行为奠定基础。需要强调的是,OA合作实质上是处于OA社会网络不同节点的各类OA行动者或OA资源或OA媒介之间的合作,而非不同OA子网络本身的合作。某个节点凭借其网络位置或关系可以属于不同的OA社会网络。

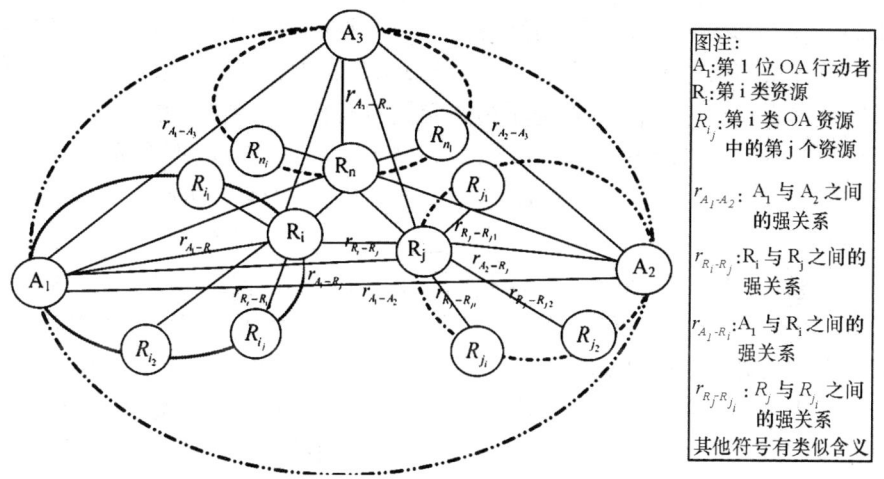

图1 基于强关系的OA合作概念模型

### 3.2 强关系视角下的开放获取合作行为解析

从社会网络关系来看,OA出版、OA资源组织、OA资源保存、OA平台共用都涉及不同类型强关系的OA合作行为。结合图1,可以对这些合作行为作简要分析。

### 3.2.1 基于强关系的 OA 出版

在 OA 出版中,OA 行动者可以利用著作权许可使用、出版经费资助、质量控制等方面的强关系来进行合作出版(研究命题 1)。著作权许可使用,又称授权使用,是指著作权人将其著作财产权中的某项或某几项权利,以签订合同的形式授权他人在一定期限、一定地域范围内以一定的方式进行使用的一种著作权利用方式。目前,OA 出版常用的著作权许可使用协议包括知识共享许可协议(Creative Commons License,CCL)、开放出版物许可协议(Open Publication License)、开放内容许可协议(Open Content License)、设计科学许可协议(Design Science License)、共享文件许可协议(Common Documentation License)等。著作权许可使用协议在作者与出版者之间建立强关系,它能够明确双方在 OA 出版上的权利与义务,并达到一种双赢的平衡,使双方充分认识到自身以及对方的权利要求,在保护自己合法权利的同时也给予对方权利以足够的尊重,最终保证 OA 合作出版的顺利进行。比如,生物医学中心和科学公共图书馆的作者完全拥有自己作品的著作权,但同时通过非专有许可协议授予出版商一种非排他的使用权。学术期刊出版与学术资源联盟(Scholarly Publishing and Academic Resources Coalition)还利用"作者权利补遗(Author Addendum)"方式,支持作者将希望保留的某些重要权利(比如自存档)附加在出版者的出版协议中。这种模式使作者享有了磋商权,避免了格式合同对其权利的制约,更有利于双方的合作出版[13]。在图 1 中,若定义 $r_{A_1-R_i}$ 是 OA 行动者 $A_1$ 与 OA 媒介 $R_i$ 所签订的 OA 出版著作权许可使用协议,那么 $r_{A_1-R_i}$ 实质上就在 OA 行动者 $A_1$ 与 OA 媒介 $R_i$ 之间建立了一种合作出版的强关系,这种强关系是保证 OA 出版的必要条件之一;类似的情况可以发生在其他 OA 行动者与 OA 媒介之间,从而使 OA 出版活动层出不穷。因此,可以得出研究命题 1.1——利用 OA 作者与 OA 出版者之间的著作权许可使用协议所建立的强关系,可以增强 OA 合作出版行为。

从出版经费来看,OA 出版大多数情况下是需要收取出版费用的。除了作者从项目或课题经费中自付出版费用以外,也可由第三方资助 OA 出版费用,例如,开放社会研究所(Open Society Institute)基金会可以为发展中国家的科研人员在 PLoS 期刊上发表研究成果提供出版费用的资助。在图 1 中,定义 $A_1$、$A_2$ 分别为某位作者和出版资助方(第三方),$R_j$ 为某个 OA 期刊,那么,节点 $A_1$、$A_2$、$R_j$ 之间的关系,即 $r_{A_1-A_2}$,$r_{A_2-R_j}$,$r_{A_1-R_j}$ 分别代表第三方与作者的资助关系、第三方与 OA 期刊社的财务关系、作者与 OA 期刊社的出版关系,它们把 3 个节点紧密联系起来,形成一个三角闭合回路,即三元社会网络。正是依靠三元社会网络节点之间的强关系,才能最终保证在 $A_1$、$A_2$、$R_j$ 之间实施 OA 合作出版。因此,可以得出研究命题 1.2——利用第三方机构提供的 OA 出版资助所建立的强关系,可以增强 OA 合作出版行为。

从 OA 出版质量控制来看,主要是沿用传统的学术期刊同行评议制度。OA 使交互式网上同行评议成为可能,特别是当论文中的所有参考文献都提供引文链接时,评议专家就可以无障碍、无成本地查阅相关参考文献,由此显著提高同行评议质量与效率。目前生物医学中心刊登的所有研究论文均需经过严格的同行评议,并采用论文被引次数和编辑、同行评议意见相结合的方式来评估每篇论文的相对重要性,即进行质量控制[14]。在此过程中,OA 期刊社实质上是利用了本身与评议专家的强关系来实现的。在图 1 中,定义 $A_1$ 是某位同行评议专家,$R_i$ 为某个 OA 期刊,那么 $A_1$ 与 $R_i$ 之间的关系 $r_{A_1-R_i}$ 就是同行评议专家与该期刊的合作关系,它是一种强关系,据此 $A_1$ 就能对将要发表在 $R_i$ 上的某篇论文 $R_{i_j}$ 进行同行评议。相反,若缺少这种强关系,$A_1$ 不会对 $R_{i_j}$ 进行同行评议。这反映在图 1 中即为 $A_1$、$R_i$、$R_{i_j}$ 3 个节点没有形成三元闭合回路,$A_1$ 只有利用 $r_{A_1-R_i}$ 才能对 $R_{i_j}$ 产生作用。这样,可以得出研究命题 1.3——利用交互式网上同行评议所建立的 OA 期刊与评议专家的强关系,可以增强 OA 合作出版行为。

### 3.2.2 基于强关系的 OA 资源组织

OA 期刊、OA 知识库(包括学科知识库、机构知识库)、OA 目录、OA 门户、e 印本文库、免费数字图书馆、开放网络数据库等是目前常见的 OA 资源组织方式。当某种 OA 资源以上述某种方式进行组织时,必须遵循已定义或通用的 OA 协议、OA 元数据标准等。这里提出研究命题 2——OA 协议与 OA 元数据标准能够在 OA 行动者与 OA 资源之间、OA 资源与 OA 资源之间建立强关系,促进 OA 资源组织行为的发生。

正如前面所说,OA 著作权许可使用协议可以在 OA 作者与 OA 资源组织者/出版者之间建立强连接关系,这种强关系也是进行 OA 资源组织的基础。作为一类 OA 著作权许可使用协议,开放内容许可协议,如《开放内容许可协议》、《GNU 自由文档许可协议》、《知识共享许可协议》、《创作资料库许可协议》、《反数字版权管理许可协议》、《开放游戏许可协议》、《数字同行出版许可协议》等,都以著作权法为基础,保留精神权利,让渡部分经济权利,规定了 OA 资源所有者与 OA 资源组织者/出版者之间的权利与义务。比如《知识共享许可协议》明确规定:每一种许可协议都能帮助作者保留其著作权,宣告他人的合理使用、首次销售及自由表达的权利不受许可协议的影响;每一种许可协议皆要求被许可人:①得到授权人的同意才能从事被禁止的行为,例如,商业性使用,创作演绎作品;②在所有授权人作品的复制品中完整地保留所有著作权声明;③使授权人作品的复制品皆能链接到原作品所适用的许可协议上;④不得改变许可协议的条款;⑤不得使用技术手段来限制其他被许可人对原作品的合法使用。它还规定:只要被许可人遵守授权人所选择的许可协议的条件,则每项许可协议皆允许被许可人:①复制授权人的作品;②发行授权人的作品的复制品;③展览或表演授权人的作品;④通过信息网络传播授权人的作品(比如网络广播);⑤逐字地将原作品转换成另一种形式[15]。这种许可协议及其相关规定实质上在OA资源所有者与OA资源组织者/出版者之间确立了资源组织的强关系,不仅可以为OA资源组织提供法律保障,而且规范了OA行动者的资源组织行为。因此,可以得出研究命题2.1——利用OA作者与OA出版者之间的著作权许可使用协议所建立的强关系,可以增强OA资源组织行为。

　　OA行动者也可以利用OA元数据采集协议这种强关系来进行OA资源组织。目前OA领域已经有很多元数据标准,如DC元数据标准、MARC元数据标准、EAD元数据标准等。为确保元数据的互操作,不仅要考虑拟采用的元数据是否使用广泛,更重要的是该元数据必须支持OAI元数据采集协议(Open Archives Initiative Protocol for Metadata Harvesting, OAI – PMH)。OAI – PMH协议是一个在分布式网络化环境中获取元数据信息的标准化协议[16]。遵守OAI – PMH协议就是按照OAI的元数据标记协议以统一的方式对存档文章的重要信息进行标记(如作者、标题、时间等项),从而使OA资源建立内在的强关系,然后搜索引擎可以利用这种强关系从所有的资源里对元数据进行采集,并以合适的方式显示给用户。OAI – PMH协议最大的好处是实现元数据的互操作,便于服务提供者自动批量采集各OA资源的元数据,在此基础上促进OA资源的重组、揭示,促进OA资源的发现、检索与利用[17]。例如,由于DOAJ遵循OAI – PMH协议,任何OA资源的服务提供者都可以从DOAJ网站采集期刊元数据,如刊名、ISSN、EISSN、主题、出版者、国家、语言、关键词、起始年、与DOAJ的关联信息,甚至部分期刊论文的元数据,如作者、题名、刊名、关键词和摘要。又如,OpenDOAR支持OAI – PMH协议,服务提供者可以通过采集元数据有效地实现不同OA知识库的统一检索。此外,arXiv、CogPrints、ABC、OAIster、NSDL、公共医学中心等OA系统也利用OAI – PMH协议来支持其OA资源的组织与利用。这样,可以得出研究命题2.2——利用OAI元数据采集协议在OA资源间建立的强关系,可以增强OA资源组织行为。

### 3.2.3　基于强关系的OA资源保存

　　OA资源保存是OA的一个关键问题,它不仅需要保存研究人员的论文资料、科研过程的其他记录,如教学课件、实验数据与报告等,而且还要涉及技术应用、资金支持、数字权益保护等诸多问题。许多OA项目都由多个机构共同建设,对OA资源进行合作保存。这既有利于促进资源共享与跨机构的学术合作,也有利于明确各机构的保存任务和责任,协调不同组织和利益相关者之间的关系,制定统一的行为标准,降低保存的成本与风险[18]。从社会网络关系角度来看,OA资源的合作保存是基于OA资源合作保存主体之间的权利与义务进行分工合作的。这些权利与义务对于不同OA资源合作保存主体,如政府机构、各类文献机构、出版商、商业性组织、非营利性机构、个人等,虽然是不同的,但是常常在各保存主体之间已经达成共识或形成协议,即形成了强关系。例如,政府机构在OA资源合作保存中可以发挥倡导者、领导者与监督者的作用;可以从国家、地区层面制定OA资源保存政策法规、技术方法与标准规范,为OA资源保存提供制度保障;也可以从总体上、全局上规划OA资源保存方案,为OA资源保存提供相应的财力、物力与人力支持;还可统筹安排与协调各机构的OA资源保存工作,并予以长期监督。例如,美国国会2003年通过"公共获取科学法案"的立法提案,支持对公共资金资助的科学研究成果的开放获取;2004年7月美国众议院建议美国国家卫生院将其资助的研究成果以OA方式保存于公共医学中心。

各类文献机构(主要是指各种类型的图书馆与各级情报所或情报中心)是OA资源合作保存的组织者、领导者、协调者与实施者,其中国家图书馆和其他国家级文献机构在OA资源合作保存中起到组织、领导与协调作用,应该担负着研发OA资源保存技术与方法、建设OA资源保存标准规范、建立数字资源呈缴制度和国家级OA知识库的重任。例如,澳大利亚国家图书馆于1996年联合其他9个澳大利亚图书馆及文化组织开展网络信息资源的合作保存项目PANDORA(Preserving and Accessing Networked Documentary Resources of Australia),力求创建一个国家图书馆主导、各个相关机构分担协作的网络出版物合作保存系统。目前澳大利亚各州图书馆、文化收藏机构、大学、政府机构以及多家海外收藏机构都参与该项目。

此外,出版商、商业性组织、非营利性机构、个人都可在OA资源合作保存中履行其不同的角色,如OA资源的生产者或提供者、OA资源保存的组织者与实施者。在图1中,若定义$R_n$为OA合作保存资源,$A_1$、$A_2$、$A_3$为OA合作保存的三方,那么,可利用预先定义的$r_{A_1-R_n}$、$r_{A_2-R_n}$、$r_{A_3-R_n}$来确定三方在OA合作保存中的权力与义务,并同时利用$r_{A_1-A_2}$、$r_{A_1-A_3}$、$r_{A_2-A_3}$分别确定$A_1$与$A_2$、$A_1$与$A_3$、$A_2$与$A_3$在OA合作保存中的关系,从而在图1所示的整个OA社会网络中形成一种资源合作保存机制。因此,可以得出研究命题3——利用不同OA资源合作保存主体的权利与义务所确立的强关系,可以增强 OA 资源保存行为。

### 3.2.4 基于强关系的 OA 平台共用

各种 OA 平台可分别作为 OA 社会网络中的某个中心节点,与其他 OA 资源、OA 行动者建立广泛的联系,如 OA 资源的来源与提供关系、集成检索关系、分类统计与排序关系等。这些联系构成 OA 社会网络中的强关系,它们能够为用户提供方便快捷的 OA 资源利用通道,增强 OA 行动者之间的合作,显著提升 OA 资源的利用效果。这里提出研究命题 4——利用 OA 资源的来源与提供关系、集成检索关系、分类统计与排序关系等多种强关系,可以增强 OA 平台共用行为。基于强关系的 OA 平台共用通常表现在:

• 基于 OA 资源来源与提供关系的平台共用。许多 OA 平台,如 DOAJ、ROAR、OpenDOAR 等,能够收集来自全球不同地方的相关 OA 资源,通过网址的链接,把 OA 资源集成到同一个平台内,从而为用户提供数量庞大、内容丰富的 OA 资源。不过,这些资源的著作权并不归这些 OA 平台所有,但 OA 平台拥有这些资源的传播权、链接权与使用权。换句话说,这些 OA 平台拥有的不是实体 OA 资源,而是虚拟 OA 资源,并能为用户获取实体 OA 资源提供其来源与通道,由此便在这个 OA 平台与 OA 资源之间建立一种资源来源与提供关系。在更广的 OA 社会网络中,当更多的不同 OA 资源(某个节点)与此 OA 平台建立这种 OA 资源来源与提供关系时,该 OA 平台就会成为越来越重要的某个中心节点,同时也能够彰显更广泛的 OA 资源共用关系。例如,作为著名的 OA 期刊目录,截至 2013 年 11 月 30 日,DOAJ 已经收录 124 个国家和地区之 9 991 种 OA 期刊上的 1 539 936 篇 OA 论文,覆盖所有使用质量控制系统以保证其内容的开放获取的科学与学术期刊[19]。正是由于 DOAJ 能够吸纳越来越多的 OA 期刊资源,并与这些 OA 期刊确立合作利用关系,才使得 DOAJ 成为目前共享全球 OA 学术资源的主要平台之一。因此,可以得出研究命题 4.1——利用 OA 平台与其 OA 资源之间建立的资源来源与提供关系,可以增强 OA 平台共用行为。

• 基于 OA 资源集成检索关系的平台共用。依赖于不同 OA 资源与 OA 平台之间的链接关系,许多 OA 平台可以实现对 OA 资源的集成检索与利用。这种集成检索实质上是基于独立的 OA 资源(分节点)与 OA 平台(中心节点)的内在关联即强关系而发生的。利用这种强关系,用户不仅可以通过同一个检索界面来获取分布在各地的 OA 资源,而且可以根据各自所需,更有目的性、更高效地利用各种 OA 资源,显著提高 OA 资源合作共用的效益。例如,OpenDOAR 目前能够提供对 2 348 个机构知识库的统一、集成的检索界面,可以利用学科主题、内容类型、资源库类型、国别、语言、软件等途径进行集成检索;ROAR也能够提供对分布在世界各地的3 469个机构知识库按照ROAR身份证件、主页、OAI－PMH接口、注册、标题、描述、知识库类型、出生日期、国别、软件、主题等途径进行集成检索。因此,可以得出研究命题4.2——利用OA平台所提供的OA资源集成检索关系,可以增强OA平台共用行为。

• 基于OA资源分类统计与排序关系的平台共用。许多OA平台不仅仅提供OA资源的链接、检索与利用服务,还可以利用其定义的栏目对OA资源进行分类、统计与排序,由此在各OA资源(分节点)与OA平台(中心节点)之间构造更多的关联,这些关联可以在更深层次揭示OA资源之间的强关系与整体利用效果。例如,OpenDOAR能够按照16种方式,即洲、各洲知识库组织、国别、国家知识库组织、知识库软件、知识库类型、知识库经营现状、最常见内容类型、最常见语言、主题、元数据再利用政策等级、数据再利用政策等级、内容政策等级、提交政策等级、保存政策等级、OpenDOAR数据库增长,提供OA资源的分类统计与利用情况。"中国科技论文在线"能够利用"在线首发论文"、"一周热门新增论文"、"一月热门优秀论文"、"优秀学者及主要论著"、"名家推荐精品论文"、"自荐学者及主要论著"等栏目提供OA资源的分类统计与利用情况。因此,可以得出研究命题4.3——利用OA平台所提供的OA资源分类统计与排序关系,可以增强OA平台共用行为。

## 4 结 语

强关系是两个行动者基于信任、友谊和长期合作所建立起来的比较稳固的社会关系,它一旦建立起来,就可以帮助行动者获取关键信息,促进知识转移,减少机会风险,并为合作创造有利条件。笔者认为OA行动者可以利用著作权许可使用协议、出版经费资助、交互式网上同行评议等方面的强关系来进行合作出版,也可以利用OA协议与OA元数据标准在OA行动者与OA资源之间、OA资源与OA资源之间所建立的强关系来促进OA资源组织,还可以利用不同OA资源合作保存主体的权利与义务所确立的强关系来增强OA资源保存以及利用OA资源的来源与提供关系、集成检索关系、分类统计与排序关系等多种强关系来增强OA平台共用行为。对于这些从定性分析所得到的研究命题,笔者今后将运用定量分析进行进一步验证,以便更加清楚地明确各种强关系对OA合作行为的影响程度与大小,帮助OA行动者能够广泛利用各种强关系来推动OA合作的进一步发展。

**参考文献：**

[1] 潘以锋,盛小平. 社会网络理论与开放获取的关系分析[J]. 情报理论与实践,2013, 36(6):21-26.

[2] 肖冬梅. 开放存取运动缘何蓬勃兴起？[J]. 图书情报工作,2006,50(5):128-131.

[3] Wellman B. Which ties provide what kinds of support?[J]. Advances in Group Processes, 1992(9):207-235.

[4] Leonard R, Onyx J. Networking through loose and strong ties: An Australian qualitative study[J]. Voluntas: International Journal of Voluntary and Nonprofit Organizations, 2003, 14(2):189-203.

[5] Bian Y. Bringing strong ties back in: Indirect ties, network bridges, and job searches in China[J]. American Sociological Review, 1997, 62(3):366-385.

[6] Somma N M. How strong are strong ties? The conditional effectiveness of strong ties in protest recruitment attempts[J]. Sociological Perspectives, 2009, 52(3):289-308.

[7] Bian Y, Ang S. Guanxi networks and job mobility in China and Singapore[J]. Social Forces, 1997, 75(3):981-1005.

[8] Pfeffer M J, Parra P A. Strong ties, weak ties, and human capital: Latino immigrant employment outside the enclave[J]. Rural Sociology, 2009, 74(2):241-269.

[9] Lowik S, van Rossum D, Kraaijenbrink J. Strong ties as sources of new knowledge: How small firms innovate through bridging capabilities[J]. Journal of Small Business Management, 2012, 50(2):239-256.

[10] 黄先蓉,徐丽芳. 网络出版的权利与义务[J]. 出版发行研究,2001(4):44-45.

[11] 王志庚,汪东波. 开放存取资源的管理与服务[J]. 国家图书馆学刊,2007(2):27-32.

[12] Granovetter M S. The strength of weak ties[J]. American Journal of Sociology, 1973, 78(6):1360-1380.

[13] 秦珂. 开放存取背景下国际期刊版权政策的调整[J]. 情报科学,2007,25(10):1466-1471.

[14] 李武,刘兹恒. 一种全新的学术出版模式：开放存取出版模式探析[J]. 中国图书馆学报,2004(6):66-69.

[15] 所有许可协议都包含的基本权利和限制[EB/OL]. [2013-11-18]. http://creativecommons.net.cn/licenses/licenses_right/.

[16] The OAI Executive. The open archives initiative protocol for metadata harvesting[EB/OL]. [2013-11-18]. http://www.openarchives.org/OAI/openarchivesprotocol.html.

[17] 黄如花,刘贵玉. 开放存取资源元数据管理的对策[J]. 情报理论与实践,2009,32(10):5-8.

[18] 黄如花,胡文琴. 开放存取资源长期保存政策的调查与分析[J]. 图书与情报,2009

(5):70-74.

[19] DOAJ – Directory of Open Access Journals [EB/OL]. [2013-11-18]. http://www.doaj.org/.

**作者简介**

潘以锋,上海师范大学数理学院讲师,硕士,E-mail:pyfsh@126.com；
盛小平,华南师范大学经济与管理学院教授,博士。

# 基于双边市场模型的开放获取期刊与传统期刊竞争分析

张 旭[1,2] 杨朝峰[2]

(1. 北京大学信息管理系 北京 100871；2. 中国科学技术信息研究所 北京 100038)

**摘 要** 通过建立一个开放获取期刊和传统期刊双寡头竞争的双边市场模型，分析开放获取期刊和传统期刊的竞争问题，并通过仿真探讨开放获取期刊的引入对整个社会福利的影响以及开放获取期刊品牌和质量的变动对市场均衡结果的影响。分析结果表明：在期刊市场中引入开放获取期刊有利于整个社会福利的提升；开放获取期刊品牌和质量的提升(相对于传统期刊)，提高了其市场占有率和定价能力，使得开放获取期刊与传统期刊之间的利润差额越来越小。

**关键词** 开放获取期刊 双边市场模型 市场竞争

**分类号** G255

开放获取(Open Access)是在网络环境中发展起来的一种学术信息共享的自由理念和出版机制，是科学领域学术论文"出版付费，阅览免费"的一种全新传播模式，源于早期的在线研究资源自由运动(Online Free Scholarship Movements)。开放获取迎合了网络时代信息交流的特点，利用互联网整合全人类的科学与文化财产，为所有的研究者和网络使用者提供了一个免费、开放的研究环境，开创了一种新的、高效的交流模式[1]。

近年来，开放获取期刊已获得国际社会的广泛认同和支持，在数量上和规模上稳步增长和扩大。截至2009年8月，开放获取期刊目录(Directory of Open Access Journal,DOAJ)收录的开放获取期刊已达4 305种，分布在98个国家和地区。从收录的情况来看，科学技术发达的国家的开放获取期刊发展比较好，美国占到了全部开放获取期刊的26.156%，英国为8.699%。但在很多国家(包括中国)发展缓慢，几年内的开放获取期刊数量没有增长[2]。可见，虽然开放获取期刊被认为是未来学术出版的趋势，但是，作为一种新生事物，开放获取期刊取代传统期刊并不是自然而然的，也不会是一帆风顺的。开放获取期刊和传统期刊之间的竞争既是激烈的,也是长久的。

本文借鉴产业组织理论的最新研究成果——双边市场理论(Two-sided Markets Theory)[3],建立一个开放获取期刊和传统期刊双寡头竞争的双边市场模型,分析开放获取期刊和传统期刊的竞争问题。双边市场包括三个参与主体——平台企业和两方不同的用户群体。两方用户必须通过平台才能完成交易。双边市场区别于单边市场最重要的特点是两方用户群体之间的关系。在双边市场中,不同用户群体之间存在间接网络外部性,是相互影响和依赖的关系,并且不同的用户群体之间无法自己内在化间接网络外部性①,必须通过平台交易才能完成。双边市场独特的性质,导致平台企业在定价、投资等策略上与单边市场企业不同。期刊市场是一个典型的双边市场,用双边市场理论来分析期刊市场的竞争问题,能够更为深刻地把握开放获取期刊和传统期刊的竞争特点和本质,从而为期刊发展政策的制定提供理论支持和实践指导。

## 1 开放获取期刊的双边市场模型

学术期刊市场中有三个决策主体:作者、读者和期刊。其中,期刊可以看作是为用户(作者和读者)提供服务的市场平台。期刊从作者那里征集论文,编撰成册,然后传递到读者手中。假设期刊市场中存在两种不同运营模式的期刊:开放获取期刊和传统期刊(文中分别用上标 1 和 2 来表示),有 $n_a^i$ 个作者和 $n_r^i$ 个读者($i=1,2$)分别参与了开放获取期刊和传统期刊的交易(投稿和订阅),将作者和读者的数量均标准化为 1。$p_a^i$ 为开放获取期刊和传统期刊对作者收取的审稿费和版面费之和,$p_r^i$ 为开放获取期刊和传统期刊对读者收取的订阅费。假设期刊服务的成本可分为固定成本 $c_f^i$(办公室租金、管理费用等)、与作者有关的可变成本 $c_a^i$(评审费、排版费等)以及与读者有关的可变成本 $c_r^i$。

假设每个作者只发表一篇论文.②,每个作者从每一个读者那里获得的好处为 $b_a$,该参数衡量的是每一个读者订阅期刊给作者带来的间接网络外部效应,主要是指读者的阅读和引用将会增加作者的学术威望,进而提升作者的职业前景[4]。相应地,假设每一个读者从每一篇论文获得的好处为 $b_r$,该参数衡量的是每一个作者在期刊上发表论文给读者带来的间接网络外部效应,主要是指读者从论文中获得的信息将会提高读者的学术水平。

---

① 所谓间接网络外部性,是指用户的需求不仅取决于一方用户群体的规模和数量,也取决于另一方用户群体的规模和数量。

② 由于每篇论文给作者带来的好处是和读者数成正比例关系的,所以一个作者发表多篇论文的情况可以看作是多个作者各发表一篇论文。

在上述假设下,期刊的利润为:

$$p_a^i n_a^i + p_r^i n_r^i - c_f^i - c_a^i n_a^i - c_r^i n_r^i (i,j = 1,2 \text{ 且 } i \neq j) \quad (1)$$

每一个作者在期刊上发表一篇论文所获得的净剩余为:

$$b_a n_r^i - p_a^i \quad (2)$$

每一个读者订阅期刊所获得的净剩余为:

$$b_r n_a^i - p_r^i \quad (3)$$

开放获取期刊和传统期刊之间的竞争符合 Hotelling 模型。Hotelling 寡头竞争模型的前提假设是:两家寡头的业务类型相同;消费者对不同企业产品拥有不同的偏好;用非价格因素的产品空间地域位置不同造成的购买成本不同代表两家企业提供产品的差异性,购买成本越高,代表产品的差异性越大[5]。开放获取期刊和传统期刊之间的竞争是符合这三个前提假设的:作者和读者选择哪一种类型的期刊是有一定的个人偏好的;这种偏好并不是完全由价格形成的,还有品牌和质量等非价格因素。

根据 Hotelling 模型,假设开放获取期刊和传统期刊位于线段[0,1]的两端,并且期刊的用户只在一种类型期刊上交易即用户单归属的情况,两方用户在线段上均匀分布,如图 1 所示:

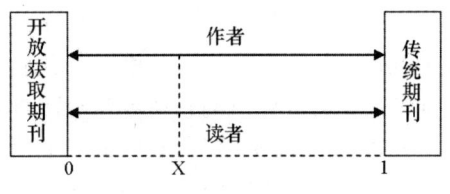

图 1 期刊市场结构

$q_a$ 和 $q_r$ 分别为作者和读者对于开放获取期刊和传统期刊品牌和质量等非价格因素的感知差异。其中有一个位于线段 $x$ 的作者,在两种类型期刊发表论文的效用是无差异的。即:

$$b_a n_r^i - p_a^i - q_a x = b_a n_r^j - p_a^j - q_a(1-x) \quad (i,j=1,2 \text{ 且 } i \neq j) \quad (4)$$

由上式可得:

$$x = 1/2 + (b_a n_r^i - p_a^i - b_a n_r^j + p_a^j)/2q_a \quad (5)$$

$$n_a^i = P(n \leq x) = x = 1/2 + (b_a n_r^i - p_a^i - b_a n_r^j + p_a^j)/2q_a \quad (6)$$

由于用户是单归属的,即 $n_r^j = 1 - n_r^i$

$$n_a^i = 1/2 + [b_a(2n_r^i - 1) - (p_a^i - p_a^j)]/2q_a \quad (7)$$

同理:

$$n_r^i = 1/2 + [b_r(2n_a^i - 1) - (p_r^i - p_r^j)]/2q_r \quad (8)$$

由公式(7)和(8)可以推测,期刊每增加一个读者可吸引 $b_a/q_a$ 个作者,每增加一个作者可吸引 $b_r/q_r$ 个读者。因此,为保证开放获取期刊和传统期刊都有作者和读者,网络外部性参数($b_a,b_r$)必须小于品牌和质量等非价格因素差异化参数($q_a,q_r$),否则将会出现某一种期刊垄断市场。将公式(7)和(8)联立解方程可得:

$$n_a^i = 1/2 - [b_a(p_r^i - p_r^j) + q_r(p_a^i - p_a^j)]/2(q_aq_r - b_ab_r) \quad (9)$$

$$n_r^i = 1/2 - [b_r(p_a^i - p_a^j) + q_a(p_r^i - p_r^j)]/2(q_aq_r - b_ab_r) \quad (10)$$

将公式(9)和(10)带入(1),得到期刊的利润为:

$$\pi(p_a^i, p_r^i) = (p_a^i - c_a^i)\{1/2 - [b_a(p_r^i - p_r^j) + q_r(p_a^i - p_a^j)]/2(q_aq_r - b_ab_r)\} + (p_r^i - c_r^i)\{1/2 - [b_r(p_a^i - p_a^j) + q_a(p_r^i - p_r^j)]/2(q_aq_r - b_ab_r)\} - c_f^i$$

$$(11)$$

由期刊利润最大化一阶条件可得:

$$p_a^i = (p_a^j + c_a^i)/2 + [(q_aq_r - b_ab_r) - b_a(p_r^i - p_r^j) - b_r(p_r^i - c_r^i)]/2q_r \quad (12)$$

$$p_r^i = (p_r^j + c_r^i)/2 + [(q_aq_r - b_ab_r) - b_r(p_a^i - p_a^j) - b_a(p_a^i - c_a^i)]/2q_a \quad (13)$$

由于开放获取期刊是单向收费的,所以有 $p_r^1 = 0$,带入公式(12)和(13),可得开放获取期刊和传统期刊对于读者和作者的定价:

$$p_a^1 = (p_a^2 + c_a^1)/2 + (q_aq_r - b_ab_r + b_ap_r^2 + b_rc_r^1)/2q_r \quad (14)$$

$$p_a^2 = (p_a^1 + c_a^2)/2 + [(q_aq_r - b_ab_r) - b_ap_r^2 - b_r(p_r^2 - c_r^2)]/2q_r \quad (15)$$

$$p_r^2 = c_r^2/2 + [(q_aq_r - b_ab_r) - b_r(p_a^2 - p_a^1) - b_a(p_a^2 - c_a^2)]/2q_a \quad (16)$$

由公式(14)和(15)可以看出,在双寡头竞争市场中,期刊对作者的收费不仅取决于与作者有关的可变成本,而且还与竞争对手的收费和与读者有关的可变成本正相关,与读者对于两种期刊品牌和质量等非价格因素差异的感知负相关。由公式(16)可以看出,在双寡头竞争市场中,传统期刊对读者的收费不仅取决于与读者有关的可变成本,而且还与传统期刊与作者有关的可变成本正相关,与其对作者收费负相关。

## 2 仿真分析

为了更直观地表现具有相同业务的开放获取期刊和传统期刊双寡头双边平台在两种不同情形下的竞争机理,清晰地呈现各个均衡变量之间的关系和影响因素对其作用的强度,利用 matlab 软件编程对前文的理论模型做简单的数值仿真①。

---

① 对相关 Matlab 程序有兴趣的读者可向作者索取。

## 2.1 开放获取期刊的引入对社会福利的影响

社会福利等于消费者剩余加上生产者剩余之和,或者等于总消费效用与生产成本之差。本文的社会福利是作者、读者和期刊的剩余之和。表1给出了一些变量的初始赋值,变量初始赋值的选取是任意的,但需满足前文的假设①:

表1 变量的初始赋值

| 变量 | $b_a$ | $b_r$ | $c_a$ | $c_r$ | $q_a$ | $q_r$ |
|---|---|---|---|---|---|---|
| 赋值 | 0.3 | 0.45 | 0.5 | 0.35 | 0.5 | 0.5 |

对开放获取期刊的引入对社会福利的影响进行仿真,得到结果如图2所示②:

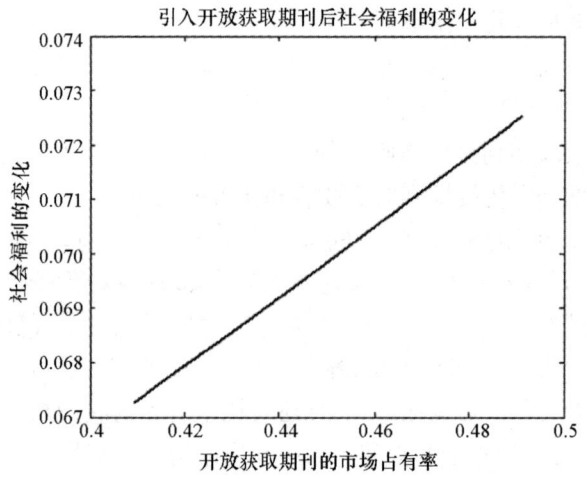

图2 开放获取期刊的引入对社会福利的影响

从图2可以看出,开放获取期刊的引入提高了社会福利,而且随着开放获取期刊在学术期刊市场上的市场占有率越来越高,其带来的整个社会福利的增加幅度也有了相应提高。这说明开放获取期刊不仅是一种新的出版模式,而且是一种对社会更有利的出版模式。

---

① 经反复实验,只要变量的初始赋值满足模型的假设,就不会改变仿真的结论,因此本文的仿真结论具有稳健性。

② 仿真使用的数据是一个相对数,因此其绝对值大小没有明显的经济意义,本文主要关注的是各变量的变化趋势。

## 2.2 期刊品牌和质量的变化对竞争均衡的影响

期刊品牌和质量的变化对竞争均衡的影响仿真中变量的初始赋值同表1。所得结果如图3-图7所示。限于篇幅,本文只列出作者对期刊品牌和质量感知差异的变化($q_a$)对竞争均衡影响的仿真结果,$q_r$的变动对市场均衡的影响没有列出。

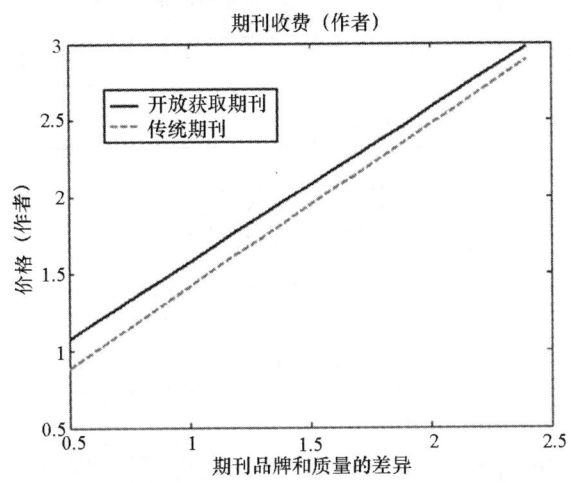

图3 期刊品牌和质量的变化对收费(作者)的影响

从图3可以看出,随着开放获取期刊品牌和质量的提升(相对于传统期刊),其对作者的收费也会相应的提高。在开放获取期刊和传统期刊双寡头竞争的情况下,当传统期刊观察到开放获取期刊对作者的收费提高以后,也会相应地提高其对作者的收费,以实现其利润的最大化。

从图4可以看出,随着开放获取期刊品牌、质量的提升,传统期刊对读者的收费经历了一个由快速下降到缓慢下降的过程。这是因为开放获取期刊品牌和质量的提升加大了对传统期刊读者的吸引力,为了抵消这种竞争压力,传统期刊不得不采取降价措施来挽留读者。

从图5可以看到,开放获取期刊品牌和质量的提升将会提高其在作者市场上的占有率。随着开放获取期刊品牌、质量的不断提升,其市场占有率(作者)经历了一个先快速上升、后缓慢增长的过程。这种情况表明:作者在开放获取期刊和传统期刊之间非价格因素差异不大时对期刊非价格因素的变化非常敏感,但随着这种差异的不断扩大,作者选择哪一种期刊投稿更多地取决于他自身对期刊的忠诚度,期刊品牌和质量变化对他的选择的影响则逐渐变小。

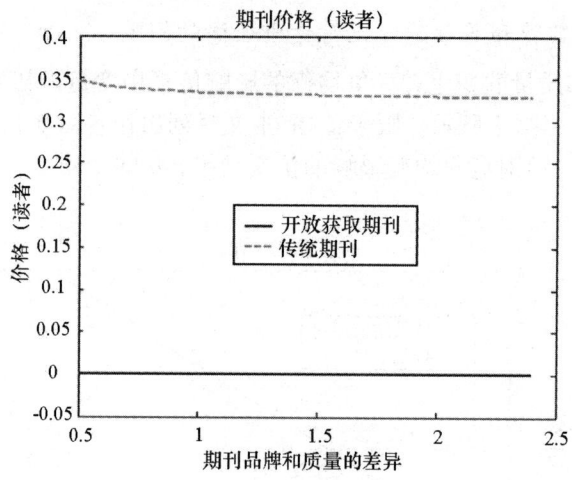

图4 期刊品牌和质量的变化对收费(读者)的影响

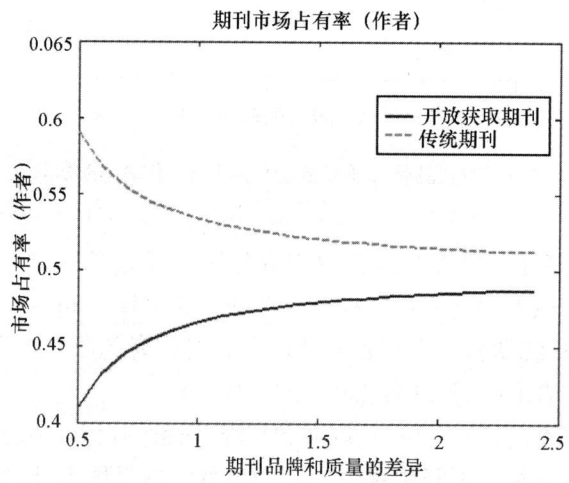

图5 期刊品牌和质量的变化对市场占有率(作者)的影响

从图6可以看到,开放获取期刊品牌和质量的提升将会提高其在读者市场上的占有率,但效果非常有限。这种情况表明:读者在开放获取期刊和传统期刊之间进行选择的主要考虑因素是价格,而不是品牌和质量等非价格因素,即在开放获取期刊对读者零收费的情况下,其读者的市场占有率已经接近饱和,这时开放获取期刊品牌和质量的提升对传统期刊读者的吸引力已经不大了。

从图7可以看出,开放获取期刊的利润低于传统期刊,而且随着开放获取

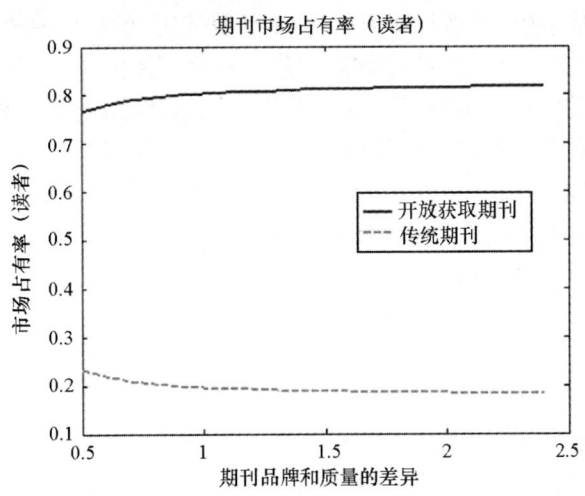

图6　期刊品牌和质量的变化对市场占有率(读者)的影响

期刊品牌、质量的提升,开放获取期刊和传统期刊的期刊都会稳步提高,但开放期刊的利润提高得更快,使得开放获取期刊与传统期刊之间的利润差额越来越小。开放获取期刊竞争力的提高(市场占有率和定价能力的提高)是造成这种现象的主要原因。

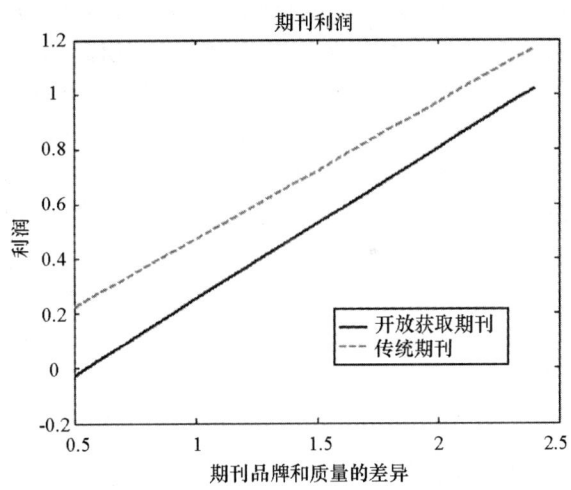

图7　期刊品牌和质量的变化对利润的影响

开放获取期刊对读者是免费开放的,但它仍然需要资金来运行,因此,许多开放获取期刊是采用"作者付费出版、读者免费使用"的运作模式。而这一点正是最令人诟病的。那么,作者付费是否会影响学术评价的公正性,从而影响开放获取期刊的质量?本文的理论分析表明,开放获取期刊品牌和质量的提升,有利于其提高对作者收费的议价能力,进而提高其利润。因此,即使是为了追逐利润,开放获取期刊也会想方设法提高其期刊的质量。世界上最早的开放获取期刊出版商——美国公共科学图书馆(Public Library of Science,PLoS)和英国伦敦生物医学中心(BioMed Central,BMC)的发展历程也表明,开放获取期刊的质量也可以同传统的顶级期刊相媲美[6-7]。

## 3 结论与启示

本文通过建立一个开放获取期刊和传统期刊双寡头竞争的双边市场模型,分析开放获取期刊和传统期刊的竞争问题,并通过仿真探讨开放获取期刊的引入对整个社会福利的影响以及开放获取期刊品牌和质量的变动对市场均衡结果的影响。本文的分析结论对我国发展开放获取期刊具有一定的启示。

本文的研究结论表明,在期刊市场中引入开放获取期刊有利于整个社会福利的提升;开放获取期刊品牌和质量的提升(相对于传统期刊),有利于其提高对作者市场和读者市场的市场占有率。但其本身的收益却远远低于传统期刊,因此开放获取期刊的发展需要公共政策的介入,从资金等方面予以支持。根据SHERPA Juliet项目的不完全统计,包括美国、英国、加拿大、德国、法国、意大利、瑞士、澳大利亚等国家的资助机构,以及欧盟、欧洲研究理事会、欧洲核子研究中心(CERN)等跨国组织都出台了不同层面的支持开放获取的政策①。

此外,一个统一的、集成的期刊平台也会有利于提高开放获取期刊的品牌知名度,增强其竞争力。目前,开放获取期刊大多数是由学会、协会新创立的,而像 BMC 那样相对集中,由比较多的科技期刊捆绑在一起的很少。即使是类似 BMC 这样的出版商,较传统期刊平台相比,在期刊的规模、影响力上都有比较大的差距。这也是 BMC 最后加入 Springer 公司的原因之一。缺少整合的期刊出版平台,使得很多开放获取期刊只能零散地提供服务。这样,其期刊的影响力不能得到有效的发挥,开放获取的作用不能充分地体现。为了弥补开放获取期刊在平台上的差异,各国政府、基金资助机构和大学等积极支持开放获取期刊平台的建设。例如日本的科研资助机构日本科学技术振兴机构(JST)于1999年10月支持建立了服务于日本科技期刊的 J-SATGE 平台。1997年在巴

---

① Juliet 是英国 SHERPA 项目启动的对科研资助机构开放获取政策的调查,详见 http://www.sherpa.ac.uk/juliet。

西创立的科学在线图书馆(SciELO)则是一个服务于南美国家科技期刊的开放获取平台,大大促进了巴西等南美国家期刊开放获取的进展。

中国科技期刊发展整体水平落后于西方发达国家,开放获取运动很可能成为我国科技期刊业提升影响力的一个重要机遇。因此,我国要在借鉴发达国家支持开放获取政策的基础上,结合我国科技期刊业的特点,制定相应的政策、措施,促进科技期刊业向开放获取的转型。

**参考文献:**

[1] 蒋玲,王克平.深论开放存取对图书馆的机遇与挑战.新世纪图书馆,2010(2):2-8.

[2] 李秀娟.国内外开放存取实践及问题.图书情报工作网刊,2009(2):1-4.

[3] Armstrong M. Competition in two-sided markets. Journal of Economics, 2006, 37(3): 668-691.

[4] McCabe M, Snyder C. The Economics of open access journals. [2011-03-01]. http://mccabe.people.si.umich.edu/EOAJ.Pdf., 2006.

[5] Hotelling H. Stability and competition. Economic Journal, 1929, 39(1): 41-57.

[6] 王应宽,王锦贵.基于赢利模式的开放存取期刊出版:BioMed Central 案例研究.中国科技期刊研究,2006(3):354-359.

[7] 王应宽.开放存取期刊出版:PLoS 案例研究.出版发行研究,2006(5):59-64.

**作者简介**

张　旭,男,1968年生,博士生,研究员,发表论文10余篇。

杨朝峰,男,1975年生,副研究员,发表论文10余篇。

# 开放存取知识库的网络计量排名和评价研究

崔宇红

(北京理工大学图书馆 北京 100081)

**摘 要** 从评价对象、指标及权重、计算方法等方面介绍世界知识库互联网排名采用的网络计量方法,并对其 2010 年 7 月发布的开放存取知识库排名结果进行区域和类型统计,分析评价中国台湾、香港和内地的排名和建设情况,提出应从国家战略、机构认知和知识库能见度三个方面尽快提高中国开放知识库建设水平。

**关键词** 开放存取 知识库 网络计量 排名 中国

**分类号** G350

## 1 简 介

进入 21 世纪,随着互联网技术的发展和开放存取理念的推广,开放存取知识库(Open Access Repositories)逐渐成为一种新型的学术资源交流、获取和共享的模式,越来越多的大学、政府、基金组织和学术团体等开始建立各自的机构知识库和学科知识库。据统计,目前在开放存取知识库目录 OpenDOAR(The Directory of Open Access Repositories)[1]和 ROAR(The Registry of Open Access Repositories)[2]中的注册数量已经达到 1 650 个和 1 813 个,涵盖期刊论文、会议论文、预印本、学位论文、科技报告等多种资源类型,并通过互联网提供元数据检索和全文获取服务。

开放存取知识库有效提高了研究机构和科研人员的学术成果被发现和引用的机会。Lawrance 的研究表明,在计算机科学领域,免费在线论文平均被引次数为 7.03,比离线论文增加了 157%[3];Hajjem 等人的研究发现在不同学科领域,开放存取可增加 36% – 172% 的论文引用率[4]。由此,为了进一步推动开放存取知识库的影响力,西班牙科学研究理事会(Consejo Superior de Investigaciones Científicas,CSIC)的网络计量实验室从 2008 年起开始发布"网络计量:世界知识库互联网排名(Webometrics :Ranking Web of World Repositories)"[5],用网络计量学方法对近千个开放知识库的学术影响力进行排名和评价研究。

## 2 世界知识库排名的网络计量方法[6]

与传统分析引文数据库(如 WEB of Science,Scopus)中期刊论文的文献计量学方法不同,CSIC 的世界知识库排名将评价对象的网站及其组成的网络体系看成是学术影响力最快速最有效对外传播的渠道,下面重点从评价对象的选择、评价指标的确定、指标权重分配和计算方法上介绍其在排名中所采用的网络计量方法。

### 2.1 评价对象的选择

在 OpenDOAR 和 ROAR 中登记的知识库网站类型各异,按照信息提供者可以分为个人网站、机构知识库、学科知识库、电子期刊门户等;按照信息内容可以分为仅有元数据、预印本或印本、学位论文、正式和非正式资料、数字化档案;按照元存储方式可以分为目录型和收割型。

为了保证数据库间的同质性,世界知识库排名的评价对象选择了 OpenDOAR 和 ROAR 网站列表中的机构知识库和学科知识库两种类型,知识库信息内容限定为预印本或印本、学位论文、正式和非正式资料,并且文件格式为 PDF、PPS、DOC 等全文文档。

### 2.2 评价指标和权重

网络计量指标模型是基于文献计量学和影响因子的思想,将文献计量学模型中文献数量和引用数量转换为网络计量模型中的网页数量和外部网页链接数量,从互联网活动力和能见度两个角度来评测目标知识库的影响力,并在模型中各占 50% 权重。为了体现学术资源比重,活动力变量又分解成三个指标:网页数量,全文文档数量和在 Google Scholar 中的学术文献数量。四个指标定义为:①网页数量(Size):从 Google、Yahoo、Live Search(BING)、Exalead 四个主要搜索引擎中检索到的目标知识库的网页数量,指标权重为 20%;②全文文档数量(Rich Files):从 Google 和 Yahoo 两个搜索引擎中检索到的 PDF、DOC、PPT、PS 和 XLS 格式的文档数量,指标权重为 15%;③学术论文数量(Scholar):从 Google Scholar 检索到的所有条目数与 2001 年以来检索到的条目数的平均值,指标权重占 15%;④能见度(Visibility):目标知识库从 Yahoo 和 Exalead 检索所得的其他网页对本网页外部链接总数。在实际计算时对来自于顶级域名(.com、.org、.net)的外部链接给予了更多关注,指标权重占 50%。如表 1 所示:

表1　网络计量排名评价指标模型

| 评价指标 | | 互联网数据来源 | 指标权重 |
| --- | --- | --- | --- |
| 活动力<br>（activity） | 网页数（Size） | Google、Yahoo、Live Search、Exalead | 20% |
| | 全文文档数（Rich Files） | Google、Yahoo | 15% |
| | 学术文档数（Scholar） | Google Scholar | 15% |
| 能见度<br>（Visibility） | 外部链接数（External Inlink） | Yahoo、Exalead | 50% |

### 2.3　计算方法

由于四项评价指标的数据来自于不同的搜索引擎，首先要对其数值进行对数计算并进行标准化归一，其计算公式为

$$N_a = \frac{log(n_a + 1)}{log(max(n_i) + 1)}$$

其中，N代表不同搜索引擎 Google、Yahoo、Live、Exalead；a代表评测的互联网站点。对网页数量指标（Size）取中位数，即：

$$S_a = \frac{((G_a + Y_a + L_a + E_a) - max(G_a, Y_a, L_a, E_a) - min(G_a, Y_a, L_a, E_a))}{2}$$

将各分项指标的标准化值进行加权求和计算，计算公式如下：

$$WR = 0.5 \times V + 0.2 \times S + 0.15 \times R + 0.15 \times Sc$$

最后将每个指标按照顺序排列后得到总名次和分项名次，数字越小的代表排名名次越高。

## 3　结果分析

### 3.1　地域分布

2010年7月发布的新一期排名公布了排名前800位的知识库列表（包括机构知识库和学科知识库）[7]，居于前十位的国家和地区的知识库数量统计分布如表2所示：

表2　知识库国家分布情况

| 排名 | 国家 | 前50 | 前100 | 前200 | 前400 | 排名 | 国家 | 前50 | 前100 | 前200 | 前400 |
| --- | --- | --- | --- | --- | --- | --- | --- | --- | --- | --- | --- |
| 1 | 美国 | 16 | 30 | 53 | 98 | 6 | 挪威 | 2 | 4 | 5 | 9 |

续表

| 排名 | 国家 | 前50 | 前100 | 前200 | 前400 | 排名 | 国家 | 前50 | 前100 | 前200 | 前400 |
|---|---|---|---|---|---|---|---|---|---|---|---|
| 2 | 德国 | 7 | 14 | 24 | 42 | 7 | 加拿大 | 2 | 3 | 9 | 18 |
| 3 | 法国 | 7 | 11 | 14 | 23 | 8 | 澳大利亚 | 2 | 2 | 7 | 15 |
| 4 | 瑞士 | 4 | 5 | 5 | 5 | 9 | 西班牙 | 1 | 4 | 7 | 17 |
| 5 | 英国 | 3 | 4 | 13 | 34 | 10 | 日本 | 1 | 3 | 11 | 29 |

可以看到,美国无论是知识库的数量和影响力都处于世界领先位置,在前50和100名知识库中美国分别有16和30个,占总数的30%以上,在前200和前400位中美国占总数的比例也在25%左右;欧洲各国在机构知识库建设中体现出联盟发展的态势,有6个国家进入前10名,并在前50名知识库中占据24席,德国、法国、瑞士和英国分列2到4位,加拿大、澳大利亚、挪威、西班牙和日本分列5到10位。亚洲进入前100名的有日本京都大学(38位)、沙特阿拉伯法赫德国王石油矿产大学(48位)、台湾大学(66位)、日本九州大学(88位)和日本早稻田大学(98位)。

### 3.2 知识库类型分析

表3是排名前20位的知识库列表及其分项指标排名情况,可以看到,总排名和分项指标排名第一的大多为建设时间长、在领域内规模较大、认可度较高的学科知识库,如总排名和能见度排名首位的CiteSeerX数据库是于1997年创建的第一个面向计算机科学领域的科学文献开放知识库,现拥有162万篇全文文献和3 146万篇引文信息。表3中的7个学科知识库涵盖了物理、航空航天、有机农业、心理学、神经科学、统计学、人文与社会科学、经济、密码学等多个学科领域。在排名前20位的知识库中有13个是由大学和研究机构建设的机构知识库,在数量和影响力发展很快,内容包括机构学术论文、会议论文、报告和学位论文等。

表3 排名前20位知识库(S:网页数量;V:能见度;R:全文文档数量;Sc:学术文档数量)

| 排名 | 知识库 | 分项指标排名 | | | | 机构库 |
|---|---|---|---|---|---|---|
| | | S | V | R | Sc | |
| 1 | CiteSeerX | 2 | 1 | 528 | 2 | |
| 2 | HAL Hyper Article en Ligne CNRS | 9 | 5 | 1 | 7 | √ |
| 3 | Research Papers in Economics | 1 | 7 | 86 | 4 | |

续表

| 排名 | 知识库 | 分项指标排名 | | | | 机构库 |
|---|---|---|---|---|---|---|
| | | S | V | R | Sc | |
| 4 | Social Science Research Network | 5 | 4 | 41 | 5 | |
| 5 | Arxiv. org e-Print Archive | 19 | 2 | 231 | 3 | |
| 6 | CERN Document Server | 3 | 12 | 4 | 9 | √ |
| 7 | Smithsonian/NASA Astrophysics Data System | 11 | 3 | 739 | 1 | |
| 8 | HAL Institut National de Recherche en Informatique et en Automatique Archive Ouverte | 10 | 11 | 5 | 21 | √ |
| 9 | Digital Library and Archives Virginia Tech University | 13 | 10 | 3 | 33 | √ |
| 10 | HAL Hyper Article en Ligne Sciences de l'Homme et de la Société | 16 | 9 | 7 | 39 | |
| 11 | école Polytechnique Federale de Lausanne Infoscience | 4 | 13 | 11 | 137 | √ |
| 12 | MIT Dspace | 15 | 27 | 6 | 11 | √ |
| 13 | Ressources documentaires Institut de recherche pour le développement | 8 | 23 | 2 | 304 | √ |
| 14 | Online Archive of California | 7 | 15 | 8 | 683 | √ |
| 15 | Depot Erudit | 119 | 8 | 153 | 347 | √ |
| 16 | Organic ePrints | 22 | 38 | 22 | 30 | |
| 17 | University of Southampton Dpt Electronics & Computer Science | 24 | 22 | 37 | 98 | √ |
| 18 | Humboldt Universitat zu Berlin Publikationsserver | 26 | 30 | 24 | 123 | √ |
| 19 | Tufts University Perseus Digital Library | 6 | 6 | 477 | 809 | √ |
| 20 | Universitat Stuttgart Elektronische Hochschulschriften | 77 | 14 | 43 | 292 | √ |

### 3.3 中国开放存取知识库建设情况

中国(包括台湾、香港地区)进入前400位的知识库有12个,其中台湾地区有7个,分别是台湾大学、台湾"清华"大学、台湾政治大学、台湾"中央"大学、台湾交通大学和台湾科技大学;香港地区3个,分别是香港科技大学、香港大学和香港理工大学;中国内地仅有中国西部环境与生态科学数据中心和厦门大学两家。台湾大学的机构典藏库排名第66位,在整个亚洲地区排名第3,排名前200位的均为台湾的4所高校,由此可见台湾在知识库建设和影响力上要高于香港和中国内地,如表4所示:

表 4 排名前 400 位的台湾、香港和内地知识库

| 排名 | 知识库 | 分项指标排名 | | | |
|---|---|---|---|---|---|
| | | S | V | R | Sc |
| 66 | 台湾大学机构典藏 | 266 | 94 | 131 | 8 |
| 162 | 台湾"清华"大学机构典藏 | 184 | 300 | 171 | 44 |
| 189 | 台湾"政治"大学机构典藏 | 106 | 416 | 39 | 438 |
| 200 | 台湾"中央"大学学位论文库① | 149 | 239 | 714 | 16 |
| 201 | 香港科技大学机构知识库 | 82 | 439 | 172 | 107 |
| 232 | 香港大学学术网关 | 17 | 465 | 200 | 578 |
| 285 | 台湾交通大学机构知识库 | 465 | 374 | 262 | 210 |
| 294 | 中国西部环境与生态科学数据中心 | 372 | 583 | 260 | 10 |
| 316 | 香港理工大学机构知识库 | 68 | 686 | 65 | 420 |
| 324 | 台湾"中央"大学机构典藏 | 231 | 329 | 788 | 20 |
| 365 | 台湾科技大学机构典藏 | 165 | 649 | 141 | 368 |
| 399 | 厦门大学机构知识库 | 464 | 582 | 294 | 174 |

从类型上看,除中国西部环境与生态科学数据中心是由中国科学院主办的学科知识库外,其他均为由大学主办的机构知识库,主要存储大学产生的学位论文、预印本、课件、研究报告等学术和教学资源。

计算这 12 个知识库总排名和各分项指标排名的中位数,得到
median(RANK,S,V,R,Sc) = (258.5,174.5,427.5,186,140.5)

可以看到能见度指标表现最差,也就是说这些知识库网页获得外部网页的链接数量和质量相对较低。表征网页活动度水平的三个指标高于平均值,特别是学术文献数量指标表现最好,这一方面是由于本身知识库的文档数量达到一定规模;另一方面也表明了网站被搜索引擎收录的程度。

## 4 对中国开放存取知识库的发展建议

据统计,2008 年度中国国际论文数量居世界第 2 位,1999 – 2009 年间科技论文被引用次数居世界第 9 位,篇均被引次数居世界第 10 位,提高论文引用率首要是使之最大程度地可见和传播,开放知识库正是快速提升国家、机构和个人学术影响力的有效途径[8]。但从网络计量世界知识库排名结果来看,中国在

---

① 台湾"中央"大学有学位论文和机构典藏两个知识库,学位论文库当前无法访问

开放存取知识库建设、影响力上与世界先进水平相比存在显著差距，这也与当前我国科技发展趋势和学术交流需求不相匹配。在中国特别是内地发展开放知识库，应从国家发展战略、机构开放存取认知和知识库能见度三个方面制定相应措施。

从国家层面上制定机构知识库的发展战略和政策措施是我国发展开放知识库的关键。这一点上可以借鉴日本的发展模式。日本从2004年由多所大学联合启动机构知识库建设计划，2005年国家信息研究所将之列入国家网络信息基础设施的组成部分，2008年日本主要的大学都建制了机构知识库并制定了相应政策，成为世界机构知识库中的重要一员。

大学机构知识库建设实践表明，成功的关键要素不在于技术和资金，而是机构内部管理层和研究人员对开放存取的认识水平和支持程度。国内高校拥有丰富的学位论文资源，并且很多高校图书馆都建有电子学位论文数据库，可是由于不开放对学位论文的公开存取使得这部分学术资源成为"私有"文献，这也是导致内地高校图书馆缺乏建设机构知识库热情的主要原因。

提升知识库的能见度首先就是要在主要的知识库目录和新的搜索引擎中登记并提交信息，以利于信息检索和发现。"中国科技论文在线"是我国最大的开放知识库，在研究中发现它从文献数量、外部引用上都与台湾大学机构知识库相近，但由于未在OpenDOAR和ROAR中注册导致没有进入评测范围，失去了在世界范围内提升自身影响力的机会。此外，增加学术型文档的数量、提高外部网页链接数量、注重外部网页链接源的等级和质量都是知识库建设和管理者需要关注的。

## 5 结 语

对开放存取知识库的网络计量排名和质量评价是一个新兴的研究课题，随着研究的深入，将会引入新的评价指标（如访问量、用户数、下载量等使用情况数据），使排名能够更充分地反映和统计当前知识库的发展水平。同时，我们更期待能够通过排名在中国普及和推广开放存取理念，激励和引导中国开放存取知识库迈入新的发展阶段，在促进中国科技成果产出和提升学术影响力方面发挥效益。

**参考文献：**

[1] OpenDOAR. [2010 - 07 - 10]. http://www.opendoar.org/.
[2] ROAR. [2010 - 07 - 10]. http://roar.eprints.org/.
[3] Lawrance L. Free online availability substantially increases a paper's inpact. Nature, 2001

(411):521.

[4] Hajjem C, Harnad S, Gingras Y. Ten-year cross-disciplinary comparison of the growth of open access and how it increases research citation impact. IEEE Data Engineering Bulletin, 2005,28(4):39-47.

[5] Ranking web of world repositories:Home. [2010-07-08]. http://repositories.webometrics.info/.

[6] Aguillo IF, Ortega J L, Ferna′ndez M, et al. Indicators for a webometric ranking of open access repositories. Scientometrics, 2005,82(3):477-486.

[7] Ranking web of the world repositories:Top 400 repositories. [2010-07-10]. http://repositories.webometrics.info/top800_rep.asp.

[8] 中国科学技术信息研究所. 中国科技论文统计结果2009年度. [2010-07-10]. http://www.casted.org.cn/upload/news/Attach-20091130154058.pdf.

**作者简介**

崔宇红,女,1972年生,副研究馆员,副馆长,博士,发表论文多篇。